Fiches de droit du travail

Rappels de cours et exercices corrigés

3e édition

Laurence Fin-Langer

Maître de conférences à l'université de Caen
Membre du Centre de recherche de droit privé

ellipses

Dans la collection « Fiches »

- ***Fiches de Libertés publiques et droits fondamentaux***, Florence Crouzatier-Durand
- ***Fiches d'institutions internationales***, Hélène Simonian-Gineste
- ***Fiches d'Introduction au droit***, Patricia Vannier
- ***Fiches de Droit des biens***, Vanessa Valette-Ercole
- ***Fiches de Droit constitutionnel***, Laurence Baghestani-Perrey
- ***Fiches de Droit de la famille***, Patricia Vannier
- ***Fiches de Droit fiscal international***, Roland Walter
- ***Fiches de Droit international public***, Pascale Martin-Bidou
- ***Fiches de Droit des obligations***, Arnaud Lecourt
- ***Fiches de Droit pénal général***, Gérard Clément et Jean-Philippe Vicentini
- ***Fiches de Droit des sociétés***, Franck Marmoz
- ***Fiches de Droit du travail***, Laurence Fin-Langer
- ***Fiches d'Économie générale***, Nathalie Costa
- ***Fiches d'Histoire des institutions publiques***, Jean-François Brégi
- ***Fiches de Macroéconomie***, Claude Ménendian
- ***Fiches d'Institutions internationales***, Hélène Simonian-Gineste

Téléchargez gratuitement les dernières mises à jour de la matière sur

www.editions-ellipses.fr

ISBN 978-2-7298-5262-7

32, rue Bargue 75740 Paris cedex 15

www.editions-ellipses.fr

Sommaire

L'évolution historique du droit du travail

Fiche 1

Définition

Droit du travail : ensemble des règles de droit applicables au travail salarié.

I. Le XIXe siècle : la naissance du droit du travail

A. La Révolution

L'Ancien Régime se caractérisait par le système des corporations : chacune d'entre d'elles détenait un monopole pour effectuer une tâche d'intérêt général. En contrepartie de cette charge, les autorités régaliennes leur avaient reconnu un certain nombre de privilèges. Ce monopole de fabrication et de distribution des produits garanti par le pouvoir royal protégeait les compagnons du chômage. Par ailleurs, les rapports de travail étaient organisés directement par chacune des corporations sans que les pouvoirs publics n'interviennent. Ce système a fait l'objet de critiques notamment par les physiocrates, car il représentait une source de conservatisme et une entrave au libéralisme. La Révolution constitue un tournant important dans la réglementation des relations de travail avec l'abolition des corporations par le décret d'Allarde de mars 1791. Désormais, toute personne est libre d'exercer la profession de son choix. La loi Le Chapelier confirme cette abolition en interdisant tous les groupements professionnels et les coalitions. C'est la mise en œuvre de l'individualisme et du libéralisme. L'idée est d'assurer la promotion de l'individu. Le Code civil de 1804 ne va donc consacrer que les articles 1780 et 1781 au contrat de louage d'ouvrage. Ce code considère que le salarié est capable de défendre ses intérêts et est sur un pied d'égalité avec l'employeur. Il consacre le dogme de l'autonomie de la volonté et la relation de travail n'échappe pas à cette analyse. Le contrat de travail est soumis au droit commun des contrats sans règle spécifique, comme un salaire garanti ou une réglementation du temps de travail, de l'hygiène et de la sécurité, etc.

B. 1840 : la date de naissance du droit du travail

En 1840, le rapport Villermé met en avant les excès de cette conception libérale et individualiste du contrat de travail. Il dénonce l'emploi excessif des femmes et des enfants, une durée de travail très longue, des salaires infimes, une discipline de fer, notamment avec l'utilisation du livret ouvrier, les carences en matière de règle d'hygiène et de sécurité. Ce rapport démontre l'inadéquation du droit civil à régir le contrat de travail. En effet, ce contrat se caractérise par un lien de subordination, contraire au postulat de l'égalité des parties contractantes du dogme de l'autonomie de la volonté. Par ailleurs, ce contrat permet à une personne de mettre à disposition de l'employeur sa force de travail, sa personne. Cette prestation ne peut donc être considérée comme une simple marchandise comme les autres : ce rapport révèle la nécessité d'adopter des mesures spécifiques pour protéger la santé et la sécurité du salarié. Il s'agit de la naissance du droit du travail, qui, certes, va rester embryonnaire jusqu'à la fin du XXe siècle. Ainsi, en 1841, la première loi est votée interdisant le travail des enfants de moins de 8 ans. Elle marque une évolution importante dans le rôle de l'État qui prend conscience de la nécessité de ne pas laisser à la seule liberté contractuelle le soin de régler la relation de travail. Mais cette conception nouvelle fait débat, car certains pensent que cela peut freiner l'activité industrielle et que ce n'est pas le rôle de l'État d'intervenir dans les relations privées. Mais le mouvement est enclenché et plusieurs lois importantes sont adoptées :

- En 1864, le délit pénal de coalition est supprimé.
- En 1874 est créée l'inspection du travail chargée de vérifier l'application de la loi dans les entreprises.
- En 1884 est instaurée la liberté syndicale, reconnaissant la nécessité de rétablir une égalité entre l'employeur et les salariés qui doivent pouvoir se regrouper pour défendre leurs intérêts.
- En 1898, une loi sur l'indemnisation des accidents du travail fait évoluer le droit de la responsabilité civile pour mieux indemniser les salariés victimes de tels accidents.

II. Le XXe siècle : la consolidation du droit du travail

De nombreuses mesures vont être adoptées au cours du XXe siècle avec plusieurs étapes importantes : le Front populaire en 1936 qui crée notamment les congés payés, puis la Libération marquée par la constitutionnalisation d'un certain nombre de droits, comme le droit de grève, puis la période du choc pétrolier qui permet l'adoption des premières lois sur le licenciement, complétées par de nombreuses lois Auroux en 1982 qui réglementent notamment le pouvoir disciplinaire, le règlement intérieur.

Plusieurs traits caractérisent cette évolution :

- Ces lois vont dans **le sens d'une amélioration des conditions de travail** et forment le fondement d'une doctrine progressiste qui voit dans le droit du travail, un droit protecteur du salarié cherchant en permanence le progrès social. À titre d'exemple, peuvent être cités les accords de Matignon de 1936 qui créent les congés payés, dont la 5e semaine a été mise en place par la loi Auroux de 1982. De même, un salaire minimum est garanti dès 1950, pour devenir le SMIC en 1971.
- Ces lois développent **la représentation collective des salariés dans l'entreprise**, puisque les délégués du personnel sont mis en place en 1936, le comité d'entreprise en 1946 et les sections syndicales en 1968. Le salarié, en concluant son contrat de travail, entre aussi dans une collectivité. L'analyse contractuelle classique ne suffit pas pour prendre en compte cette dimension collective de la relation de travail. Le droit du travail depuis 1884 encadre cette situation.
- Ces lois font **entrer les partenaires sociaux dans l'élaboration du droit du travail**. Les conventions collectives sont instaurées en 1919. Plusieurs réformes vont se succéder pour imposer la négociation collective obligatoire dans les entreprises en 1982, puis en 1988 et 2000 pour faciliter le passage aux 35 heures. Dernièrement, la loi du 4 mai 2004 relative à la formation professionnelle et à la relance du dialogue social et celle du 20 août 2008 portant rénovation de la démocratie sociale et réforme du temps de travail modifient les règles de formation de ces accords pour en faciliter la conclusion. La loi de 2004 appelée loi Fillon, part du postulat que la loi est inadaptée pour prévoir des mesures susceptibles de régir tous les secteurs d'activité. Une norme générale ne peut s'appliquer efficacement au monde du travail actuel, diversifié et complexe.
- Elles permettent de plus en plus **le contrôle du juge** sur les décisions de l'employeur : ainsi, en 1973, la loi impose une cause réelle et sérieuse au licenciement et donc autorise le juge à vérifier cette notion. De même, les lois Auroux de 1982 limitent le pouvoir de direction de l'employeur et donnent au juge le pouvoir d'annuler des sanctions.
- **De nouveaux objectifs apparaissent** comme la protection de la vie privée et des libertés individuelles dans l'entreprise, ou la lutte contre la discrimination, le harcèlement moral, ou la création d'emploi tout en recherchant une plus grande flexibilité.

La fin du XXe siècle est marquée par une accélération du phénomène législatif qui rend ce droit de plus en plus complexe. Par ailleurs, c'est un droit en mutation permanente soumis à une évolution de plus en plus rapide, posant des problèmes de sécurité juridique et de mises à jour constantes. À titre d'exemple, le licenciement économique a été modifié par la loi de modernisation sociale du 17 janvier 2002, partiellement suspendue par la loi Fillon de janvier 2003, abrogée et remplacée par la loi de cohésion sociale, dite loi Borloo, du 18 janvier 2005 et à nouveau complétée par une ordonnance du 13 avril 2006 créant le contrat de transition professionnelle.

III. Le XXIe siècle : le perfectionnement du droit du travail ?

Ces réformes incessantes ont complexifié le Code du travail, datant de 1973, le rendant illisible, peu facile d'accès pour nombre d'usagers, voire inapplicable en raison des contradictions ou des cumuls de dispositions. Une simplification du droit s'imposait donc. Elle a été entreprise depuis une loi d'habilitation du 9 décembre 2004 de simplification du droit, qui a autorisé le gouvernement à procéder par ordonnance. Certaines ont été adoptées : une du 24 juin 2004 n° 2004-602 dans les domaines du travail, de l'emploi et de la formation professionnelle et qui concerne notamment les délais en matière de licenciement et le régime de suspension du contrat de travail, une autre du même jour dans le domaine des élections prud'homales, une enfin du 1er décembre 2005, n° 2005-1478 relative aux élections des institutions représentatives du personnel. Mais un travail de plus grande ampleur était nécessaire pour recodifier le Code du travail, c'est-à-dire pour modifier le plan pour le rendre plus cohérent, faire un toilettage des textes pour supprimer les dispositions obsolètes ou caduques ou les répétitions, définir des termes obscurs ou remplacer des expressions désuètes. Mais les difficultés à surmonter ont été nombreuses surtout que pendant cette période, le travail législatif a continué. Après un travail difficile, l'ordonnance n° 2007-329 du 12 mars 2007 a recodifié, en principe à droit constant, la partie législative du code. Cette ordonnance a été ratifiée par le parlement par une loi n° 2008-67 du 21 janvier 2008 qui prévoit l'entrée en vigueur du nouveau code au 1er mai 2008. Le Conseil constitutionnel a déclaré conforme à la constitution cette loi. La partie réglementaire a été publiée au *Journal officiel* du 12 mars 2008 (Décret n° 2008-244, 7 mars 2008). Mais fallait-il aller plus loin ? Fallait-il revoir entièrement ce droit sur le fond ? Les partenaires sociaux ont été amenés à négocier sur de nombreux thèmes, comme la prévention des risques professionnels, la création de nouveaux modes de rupture comme l'accord amiable, l'aménagement de la période d'essai, la création d'un ou plusieurs contrats de travail, la durée du travail, la réforme du syndicalisme etc., pour donner de nouvelles orientations au droit du travail et une plus grande souplesse, selon un calendrier très chargé en 2008. Un accord national interprofessionnel a été signé le 11 janvier 2008 pour moderniser le marché du travail par 3 organisations syndicales patronales (Medef, CGPME, UPA) et 4 des 5 centrales salariées (CFDT, FO, CFTC, CGC). Cet accord a été repris par la loi du 25 juin 2008 (n° 2008-596, *JO* du 26 juin 2008) portant modernisation du marché du travail. Elle vise à rendre plus souple le marché du travail, en facilitant la rupture du contrat de travail et en favorisant la mobilité géographique et fonctionnelle du salarié, mais aussi à sécuriser le parcours professionnel des salariés, en améliorant l'indemnisation de la rupture du contrat ou en réformant le droit de la formation professionnelle. Par ailleurs, le CNE est abandonné et un nouveau contrat à durée déterminée est mis en place. Il s'agit finalement de mettre en place la « flexicurité » à la française. Une deuxième loi importante a été adoptée le 20 août 2008 (n° 2008-789, *JO* du 22 août 2008) portant rénovation de la démocratie sociale et réforme du temps de travail. Elle réforme en profondeur le droit syndical, la représentativité des syndicats, la négociation collective ainsi que le temps de travail.

À retenir

Les principales étapes du droit du travail

Révolution	Abolition des corporations. Application du Code civil à la relation de travail.
1840	Rapport Villermé dénonçant les dérives de la liberté contractuelle : absence de réglementation de la durée du travail, travail des enfants, carnet ouvrier, etc.
1841	1re loi en droit du travail qui interdit le travail des enfants de moins de 8 ans.
1864	Suppression du délit pénal de coalition.
1874	Création de l'inspection du travail.
1884	Reconnaissance de la liberté syndicale.
1898	Réglementation de l'indemnisation des victimes des accidents du travail.
1919	Création des conventions collectives.
1936	Création des 15 jours de congés payés et des délégués du personnel.
1946 et s.	Création du Comité d'entreprise, reconnaissance du droit de grève comme étant un droit constitutionnel, création du SMIG.
1973	1re réglementation du licenciement.
1982	Lois Auroux : encadrement du pouvoir disciplinaire, du règlement intérieur, création de la 5e semaine de congés payés, mise en place des 39 heures.
1998-2002	Lois Aubry : passage aux 35 heures. Loi de modernisation sociale du 17 janvier 2002 réformant notamment le licenciement économique.

2002 à 2006	Lois Fillon de relance du dialogue social, assouplissement des 35 heures. Loi de cohésion sociale du 18 janvier 2005 : nouvelle réforme du licenciement économique, création de nouveaux contrats atypiques. Ordonnance créant le contrat nouvelles embauches. Travail de simplification et de recodification du droit du travail.
2008	Entrée en vigueur du nouveau Code du travail. Loi du 25 juin 2008 portant modernisation du marché du travail Loi du 20 août 2008 portant rénovation de la démocratie sociale et réforme du temps de travail.

Pour en savoir plus

- « Calendrier 2008 », *JCP soc.* 18/12/2007, act. 605 ;
- « L'accord interprofessionnel sur la modernisation du marché du travail », *DS* mars 2008, numéro spécial ;
- « Nouveau Code du travail », *JCP soc.* 29/4/2008, n° spécial ;
- G. Aubin et J. Bouveresse, « Introduction historique au droit du travail », PUF, Droit fondamental, 1995 ;
- J. Barthélémy, « Recodififer : pourquoi ? comment ? », *JCP soc.* 20/3/2007, act. 139 ;
- D. Boulmier, « Quand la volonté de codifier à droit constant est source d'inconstance », *JCP soc.* 2/12/2008, 1625 ;
- R. De Quenaudon, « La doctrine progressiste : une lecture du droit du travail en crise ? », D. 2005, p. 1736 ;
- E. Dockès, « La décodification du droit du travail », *DS* avril 2007, p. 388 ;
- F. Favennec-Héry, « L'ANI sur la modernisation du marché du travail : un espoir ? », *JCP soc.* 19/2/2008, act. 85 ;
- B. Gauriau, « Droit du travail : sur quelques ordonnances récentes (art. 38 de la Constitution) », *DS* juin 2006, p. 615 ;
- J. Le Goff, « Les lois Auroux, 20 ans après », *DS* 2003, p. 703 ;
- N. Olszak, « Histoire du droit du travail », PUF, coll. « Que sais-je ? », 1999 ;
- C. Radé, « Recodifier le Code du travail », *DS* mai 2006, p. 483 ;
- C. Radé, « Le nouveau Code du travail et la doctrine : l'art et la manière », *DS* mai 2007, p. 513 ;
- S. Simitis, « Le droit du travail a-t-il encore un avenir ? », *DS* 1997, p. 655 ;
- G. Spyropoulos, « Le droit du travail à la recherche d'un nouvel équilibre entre le social et l'économique », *DS* 1992, p. 259 ;
- G. Spyropoulos, « Le droit du travail à la recherche de nouveaux objectifs », *DS* 2002, p. 391 ;
- B. Teyssié, « Un nouveau Code du travail : Quel résultat ? », *JCP soc.* 20/3/2007, act. 140.

Pour s'entraîner

Répondre aux questions de cours suivantes :

1) ***Pourquoi un droit du travail est-il né ?***

2) ***Présentez les avantages et les inconvénients de l'inflation législative en droit du travail.***

Réponses

1) Un droit du travail est né car le droit civil s'est révélé insuffisant pour régir la relation de travail pour 3 raisons principales. D'abord, le droit commun du contrat repose sur un postulat d'égalité des parties contractantes. Or, le contrat de travail se caractérise précisément par l'existence d'un lien de subordination et donc par une inégalité entre l'employeur et le salarié, qui ne peut donc pas défendre seul ses intérêts. Ensuite, il s'agit d'une prestation particulière : le salarié met à disposition de l'employeur sa personne. Le droit civil ne peut prévoir des règles destinées à protéger le salarié dans sa santé, sa sécurité, sa vie privée, ses opinions, ou à régir les conditions de travail, le salaire minimum. Enfin, le droit civil ne tient compte que de la relation individuelle salarié-employeur. Or le salarié entre aussi dans une entreprise, une communauté de travailleurs. La dimension collective doit être prise en compte car elle transforme nécessairement la relation individuelle.

2) Cette inflation permet de répondre aux attentes en perpétuelle évolution de la relation de travail, en recherchant un compromis entre les intérêts du salarié et ceux de l'employeur. C'est un moyen de s'adapter à ce monde en mouvement qui doit faire face à de nouveaux défis comme l'introduction de nouvelles technologies. Mais, le droit se complexifie et subit une insécurité juridique croissante en raison de ces réformes incessantes, qui parfois ne sont pas mises en œuvre et ne peuvent produire leurs effets, faute de temps. Un manque de lisibilité et de prévisibilité caractérise de plus en plus souvent cette branche du droit.

Fiche

2

Les sources du droit du travail

I. Les sources supra-nationales

II. Les sources nationales

Définition

OIT : Organisation internationale du travail, créée en 1919 et chargée d'élaborer des traités internationaux en matière de droit social, pour instaurer un socle minimum de droits à respecter.

I. Les sources supra-nationales

A. Le droit international

Le traité de Versailles de 1919 a créé l'OIT : Organisation Internationale du Travail. Cette organisation élabore des conventions internationales dans des domaines très vastes comme le travail des enfants, la Sécurité sociale, le travail de nuit, la rupture des contrats, etc. Ces traités doivent être ratifiés par les États membres pour s'appliquer. Ensuite, chacun des membres doit rendre conforme son droit à ces conventions. La France fait partie de l'OIT et a ratifié de nombreuses conventions. Mais en réalité, elles ont eu peu d'influence sur le droit français dans la mesure où la plupart de nos règles sont déjà plus protectrices que ces normes. Une exception notable est cependant à souligner. En effet, une procédure de plainte est ouverte aux organisations syndicales auprès du Bureau international du travail (BIT) pour faire condamner un texte qui ne serait pas conforme à ces conventions. Sur ce fondement, le BIT a estimé que l'ordonnance de 2005 mettant en place le Contrat Nouvelles Embauches n'était pas conforme à la convention n° 158 en raison de la durée de la période de consolidation. Suite à cette condamnation, la loi du 25 juin 2008 a abrogé ce contrat et requalifié les contrats en cours en contrats à durée indéterminée.

À côté de cette source internationale importante, la Convention européenne de sauvegarde des droits de l'homme du 4 novembre 1950 ratifiée par la France en 1974 exerce une influence en droit du travail notamment sur la liberté syndicale qui est consacrée dans son article 11, ou sur certaines pratiques comme les clauses de mobilité ou de résidence ou bien encore sur le respect de la vie privée par l'employeur (voir Fiche n° 8).

B. Le droit communautaire

Le traité de Rome de 1957 ne traite pas du droit du travail, sauf dans l'affirmation du principe de la libre circulation des travailleurs. Par ailleurs, dans le préambule, il est indiqué que l'objectif de la Communauté européenne est d'assurer un relèvement accéléré du niveau de vie et de rechercher un niveau d'emploi et de protection sociale élevé. Mais en 1957, cet objectif devait se réaliser par le marché, qui devait réguler le droit du travail.

Dans les années 1975, **les premières directives** sont élaborées notamment en matière d'égalité de traitement entre les hommes et les femmes, de santé et de sécurité, mais pour être adoptées, il fallait l'unanimité des États membres. De plus, la question traitée devait avoir une incidence directe sur le marché. Avec les réformes institutionnelles et l'évolution de la société, les idées changent : depuis l'Acte unique européen de 1986, il existe une volonté délibérée d'améliorer les droits des travailleurs et d'harmoniser les différents droits nationaux. L'Union va donc disposer de moyens nouveaux et notamment depuis le traité de Maastricht, les compétences dans ce domaine sont désormais partagées entre l'Union et les États en fonction du principe subsidiarité. Les directives peuvent être prises à la majorité qualifiée. Cependant, l'unanimité reste exigée pour les questions relatives au licenciement, à la Sécurité sociale et aux contributions financières visant la création d'emplois. De plus, les États restent compétents pour la rémunération, le droit syndical et le droit de grève. Ces directives doivent être transposées dans notre droit interne et le juge national doit interpréter notre droit au regard de la directive. On peut citer, à titre d'exemple, la directive du 14 février 1977 modifiée par celle du 12 mars 2001 relative au maintien des droits des travailleurs en cas de transfert d'entreprises, que l'État français n'a pas jugé bon de transposer estimant que notre droit avait déjà des dispositions conformes, ou celle du 23 novembre 1993 relative à l'aménagement du temps de travail transposée pour partie dans les lois Aubry organisant le passage aux 35 heures, ou celle du 22 septembre 1994 créant le comité de groupe européen, qui doit être refondue ou dernièrement celle du 19 novembre 2008 relative au travail intérimaire.

À côté de ces sources traditionnelles du droit communautaire, une **Charte des droits fondamentaux de l'Union européenne** a été adoptée en 2000. Pour l'instant, elle est dépourvue de force contraignante mais elle devrait faire partie du préambule de la Constitution en cas de ratification par les 27 pays membres. Ce texte proclame des droits fondamentaux importants pour le droit du travail communautaire : la liberté professionnelle et le droit de travailler, la liberté d'entreprise, le droit à l'information et à la consultation des travailleurs dans l'entreprise, le droit à la négociation, le droit à la protection en cas de licenciement injustifié et le droit à des conditions de travail justes et équitables. Ce texte permettrait de développer encore ce volet social de l'action communautaire.

Parallèlement à ces sources imposées, **un dialogue social européen** s'est développé en dehors de tout cadre précis entre l'UNICE représentant les employeurs (Union des confédérations de l'industrie et des employeurs d'Europe) et le CES du côté salarié (Confédération européenne des syndicats). Depuis un accord de 1991, annexé au traité de Maastricht, les partenaires sociaux peuvent conclure **un accord-cadre** à l'initiative de la Commission. Puis cet accord est repris par une directive. Un accord-cadre européen du 18 mars 1999 porte par exemple sur les contrats à durée déterminée. Cette évolution récente s'est accélérée depuis un accord-cadre européen du 16 juillet 2002 sur le télétravail puisque sa mise en œuvre ne nécessite plus une reprise par une directive.

II. Les sources nationales

A. Les sources étatiques

Le droit du travail reprend les sources classiques, à savoir :

- **Le bloc de constitutionnalité** dans lequel sont cités par exemple le droit de grève, la liberté syndicale ou la liberté d'entreprendre.
- **Les lois et les règlements** : l'art. 34 de la Constitution indique que la loi est compétente pour les principes fondamentaux du droit du travail. La plupart de ces textes sont regroupés au sein d'un Code du travail dont la 1re version datant de 1910, a été remplacée en 1973 et fait l'objet à compter du 1er mai 2008 d'une nouvelle version. La loi du 31 janvier 2007 n° 2007-130 relative à la relance du dialogue social, recodifiée à art. L1 du Code du travail, donne une valeur impérative à une pétition de principe posée par la loi du 4 mai 2004 : toute réforme gouvernementale en droit du travail doit être précédée d'une information, d'une consultation et d'une concertation avec les partenaires sociaux, soit pour l'instant les 5 grandes centrales du côté salarié (Voir Fiche n° 26) et le MEDEF, la CGPME et UPA du côté employeur. Ce préalable est cependant exclu en cas d'urgence.
- **La jurisprudence** : sans trancher le débat de savoir s'il s'agit d'une véritable source du droit, il est incontestable que la jurisprudence de la Chambre sociale de la Cour de cassation exerce une influence non négligeable sur le droit du travail, apportant des précisions importantes en théorie et en pratique. Ainsi, à titre d'exemple, les arrêts du 10 juillet 2002 relatifs à la clause de non-concurrence définissent avec précision les conditions de validité de cette clause dans un contrat de travail en raison du silence de la loi. De même, la Cour a pu affirmer en 2001 que la « *la perte de confiance ne peut jamais constituer en tant que telle une cause de licenciement même quand elle repose sur des éléments objectifs* » (Voir Fiche n° 14). Cette acti-

vité d'interprétation constructive voire de réécriture de la loi n'est pas sans soulever des difficultés notamment en terme de sécurité juridique. Dans une moindre mesure, certaines décisions du Conseil d'État ou du Conseil constitutionnel peuvent aussi influencer le droit du travail.

B. Les sources professionnelles

C'est une caractéristique importante du droit du travail. De nombreuses sources proviennent du milieu professionnel. Elles peuvent être scindées en deux groupes :

- **Les sources négociées** que sont les conventions et accords collectifs interprofessionnels, de branche, de groupe, d'entreprise voir d'établissement (Voir Fiches n° 31 et s.). Leur rôle a évolué. Considérées à l'origine comme un moyen d'accorder des droits supplémentaires aux salariés au nom du principe de faveur, elles sont davantage vues aujourd'hui comme un instrument d'adapter la loi au niveau où elle s'applique. Par ailleurs, un certain nombre de lois ne sont que la reprise d'accords interprofessionnels négociés, comme cela a été le cas pour le travail temporaire, le licenciement économique ou dernièrement sur la modernisation du marché de l'emploi. Le droit négocié est considéré comme plus facile à appliquer que le droit imposé.
- **Les sources non négociées** et qui sont issues directement de l'employeur. Ainsi, il peut édicter **un règlement intérieur** qui détermine les règles de sécurité, d'hygiène, de discipline applicables dans l'entreprise (Voir Fiche n° 9). Il peut aussi octroyer des droits supplémentaires aux salariés par des **usages et engagements unilatéraux** (Voir Fiche n° 35).

À retenir

Les principales sources du droit du travail		
Sources supranationales	Sources internationales	Conventions de l'OIT. Convention européenne de sauvegarde des droits de l'homme et des libertés fondamentales
	Sources communautaires	Directives de plus en plus nombreuses, prises désormais à la majorité qualifiée.
		Adoption d'une Charte des droits fondamentaux de l'Union européenne.
		Apparition d'un dialogue social européen notamment avec la conclusion d'accords cadres.

Sources nationales	Sources étatiques	Bloc de constitutionnalité.
		Lois et règlements.
		Jurisprudence de la Chambre sociale de la Cour de cassation.
	Sources professionnelles	Droit négocié : accords et conventions collectives.
		Droit non négocié : règlement intérieur, engagements unilatéraux et usages.

Pour en savoir plus

- « L'Europe sociale existe-t-elle ? », *Petites Affiches*, n° spécial 22/06/2006 ;
- G. Caire, « Des normes internationales à la croisée des droits de l'homme et du droit syndical », *Mélanges Verdier*, Dalloz, 2001, p. 259 ;
- E. Dockès, « L'Europe antisociale », *RDT* mars 2009, p. 145 ;
- A. Euzéby, « L'OIT a 80 ans : quatrième âge ou nouvelle jeunesse », *DS* 2000, p. 61 ;
- Ph. Langlois, « La Cour de cassation et le respect de la loi en droit du travail », D. 1997, chron. p. 45 ;
- Ph. Langlois, « La doctrine de la Chambre sociale de la Cour de cassation », *DS* 2006, p. 1084 ;
- A. Lyon-Caen, « La négociation collective dans ses dimensions internationales », *DS* 1997, p. 352 ;
- G. Lyon-Caen, « Le droit social de la Communauté européenne après le traité de Maastricht », D. 1993, p. 149 ;
- G. Lyon-Caen, « L'état des sources du droit du travail », *DS* 2001, p. 1031 ;
- J.-P. Marguénaud et J. Mouly, « Les incursions de la Cour européenne des droits de l'homme en droit du travail : une œuvre encore en demi-teinte », *RDT* janvier 2008, p. 16 ;
- J.P. Marguénaud et J. Mouly, « La chambre sociale de la Cour de cassation, pionnière de la diffusion de la Convention européenne des droits de l'homme en France », *JCP soc.* 6/1/2009, 1001 ;
- J. Mouly, « Les droits sociaux à l'épreuve des droits de l'homme », *DS* 2002, p. 799 ;
- J.F. Cesaro, « Commentaire de la loi du 31 janvier 2007 de modernisation du dialogue social », *JCP soc.* 2007, 1117 ;
- G. Spyropoulos, « Les relations professionnelles dans le tourbillon de la mondialisation », *DS* 1999, p. 230 ;
- Ph. Waquet, « Les arrêts de la chambre sociale de la Cour de cassation », *DS* 1998, p. 62.

Pour s'entraîner

Répondez aux questions de cours suivantes :

1) ***Le droit du travail peut-il échapper à la communautarisation du droit ?***

2) ***Quelles sont les critiques faites aux créations jurisprudentielles en droit du travail ?***

3) ***Quels sont les avantages et les inconvénients des normes professionnelles ?***

Réponses

1) Non, car l'harmonisation de cette branche du droit devient une priorité du droit communautaire pour plusieurs raisons : éviter le *dumping* social et donc favoriser la création d'un marché unique, volonté politique d'aller au-delà d'un simple marché de biens, renforcer le progrès social. D'ailleurs, plusieurs moyens sont mis en œuvre pour aboutir à ce résultat : élaboration de directives dans des domaines de plus en plus vastes et à des conditions plus souples qu'en 1957, reconnaissance de la possibilité d'un dialogue social, adoption d'une Charte de droits fondamentaux, inscription dans les préambules des traités fondateurs.

2) Voici les critiques traditionnellement faites à l'encontre des créations jurisprudentielles. Les décisions de jurisprudence ont un effet rétroactif et sont donc source d'insécurité juridique. Par ailleurs, la jurisprudence se caractérise par un manque de prévisibilité de la solution, en partie due par le peu de saisine pour avis. En outre, les revirements peuvent susciter un contentieux énorme. Un manque de légitimité est également reproché à ces décisions émanant de personnes non élues démocratiquement. Enfin, certains estiment que la Cour de cassation sort de son rôle et porte atteinte à la séparation des pouvoirs, ainsi qu'à l'interdiction des arrêts de règlement.

3) Ces sources professionnelles peuvent avoir pour effets bénéfiques d'être mieux adaptées à la situation que la loi émanant de l'État, et donc mieux acceptées et donc mieux appliquées.

Mais elles peuvent être une source d'inégalité entre les salariés, un facteur de complexité, et faire l'objet de conflits sociaux dans l'entreprise au moment de la négociation.

Fiche 3

Les organes du droit du travail

Définition

Conseil des prud'hommes : juridiction paritaire et professionnelle, composée de juges élus par les salariés et les employeurs et ayant la compétence exclusive de juger les litiges entre salariés et employeurs nés à l'occasion des relations individuelles.

I. Les institutions administratives

A. Le Pôle emploi

Depuis le 1er janvier 2009, le Pôle emploi a été mis en place, par un décret du 29 septembre 2008 (n° 2008-1010, *JO* 30/9/2008, *JCP soc.* 7/10/2008, act. 502) adopté en application de la loi du 13 février 2008, dans le but de fusionner l'ANPE et l'Unédic. L'ANPE, Agence nationale pour l'emploi, a été créée en 1967. Cet établissement public assurait le service public du placement. Jusqu'à la loi de cohésion sociale du 18 janvier 2005, l'ANPE bénéficiait d'un monopole pour le placement des salariés. Mais ce monopole portait atteinte aux principes du droit communautaire, car ces organismes sont considérés par la CJCE comme des entreprises et sont donc soumis au droit de la concurrence. En bénéficiant d'un monopole, ils pouvaient être sanctionnés pour abus de position dominante (CJCE, 23 avril 1991, Hofner, *RJS* 1991, n° 908). Désormais, les employeurs ne sont plus tenus de notifier leurs offres d'emploi à l'ANPE. De plus, les intermédiaires privés, comme les agences d'intérim, ou publics, comme les communes, peuvent recevoir ces offres et effectuer les opérations de placement. Pour faciliter le recrutement, les offres peuvent désormais être diffusées par tout moyen de communication, y compris par internet. En revanche, le commerce des offres reste interdit. L'ANPE a vu également ses fonctions modifiées par la loi Borloo. En effet, elle devait établir un projet personnalisé d'accès à l'emploi (PPAE) après avoir procédé à l'entretien individuel des chômeurs pour favoriser leur recherche d'emploi.

L'Unédic était chargé de procéder à l'indemnisation des demandeurs d'emploi et n'intervenait pas pour la recherche d'emploi. Désormais, les deux fonctions seront assumées par ce nouveau service public de l'emploi dans le but de favoriser leurs démarches.

B. L'inspection du travail

Cette administration a été instaurée en 1874 pour permettre le contrôle de l'application de la réglementation du travail dans les entreprises, suite au constat suivant : la loi de 1841, votée pour protéger les femmes et les enfants, n'a pas été respectée en raison de l'absence de contrôle dans les entreprises. Sa mission s'est peu à peu étendue et sa compétence vaut pour tous les salariés travaillant dans les entreprises situées dans le ressort géographique de l'inspection du travail. Elle remplit, actuellement, les fonctions suivantes :

- **Mission de surveillance** : selon les articles L 8112-1 et s. (anc. art. L 611-1), l'inspecteur du travail vérifie l'application des dispositions législatives, réglementaires et conventionnelles dans l'entreprise. Il dispose à ce titre d'un droit de visite dans les entreprises sans obligation d'informer l'employeur, d'un droit de se faire communiquer les documents nécessaires et d'un droit d'enquête avec entretien éventuel des salariés. Si un employeur refuse de laisser entrer un inspecteur ou lui donne de fausses informations, il peut être poursuivi pour délit d'obstacle à l'accomplissement des missions de l'inspection du travail (C. trav., art. L 8114-1, anc. art. L 631-1 ; Crim. 14 octobre 2008, 07-84365, *JCP soc.* 11/11/2008, act. 576).
- **Constat des infractions et poursuites** : lorsqu'il constate une infraction notamment en matière d'hygiène et de sécurité, il peut mettre en demeure l'employeur de faire cesser le trouble, rédiger un procès-verbal qui est transmis au parquet, qui décide de poursuivre ou non. En cas d'atteinte à l'intégrité physique des salariés, il peut saisir le juge des référés pour faire cesser le trouble. La loi du 2 août 2005 en faveur des petites et moyennes entreprises a renforcé leur pouvoir en matière de travail illégal.
- **Rôle de conseil et de médiation** : ce rôle vaut aussi bien auprès des salariés et des employeurs. Il peut donner un avis, servir de médiation à la demande de l'une ou de l'autre partie. Il peut aider un employeur dans un certain nombre de démarches, comme les mesures de reclassement en matière de licenciement économique.
- **Pouvoir de décision** : l'employeur doit demander une autorisation à l'inspection du travail, pour un certain nombre de mesures, comme le licenciement d'un salarié protégé (Voir Fiche n° 30).

II. Les institutions judiciaires

A. Le conseil des prud'hommes

Cette juridiction a été mise en place à Lyon sous l'Ancien Régime pour résoudre des litiges opposant les Soyeux et les Canuts. Supprimée à la Révolution, elle a été rétablie en 1806 et leur nombre a augmenté tout au long du XIXe siècle, au fur et à mesure du développement industriel. Elle est régie par les articles L 1411-1 et s. du Code du travail (anc. art. L 511-1 à L 511-14).

Organisation

Il s'agit d'une juridiction composée de manière paritaire de conseillers salariés et de conseillers employeurs, élus par leurs pairs en principe pour 5 ans à partir des listes syndicales. Les dernières élections ont eu lieu le 3 décembre 2008. Chaque conseil est divisé en 5 sections, bénéficiant d'une compétence exclusive : industrie, commerce, agriculture, encadrement et activités diverses. Dans chaque formation, il y a un bureau de conciliation et un bureau de jugement. Cette organisation traduit une règle de procédure spécifique : toute affaire doit faire l'objet d'une tentative de conciliation obligatoire et préalable devant le bureau de conciliation. Ce n'est qu'en cas d'échec, que le bureau de jugement est saisi. Cette phase est parfois écartée, notamment en cas d'action en requalification d'un contrat à durée déterminée en un contrat à durée indéterminée.

Compétence

Cette juridiction dispose d'une compétence exclusive pour tous les litiges nés à l'occasion des relations individuelles de travail entre un employeur et un salarié, et cela quelle que soit la nature du contrat de travail (C. trav., art. L 1411-1, anc. art. L 511-1). Il peut s'agir d'un conflit portant sur la formation, l'exécution ou la rupture du contrat de travail. Il est compétent également pour les litiges entre salariés et pour tous ceux accessoires au contrat de travail, attribués pourtant, en principe, à une juridiction de droit commun (Voir par exemple : Cass. soc. 9 juillet 2008, 06-45800, *JCP soc.* 2/12/2008, 1638 : il est compétent pour un problème d'exécution d'un pacte d'actionnaire en cas de licenciement du salarié-actionnaire). Mais cette question accessoire ne doit pas relever de la compétence exclusive d'une autre juridiction (Cass. soc. 21 mai 2008, 07-15462, *RDT* juillet/août 2008, p. 472 : reconnaissance de la compétence du conseil des prud'hommes pour une question portant sur les droits de la propriété intellectuelle et non du TGI qui a une compétence exclusive uniquement pour les droits de la propriété industrielle). Le conseil des prud'hommes reste compétent en cas de procédure collective ouverte à l'encontre de l'employeur.

Illustration de la compétence du conseil des prud'hommes :
Cass. soc. 28 novembre 2007, 07-40787, RJS 2/08, n° 138

> *Quel est le tribunal compétent pour juger d'une discrimination à l'embauche, puisque le contrat de travail par hypothèse n'est pas conclu ? Cette question a donné lieu à un débat. Une circulaire 93-10 du 15 mars 1993 a donné la compétence au TGI ou au TI en fonction du montant de la demande des dommages-intérêts en s'appuyant sur la compétence de droit commun de ces juridictions et le fait qu'il n'y avait pas de contrat. La Cour de cassation adopte une autre*

position dans une décision du 28 novembre 2007 et reconnaît, au contraire, la compétence du conseil des prud'hommes sur le fondement de l'article L 511-1 du Code du travail.

Quant à la compétence territoriale, l'art. R 1412-1 du Code du travail (anc. art. R 517-1) précise que celui qui est territorialement compétent est celui dans le ressort duquel est situé l'établissement où est effectué le travail. De plus, lorsque le salarié est demandeur, il peut aussi saisir celui dans le ressort duquel l'engagement a été conclu ou dans le ressort duquel l'employeur est établi. La réforme de la carte judiciaire a modifié le ressort territorial des juridictions et le Conseil des prud'hommes n'a pas échappé à cette réorganisation. En effet, le décret du 29 mai 2008 (n° 2008-514, *JO* 1er juin 2008) a supprimé 62 conseils sur les 271 existants et a changé le ressort géographique de chacun d'entre eux.

Toutes ces règles sont d'ordre public : toute clause d'un contrat ou d'un accord collectif dérogeant aux règles de la compétence matérielle ou territoriale serait nulle, d'une nullité absolue.

Remarques procédurales

L'art. R 1452-6 (anc. art. R 516-1) indique que toutes les demandes dérivant d'un même contrat de travail et opposant les mêmes parties doivent faire l'objet d'une seule instance pour éviter de multiplier les recours. Ce **principe de l'unicité d'instance** entraîne plusieurs conséquences : toutes les demandes nouvelles sont recevables en tout état de cause, même en appel, sans qu'il soit nécessaire qu'elles soient l'accessoire ou le complément de la demande initiale et sans que puisse être opposée l'absence de tentative de conciliation. En revanche à la fin de l'instance, toutes les demandes nouvelles conduisent à une fin de non-recevoir.

La procédure est essentiellement orale, ce qui implique la présence des parties à l'audience en principe. Un décret du 18 juillet 2008 (n° 2008-715) portant diverses mesures relatives à la modernisation du marché du travail et reprenant certaines propositions de l'ANI du 11 janvier 2008 a assoupli cette exigence de comparution personnelle en modifiant les articles R 1454-12 et R 1454-13 du Code du travail. Une simple déclaration au greffe suffit pour saisir le conseil des prud'hommes. Enfin, le ministère d'avocat n'est pas obligatoire.

Son taux de ressort est fixé à 4 000 euros (C. trav., art. D 1462-3, anc. art. D 517-1).

B. Autres juridictions

Le conseil des prud'hommes n'est pas la seule juridiction à intervenir en matière de droit du travail, car certains litiges relèvent de la compétence d'autres tribunaux.

Les autres juridictions judiciaires civiles

Le **tribunal de grande instance** intervient pour tous les litiges collectifs en droit du travail, comme pour les demandes d'application d'une convention collective sans prétention particulière de la part du salarié ou celles d'expulsion de salariés grévistes. Le **tribunal d'instance** juge toutes les questions relatives aux élections des représentants du personnel et est appelé juge des élections (Voir Fiche n° 27).

Les juridictions répressives

Ce sont les juridictions de droit commun qui sont compétentes. Ainsi en cas de délit, comme le délit d'entrave ou les infractions en matière d'hygiène et de sécurité ou en cas de discrimination, le tribunal correctionnel sera compétent et en matière de contraventions, le tribunal de police pourra être saisi.

Les juridictions administratives

Elles peuvent intervenir en cas de recours contentieux contre une décision de l'inspection du travail. Ce recours complète le recours hiérarchique qui existe devant le ministre du Travail. Il est effectué devant le tribunal administratif, puis la cour administrative d'appel et, enfin, le Conseil d'État peut être saisi comme juridiction de cassation.

Pour en savoir plus

- « Résultat des élections prud'homales », *JCP soc.* 16/12/2008, act. 665 ;
- O. Barrat, « Service de l'emploi », *Petites Affiches*, 31 mars 2005, p. 4 ;
- B. Blohorn-Brenneur, « Bicentenaire de la création des conseils de prud'hommes : bilan et perspectives », D. 2006, p. 1324 ;
- F. Duquesne, « Le TGI face au licenciement économique collectif », *DS* 2002, p. 606 ;
- Y. Rousseau, « Du monopole public du placement à un nouveau service public de l'emploi », *DS* 4/05, p. 456 ;
- Y. Rousseau, « Sur la fusion de l'ANPE et des ASSEDIC », *DS* 2008, p. 151 ;
- E. Serverin, « Le projet de refonte de la carte des prud'hommes, au mépris de son histoire », *RTD* janvier 2008, p. 49 ;
- E. Serverin, T. Grumbac et P. Bouaziz, « Le mandat de concilier devant le bureau de conciliation du conseil des prud'hommes : les effets pratiques du décret n° 2008-715 du 18 juillet 2008 », *RTD* octobre 2008, p. 615 ;
- B. Silhol, « L'inspection du travail et le choix de l'action pénale », *DS* 2000, p. 959 ;
- D. Soldini, « Le service public de l'emploi et le droit de la concurrence », *DS* 2006, p. 599 ;
- V. Tiano, « La réforme contestée de l'inspection du travail », *DS* 2006, p. 662 ;
- M. Véricel, « L'ANPE, Une agence à supprimer ou à renforcer », *DS* 2000, p. 95 ;
- V. Vieille, « Inspecter le travail ou veiller à l'application du droit du travail : une mission impossible ? », *DS* 2006, p. 666 ;

- Ch. Willman, « Fusion ANPE-UNEDIC et nouveaux droits et devoirs du demandeur d'emploi. Deux lois pour une même logique », *JCP soc.* 16/9/2008, p. 1475.

À retenir

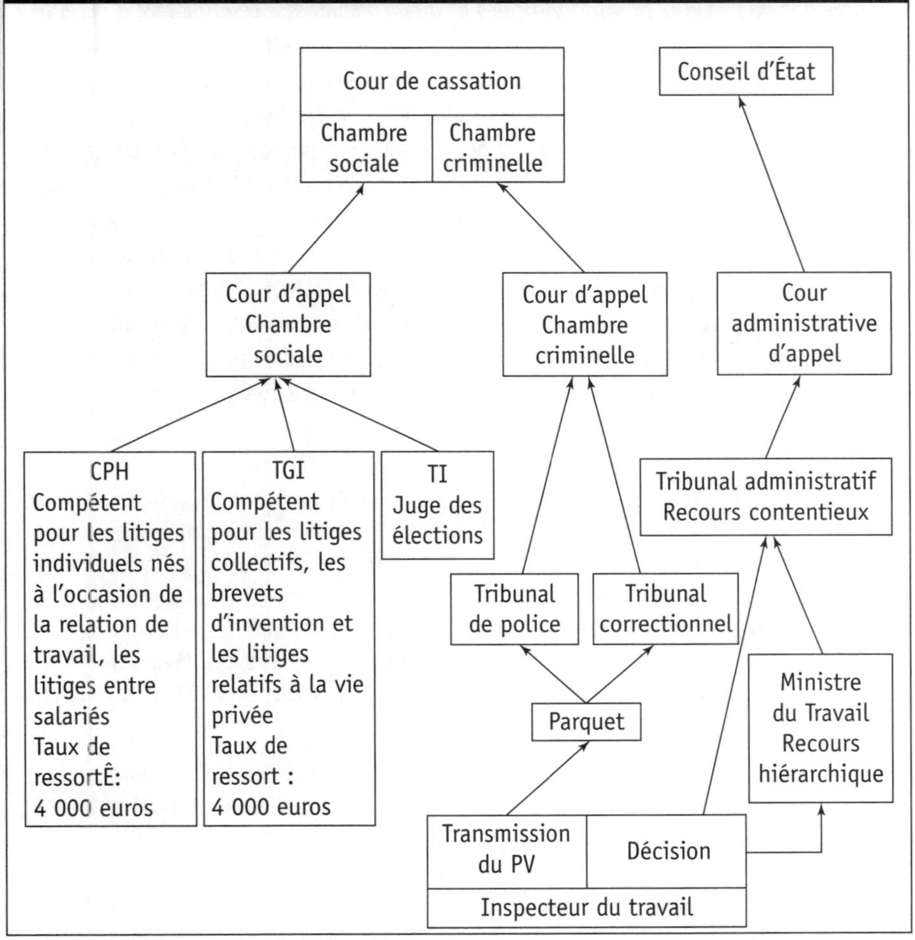

Pour s'entraîner

Résoudre le cas pratique suivant :

Laurent est chercheur au CNRS. Il a reçu une proposition d'une entreprise privée, fabricant de produits pharmaceutiques et de médicaments. Le ministère a accepté sa mise en disposition et il est donc entré au service de cette entreprise, Médicam, ayant son siège social à Paris. Dans le cadre de ses activités de recherche, il a découvert une molécule de nature à révolutionner le traitement de la maladie de Parkinson. Il a donc déposé un brevet pour protéger sa découverte, faite au laboratoire de Lyon où il travaille. Lors de ses travaux, il a été blessé et en principe, une prime d'assurance aurait dû lui être versée en raison d'un contrat d'assurance conclu par Médicam pour l'ensemble de ses salariés. Cette somme s'élèverait à 10000 euros. Sa mission étant finie, il démissionne et réintègre le CNRS. Malheureusement, la rupture de son contrat de travail ne se déroule pas comme il le souhaitait : il n'a reçu ni son certificat de travail, ni le paiement de son treizième mois depuis 2 ans, ni le versement de cette prime d'assurance. Il se demande quel juge il doit saisir.

Réponse

Laurent est titulaire d'un contrat de travail pendant son détachement avec une entreprise privée et son litige porte sur l'exécution et la rupture de son contrat de travail. Le fait qu'il soit fonctionnaire ne modifie pas cette solution, car pendant sa mise à disposition, son statut est en quelque sorte suspendu. Le Conseil des prud'hommes est donc *a priori* compétent pour ce litige individuel né entre lui et son employeur, la société Médicam (Ass. Plén. 20 décembre 1996, 92-40641, *DS* 1997, p. 710 ; D. 1997, p. 275).

L'est-il alors pour toutes les demandes ?

En vertu du principe d'unicité de l'instance, le demandeur doit joindre toutes ses demandes dès lors qu'elles dérivent d'un même contrat de travail entre les mêmes parties et dont le fondement est déjà né (C. trav., art. R 1452-6, anc. art. R 516-1). Donc en l'espèce, il doit soulever le problème de la délivrance du certificat de travail, du versement du 13e mois et de la prime d'assurance. Grâce à la théorie de l'accessoire, cette prime représente un avantage social complémentaire et accessoire au contrat de travail, ce qui permet d'être jugé par le Conseil des prud'hommes, même s'il ne s'agit pas directement d'un problème du contrat de travail (Cass. soc. 19 janvier 1999, 96-44688 et 97-43785, *DS* 1999, p. 315). En revanche en cas de litige éventuel portant sur le brevet d'invention, la règle de l'unicité de l'instance est inapplicable dans la mesure où le litige n'est pas encore né. Par ailleurs, ces questions relèvent de la compétence exclusive du TGI depuis une loi du 2 janvier 1968 (Cass. soc. 18 février 1988, 85-40213, *Bull. civ.* V, n° 126). Le salarié étant demandeur, il a le choix, selon l'art. R 1412-1 (anc. art. 517-1), entre le CPH du lieu dans le ressort duquel l'entreprise est établie, ou dans le ressort duquel l'engagement a été conclu ou dans le ressort duquel l'établissement où est effectué le travail est situé. Il peut donc choisir en l'espèce entre le CHP de Paris ou de Lyon.

Les critères du contrat de travail

Fiche **4**

Définitions

Contrat de travail : convention par laquelle une personne, le salarié, effectue une prestation de travail, moyennant une rémunération et sous la subordination de l'employeur.

Lien de subordination : critère distinctif du contrat de travail en vertu duquel l'employeur dispose d'un pouvoir de direction, de contrôle et de sanction.

Il est indispensable de caractériser le contrat de travail, condition nécessaire et suffisante pour appliquer le droit du travail à une relation. Les juges ne sont pas tenus par la qualification donnée par les parties : ils peuvent, s'ils constatent les critères du contrat de travail, requalifier le contrat en contrat de travail, et réciproquement, déqualifier un contrat de travail notamment s'ils ne constatent pas le lien de subordination (Ass. Plén. 4 mars 1983, arrêt Barrat, 81-15290, 81-11647, *D.* 1983, 381). C'est pourquoi il faut en rechercher les critères. Certains sont accessoires ; un autre, le lien de subordination, est fondamental.

I. Les critères accessoires du contrat de travail

A. L'existence d'une prestation de travail

Cette prestation de travail peut en principe prendre **toutes les formes** : il peut s'agir d'un travail physique, intellectuel ou artistique, voire même spirituel. Cette **prestation doit être volontaire**. Toutes les hypothèses de travail forcé ne relèvent donc pas du droit du travail. Enfin, il doit s'agir d'une **prestation personnelle.** Si c'est un tiers qui exécute la prestation, il s'agira d'un contrat de sous-traitance, mais non d'un contrat de travail.

Illustration : le cas particulier des ministres du Culte.

La Cour de cassation semble réticente à admettre l'existence d'un contrat de travail entre un ministre du Culte et son église. Ce contrat a pu être reconnu dès l'instant où le lien de subordination pouvait être caractérisé. Il en a été ainsi par exemple pour un pasteur protestant (Cass. soc. 23 avril 1997, 94-40909, RJS *6/97, n° 645) et pour un rabbin (Paris, 21 novembre 1996,* RJS *2/97, n° 232). Pourtant, dans une décision du 12 juillet 2005, la Cour de cassation a posé comme principe qu'un pasteur protestant ne pouvait avoir de contrat de travail pour l'exercice de son ministère (Cass. soc. 12 juillet 2005, 03-43354,* Bull. civ. *V, n° 243,* JCP *éd. E, 19/1/2006, 11430, p. 1748). Aucune motivation n'est donnée. Mais trois raisons sont invoquées par la doctrine. L'activité religieuse ne peut être assimilée à une prestation de travail. Par ailleurs, la cause de cette activité réside dans la foi et non dans la recherche d'une rémunération. Enfin, certains considèrent qu'il ne peut exister de lien de subordination. En revanche, les autres personnes qui travaillent pour une communauté religieuse peuvent avoir un contrat de travail si un lien de subordination est caractérisé, malgré la nature spirituelle de leur engagement (Cass. soc. 29 octobre 2008, 07-44766,* JCP soc. *9/12/2008, 1646).*

B. La rémunération

Cette condition est indispensable pour caractériser un contrat de travail, comme l'affirme la Cour de cassation de manière constante depuis un **arrêt du 3 août 1942** (Cass. 3 août 1942, *DS* 1943, p. 231). À défaut, il s'agit d'un contrat d'entraide ou de bénévolat. Ainsi, une personne qui surveille pendant les vacances une villa et prend livraison des différentes commandes n'est pas liée par un contrat de travail en raison de l'absence de rémunération (Cass. soc. 7 janvier 1981, 79-41213, *Bull. civ.* V, n° 2) (Voir Fiche n° 39).

II. Le critère distinctif : le lien de subordination

A. Le rôle du lien de subordination

Ce critère est fondamental **pour différencier le contrat de travail d'autres types de contrat** comme le contrat d'entreprise ou d'association ou de société, ces deux derniers contrats se caractérisant par une égalité des parties, incompatible avec l'idée de subordination.

Illustration de la requalification d'un contrat : Paris, 12 février 2008, JCP soc. *11/3/2008, act. 142*

Les participants au jeu télévisé « L'île de la tentation » ont obtenu de la Cour d'appel de Paris une requalification de leur contrat dit de participation en contrat de travail en raison du fait que le producteur déterminait unilatéralement leurs activités mais aussi leurs conditions de vie de façon permanente. Ils ont été dédommagés au titre de la méconnaissance des règles sur le temps de travail, pour travail dissimulé mais aussi rupture sans cause réelle et sérieuse, soit plus de 25 000 euros par personne. La Cour de cassation a rejeté le pourvoi formé contre cette décision et a également reconnu l'existence d'un contrat de travail (Cass. soc. 3 juin 2009, 08-40981, JCP soc. *9/6/2009, act. 290).*

Ce lien de subordination **fonde aussi le pouvoir de direction de l'employeur** et l'idée selon laquelle c'est l'employeur qui assume les risques économiques et juridiques de l'activité du salarié. C'est lui qui est responsable civilement des actes commis dans son entreprise au nom de la responsabilité des commettants du fait des préposés.

B. Définition

Selon une thèse ancienne, cette subordination correspond à un état de dépendance économique et il y aurait contrat de travail dès lors que celui qui fournit le travail en tire son principal moyen d'existence. L'inconvénient de cette analyse réside dans le fait que seraient aussi considérés comme des salariés un certain nombre de sous-traitants. C'est pourquoi une autre thèse, plus restrictive, a été avancée et a été consacrée par la Cour de cassation dans un **arrêt du 6 juillet 1931, Bardou** (Cass. 6 juillet 1931, *DP* 12931, I, 121). **Il faut caractériser un lien de subordination juridique, c'est-à-dire que le salarié doit être placé sous la direction, la surveillance et l'autorité de l'employeur. Un arrêt du 13 novembre 1996** a confirmé de manière expresse cette analyse : « *ce lien est caractérisé par l'exécution d'un travail sous l'autorité d'un employeur qui a le pouvoir de donner des ordres et des directives, d'en contrôler l'exécution et de sanctionner les manquements de son subordonné* » (Cass. soc. 13 novembre 1996, 94-13187, *JCP* 1997, éd. G, II, 911, note J. Barthélémy).

Pour caractériser le lien de subordination, la Cour de cassation utilise la méthode du faisceau d'indices. Plusieurs ont été dégagés par la jurisprudence mais tous ne sont pas exigés pour caractériser ce lien. Il s'agit de :

- **La contrainte d'horaires et/ou de lieu de travail** : ainsi, un médecin tenu de respecter des horaires préétablis par l'hôpital est lié à cet hôpital par un contrat de travail (Cass. soc. 7 décembre 1983, 81-41626, *Bull. civ.* V, n° 592).
- **Le respect des directives données par l'employeur et le contrôle corrélatif** : ainsi, une institutrice vacataire soumise à des directives précises pour le fonctionnement de ses cours, tenue de rédiger des comptes rendus sur l'avancement de ses élèves et le respect du programme bénéficie d'un contrat de travail, même si elle dispose d'une liberté technique dans la préparation de ses cours (Cass. soc. 19 mars 1981,79-41402, *Bull. civ.* V, n° 235).
- **L'intégration du salarié dans une structure ou un service organisé**, si l'employeur détermine unilatéralement les conditions de travail. Avant

l'arrêt du 13 novembre 1996 précité, ce critère du service organisé suffisait pour caractériser le contrat de travail sans qu'il soit nécessaire de constater le lien de subordination. Cette jurisprudence, établie par un arrêt d'Assemblée plénière de 1976 (Ass. Plén. 18 juin 1976, 74-11210, *D.* 1977, p. 173), permettait de soumettre au droit du travail et au droit de la Sécurité sociale un certain nombre de personnes. L'arrêt de 1996 met fin à cette jurisprudence : désormais, cette intégration dans un service organisé n'est qu'un indice parmi d'autres du lien de subordination, qui doit être établi (Cass. soc. 22 mars 2006, 05-42346, *JCP soc.* 23/5/2006, 1423, note C. Puigelier).

- **La fourniture de matériel ou de matière première** indispensable à la réalisation de la tâche à accomplir.

Illustration : l'utilisation de la fourniture de matériel comme indice du lien de subordination : arrêt Labbane, Cass. soc. 19 décembre 2000, 98-40572, DS *2001, p. 227.*

> *Un contrat de location du véhicule avait été prévu pour une durée d'un mois renouvelable par tacite reconduction. Le loueur versait à l'Urssaf des cotisations sociales. Par ailleurs, le chauffeur s'engageait à conduire personnellement, exclusivement et en bon père de famille le véhicule, à procéder à l'entretien dans les locaux du loueur au moins une fois par semaine. Pour la cour d'appel, il n'y avait aucune dépendance juridique mais seulement une dépendance économique, insuffisante pour qualifier le contrat de contrat de travail. Le chauffeur était libre d'organiser ses tournées et ses relations avec les clients. Pourtant, la Cour de cassation a cassé cette décision car, en raison de ces obligations du contrat de location, des ordres donnés et des contrôles effectués, il y avait nécessairement, dans les faits, une subordination juridique. Par ailleurs, le loueur disposait d'un pouvoir de sanction consistant dans une possibilité de résiliation unilatérale avec un délai de préavis très court. La Cour rappelle ainsi que les juges ne sont pas tenus par la qualification donnée au contrat par les parties. Elle regarde également non seulement le contenu des obligations contractuelles mais aussi leurs conséquences pratiques.*

B. Les aménagements du lien de subordination

Le lien de subordination doit parfois être assoupli ou aménagé pour tenir compte des spécificités de la relation de travail.

Deux séries d'hypothèses peuvent être étudiées dans lesquelles **des présomptions de salariat** sont mises en place. D'abord, **certaines professions** exigent une liberté technique, comme pour les avocats, les médecins, les journalistes. Pour les avocats, la loi du 31 décembre 1990 considère que l'avocat est salarié s'il ne peut pas développer sa clientèle propre. La Cour de cassation regarde concrètement et dans les faits si l'avocat peut en constituer une, indépendamment des clauses du contrat (Mixte 12 février 1999, 96-17468, *Bull. civ.* Mixte, n° 1 ; Cass.

soc. 14 mai 2009, 08-12966, *JCP soc.* 2/6/2009, 278). De même, l'art. L 7112-1 du Code du travail (anc. art. L 761-2) établit une présomption de contrat de travail pour les journalistes professionnels qui ont, comme occupation principale, régulière et rétribuée, une activité journalistique au profit d'une ou plusieurs agences de presse et dont ils tirent l'essentiel de leurs ressources. Le lien de subordination est présumé par ces conditions ainsi que le contrat de travail, mais l'agence de presse peut l'écarter en établissant que le journaliste dispose d'une indépendance totale (Cass. soc. 8 avril 1992, 89-42171, *Bull. civ.* V, n° 254).

Illustrations de la présomption de salariat pour les artistes :

> *Les articles. L 7121-1 et s. du Code du travail (anc. art. L 762-1) établissent une présomption de salariat pour les artistes qui participent à un spectacle avec celui qui produit le spectacle. Cette présomption subsiste même si l'artiste conserve la liberté d'expression dans son art et même s'il est propriétaire d'une partie de son matériel, comme son instrument de musique. Mais la Cour de cassation a admis qu'un contrat de travail pouvait aussi exister à côté de cette présomption vis-à-vis d'une autre personne, dès lors que l'artiste prouvait le lien de subordination. Il en a été ainsi à l'égard d'une personne qui recrutait les musiciens, qui leur donnait des instructions précises et les surveillait (Cass. soc. 19 décembre 2007, 06-42773,* D. *7 février 2008, p. 360).*

Par ailleurs, le contrat de travail peut exister **dans certaines relations** qui se caractérisent par une égalité entre les partenaires. Il en ainsi par exemple de l'art. L 784-1 du Code du travail, abrogé dans la nouvelle codification, qui considère que le conjoint ou le Pacsé du chef d'entreprise est salarié dès lors qu'il participe habituellement et effectivement à l'activité de son époux ou partenaire et qu'il perçoit une rémunération au moins égale au SMIC. Le lien de subordination semble là aussi présumé et ne doit pas être établi, malgré la formule « *sous l'autorité duquel il est réputé exercer son activité* ». Dans une décision du 24 janvier 2007, la Cour de cassation considère qu'il ne s'agit pas d'une condition nécessaire à l'application de ce texte (Cass. soc. 24 janvier 2007, 05-44346, *JCP soc.* 27/3/2007, 1200). Par ailleurs, l'absence de rémunération n'est pas un obstacle à la reconnaissance du statut salarié (Cass. soc. 13 décembre 2007, 06-45243, *JCP soc.* 15/4/2008, 1230). La seule référence à ce statut est désormais inscrite à l'article L 121-4 du Code de commerce, sans que les conditions soient précisées.

Enfin, les nouvelles formes de travail utilisant **les nouvelles technologies** peuvent aussi rendre plus difficile la caractérisation du lien de subordination. Pour l'instant la loi n'a prévu aucun aménagement spécifique. Seule la jurisprudence sera amenée à assouplir ce lien.

À l'inverse, l'art. L 8221-6 du Code du travail (anc. art. L 120-3) pose une **présomption de non-salariat** pour les personnes physiques immatriculées au registre du commerce ou des métiers ou auprès de l'URSSAF pour le recouvrement des cotisations d'allocations familiales, pour l'exécution de l'activité donnant lieu à cette immatriculation. La preuve contraire est possible s'il existe un lien de subordination juridique permanent à l'égard du donneur d'ouvrage (voir par exemple : Cass. soc. 22 mars 2006, 05-42346, *JCP soc.* 23/5/2006, 1423, note C. Puigelier).

À retenir

- **Arrêt du 3 août 1942, Arrêt Bardou du 6 juillet 1931, Arrêt du 13 novembre 1996.**
- **Trois critères du contrat de travail : une prestation de travail personnelle, une rémunération et un lien de subordination.**

Pour en savoir plus

- F. Favennec-Héry, « Les relations professionnelles entre époux ou le travail sans la subordination », *DS* 2002, p. 403 ;
- P. Fieschi-Vivet, « Les éléments constitutifs du contrat de travail », *RJS* 7/1991, p. 414 ;
- L. Fin-Langer, « Les statuts de salarié et d'auteur sont-ils compatibles ? », *Droit et patrimoine*, avril 2006, p. 52 ;
- G. François, « Nullité du contrat de travail des participants à une émission de téléréalité », *JCP soc.* 5/5/2009, 1196 ;
- A. Jeammaud, « L'avenir sauvegardé de la qualification de contrat de travail », *DS* 2001, p. 227 ;
- E. Peskine, « Entre subordination et indépendance : en quête d'une troisième voie », *RTD* juin 2008, p. 371 ;
- J. Savatier, « Entre bénévolat et salariat : le statut des volontaires pour le développement », *DS* 2000, p. 146 ;
- A. Supiot, « Les nouveaux visages de la subordination », *DS* 2000, p. 131 ;
- M. Véricel, « Le rétablissement de la présomption de non-salariat », *DS* 2004, p. 294.

Pour s'entraîner

Indiquez si la proposition faite est Vraie ou Fausse :

1) ***Un fonctionnaire détaché auprès d'une entreprise privée pour effectuer une mission particulière ne peut être titulaire d'un contrat de travail.***

❒ *Vrai* ❒ *Faux*

2) ***Les relations de travail des personnes incarcérées ne font pas l'objet de contrat de travail.***

❒ *Vrai* ❒ *Faux*

3) ***Un chercheur ne peut être titulaire d'un contrat de travail en raison de la liberté inhérente à sa fonction.***

❒ *Vrai* ❒ *Faux*

4) ***Le fait que les parties aient qualifié leur contrat de contrat d'entreprise ou de location est un obstacle à la reconnaissance d'un contrat de travail.***

❒ *Vrai* ❒ *Faux*

Réponses

1) Faux : il est titulaire d'un contrat de travail s'il effectue cette mission dans un rapport de subordination : c'est une jurisprudence constante depuis AP 20 décembre 1996, 92-40641, *Bull. civ.* n° 10 ;

2) Vrai : car il ne s'agit pas d'une prestation volontaire : cass. soc. 18 mars 1997, 94-41716, *Bull. civ.* V, n° 112 ;

3) Faux : il peut être titulaire d'un contrat de travail : il n'y a aucun obstacle à condition d'établir un lien de subordination, par exemple dans les contraintes d'horaires et de lieu de travail, dans le contrôle du travail fait : cass. soc. 14 mars 1991, 88-42793, *Bull. civ.* V, n° 138 ;

4) Faux : les juges ne sont pas tenus par la qualification donnée par les parties.

Fiche 5

Les caractères et le contenu du contrat de travail

Définitions

Clause de dédit-formation : clause par laquelle le salarié s'engage à rester un certain temps au service de son employeur en raison d'une formation particulière qu'il lui a assurée et à, défaut de rembourser cette formation.

Clause de garantie d'emploi : clause par laquelle l'employeur s'engage à conserver à son service un salarié pendant un temps déterminé.

Clause de non-concurrence : clause par laquelle le salarié s'engage à ne pas travailler pour une entreprise concurrente à la rupture de son contrat de travail pendant une certaine durée et moyennant une contrepartie financière.

Clause de mobilité : clause par laquelle l'employeur s'autorise à modifier unilatéralement le lieu d'exécution de la prestation de travail.

I. Les caractères du contrat de travail

A. Un contrat synallagmatique et à titre onéreux

Le contrat de travail est un contrat synallagmatique car il contient des obligations réciproques et indépendantes à la charge de chacune des parties : à titre principal, le salarié s'engage à exécuter la prestation de travail et l'employeur, à fournir cette prestation et à le rémunérer. Le fait qu'il soit un contrat synallagmatique permet d'appliquer les règles du Code civil régissant ce type de contrat. En premier lieu, selon **l'exception d'inexécution**, si le salarié n'exécute pas sa prestation de travail, il n'est pas rémunéré par l'employeur. Ce principe est rappelé par la Cour de cassation notamment dans les hypothèses de suspension du contrat de travail (Cass. soc. 1er juin 1951, *Bull. civ.* V, nº 433 ; Voir Fiche nº 12). Pourtant, les conséquences habituelles sont aménagées. Ainsi, malgré l'inexécution par le salarié de sa prestation de travail, l'employeur sera tenu de verser le salaire au salarié, notamment pour les congés pour événements familiaux ou les congés payés. Des raisons sociales et le caractère alimentaire du salaire expliquent ces dérogations. En second lieu, ce qualificatif permet de demander **la résiliation**

judiciaire du contrat pour inexécution (C. civ., art. 1184). Mais là aussi pour des raisons sociales, ce mode de rupture fait l'objet de réticences de la part de la Cour de cassation notamment quand il est invoqué par l'employeur. La Cour préfère qu'il utilise les modes de rupture spécialement prévus, en l'occurrence la procédure de licenciement (voir Fiches n°s 14 et 18). En cas de manquement par le salarié à ses obligations, l'employeur devra respecter la procédure disciplinaire (voir Fiche n° 10). Quant au salarié, il peut demander l'exécution forcée mais aussi la réparation du préjudice subi. Les règles de la responsabilité contractuelle sont cependant assouplies au regard du droit commun des obligations. En effet, la Chambre sociale considère que l'inexécution par l'employeur de l'une de ses obligations entraîne nécessairement un préjudice pour le salarié, qu'il n'a donc pas à prouver (Cass. soc. 19 mai 1998, 97-41814, *DS* 1998, p. 723 et 736 : l'employeur n'avait pas remis en temps et en heure l'attestation ASSEDIC au salarié, ce qui l'a empêché de faire valoir ses droits auprès de cet organisme).

B. Un contrat *intuitu personae*

Le contrat de travail est conclu en considération de la personne du salarié. Cela entraîne plusieurs conséquences :

- Au niveau de la conclusion du contrat, l'erreur sur la personne pourra être admise et affecter la validité du contrat (Voir Fiche n° 6).
- Si le salarié décède, le contrat est automatiquement rompu. Les droits et obligations issus du contrat de travail ne sont pas transmis aux héritiers.
- Le salarié ne peut faire exécuter sa prestation par une autre personne au risque d'être sanctionné pour faute grave, justifiant un licenciement.

Mais du côté de l'employeur, ce caractère personnel est moins fort dans la mesure où si l'employeur disparaît, s'il y a une modification dans sa situation, l'article L 1224-1 du Code du travail (anc. art. L 122-12) prévoit le transfert des contrats de travail au nouvel employeur (Voir Fiches n°s 42 et 43). Par ailleurs, le décès de l'employeur n'est pas une cause de rupture.

C. Un contrat à exécution successive

Un contrat est dit à exécution successive lorsqu'il comporte l'exécution d'obligations s'échelonnant dans le temps : c'est le cas du contrat de travail qui crée un rapport permanent d'obligations entre les parties. Cela a des conséquences :

- La nullité du contrat et la résolution n'ont aucun effet rétroactif, ce qui constitue une exception au droit commun. Il est en effet impossible d'effacer la prestation de travail qui a été effectuée. Par conséquent, les effets ne vaudront que dans l'avenir.

- La modification du contrat de travail va nécessairement se poser : s'échelonnant dans le temps, plusieurs événements peuvent venir affecter le contrat de travail, comme un changement de l'employeur ou des conditions de travail, ou une inexécution momentanée du contrat. Un régime particulier pour la modification du contrat et sa suspension est donc mis en place pour éviter la rupture du contrat et pour permettre une adaptation de ce contrat aux nouvelles circonstances (Voir Fiches n° 11 et 12).

II. Le contenu du contrat de travail

Ce contrat comporte de nombreuses obligations principales et accessoires à la charge des deux parties.

A. Les obligations à la charge du salarié

À titre principal, le salarié s'engage **à exécuter personnellement le contrat de travail** pour lequel il a été recruté. Il s'engage également à se soumettre au pouvoir de direction et a donc un **devoir d'obéissance**. Il ne peut donc contester les ordres qu'il reçoit, sauf dans le cadre de son droit d'expression, ou de grève. Par ailleurs, la désobéissance est légitime lorsque la décision est illégale ou porte atteinte à la dignité du salarié.

Illustrations de désobéissance légitime :

> *La Cour de cassation a estimé que le salarié pouvait, sans être sanctionné, refuser de préparer une fausse déclaration fiscale (Cass. soc. 15 juillet 1955,* Bull. civ. *V, n° 627). De même, une comptable a pu refuser légitimement de faire, en plus de son travail, celui de la secrétaire facturière partie en congé maternité, car ces fonctions ne rentraient pas dans ses attributions (Cass. soc. 20 janvier 1983, 80-41616,* Bull. civ. *V, n° 27). La Cour a également admis qu'un manutentionnaire, délégué syndical, avait pu refuser d'exécuter sa prestation de travail parce que l'employeur lui confiait automatiquement des travaux pénibles en lui interdisant l'utilisation d'engins motorisés. L'attitude de l'employeur a été jugée discriminatoire et celle du salarié légitime (Cass. soc. 13 février 1996, 92-45042,* DS *1996, p. 532).*

Certaines obligations sont accessoires et sont communes à tous les contrats de travail, sans avoir à être prévues de manière spécifique dans le contrat de travail. Elles découlent le plus souvent de l'article 1134 du Code civil qui prévoit que les parties **doivent exécuter de bonne foi leur contrat**, devoir repris expressément, depuis la loi du 17 janvier 2002, à l'art. L 1222-1 du Code du travail (anc. art. L 120-4). Ainsi, ce devoir de bonne foi implique une obligation de discrétion pendant l'exécution du contrat de travail qui interdit de divulguer des obligations confidentielles sur l'entreprise, ou une obligation de non-concurrence pendant la durée du contrat (Cass. soc. 1er avril 2003, 00-44902, *DS* 2003, p. 770). Il s'agit d'une obligation générale de loyauté incombant au salarié.

L'art. L 4122-1 du Code du travail (anc. art. L 230-3) impose également que le salarié assure sa propre sécurité et celle des autres salariés. Cela peut justifier par exemple l'interdiction de l'état d'ébriété sur le lieu de travail.

Enfin, certaines obligations doivent être prévues expressément par le contrat de travail pour s'imposer au salarié. Ces clauses, nombreuses et variées, sont facultatives. L'ANI du 11 janvier 2008 relatif à la modernisation du marché du travail encadre seulement trois clauses spécifiques : celle de non-concurrence, de mobilité et de délégation de pouvoirs. Mais ces dispositions n'ont pas été reprises par la loi du 25 juin 2008. Voici les principales clauses qui imposent des obligations supplémentaires au salarié.

La **clause de non-concurrence** oblige le salarié, après la rupture du contrat de travail à ne pas travailler pour une entreprise concurrente, en échange d'une contrepartie financière. Les conditions de validité ont subi **un revirement par plusieurs arrêts du 10 juillet 2002** (Cass. soc. 10 juillet 2002, 00-45387, *Bull. civ.* V, n° 239 ; *D.* 2002, p. 2491, note Y. Serra) : elle doit être indispensable à la protection des intérêts légitimes de l'entreprise, limitée dans le temps et l'espace, en tenant compte des spécificités de l'emploi du salarié et prévoir une contrepartie financière, dernière condition ajoutée par ces arrêts. Cette contrepartie a la nature d'un salaire (Cass. soc. 26 septembre 2002, 00-40461, *Bull. civ.* V, n° 283). Cela a pour conséquence que le droit à cette indemnité naît mois par mois et qu'en cas de respect partiel de la clause par le salarié, ce dernier peut réclamer le paiement de l'indemnité correspondant aux mois pendant lesquels il a respecté son engagement (Cass. soc. 25 février 2003, 00-46263, *JCP* 2003, II, 10104 ; *Bull. civ.* V, n° 65). Si cette contrepartie existe mais qu'elle est d'un montant dérisoire, les juges annuleront la clause pour défaut de contrepartie (Cass. soc. 15 novembre 2006, 04-46721, *Bull. civ.* V, n° 341 ; *JCP soc.* 30/1/2007, 1057). Par ailleurs, dans une décision du 7 mars 2007, la Cour de cassation a mis un terme à une pratique consistant à prévoir un paiement anticipé de cette contrepartie pendant l'exécution du contrat sous la forme d'une augmentation de salaire. La Cour indique que le paiement ne peut intervenir qu'au moment de la rupture du contrat (Cass. soc. 7 mars 2007, 05-45511, *JCP soc.* 27/3/2007, 1207). À défaut de respecter ces différentes conditions, la clause peut être annulée par le juge ou révisée. Lorsqu'elle est valable, cette clause s'applique indépendamment des causes et circonstances de la rupture (exemple en cas de départ à la retraite du salarié : cass. soc. 24 septembre 2008, 07-40098, *JCP soc.* 7/10/2008, act. 506), sauf en cas de renonciation de l'employeur à cette clause ou en cas de décès du salarié (Cass. soc. 29 octobre 2008, 07-49093, *JCP soc.* 2/12/2008, 1631). Une clause du contrat ou de la convention collective ne pourrait pas écarter l'octroi de l'indemnité prévue pour certaines causes de rupture et notamment en cas de licenciement pour faute grave (Cass. soc. 4 juin 2008, 04-40609, *JCP soc.* 28/10/2008, 1565 ; Cass. soc. 16 décembre 2008, 05-40876, *JCP soc.* 10/3/2009, 1114, *RDT* avril 2009, 239 : la Cour se fonde sur l'art. 6.1 du pacte international relatif aux droits économiques, sociaux et culturels). En revanche, l'indemnité est perdue en cas de non-respect par le salarié de la clause, violation caractérisée en fonction de l'activité réelle du salarié chez le nouvel employeur, et non en raison de l'objet statutaire de ce dernier (Cass. soc. 10 juin 2008, 07-43076, *JCP soc.* 21/10/2008, 1551). La clause ne pourrait pas inverser la charge de la preuve, car il revient à l'employeur, sur le fondement de l'article 1315 du Code civil qui est d'ordre public en droit du travail, de prouver le non-respect par le salarié de cette obligation (Cass. soc. 25 mars 2009, 07-41894, *JCP soc.* 2/6/2009, 1241).

Attention

*Ne pas confondre **clause de non-concurrence** qui doit être expresse car l'obligation produit ses effets après la rupture du contrat et **l'obligation de non-concurrence** incombant à chaque salarié pendant la durée du contrat au nom de la bonne foi dans l'exécution du contrat, sans qu'il soit nécessaire de la prévoir au contrat.*

Proche de la clause de non-concurrence, il existe parfois **une clause de confidentialité** qui impose au salarié de garder le secret sur les informations confidentielles de l'entreprise, comme les secrets de fabrication ou les données sur les clients et qui peut produire ses effets également après la rupture du contrat, si cela est prévu de manière expresse dans le contrat (Cass. soc. 19 mars 2008, 06-45322, *RJS* 6/08, n° 631). Aucune contrepartie financière n'est pour l'instant exigée comme condition de validité.

La clause de mobilité est une clause par laquelle l'employeur peut imposer au salarié le changement du lieu d'exécution de la prestation. Là encore plusieurs conditions de validité sont requises : elle doit être expressément prévue dans le contrat de travail et acceptée par le salarié (Cass. soc. 2 avril 1998, 95-43541, *RJS* 1998, n° 564 : la clause avait été inscrite dans le contrat, mais ce dernier n'avait pas été signé par le salarié. La Cour a considéré qu'elle lui était inopposable car il ne l'avait pas acceptée). Elle doit délimiter les zones dans lesquelles les mutations pourront intervenir (Cass. soc. 19 mai 2004, 02-43252) et cela de manière précise afin d'éviter que l'employeur ne modifie unilatéralement sa portée (Cass. soc. 14 octobre 2008, 06-46400, *JCP soc.* 23/12/2008, 1668). Cette condition de validité a été étendue aux clauses de mobilité conventionnelles (Cass. soc. 24 janvier 2008, 06-45088, *JCP soc.* 24/4/2008, 1250). En outre, sa mise en œuvre ne doit pas avoir pour effet de modifier la rémunération du salarié (Cass. soc. 15 décembre 2004, 02-44714). Enfin quand elle s'accompagne d'une obligation de résidence, la clause doit être justifiée et proportionnée au but recherché car il s'agit d'une atteinte à une liberté individuelle consistant à choisir librement son domicile (C. trav., art. L 1121-1, anc. art. L 120-2, Cass. soc. 13 avril 2005, 03-42965). Même lorsqu'elle est valable, l'employeur doit la mettre en œuvre de manière non abusive et il doit respecter les termes de la clause. Il faut préciser que la bonne foi de l'employeur se présume, et qu'il n'a pas à justifier de l'intérêt de l'entreprise au moment de la mise en œuvre de la clause (Cass. soc. 23 février 2005, 04-45463). La Cour de cassation a admis une autre limite dans la mise en œuvre de cette clause : elle ne doit pas porter atteinte à la vie privée du salarié, sauf si elle est justifiée par la tâche à accomplir et proportionnée au but recherché (Cass. soc. 14 octobre 2008, 07-40523, *JCP soc.* 23/12/2008, 1668 ; Cass. soc. 13 janvier 2009, 06-45562, *JCP soc.* 7/4/2009, 1162, *RDT* mai 2009, p. 300). Cette limite fait cependant supporter la charge de la preuve sur l'employeur.

Illustrations de la mise en œuvre abusive d'une clause de mobilité :

> *La mise en œuvre a été jugée abusive lorsque l'employeur avait utilisé cette clause pour muter un salarié assez loin alors que la femme du salarié était enceinte de 7 mois et que d'autres salariés pouvaient satisfaire la demande de l'employeur (Cass. soc. 18 mai 1999, 96-44315,* DS *1999, p. 734). Il en a été de même lorsque l'employeur a envoyé un maître-chien faire son travail à plus de 150 km de son domicile alors qu'il savait pertinemment le mauvais état du véhicule du salarié (Cass. soc. 2 juillet 2003, 01-42046,* RJS *2003, n° 1120).*

La clause de dédit-formation est une clause qui oblige le salarié, en contrepartie d'une formation payée par l'entreprise à rester un certain temps à son service, ou à défaut à lui rembourser les frais de formation. Un arrêt du 21 mai 2002 est venu préciser les conditions de validité (Cass. soc. 21 mai 2002, 00-42909, *DS* 2002, p. 902). Elle doit être la contrepartie d'un engagement pris par l'employeur d'assurer une formation au-delà des frais imposés par la convention collective ou la loi. Le montant de l'indemnité due par le salarié ne doit pas être disproportionné aux frais de formation engagés et ne doit pas avoir pour effet de priver le salarié de sa faculté de démissionner. Par ailleurs, il doit s'agir, à peine de nullité, d'une convention particulière conclue avant le début de la formation. En réalité, c'est un contrat accessoire au contrat de travail, qui doit être écrit (Cass. soc. 4 février 2004, 01-43651, *RJS* 2004, n° 438).

B. Les obligations à la charge de l'employeur

En vertu du contrat de travail, il **doit fournir au salarié le travail** selon les modalités fixées par le contrat. Cette obligation fonde par exemple l'interdiction du lock-out en France (Voir Fiche n° 45), mais aussi les premières sanctions à l'encontre des employeurs coupables de harcèlement moral. Il doit également **verser la rémunération** qui est due au salarié, avec ponctualité et dans son intégralité.

À côté de ces obligations principales, l'employeur a, comme le salarié, **une obligation générale de loyauté** issue de l'article 1134 du Code civil. La jurisprudence en a fait découler **une obligation d'assurer l'adaptation** des salariés à l'évolution de leur emploi (Cass. soc. 25 février 1992, 89-41634, *Bull. civ.* V, n° 122). Désormais, l'art. L 6321-1 du Code du travail (anc. art. L 930-1) consacre cette obligation et cela quelle que soit la cause de cette évolution (mutation technologique, promotion, reclassement du salarié pour inaptitude, etc.). La Cour de cassation vient d'admettre l'existence d'un préjudice distinct de celui du défaut de cause réelle et sérieuse lorsque l'employeur n'a pas assuré la formation de ses salariés embauchés depuis 12 et 24 ans (Cass. soc. 23 octobre 2007, 06-40950, *RJS* 1/08, n° 3). Il a une **obligation générale de sécurité** qui vaut aussi bien pour la santé physique que mentale des salariés. En outre, certaines dispositions précisent et mettent en place **une obligation d'information**, portant par exemple sur l'existence de postes vacants, sur les textes conventionnels applicables dans l'entreprise. Enfin, l'employeur, en tant que chef d'entreprise, doit assumer un certain nombre d'obligations relatives à l'hygiène, à la sécurité. Il doit respecter des règles législatives, conventionnelles, fiscales, déclarer ses salariés, procéder aux visites médicales, etc.

À titre facultatif, l'employeur peut s'engager par une **clause de garantie d'emploi** à conserver le salarié pendant un certain temps dans l'entreprise, sauf en cas de faute grave ou de force majeure. Cette clause ne change pas la nature du contrat à durée indéterminée, mais permet de fidéliser les salariés. Si malgré cette clause, l'employeur licencie le salarié, la Cour de cassation considérait qu'il s'agissait d'un licenciement sans cause réelle et sérieuse et le salarié pouvait en plus demander des dommages-intérêts sur le fondement de la responsabilité contractuelle (Cass. soc. 27 octobre 1998, 95-43308, *Bull. civ.* V, n° 455, D. 1999, p. 186 ; Ass. plén. 13 décembre 2002, 00-17143, *Bull. civ.* n° 3 ; Cass. soc. 23 octobre 2007, 06-42994, *RJS* 1/08, n° 2). Il pouvait ainsi cumuler l'indemnité de licenciement, celle de défaut de cause réelle et sérieuse et enfin celle pour violation de la clause qui est spécifique (Cass. soc. 4 mars 2008, 06-45221, *JCP soc.* 1/7/2008, 1374). La Cour de cassation vient d'adopter une solution différente en considérant que le juge doit apprécier le caractère réel et sérieux de la cause du licenciement et l'indemnité pour son non-respect n'est donc plus nécessairement due. En revanche, il peut cumuler celle compensatrice de préavis et celle pour violation de la clause (Cass. soc. 13 novembre 2008, 07-42640, *JCP soc.* 3/2/2009, 1056, *RDT* janvier 2009, 32).

À retenir

- **Caractères du contrat de travail :**

Caractères	Conséquences
Contrat synallagmatique.	Aménagement de l'exception d'inexécution et de la résolution judiciaire.
Contrat *intuitu personae*.	Erreur sur la personne est admise.
Contrat à exécution successive.	La nullité et la résolution n'ont pas d'effet rétroactif. Problème de la modification et de la suspension du contrat.

- **Contenu du contrat de travail :**

Obligations du salarié	Obligations de l'employeur
Obligations nécessaires : – Fournir personnellement la prestation de travail. – Devoir d'obéissance. – Obligation de loyauté : discrétion, de non-concurrence pendant la durée du contrat. – Obligation d'assurer sa sécurité et celle des autres.	Obligations nécessaires : – Fournir du travail au salarié. – Verser son salaire. – Obligation générale de loyauté imposant une obligation d'adaptation. – Obligation générale de sécurité. – Obligation d'information.
Obligations facultatives : Clause de non-concurrence : – Indispensable à la protection des intérêts de l'entreprise. – Limitée dans le temps et l'espace. – En tenant compte des spécificités de l'emploi. – Avec une contrepartie financière depuis des arrêts du 10 juillet 2002. Clause de mobilité : – Expressément prévue au contrat. – Limitant les zones. – Ne doit pas être mise en œuvre de manière abusive. Clause de dédit-formation : – Contrepartie d'un engagement spécifique de formation pris par l'employeur au-delà des obligations légales et conventionnelles. – Indemnité prévue ne doit pas être excessive. – Doit être prévue dans un contrat spécifique et écrit avant la formation.	Obligations facultatives : Clause de garantie d'emploi.

Pour en savoir plus

- B. Bossu, « L'encadrement par la Cour de cassation des clauses de mobilité », *JCP soc.* 23/12/2008, 1668 ;
- D. Corrignan-Carsin, « Loyauté et droit du travail », *Mélanges Blaise*, éd. Economica, 1995, p. 125 ;
- F. Favennec-Héry, « Tempête sur la clause de non-concurrence », *Sem. soc. Lamy*, 21 octobre 2002, no 1094, p. 6 ;
- F. Heas, « Les obligations de reclassement en droit du travail », *DS* 1999, p. 504 ;
- H. Lescot, « Les clauses de non-concurrence », *RPDS* février 2006, no 731, p. 79 ;
- G. Loiseau, « La police des clauses du contrat de travail : le paradigme de la clause de mobilité », *JCP soc.* 13/1/2009, 1013 ;
- F. Petit, « Sur les clauses de garantie d'emploi », *DS* 2000, p. 80 ;
- L.F. Pignarre, « Contrepartie financière de la clause de non-concurrence et droit des obligations : jeux d'influences », *RDT* mars 2009, p. 151 ;
- C. Radé, « L'accord et le régime du contrat de travail : la porte ouverte... mais à quelles réformes ? », *DS* mars 2008, p. 295 ;
- B. Reynes, « La renonciation à la clause de non-concurrence : la portée du revirement jurisprudentiel de 2002 », D. 2004, chron. p. 1543 ;
- T. Tauran, « Les clauses de dédit-formation dans la jurisprudence sociale », *JCP soc.* 25/4/2006, 1327 ;
- C. Tétard, « Réflexions sur le régime de la renonciation à la clause de non-concurrence », *JCP soc.* 14/11/2006, 1885 ;
- R. Vatinet, « Les conditions de validité des clauses de non-concurrence : l'imbroglio », *DS* 2002, p. 949.

Pour s'entraîner

Indiquez si la proposition faite est vraie ou fausse :

1) ***Tout salarié a une obligation de non-concurrence à la rupture du contrat de travail.***

❒ ***Vrai*** ❒ ***Faux***

2) ***La cause de l'obligation de verser les salaires est l'obligation du salarié de fournir sa prestation de travail.***

❒ ***Vrai*** ❒ ***Faux***

3) ***L'obligation de loyauté impose au salarié d'être fidèle à son employeur et de ne pas divulguer d'informations confidentielles.***

❒ ***Vrai*** ❒ ***Faux***

Réponses

1) Faux, car il faut une clause de non-concurrence expresse dans le contrat de travail, à la différence de l'obligation de non-concurrence pendant la durée du contrat ;

2) Vrai, car il s'agit d'un contrat synallagmatique : la cause de l'obligation de l'une des parties étant l'obligation de l'autre cocontractant ;

3) Vrai.

Fiche 6

Le recrutement du salarié

I. Le choix du salarié

A. Principe du libre choix

Le Conseil constitutionnel a reconnu le principe du libre choix des collaborateurs dans une décision du 20 juillet 1988 (88-244 DC, *JO* 21/7/88, p. 9448). Cette règle repose sur la liberté contractuelle et le caractère *intuitu personae* du contrat de travail, sur la liberté d'entreprendre et l'intérêt de l'entreprise. Pour exercer ce choix, l'employeur doit être en mesure de poser des questions aux candidats, mais il doit aussi respecter la vie privée de ces personnes. Le professeur Lyon-Caen a rédigé un rapport en 1992 dénonçant les dérives des entretiens d'embauche et a proposé trois principes pour régir ce recrutement : un principe de pertinence, de transparence et de proportionnalité. Le législateur a consacré ces propositions le 31 décembre 1992. Selon l'art. L 1221-6 du Code du travail (anc. art. L 121-6), l'employeur peut poser différentes questions mais elles doivent être pertinentes : c'est-à-dire qu'elles doivent avoir pour finalité exclusive d'apprécier la capacité du candidat à occuper l'emploi ainsi que ses aptitudes professionnelles. Ces informations doivent présenter un lien direct et nécessaire avec l'emploi. Si ces conditions sont remplies, le salarié doit répondre loyalement et de bonne foi à ces questions. En dehors de ces conditions, aucune question relevant de la vie privée ne peut être posée au candidat et ce dernier peut, tout au moins en théorie, refuser d'y répondre. Ensuite, ces candidats ainsi que les représentants du personnel dans l'entreprise doivent avoir été informés des techniques de recrutement utilisées par l'employeur (C. trav., art. L 1221-8 et L 1221-9 ; anc. art. L 121-7 et L 121-8).

B. Exceptions

Plusieurs règles limitent ce principe du libre choix.

Tout d'abord, en principe, le candidat **doit avoir au moins 16 ans**, pour respecter l'obligation scolaire et l'interdiction du travail des enfants. Certaines dérogations existent notamment dans le monde du spectacle ou en cas d'apprentissage, autorisé à 15 ans désormais.

Par ailleurs, l'employeur doit respecter **les règles de la libre concurrence.** Ainsi, l'article L 1237-3 (anc. art. L 122-15) prévoit qu'un employeur peut engager sa responsabilité s'il engage un salarié qui était toujours embauché auprès d'un autre employeur. La même solution peut s'appliquer en cas de violation, en toute connaissance de cause, d'une clause de non-concurrence.

Ensuite, l'employeur doit **respecter le principe de non-discrimination**, posé à l'art. L 1142-1 (anc. art. L 123-1) et surtout L 1132-1 et s. (anc. art. L 122-45) du Code du travail. Le premier texte interdit de mentionner sur une offre d'emploi le sexe ou la situation de famille du salarié recherché, sauf si cet élément constitue un caractère déterminant de l'emploi. Le second texte, plus général, interdit toutes les formes de discrimination, à tous les stades de la relation de travail, de l'embauche à la rupture. Ainsi, l'employeur ne peut refuser de recruter un candidat en raison de sa couleur de peau, de son ethnie, de son nom, de son apparence physique, de son sexe, de son âge, de ses croyances, de ses opinions politiques, religieuses ou syndicales, etc. (ex : Halde, délib. 3 novembre 2008, n° 2008-242, *JCP soc.* 6/1/2009, act. 17 ; délib. 15 décembre 2008, n° 2008-268, *JCP soc.* 13/1/2009, act. 32). Avant 2001, c'était au salarié d'apporter la preuve de la discrimination. Cette charge de la preuve rendait les poursuites peu nombreuses et la loi du 16 novembre 2001 a assoupli cette règle, issue de l'article 1315 du Code civil. Désormais, le salarié doit apporter des éléments de preuve laissant supposer une discrimination, ou en tout cas le fait qu'il a été victime d'une différence de traitement. C'est ensuite à l'employeur de justifier sa décision, pour un motif étranger à toute discrimination. La loi du 27 mai 2008 n° 2008-496 transposant plusieurs directives communautaires assouplit davantage encore la preuve incombant au salarié puisqu'il doit seulement apporter les faits qui permettent de présumer l'existence d'une discrimination. Malgré cette évolution, les difficultés restent nombreuses, notamment pour savoir si les *testing* ou l'envoi de CV anonymes peuvent être utilisés. La loi du 31 mars 2006 a prévu l'utilisation de ces CV à l'article L 1221-7 du Code du travail (anc. art. L 121-6-1), mais sous réserve de la publication d'un décret d'application, non réalisée aujourd'hui. Par ailleurs, même si des sanctions pénales existent (C. pén., art. 225-1 ; Cass. crim. 20 janvier 2009, 08-83710, *JCP soc.* 10/2/2009, 78 : délit reconnu quand l'offre d'emploi mentionne l'obligation pour les candidats de fournir une carte d'électeur), les poursuites restent faibles. En outre, tous les motifs de discrimination ne sont pas pris en compte, comme le lieu de résidence. Enfin, il faut souligner qu'il ne s'agit pas d'un principe absolu dans la mesure où ces motifs peuvent être pris en compte par exemple en raison de la nature de la tâche à accomplir (ainsi, l'employeur peut ne vouloir qu'un homme s'il s'agit d'un poste de comédien masculin qui est recherché) ou de la nature particulière des entreprises. Celles dites de tendance, qui prônent la défense d'idées particulières comme un parti politique ou un syndicat, peuvent ne recruter que des salariés qui adhèrent à leurs convictions (Cass. soc. 20 novembre 1986, 84-43243, *Bull. civ.* V, n° 555).

Une autre limite existe à cette liberté de choix : **certains salariés sont prioritaires.** Ainsi, les entreprises de plus de 20 salariés doivent embaucher au moins 6 % de travailleurs handicapés (C. trav., art. L 5212-1 et 5212-2 ; anc. art. L 323-1). Mais elles peuvent préférer verser une somme d'argent à un fonds d'insertion professionnelle. Ensuite, selon l'art. L 1233-45 (anc. art. L 321-14), les salariés licenciés pour motif économique sont prioritaires sur tous les emplois disponibles pendant l'année qui suit le licenciement si le salarié en manifeste le désir. Il en est de même pour une salariée qui a demandé la rupture de son contrat à l'issue d'un congé maternité pour élever ses enfants.

II. Le consentement des parties

A. L'existence du consentement

Comme tout contrat, le contrat de travail se forme par la rencontre d'une offre et d'une acceptation. La Cour de cassation a précisé que le contrat est formé au lieu et au moment où le salarié accepte l'offre de travail, appliquant ainsi la théorie de l'émission en cas de contrat conclu entre absents (Cass. soc. 11 juillet 2002, 00-44197, *D.* 2003, p. 1718). Une promesse de contrat peut précéder la conclusion du contrat : l'employeur s'engage à recruter le salarié si celui-ci lève l'option. Si l'employeur n'exécute pas son engagement, la rupture est fautive et le salarié peut engager la responsabilité contractuelle de l'employeur pour demander la réparation du préjudice subi (Cass. soc. 6 février 2001, 98-42356, *DS* 2001, p. 436). La Chambre sociale apporte une nuance au regard du droit commun des contrats : elle estime en effet que la rupture de cette promesse unilatérale cause nécessairement un préjudice au salarié, qu'il ne doit donc pas prouver (Cass. soc. 6 mai 2002, 00-41645, inédit). Il faut cependant préciser que l'appréciation du préjudice subi par le salarié dépend du fait qu'il a ou non levé l'option, puisque dans le cas positif le contrat de travail est formé. En revanche, en cas de non-exécution par l'employeur de sa promesse, le salarié peut invoquer les règles relatives à la rupture du contrat à durée indéterminée pour réparer son préjudice (Cass. soc. 7 novembre 2007, 06-42439, *RDT* janvier 2008, p. 27).

B. L'intégrité du consentement

La Chambre sociale de la Cour de cassation admet l'application des vices du consentement prévus par les articles 1110 et suivants du Code civil, mais en vérifiant toutes les conditions d'application. Ainsi, **l'erreur** est cause de nullité si la victime prouve qu'elle porte sur une qualité substantielle du contrat ou sur une qualité essentielle de la personne, le caractère déterminant de cette erreur et son caractère excusable. Quant **au dol**, il consiste en des manœuvres destinées à provoquer une erreur déterminante du consentement, manœuvres réalisées par l'une des parties au contrat avec l'intention de nuire. Enfin, **la violence** consiste à provoquer une crainte chez une personne afin qu'elle donne son consentement. C'est un vice rarement invoqué par les parties.

Illustrations : les vices du consentement appliqués au contrat de travail

> *La Cour de cassation vérifie de manière stricte les conditions des vices du consentement. Ainsi, dans une décision du 3 juillet 1990 (87-40349,* D. *1991, p. 507), elle a refusé d'admettre l'erreur dans les circonstances suivantes : un salarié est engagé comme directeur en indiquant sur son CV qu'il a été PDG d'une société, sans préciser que cette société a été mise en liquidation quelque temps auparavant. L'employeur, quand il découvre cette information, met fin aux fonctions et considère que le contrat est nul en raison d'une erreur sur la personne du salarié. La Cour de cassation considère que les conditions ne sont pas remplies, notamment parce que l'employeur a commis une erreur inexcusable : il aurait dû vérifier le devenir de la société que le salarié avait présidée auparavant. La même attitude apparaît avec le dol. Ainsi, dans un arrêt du 16 février 1999 (96-45565,* DS *1999, p. 396), la Cour de cassation casse un arrêt d'une cour d'appel qui avait admis le dol du salarié qui avait donné sur son CV une indication erronée sur son expérience professionnelle. Pour la Cour d'appel, toutes les conditions étaient réunies, mais la Cour de cassation reproche à cette cour de ne pas avoir vérifié si cette mention erronée avait pour objet de tromper l'employeur et s'il y avait une intention de nuire. Là encore, l'employeur est tenu de vérifier les informations et il est difficile de prouver cette intention de nuire. Le dol a été reconnu lorsque le salarié, en plus d'avoir menti, avait produit un faux diplôme (Cass. soc. 17 octobre 1995, 94-41239,* JCP *1996, I, 3923).*

III. Les formalités du recrutement

A. La rédaction du contrat

La directive du 14 octobre 1991 impose la remise d'un écrit au salarié dans les 2 mois qui suivent le début de la relation contractuelle. L'État français n'a pas jugé bon de transposer cette directive et d'imposer la rédaction d'un écrit, à peine de nullité du contrat à durée indéterminée. La position est différente pour les contrats atypiques, où la loi impose cette rédaction ainsi qu'un certain nombre de mentions particulières (Voir Fiches n° 21 et s.). En effet, l'employeur doit déjà remettre au salarié un document écrit qui est le bulletin de paie et qui comporte toutes les mentions prévues par la directive. L'absence de remise peut donner lieu à une contravention de 5e classe. Par conséquent, un contrat à durée indéterminée verbal est tout à fait valable. Pourtant, la rédaction du contrat peut s'avérer utile pour les deux parties. D'abord, cet écrit donne une liste d'informations utiles au salarié, notamment sur les textes conventionnels applicables dans l'entreprise. Par ailleurs, elle permet à l'employeur d'opposer au salarié un certain nombre de clauses et d'obligations, qui n'existeraient pas sans cet écrit, comme une période d'essai ou une clause de non-concurrence. En outre, c'est un moyen d'individualiser des contrats de travail. Enfin, cette rédaction peut servir de critère au régime de la modification du contrat de travail. L'ANI du 11 janvier 2008 relatif à la modernisation du marché de l'emploi préconisait la rédaction d'un écrit seulement si le contrat à durée indéterminée prévoit une clause de non-concurrence, de mobilité ou de délégation de pouvoirs, solution non reprise dans la loi du 25 juin 2008. Cependant, il faut préciser que ce qui est écrit n'a pas nécessairement une valeur contractuelle. En effet, la Cour de cassation distingue les clauses informatives, qui peuvent être modifiées unilatéralement, des clauses contractuelles, qui engagent les parties et qui ne peuvent être modifiées que d'un commun accord. Ainsi, elle a jugé que la mention du lieu de travail n'a qu'une valeur informative (Cass. soc. 3 juin 2003, 01-43573, *RJS* 8/03, n° 980) (Voir Fiche n° 11).

B. La déclaration préalable d'embauche

Chaque embauche doit faire l'objet d'une déclaration préalable et nominative auprès de l'Urssaf, conformément à l'art. L 1221-10 du Code du travail (anc. art. L 320). Elle doit être effectuée au plus tôt 8 jours précédant la date prévisible de l'embauche et au plus tard le jour même. L'objectif est de lutter contre le travail dissimulé, qui est un délit pénal. Le salarié peut demander une indemnité minimum de 6 mois de salaire en cas de travail dissimulé. Depuis un arrêt du 12 janvier 2006, cette indemnité peut se cumuler avec les autres indemnités de rupture (Cass. soc. 12 janvier 2006, 03-46800, *JCP soc.* 14/2/2006, 1139). À côté de cette déclaration préalable, l'employeur doit en plus prévenir les différents organismes chargés du recouvrement des cotisations sociales, mais aussi la CPAM, les caisses de retraite, etc. Un décret du 1er avril 1998 n° 98-252 a mis en place la déclaration unique d'embauche auprès de l'Urssaf qui permet, en un formulaire, de satisfaire toutes ces déclarations, y compris celle préalable à condition de respecter les délais précités. Cette déclaration unique d'embauche est également un moyen d'immatriculer l'employeur et le salarié, d'affilier le salarié à l'assurance chômage, de faire la demande de la visite médicale d'embauche et de l'adhésion à un service de santé au travail.

C. La visite médicale d'embauche

Selon l'art. R 4624-10 du Code du travail (anc. art. R 241-48), tout salarié doit faire l'objet d'une visite médicale d'embauche avant son embauchage ou au plus tard avant la fin de la période d'essai. Si l'employeur ne procède pas à cet examen et qu'il s'avère que le salarié n'est pas apte physiquement à exercer ses fonctions, l'employeur ne peut invoquer un dol en raison du silence gardé par le salarié sur cet état de santé, car le salarié n'est tenu de révéler ces informations qu'au médecin du travail chargé de procéder à cet examen médical (Cass. soc. 21 septembre 2005, 03-44855, *JCP soc.* 9/2/2006, 1262). Cet examen a pour objet de vérifier que le salarié est apte physiquement à exercer les missions qui vont lui être confiées, qu'il n'est pas atteint d'une affection dangereuse pour les autres salariés et éventuellement de proposer des adaptations du poste. Il est valable 2 ans en principe (C. trav., art. R 4624-16 ; anc. art. R 241-49).

À retenir

- **Les trois étapes du recrutement d'un salarié en CDI :**

Choisir le salarié	Principe du libre choix. Exceptions au libre choix : candidat de plus de 16 ans, interdiction d'un recrutement portant atteinte aux règles de la concurrence, au principe de non-discrimination, respect des candidats prioritaires.
	Entretien possible portant sur des questions en rapport direct et nécessaire avec l'emploi à pourvoir.
Former le contrat	Rencontre des volontés grâce à une offre et une acceptation, consentement qui ne doit pas être vicié. Conclusion possible d'une promesse d'embauche.
	Rédaction conseillée du CDI, mais non obligatoire.
Formalités	Déclaration préalable et nominative d'embauche au plus tôt dans les 8 jours précédant l'embauche et au plus tard le jour même.
	Visite médicale d'embauche avant ou au plus tard avant la fin de la période d'essai.

Pour en savoir plus

- M. Bancarel, « La lutte contre le travail clandestin et la généralisation de la déclaration préalable d'embauche », *DS* 1994, p. 534 ;
- E. Jeansen, « Droit des incapacités et droit du travail », *JCP* 2008, éd. G, I, 124 ;
- J. Ph. Lhernould, « Droit du travail et communautarismes », *RJS* 1/08, p. 9 ;
- J. Pélissier, « Clauses informatives et clauses contractuelles du contrat de travail », *RJS* 1/04, p. 3 ;
- F. Salas, « La déclaration préalable à l'embauche, arme majeure dans la lutte contrat le travail clandestin », *DS* 1996, p. 680.

Pour s'entraîner

Résoudre le cas pratique suivant :

L'entreprise Dupain a passé une annonce sur un site internet destinée à des étudiants ayant fait des études de marketing. L'objectif de cette annonce consiste à recruter une personne qui est capable de vendre des produits régionaux, comme le fromage de Pont-l'Évêque dans toute la France et à l'étranger. La connaissance d'une langue étrangère est indispensable. Après avoir auditionné plusieurs personnes, l'entreprise Dupain décide d'embaucher M. Boursin car il indique dans son curriculum vitae qu'il a occupé un poste de délégué commercial en Allemagne, dans une entreprise agro-alimentaire. Quelques mois plus tard, M. Dupain rencontre, à Paris, dans un salon gastronomique, le dirigeant de l'entreprise, qui lui apprend qu'en réalité M. Boursin n'a fait qu'un stage de 3 mois dans ses services. Estimant avoir été trompé, M. Dupain souhaite faire annuler le contrat de travail. Qu'en pensez-vous ?

Réponse

Remarque préalable : l'employeur peut exiger la connaissance d'une langue étrangère, condition requise pour occuper le poste et justifiée par cette fonction particulière. Il ne s'agit pas d'une condition discriminatoire.

L'employeur souhaite agir en nullité du contrat pour vice du consentement ; il dispose d'un délai de 5 ans à compter de la découverte de l'erreur ou de la fin des manœuvres (C. civ., art. 1304). Deux vices sont possibles : l'erreur sur une qualité essentielle du salarié et le dol.

L'erreur porte sur une qualité essentielle : l'expérience professionnelle. En revanche, on peut se demander si elle a un caractère déterminant. En effet, il faut que l'employeur prouve que sans cette erreur, il n'aurait pas contracté. Or, l'employeur demandait la connaissance d'une langue étrangère mais non une expérience à l'étranger. Par ailleurs, le caractère excusable semble faire défaut : il n'a pas vérifié les indications données par le salarié (Cass. soc. 3 juillet 1990).

Le dol semble également peu probable dans la mesure où il faut qu'il prouve l'intention de frauder. Une indication erronée ne suffit pas pour caractériser le dol. Le caractère déterminant peut également poser problème, comme pour l'erreur. Quant à la manœuvre, est-ce une réticence ou un mensonge ? Les deux analyses sont possibles.

Il semble difficile pour l'employeur de demander la nullité du contrat, qui si elle était admise ne serait pas rétroactive en raison du caractère à exécution successive du contrat de travail.

Fiche 7

La période d'essai

Définitions

Période d'essai : période située au début de la relation de travail pendant laquelle chacune des parties peut rompre librement le contrat de travail, sans avoir de procédure particulière à respecter, ni d'indemnité à verser, ni de motif à donner.

Période probatoire : période prévue au cours de l'exécution du contrat en cas de promotion professionnelle ou de modification du contrat et qui permet au salarié en cas d'échec de retrouver son ancien poste.

I. Existence de la période d'essai

La période d'essai est période située au début de la relation de travail pendant laquelle chacune des parties peut rompre librement le contrat de travail. Elle suppose que le salarié travaille effectivement dans les conditions normales d'emploi. En cela elle se distingue d'éventuels essais professionnels, soumis à aucune réglementation (Cass. soc. 26 novembre 2008, 07-42673, *JCP soc.* 3/3/2009, 1094)

La période d'essai n'était pas réglementée par le Code du travail, jusqu'à la loi du 25 juin 2008, n° 2008-596 portant modernisation du marché du travail qui insère les articles L 1221-19 et s. dans ce Code. Elle reprend les dispositions de l'ANI du 11 janvier 2008 discuté par les partenaires sociaux.

Étant une période pendant laquelle le salarié ne bénéficie pas des règles relatives au licenciement, cette période doit être prévue de manière expresse et non équivoque par les parties. La Cour de cassation affirme de manière constante « *qu'une période d'essai ne se présume pas et doit être fixée dans son principe et dans sa durée dès l'engagement du salarié* » (Cass. soc. 3 juillet 2001, 99-42363, *DS* 2001, 1020). Ce principe a été maintenu par la loi du 25 juin 2008, mais les modalités d'application ont été modifiées.

Avant la réforme du 25 juin 2008, la période d'essai pouvait être instituée par le contrat de travail ou la convention collective, mais en aucun cas par un usage (Cass. soc. 23 novembre 1999, 97-43022, *JCP* 2000, éd. G, II, p. 709, note C. Puigelier). Lorsqu'il s'agissait de la convention collective, deux modalités différentes existaient. Elle pouvait l'envisager de manière automatique, elle était alors de plein droit applicable à tous les contrats de travail soumis à cette convention sans qu'il ait été nécessaire de la prévoir à nouveau dans le contrat de travail. Mais la jurisprudence exigeait que le salarié ait eu connaissance de l'existence de la convention au moment de l'embauche, ce qui depuis la loi du 4 mai 2004 est une obligation, et ait été mis en demeure d'en prendre connaissance. La convention pouvait également prévoir seulement une possibilité d'instituer une période d'essai, le contrat de travail devait alors la stipuler de manière expresse pour qu'elle soit opposable au salarié. La loi du 25 juin 2008 supprime cette possibilité et condamne les essais d'origine conventionnelle : seuls le contrat de travail ou la lettre d'engagement peuvent instaurer une telle durée.

II. Durée de la période d'essai

A. La fixation de la durée

Avant la loi du 25 juin 2008, la durée de la période d'essai pouvait être fixée soit par le contrat de travail, soit par la convention collective, soit par les usages. Si la convention collective déterminait cette durée, le contrat ne pouvait en aucun cas établir une durée plus longue. Elle pouvait seulement en prévoir une d'une durée inférieure, en vertu du principe de faveur (C. trav., art. L 2254-1, anc. art. L 135-2). En cas de silence de la convention, c'était le contrat ou les usages qui définissaient cette durée. Les juges exerçaient cependant un contrôle de ce délai : la période d'essai devait correspondre au temps nécessaire pour tester l'aptitude du salarié à l'emploi proposé.

Illustration de périodes d'essai d'une durée excessive :

> *A été jugée excessive une période de 6 mois pour l'emploi d'une sténodactylo (Cass. soc. 21 décembre 1977,* Bull. civ. *V, n° 727). La Cour de cassation a également réduit la période d'essai de trois mois imposée à un livreur de colis (Cass. soc. 9 juin 1988, 85-43146).*

Désormais, l'article L 1221-19 du code du travail édicte des durées légales maximales : 2 mois pour les ouvriers et les employés, 3 mois pour les agents de maîtrise, 4 mois pour les cadres. Les conventions collectives ou les contrats de travail conclus après l'entrée en vigueur de la loi pourront prévoir des durées plus courtes. Pour les conventions collectives antérieures, des dispositions transitoires ont été prévues. Celles prévoyant des durées plus longues seront préservées jusqu'à leur éventuelle renégociation ou dénonciation. En revanche, celles instaurant des durées plus courtes, ne sont applicables que jusqu'au 30 juin

2009. À compter de cette date et faute d'avoir été renégociées, elles sont remplacées par ces dispositions légales supplétives. La fixation de cette durée aura pour effet de supprimer le contentieux relatif aux durées excessives.

Dans un contrat à durée déterminée, elle ne peut excéder un jour par semaine de travail dans la limite de 15 jours si le contrat est prévu pour une durée inférieure ou égale à 6 mois, et 1 mois quand la durée du contrat est supérieure à 6 mois (C. trav., art. L 1242-10, anc. art. L 122-3-2).

B. Le calcul de la durée

Pendant de nombreuses années, la Cour de cassation calculait cette durée en jours travaillés, mais lorsque cette période d'essai était exprimée en semaines ou en mois, il s'agissait de semaines ou de mois calendaires (Cass. soc. 11 février 1993, *RJS* 1993, n° 490). La Cour de cassation a opéré un revirement de jurisprudence : la période d'essai se décompte désormais en jours calendaires, ce qui implique de prendre en compte les dimanches et jours fériés (Cass. soc. 29 juin 2005, 02-45701, *RJS* 10/05, n° 944). Ce mode de calcul a pour effet de réduire de fait la période d'essai et le temps pendant lequel l'employeur peut tester réellement l'efficacité du salarié et ses aptitudes à occuper un poste. Une difficulté reste posée dans cette décision : les cocontractants ou les partenaires de la convention collective peuvent-ils y déroger et prévoir expressément un calcul en jours ouvrables ? Cette possibilité présente un avantage pour les contrats à durée déterminée dont les périodes d'essai sont de courte durée. Par ailleurs, les jours du début et de la fin de la période d'essai sont pris en compte dans ce calcul (Cass. soc. 15 mars 2006, 04-44544, *JCP soc.* 9/5/2006, n° 1379). La loi du 25 juin 2008 n'a pas précisé ce mode de calcul et la jurisprudence antérieure devrait donc être maintenue.

C. Le point de départ de la durée

La période d'essai commence nécessairement à la date d'entrée en fonction du salarié dans l'entreprise. Les parties ne peuvent, par accord, différer le début de cette période. Par ailleurs, elle ne peut être décalée même lorsque le salarié a suivi un stage de formation (Cass. soc. 24 octobre 1997, 94-45275, *JCP* 1998, éd. G, 10004, note D. Corrignan-Carsin). La loi du 25 juin 2008 ne modifie pas cette solution mais précise un point lorsque le salarié a effectué, avant la conclusion de son contrat de travail, un stage dans l'entreprise lors de sa dernière année d'étude. L'article L 1221-24 indique que dans ce cas, la période de stage est déduite de la période d'essai, sans avoir pour effet de réduire la durée de la période d'essai de plus de la moitié de la durée légale. Un accord collectif peut cependant prévoir des dispositions plus favorables.

Attention

*Ne pas confondre **période d'essai** et **période probatoire**. La période probatoire est une période prévue au cours de l'exécution du contrat en cas de promotion professionnelle ou de modification du contrat de travail. Cette période n'est pas une période d'essai dans la mesure où en cas d'échec de la période probatoire, le salarié retrouve son ancien poste et il ne renonce pas aux règles du licenciement. Les règles de la libre rupture ne s'appliquent pas à la période probatoire (Cass. soc. 30 mars 2005, 02-46338,* RJS *6/05, n° 757 à 759 ; Cass. soc. 28 septembre 2005, 03-47214,* RJS *12/05, n° 1164).*

D. La prolongation ou le renouvellement de la période d'essai

La durée initiale peut être prolongée en cas de suspension du contrat de travail (Voir Fiche n° 12) de celle correspondant à la durée de l'absence du salarié. Cette règle vaut pour tous les cas de suspension, y compris en cas de congés annuels de l'entreprise (Cass. soc. 3 octobre 1957, *D.* 1957, 676 pour la maladie ; Cass. soc. 26 octobre 1999, 97-43266, *RJS* 12/99, n° 1436).

Par ailleurs, le renouvellement est possible, mais à des conditions strictes qui ont été précisées par la loi du 25 juin 2008. Avant cette réforme, le renouvellement devait être prévu dès le contrat de travail et à condition que la convention collective l'autorisait (Cass. soc. 2 juillet 2008, 07-40132, *JCP soc.* 15/7/2008, act. 405 ; Cass. soc. 25 février 2009, 07-40155, *JCP soc.* 7/4/2009, 1158). Par ailleurs, le salarié devait donner son accord exprès au cours de la période initiale. Ce renouvellement ne pouvait intervenir par tacite reconduction (Cass. soc. 10 janvier 2001, 97-45164, *Bull. civ.* V, n° 4). Enfin, la durée totale de la période d'essai ne devait pas être excessive. Désormais, l'article L 1221-21 du Code du travail indique que ce renouvellement doit être prévu par un accord de branche étendu ainsi que par le contrat de travail (C. trav., art. L 1221-23). Seul un renouvellement est possible et la durée initiale est reconduite.

III. Rupture de la période d'essai

A. Principe de la liberté de rupture

La période d'essai s'achève en principe par l'expiration du délai convenu. Le salarié est alors définitivement embauché et son ancienneté remonte au début de la période d'essai. Mais pendant cette période, chacune des deux parties peut rompre le contrat sans avoir à respecter les règles de la démission ou du licenciement. **C'est le principe de la liberté de la rupture de la période d'essai, principe aujourd'hui remis en cause** : aucun formalisme n'est exigé, aucun motif ne doit être allégué, aucune indemnité ne doit être versée. Cette règle découle de l'art. L 122-4 du Code du travail, qui est recodifié à l'art. L 1231-1. Aucun préavis n'était exigé jusqu'à la réforme de juin 2008.

La seule condition est que la rupture ait lieu avant l'expiration de la durée de la période d'essai. La Cour de cassation, dans une décision du 11 mai 2005, a opéré un revirement de jurisprudence en indiquant que « *la rupture d'un contrat de travail se situe à la date où l'employeur a manifesté sa volonté d'y mettre fin, c'est-à-dire au jour de l'envoi de la lettre recommandée avec accusé de réception notifiant la rupture* » (Cass. soc. 11 mai 2005, 03-40650, *DS* 9/10 2005, p. 921, note J. Mouly). Dès lors que l'employeur envoie la lettre avant l'expiration de la période d'essai, ce principe de la libre rupture s'applique même si le salarié ne la reçoit effectivement qu'après la fin de cette période.

B. Exceptions

Elles sont de plus en plus nombreuses, permettant au salarié de demander des dommages-intérêts en raison du préjudice subi, voir l'annulation de la rupture. Elles supposent cependant souvent un contrôle du motif de la rupture de l'essai, motif qui en principe n'a pas à être donné.

- Depuis la loi du 25 juin 2008, les articles L 1221-25 et L 1221-26 imposent de respecter un délai de prévenance pour rompre l'essai. Lorsque c'est l'employeur qui est l'auteur de la rupture, il doit prévenir 24 heures avant si le salarié est présent dans l'entreprise moins de 8 jours, 48 heures avant entre 8 jours et 1 mois de présence, 2 semaines entre 1 et 3 mois de présence et 1 mois avant après 3 mois de présence dans l'entreprise. À défaut de respecter ces délais, le salarié a droit à une indemnité correspondant au salaire qui aurait dû être versé pendant cette durée de prévenance. Lorsque c'est le salarié qui rompt l'essai, le délai de prévenance est de 24 heures si le salarié était présent moins de 9 jours dans l'entreprise et 48 heures au-delà.
- Le contrat ou la convention collective peuvent prévoir une forme particulière à suivre pour rompre la période d'essai, comme une lettre recommandée avec accusé de réception.
- La rupture ne peut avoir un caractère vexatoire et porter atteinte à la dignité de la personne humaine. Ainsi, un salarié a pu demander réparation de son préjudice en raison d'une rupture orale devant les autres salariés de l'entreprise (Cass. soc. 5 décembre 2001, 99-45758).
- L'exercice de ce droit unilatéral de rupture ne doit pas avoir un caractère abusif. La charge de la preuve incombe à la partie qui l'invoque.

Illustrations de rupture abusive d'une période d'essai :
Cass. soc. 5 mai 2004, 02-41224, D. *2004, 2189 ; Cass. soc. 20 novembre 2007, 06-41212,* JCP soc. *8/4/2008, 1215*

> *Dans une décision du 5 mai 2004, un salarié de 45 ans avait démissionné d'un emploi précédent en contrat à durée indéterminée et conclu un autre contrat prévoyant une période d'essai de 3 mois. Au bout de 8 jours, l'employeur rompt cette période alors que le salarié était en stage d'adaptation. La Cour de cassation a retenu, dans ces circonstances, le caractère abusif de la rupture, notamment en raison de l'âge du salarié, de la brièveté de l'essai, de sa démission. La Cour de cassation a une conception large de l'abus dans la mesure où elle estime qu'il était impossible dans ces conditions que l'employeur se fasse une opinion correcte des qualités du salarié. L'employeur invoquait l'absence d'abus qui, selon lui, aurait supposé que la rupture ait été justifiée par un motif sans lien avec l'essai. Dans l'arrêt du 11 novembre 2007, la Cour de cassation va plus loin et reconnaît le caractère abusif de la rupture de l'essai réalisée en raison de la suppression du poste du salarié. Le critère du détournement de finalité, autre critère possible de l'abus de droit avancé par Josserand au début du XXe siècle, est utilisé par la Cour de cassation pour caractériser l'abus, sans intention de nuire au salarié. Elle affirme par ailleurs la finalité de la période d'essai, à savoir de permettre à l'employeur d'apprécier la valeur professionnelle du salarié, finalité désormais indiquée dans l'article L 1221-20 du Code du travail. Il y a abus, dès lors que la rupture n'est pas due à un motif inhérent à la personne du salarié, c'est-à-dire qu'elle intervient sans rapport avec l'appréciation des qualités professionnelles du salarié (Cass. soc. 10 décembre 2008, 07-42445,* JCP soc. *17/3/2009, 1123 : confirmation).*

- Lorsque l'employeur invoque un motif disciplinaire, il doit respecter la procédure disciplinaire (Voir Fiche n° 10). La Cour de cassation a apporté cette limite dans une décision du 10 mars 2004 (Cass. soc. 10 mars 2004, 01-44750, *JCP* 2004, éd. G, II, 10088, note D. Carrignan-Carsin), sans pour autant résoudre toutes les difficultés. En effet, une rupture de période d'essai initiée par l'employeur sans avoir respecté cette procédure peut-elle être annulée ou ne donne-t-elle lieu qu'à des dommages-intérêts ? Les articles L 1333-2 et L 1333-3 du Code du travail (anc. art. L 122-43) autorisent l'annulation d'une sanction irrégulière sauf en cas de licenciement. La rupture d'une période d'essai est-elle assimilable à un licenciement ? Les interprétations par analogie et *a contrario* semblent toutes deux recevables.
- L'annulation de la rupture est possible lorsqu'elle repose sur un motif discriminatoire. La Cour de cassation a admis de manière claire et expresse l'applicabilité de l'art. L 1132-1 du Code du travail (anc. art. L 122-45) à la rupture de la période d'essai (Cass. soc. 16 février 2005, 02-43402, *Sem. soc. Lamy* 2005, n° 1205). Le salarié victime d'une rupture discriminatoire bénéficie de l'aménagement de la charge de la preuve prévue dans ce domaine.

- Un salarié protégé peut, depuis un revirement du 26 octobre 2005 (Cass. soc. 26 octobre 2005, 03-44751, *Petites Affiches*, 2/1/2006, p. 15), demander la nullité de la rupture, si l'employeur n'a pas respecté le statut protecteur et demander une autorisation préalable de rompre le contrat à l'inspection du travail (Voir Fiche n° 30).
- L'annulation est enfin possible lorsque l'employeur rompt la période d'essai en invoquant un accident du travail sans respecter l'art. L 1226-9 du Code du travail (anc. art. L 122-32-2). Les règles protectrices en matière d'accident du travail et de maladie professionnelle sont en effet applicables à la période d'essai (jurisprudence constante depuis Cass. soc. 19 avril 1989, 86-44656, *JCP* 1990, II, 21499, note J. Mouly pour le contrat à durée déterminée ; Cass. soc. 25 février 1997, 93-40185, *DS* 1997, p. 409 pour le contrat à durée indéterminée, dernièrement : Cass. soc. 25 janvier 2006, 03-47517, *Bull. civ.* V, n° 27, *Petites Affiches* 17-18/4/2006, p. 5) (Voir Fiche n° 13).

Le professeur Jean Pélissier fait une distinction entre la rupture de l'essai et la rupture du contrat de travail intervenant pendant la période d'essai. En effet, tout dépend de la raison pour laquelle le contrat est rompu. S'il l'est car l'essai n'a pas été concluant et que le salarié a démontré qu'il n'avait pas les qualités requises pour occuper le poste, il s'agit d'une rupture d'essai qui échappe effectivement aux règles du licenciement. En revanche, si le contrat est rompu pour une autre raison et notamment un motif non inhérent à la personne du salarié, le contrat est rompu certes pendant la période d'essai mais il ne s'agit pas d'une rupture de l'essai *stricto sensu*. Dans ce cas, les règles relatives au licenciement devraient s'appliquer et notamment celles du licenciement pour motif économique (Cass. soc. 20 novembre 2007, 06-42212, *RTD* janvier 2008, p. 29). Cette interprétation doctrinale semble être la conséquence logique de ces évolutions jurisprudentielles et pourrait expliquer le nouvel article L 1221-20 du Code du travail. En effet désormais, la finalité de la période d'essai est indiquée dans le Code : à savoir que pour l'employeur, il s'agit d'apprécier les qualités professionnelles du salarié et pour ce dernier, de vérifier que les fonctions occupées lui conviennent. Reste à savoir si à terme les parties n'auront pas intérêt à motiver la rupture de l'essai pour échapper au contentieux, à condition évidemment que le motif indiqué soit celui qui justifie réellement la rupture de l'essai.

À retenir	
Mise en place de la période d'essai	Elle doit être prévue de manière expresse par contrat ou par la lettre d'engagement.

Durée de la période d'essai	La durée est fixée par le contrat ou la convention ou les usages, sous réserve de respecter les durées maximales fixées dans l'article L 1221-19 du Code du travail : - 2 mois pour les ouvriers et employés - 3 mois pour les agents de maîtrise et les techniciens - 4 mois pour les cadres Elle est calculée en jours calendaires depuis cass. soc. 29 juin 2005.
Rupture de la période d'essai	Principe : liberté de rupture de la période d'essai : aucun motif, aucune procédure particulière, aucune indemnité Exceptions : – Forme imposée par les accords collectifs. – Abus. – Procédure disciplinaire si l'employeur invoque une faute (cass. soc. 10 mars 2004). – Sanction d'un motif discriminatoire (Cass. soc. 16 février 2005). – Respect des règles relatives aux accidents du travail et maladie professionnelle. – Respect du statut protecteur des représentants du personnel – Délai de prévenance prévu aux articles L 1221-25 et L 1221-26 du Code du travail depuis la loi du 25 juin 2008 dont la durée varie en fonction de l'auteur de la rupture et la durée de présence du salarié dans l'entreprise.

Pour en savoir plus

- S. Athmani, « La période d'essai », *RPDS* juillet 2005, n° 723, p. 223 ;
- Ph. Auvergnon, « Les ruptures en période d'essai », *DS* 1992, p. 796 ;
- N. Bataille-Nevejans, « La période d'essai instituée au cours des relations contractuelles », *DS* 2004, p. 336 ;
- D. Corrignan-Carsin, « La rupture de la période d'essai, Une autonomie sur le déclin », *JCP* 2005, éd. E, 1241 ;
- J. Dirringer, Y. Ferkane, M. Sweeney, A.C. Creplet et T. Sachs, « Variations sur la période d'essai », *RTD* septembre 2008, p. 515 ;
- M. Dubertret, « Procédure disciplinaire et rupture de la période d'essai », *DS* 2004, p. 733 ;
- J.Y. Frouin, « Période d'essai, période probatoire et changement d'emploi », *RJS* 6/05, p. 423 ;
- D. Jourdan, « Clause de période d'essai », *JCP soc.* 29/7/2008, 1432 ;
- Ph. Mallard, « Le licenciement en période d'essai », *DS* 2006, p. 1157 ;
- J. Mouly, « La résiliation de l'essai fondée sur un motif étranger à ses résultats », *DS* 2005, p. 614 ;
- J. Mouly, « Une innovation ambiguë : la réglementation de la période d'essai », *DS* 2008, p. 288 ;

- J.Y. Rodière-Granger, « Périodes d'essai et salariés protégés : une jurisprudence *contra legem* », *Petites Affiches* 5/5/2006, p. 12 ;
- A. Sauret, « La période d'essai », *JCP soc.* 24/6/2008, 1364.

Pour s'entraîner

Résoudre le cas pratique suivant :

M. Dupain a embauché une secrétaire de direction avec un contrat à durée indéterminée le 1er août dernier, avec une période d'essai de 2 mois. Depuis son arrêt maladie de 15 jours au mois de septembre, Mme Pinaut arrive régulièrement avec plus d'une heure de retard. Malgré plusieurs avertissements verbaux, son comportement n'a pas cessé et M. Dupain a décidé le 5 octobre dernier de rompre le contrat par courrier estimant que la période d'essai n'a pas été concluante. Mme Pinaut demande des dommages-intérêts estimant que la rupture de son contrat n'a pas été régulière.

Réponse

Le CDI a été conclu avec une période d'essai de 2 mois. Est-ce une durée valable ? Le contrat a été conclu après l'entrée en vigueur de la loi du 25 juin 2008. Par conséquent, il doit respecter l'article L 1221-19 qui prévoit des durées maximales, à savoir ici 3 ou 4 mois en fonction de sa qualification, mais autorise des délais plus courts. La durée prévue est donc valable, à condition de vérifier cependant la convention collective applicable.

Cette période est prolongée en raison du congé maladie de 15 jours, solution valable quel que soit le cas de suspension. Donc, la période d'essai va jusqu'au 15 octobre. Le 5 octobre, le jour d'envoi de la lettre, la période est donc toujours en cours et ce sont les règles de la rupture de la période d'essai qui s'appliquent.

Donc, la rupture de la période d'essai est libre : aucun motif, ni forme particulière, ni indemnité. Mais de plus en plus d'exceptions existent : notamment si la rupture est abusive ou lorsque l'employeur invoque un motif disciplinaire. Lorsque l'employeur invoque un motif disciplinaire, il doit respecter la procédure disciplinaire : c'est-à-dire convocation à l'entretien, entretien individuel après un délai raisonnable, notification de la sanction dans un délai minimum de 1 jour franc et maximum d'un mois. L'employeur doit engager la procédure dans les 2 mois à compter de la connaissance des faits. En l'espèce, aucune procédure disciplinaire n'a été respectée. Or, le motif invoqué en l'espèce consiste dans des retards répétés et longs, malgré des avertissements. Il peut s'agir d'une faute grave (voir Fiche n° 10).

Par ailleurs, dès lors que l'employeur invoque un essai non concluant, il doit respecter un délai de prévenance qui sera de 2 semaines en l'espèce en raison de la durée de présence du salarié dans l'entreprise, à savoir entre 1 et 3 mois. Reste à savoir si ce délai s'applique en cas de procédure disciplinaire.

Les attributs du pouvoir de direction et ses limites

Fiche **8**

Définitions

Pouvoir de direction : pouvoir attribué à l'employeur de diriger son entreprise, d'édicter un règlement intérieur, de contrôler et surveiller l'activité de ses salariés, de les sanctionner en cas de manquement professionnel.

Principe de non-discrimination : principe selon lequel l'employeur ne peut prendre de mesure caractérisant une différence de traitement pour un motif illégitime.

I. Définition et fondement du pouvoir de direction

Le pouvoir de direction est le pouvoir attribué à l'employeur en raison du lien de subordination et de la liberté d'entreprendre et lui permettant de gérer seul l'entreprise et ses salariés. À ce titre, c'est lui qui embauche, qui négocie les rémunérations, qui affecte les salariés à leur poste, qui détermine et modifie seul les conditions de travail, qui contrôle le travail effectué par les salariés, donne des ordres, impose la date des congés payés, surveille les salariés, etc. Deux pouvoirs seront examinés de manière plus précise : le pouvoir de réglementer et d'édicter le règlement intérieur (Voir Fiche n° 9) et le pouvoir disciplinaire (Voir Fiche n° 10), c'est-à-dire le pouvoir de sanctionner les salariés en raison de manquement professionnel. Cependant aujourd'hui, ce pouvoir connaît de plus en plus de limites.

II. Les limites au pouvoir de direction

A. Le respect du principe de non-discrimination

L'art. L 1132-1 (anc. art. L 122-45) interdit toute mesure fondée sur un motif discriminatoire, à peine de nullité de la mesure. Le champ d'application de cette règle va au-delà de la procédure de recrutement (Voir Fiche n° 6), puisque le texte cite par exemple la rémunération, la formation, le reclassement, l'affectation, la promotion professionnelle, la mutation etc. Cette liste n'est pas limitative car elle commence par « notamment » et vise plus généralement toute « mesure ». La généralité du texte a permis à la Cour de cassation de l'appliquer à une mesure non expressément citée : la rupture de la période d'essai (Cass. soc. 16 février 2005, 02-43402, *Sem. soc. Lamy*, 2005, n° 1205 ; Voir Fiche n°7). Ce texte peut donc s'appliquer à toute mesure relevant du pouvoir de direction, du recrutement du salarié à la rupture du contrat de travail et vient donc limiter ce pouvoir. Cela est d'autant plus vrai que la liste des critères discriminants interdits a été également étendue. Il s'agit notamment de l'origine, du sexe, de l'âge, des opinions politiques, religieuses, syndicales, de l'état de santé, de l'apparence physique, du nom, de la situation familiale, etc. La loi n° 2006-340 du 23 mars 2006 relative à l'égalité salariale entre les femmes et les hommes a intégré un nouveau motif discriminant : la grossesse. En revanche, n'est pas indiqué le lieu d'habitation du salarié, qui peut pourtant constituer une forme de discrimination, notamment à l'embauche. C'est une discrimination purement objective, aucun élément intentionnel n'étant exigé pour appliquer cette disposition.

La preuve a été allégée depuis une loi du 16 novembre 2001 pour faciliter les recours. Le salarié doit établir des faits qui laissent supposer une discrimination, puis, c'est à l'employeur d'apporter la preuve des raisons objectives qui ont justifié la différence de traitement. La loi du 27 mai 2008 n° 2008-496 transposant différentes directives (*JO* 28 mai 2008) va plus loin car le salarié doit seulement apporter des faits qui laissent présumer la discrimination. Lutter contre la discrimination ne signifie donc pas établir une égalité absolue entre tous les salariés, mais seulement interdire des différences de traitement fondées sur des motifs illégitimes. La loi du 27 mai 2008 autorise et généralise les différences de traitement dès lors qu'elles répondent à une exigence professionnelle essentielle et déterminante et pour autant que l'objectif soit légitime et l'exigence proportionnée (C. trav., art. L 1133-1). Lorsqu'une mesure est discriminatoire, le salarié qui en est victime peut demander la nullité de cette mesure, et notamment, s'il s'agit d'un licenciement ou de la rupture de son contrat de travail, il peut imposer sa réintégration dans l'entreprise. Il peut également obtenir des dommages-intérêts, notamment pour « préjudice de carrière ». La loi n° 2008-561 du 17 juin 2008 portant réforme de la prescription en matière civile (*JO* 18 juin 2008) prévoit que l'action en réparation se prescrit par 5 ans à compter de la révélation de la discrimination. Enfin, des sanctions pénales peuvent être prononcées contre l'employeur.

Illustration : différences de traitement et discriminations.

> *Dans une décision du 15 mai 1991, (89-42270,* Bull. civ. *V, n° 236), un employeur avait licencié 3 salariés pour faute lourde et avait prononcé la mise à pied de 2 autres salariés, en leur reprochant une entrave à la liberté du*

*travail pendant une grève. Les salariés licenciés ont demandé la nullité de leur licenciement, estimant qu'ils étaient victimes d'une discrimination. Mais leur demande est rejetée : la Cour de cassation rappelle qu'effectivement, il est interdit à l'employeur de prendre des mesures discriminatoires, mais il conserve un pouvoir d'individualisation des sanctions et il peut prononcer des sanctions différentes dans l'intérêt de l'entreprise, dès lors qu'elles ne reposent pas sur un motif discriminatoire. En l'espèce, de tels motifs n'existaient pas : il avait choisi des sanctions différentes car il avait tenu compte de l'ancienneté et du comportement des salariés. En revanche, dans une décision du 7 février 1989 (*DS *1989, p. 504, note J. Savatier), la chambre criminelle de la Cour de cassation a reconnu la discrimination de l'employeur qui avait prononcé des sanctions plus lourdes à l'encontre de salariés en raison de leur activité syndicale. Le motif était illégitime. Il en a été de même dans une décision du 16 décembre 2008 (Cass. soc. 16 décembre 2008, 06-45262,* JCP soc. *6/1/2009, act. 13) à l'encontre d'un employeur qui avait refusé une promotion à une salariée à son retour de congé parental et qui l'avait attribué à deux salariés masculins qui ne présentaient pas les mêmes compétences.*

B. Le respect des libertés individuelles

L'article L 1121-1 du Code du travail (anc. art. L 120-2), issu d'une loi du 31 décembre 1992 vise à interdire toutes les atteintes aux libertés individuelles et collectives par l'employeur. Mais le texte autorise les atteintes à condition de remplir deux conditions cumulatives :

- L'atteinte doit être justifiée par la nature de la tâche à accomplir.
- Elle doit être proportionnée au but recherché.

Ce texte élargit celui qui existait pour le contenu du règlement intérieur (C. trav., art. L 1321-3, anc. art. L 122-35) et peut donc s'appliquer à toute mesure de l'employeur, comme une clause dans un contrat. Il s'agit de trouver un compromis entre deux impératifs contradictoires : d'une part, le salarié abandonne une partie de sa liberté en étant sous la subordination de l'employeur, et, d'autre part, cette subordination doit rester raisonnable, fonctionnelle, cantonnée aux nécessités du travail.

Illustration d'atteintes non légitimes aux libertés individuelles

La Cour de cassation a jugé plusieurs fois qu'une clause de résidence insérée dans le contrat de travail d'un attaché commercial (Cass. soc. 12 janvier 1999, 96-40755, D. *1999, p. 645), de gardiens d'immeubles (Cass. soc. 13 avril 2005, 03-42965,* DS *2005, p. 809), d'agents chargés de la maintenance de logements sociaux (Cass. soc. 12 novembre 2008, 07-42601,* JCP soc. *10/3/2009, 1111) ou d'un avocat (Cass. soc. 12 juillet 2005, 04-13342,* DS *2005, p. 1037) était nulle en raison de l'absence de motif légitime et du caractère disproportionné à l'atteinte à la liberté de choisir librement son domicile. L'arrêt du 12 novembre 2008 indique qu'il n'existait aucune contrepartie sérieuse à l'obligation de rési-*

dence, la rendant disproportionnée. De même, un règlement intérieur ne peut interdire à ses salariés de se marier entre eux (Cass. soc. 10 juin 1982, 80-40929, JCP *1984, II, 20230) ou imposer le port d'une blouse blanche alors que cette restriction à la liberté de se vêtir n'est pas justifiée par la tâche à accomplir (Cass. soc. 18 février 1998, 95-43491,* Bull. civ. *V, n° 90). En revanche, le règlement d'un établissement chargé de l'accueil de jeunes en difficulté peut interdire aux éducateurs de recevoir chez eux ces adolescents (Cass. soc. 13 janvier 2009, 07-43282,* JCP soc. *17/3/2009, 1122).*

En cas de non-respect d'une telle liberté, la clause du contrat ou du règlement intérieur est nulle. Reste à se demander quelles en sont les conséquences sur une éventuelle sanction du salarié ou un licenciement. La Cour de cassation, en raison du silence des textes, a posé un principe : le licenciement est nul en cas de violation d'une liberté fondamentale (**arrêt Clavaud**, 28 avril 1988, 87-41807, *DS* 1998, p. 428, *Bull. civ.* V, n° 257 ; Cass. soc. 31 mars 2004, 01-46960 et 01-46961, *DS* 2004, p. 666, note C. Radé). Par conséquent, le salarié peut demander sa réintégration au juge. Toute la difficulté consiste à préciser quelles sont ces libertés fondamentales, la Cour ne donnant aucun critère. Dans l'arrêt Clavaud, il s'agissait de la liberté d'expression qui a été reconnue comme telle. En revanche, dans un arrêt **Monribot du 28 mai 2003**, la Cour a refusé cette qualité à la liberté de se vêtir, le salarié ne pouvant réclamer que des dommages-intérêts pour défaut de cause réelle et sérieuse (02-40273, *JCP* 2003, II, 10128, note D. Corrignan-Carsin ; 2e pourvoi : Cass. soc. 12 novembre 2008, 07-42220, *JCP soc.* 5/5/2009, 1200).

C. Le respect de la vie privée du salarié

Manifestations du principe

L'employeur doit respecter la vie privée de ses salariés en dehors du temps et du lieu de travail, conformément à l'article 9 du Code civil. Ainsi, il ne peut pas mettre en place une filature par un supérieur hiérarchique en dehors du temps de travail et à proximité du domicile du salarié (Cass. soc. 26 novembre 2002, 00-42401, *D.* 2003, 1305, note J. Ravanas). Par ailleurs, un événement de la vie privée ne peut en principe justifier un licenciement depuis un arrêt de **principe du 17 avril 1991** (90-42636, *Bull. civ.* V, n° 201) qui concernait un aide sacristain licencié en raison de son homosexualité (Voir Fiche n° 14). En outre, l'employeur ne peut pas imposer au salarié de travailler à son domicile, siège de la vie privée et familiale (**arrêt Abram**, Cass. soc. 2 octobre 2001, 99-42727, *DS* 2001, p. 1039).

Mais cette protection va désormais plus loin, puisque l'employeur doit aussi respecter cette vie privée sur le lieu de travail et pendant le temps de travail. C'est **l'arrêt Nikon du 2 octobre 2001** (99-42942, D. 2001, p. 3148) qui a posé le principe suivant : « *le salarié a droit, même au temps et au lieu de travail, au respect de l'intimité de sa vie privée, que celle-ci implique en particulier le secret des correspondances* ». Dans cette décision, le salarié a reproché à l'employeur d'avoir ouvert les messages informatiques personnels qu'il avait émis. La Cour a estimé que son droit au respect de la vie privée avait été bafoué alors même que l'employeur avait interdit l'usage à des fins personnelles de l'outil informatique mis à sa disposition. Les fichiers sont présumés être professionnels, sauf si le salarié les qualifie de dossiers personnels (Cass. soc. 18 octobre 2006, 04-48025, *RDT* 2006, 395). En principe, l'employeur ne peut donc pas ouvrir le contenu de ces fichiers.

En cas d'atteinte, le salarié peut saisir le TGI, qui a une compétence exclusive en la matière, pour demander des dommages-intérêts pour violation de l'article 9 du Code civil. Par ailleurs, le mode de preuve qui aurait été illégalement obtenu sera irrecevable pour prouver les faits que l'employeur invoque.

Exceptions au principe

La Cour de cassation rappelle qu'au nom du pouvoir de direction l'employeur a le droit de contrôler et de surveiller l'activité de son personnel durant le temps de travail, mais le dispositif de contrôle doit avoir été porté à la connaissance du salarié, comme une filature (Cass. soc. 4 février 1998, 95-43421, *Bull. civ.* V, n° 64) ou la mise en place de caméras de vidéo surveillance (arrêt **Néocel**, Cass. soc. 20 novembre 1991, 88-4312, *Bull. civ.* V, n° 519). Cette information des salariés n'est pas obligatoire lorsque ces caméras sont installées dans des locaux où les salariés ne travaillent pas (Cass. soc. 31 janvier 2001, 98-44290, *Bull. civ.* V, n° 28). Le procédé de surveillance cependant ne doit pas faire appel à des stratagèmes, comme envoyer des salariés *incognito* pour en surveiller d'autres (Cass. soc. 18 mars 2008, 2 arrêts, 06-40852, 06-45093, *JCP soc.* 8/7/2008, 1396).

De même, l'employeur peut ouvrir les fichiers personnels des salariés à condition que les salariés soient présents ou dûment appelés, cette condition étant écartée en cas de circonstances exceptionnelles (Cass. soc. 17 mai 2005, 03-40017, *DS* 2005, 789). C'est la même solution qui est retenue pour l'ouverture des armoires des salariés (Cass. soc. 11 décembre 2001, 99-43030, *Bull. civ.* V, n° 377 ; Cass. soc. 15 avril 2008, 06-45902, *JCP soc.* 2/9/2008, 1453 : ouverture licite des casiers non identifiés alors que les salariés avaient été prévenus 3 semaines avant, ouverture faite en présence d'un représentant du personnel et conformément à l'accord d'entreprise). La Cour a cependant apporté une précision, à propos de la fouille de sac, en indiquant non seulement le droit pour le salarié d'être informé, le droit de s'y opposer et le droit de demander la présence d'un témoin (Cass. soc. 11 février 2009, 07-42068, *JCP soc.* 12/5/2009, 1212). L'employeur peut aussi saisir le président du TGI sur requête pour qu'il soit autorisé à ouvrir ses fichiers sous le contrôle d'un huissier et à condition de justifier d'un intérêt légitime pour l'entreprise, comme la lutte contre la concurrence déloyale (Cass. soc. 23 mai 2005, 05-17818, *RJS* 8-9/07, n° 909 ; Solution identique si les fichiers ne sont pas qualifiés de personnels : Cass. soc. 10 juin 2008, 06-19229, *JCP soc.* 11/11/2008, 1582). Enfin, il peut évidemment ouvrir librement les fichiers ou les coffres professionnels (Cass. soc. 21 octobre 2008, 07-41513, *JCP soc.* 27/1/2009, 1043).

Un événement de la vie privée peut également constituer une cause réelle et sérieuse au licenciement (Voir Fiche n° 14), si l'employeur démontre :

- Soit que ce fait perturbe le fonctionnement de l'entreprise.
- Soit qu'il s'agit aussi d'un manquement à une obligation professionnelle.

D. L'interdiction du harcèlement moral et sexuel

Si l'employeur dispose d'un pouvoir de direction, il ne peut abuser de son pouvoir pour obtenir des faveurs sexuelles (C. trav., art. L 1153-1 et s., anc. art. L 122-46) ou pour harceler moralement ses salariés (C. trav., art. L 1152-1 et s., anc. art. L 122-49). Des sanctions pénales peuvent être prononcées (C. pén., art. 222-33). Le harcèlement sexuel est sanctionné depuis 1992 et a été étendu en 2002 puisque désormais, toute personne dans l'entreprise peut être sanctionnée pour de tels faits, y compris celles qui n'ont aucune autorité sur la victime. Il faut attendre la loi de modernisation sociale de 2002 pour que le harcèlement moral soit pris en compte. Sont sanctionnés les agissements répétés ayant pour objet ou pour effet une dégradation des conditions de travail susceptible de porter atteinte aux droits du salarié, à sa dignité, d'altérer sa santé physique ou mentale ou de compromettre son avenir (ex : Aix-en-Provence, 6 mai 2008, *JCP soc.* 23/9/2008, 1491 ; Cass. crim. 20 mai 2008, 06-86580, *JCP soc.* 11/11/2008, 1583). Depuis des arrêts du 24 septembre 2008 (Cass. soc. 24 septembre 2008, 06-45579 et 06-45747, *RDT* décembre 2008, p. 744, *JCP soc.* 14/10/2008, 1537), la Cour de cassation contrôle cette qualification qui auparavant relevait de l'appréciation souveraine des juges du fond. L'employeur se doit de faire respecter ces règles qui doivent être rappelées dans le règlement intérieur. Il doit sanctionner la personne coupable de tels actes (Toulouse, 26 octobre 2000, *RJS* 2001, n° 407).

E. Les autres immixtions dans le pouvoir de direction

De nombreuses règles viennent limiter de fait le pouvoir unilatéral de l'employeur de régir la relation de travail. Tout d'abord, certaines mesures doivent être **autorisées par l'inspecteur du travail** comme le licenciement d'un salarié protégé (Voir Fiche n° 3). Ensuite, la loi a imposé des cas de **négociations collectives obligatoires**, notamment pour la fixation des rémunérations, décisions qui relevaient auparavant du seul pouvoir de direction (Voir Fiches n° 31 et s.). Enfin, et dans une moindre mesure, de nombreuses décisions doivent faire l'objet **d'avis consultatif des représentants du personnel**, comme un projet de licenciement économique, une restructuration, etc. (Voir Fiche n° 28). Ainsi, si l'employeur veut évaluer ses salariés par la mise en place d'entretiens individuels, ce qu'il peut faire au nom de son pouvoir de direction, il doit consulter au préalable le comité d'entreprise, mais aussi le CHSCT et faire une déclaration auprès de la CNIL (Cass. soc. 28 novembre 2007, 06-21964, *RJS* 2/08, n° 135).

À retenir

- **Les attributs du pouvoir de direction et ses limites :**

Attributs du pouvoir de direction	Pouvoir de décider Pouvoir de réglementer (Voir Fiche n° 9) Pouvoir de contrôler et de surveiller Pouvoir de sanctionner (Voir Fiche n° 10)
Limites au pouvoir de direction	Respect des libertés individuelles et collectives (C. trav., art. L 1121-1, anc. art. L 120-2). Respect du principe de non-discrimination (C. trav., art. L 1132-1, anc. art. L 122-45). Respect de la vie privée (art. 9 du Code civil). Pour certaines matières : négociation collective obligatoire ou autorisation préalable de l'inspection du travail, ou consultation des représentants du personnel.

Pour en savoir plus

- N° spécial de *DS* janvier 2004 ;
- E. Boussard-Verrecchia, « L'abréviation de la prescription en matière de discrimination compensée par l'exigence d'une révélation informée », *RDT* novembre 2008, p. 677 ;
- A. Coche, « Les conséquences pour les victimes des efforts jurisprudentiels destinés à compenser l'imprécision de l'incrimination de harcèlement moral », *JCP soc.* 12/5/2009, 1209 ;
- J.B. Cottin, « La prise en compte de la situation de famille du salarié : entre interdiction et obligation : délibération Halde, n° 2008-133, du 16 juin 2008 », *JCP soc.* 28/10/2008, 1561 ;
- O. De Tissot, « La protection de la vie privée du salarié », *DS* 1995, p. 222 ;
- F. Favennec-Herry, « Vie privée dans l'entreprise et à domicile », *RJS* 2001, p. 940 ;
- F. Favennec-Herry, « Libres propos : non-discrimination, égalité, diversité. La France au milieu du gué », *DS* janv 2007 p. 3 ;
- M.P. Fenoll-Trousseau, « Vie privée du salarié : les nouveaux enjeux de la cybersurveillance », *JCP éd. E* 30/8/2007, 1878 ;

- L. Flament, « La notion de vie personnelle du salarié en dehors du lieu de travail », *Petites Affiches*, 3/11/06 p. 7 ;
- A. Gardin et A.L. Zabel, « Les discriminations raciales au travail », *RJS* 2003/2, p. 87 ;
- M.T. Lanquetin, « La preuve de la discrimination : l'apport du droit communautaire », *DS* 1995, p. 435 ;
- B. Lapérou, « La notion de harcèlement moral dans les relations de travail », *RJS* 6/00, p. 423 ;
- B. Lapérou, « Les mesures de lutte contre le harcèlement moral », *DS* 2002, p. 313 ;
- L. Leblanc, « Harcèlement moral : responsabilité personnelle du salarié et obligation de résultat de l'employeur », *RJS* 8-9/06, p. 670 ;
- A. Lepage, « La vie privée du salarié, une notion civiliste en droit du travail », *DS* avril 2006, p. 364 ;
- Y. Leroy, « L'égalité professionnelle, Vers une approche générale et concrète », *RJS* 2002, p. 887 ;
- P. Lokiec, « Tenue correcte exigée », *DS* février 2004, p. 321 ;
- G. Lyon-Caen, « Différence de traitement et discrimination selon l'âge », *DS* 2003, p. 1047 ;
- A.-L. Martin-Serf, « Harcèlement sexuel : huit années d'application des art. L 122-46 à L 122-48, C. trav. », *DS* 2001, p. 610 ;
- C. Mathieu-Geniaut, « L'immunité disciplinaire de la vie personnelle en question », *DS* 9/10 2006, p. 848 ;
- A. Mazeaud, « Harcèlement entre salariés : apport de la loi de modernisation sociale entre salariés », *DS* 2002, p. 321 ;
- M. Miné, « Discriminations : une transposition laborieuse... », *RDT* septembre 2008, p. 532 et *RDT* décembre 2008, p. 741 ;
- G. Pignarre, « Vie personnelle du salarié et contrat de travail », *Petites Affiches* 7/3/2006, p. 3 ;
- C. Radé, « Harcèlement moral et responsabilités au sein de l'entreprise : l'obscur éclaircissement », *DS* 9/10 2006, p. 826 ;
- J.E. Ray, « L'ouverture par l'employeur des dossiers personnels du salarié », *DS* 7/8 2005, p. 789 ;
- J. Savatier, « La protection de la vie privée des salariés », *DS* 1992, p. 329 ;
- P. Waquet, « Le principe d'égalité en droit du travail », *DS* 2003, p. 277.

Pour s'entraîner

Répondez aux questions de cours suivantes :

Indiquez si la proposition faite est Vraie ou Fausse :

1) ***L'employeur ne peut pas ouvrir les armoires de ses salariés sans leur présence.***

❒ *Vrai* ❒ *Faux*

2) ***Un employeur peut refuser une promotion à une femme en raison de ses charges de famille.***

❒ *Vrai* ❒ *Faux*

3) ***Un employeur peut réserver aux seuls salariés féminins le versement d'une allocation de naissance, destinée à compenser les frais supplémentaires dus à la naissance d'un enfant.***

❒ *Vrai* ❒ *Faux*

4) ***Un employeur qui met en place un système de badge électronique pour identifier les salariés à leur entrée et à leur sortie de l'entreprise doit informer, non seulement ces salariés, mais aussi la CNIL.***

❒ *Vrai* ❒ *Faux*

Réponses

1) Vrai, car il s'agit d'une atteinte à la vie privée du salarié (Cass. soc. 11 décembre 2001, 99-43030, *Bull. civ.* V, n° 377) ;

2) Faux, car il s'agit d'un motif doublement discriminatoire : non seulement le sexe mais aussi les charges de famille. L'employeur devrait donner des motifs objectifs en relation avec son activité professionnelle ;

3) Faux, il s'agit d'une atteinte à l'égalité de traitement et au principe de non-discrimination, dans la mesure où les hommes, en cas de naissance de leur enfant, connaissent la même augmentation de leurs charges : elle doit donc être versée aussi à ces salariés (Cass. soc. 8 octobre 1996, 92-42291, *Bull. civ.* V, n° 311) ;

4) Vrai, car il s'agit d'un fichier informatique de données personnelles (Cass. soc. 6 avril 2004, 01-45227, *Bull. civ.* V, n° 103). Il doit également consulter les représentants du personnel.

Fiche 9 — Le règlement intérieur

Définition

Règlement intérieur : acte unilatéral par lequel l'employeur réglemente l'hygiène, la sécurité, son pouvoir disciplinaire. Il est une des manifestations du pouvoir de direction de l'employeur.

I. Rappel historique

Jusqu'en 1982, le règlement intérieur n'était pas réglementé et permettait à l'employeur de fixer seul un certain nombre de règles comme celles relatives à la discipline mais aussi les salaires, la période d'essai. Vu comme une manifestation du pouvoir de direction, il a été remis en cause par un certain nombre d'auteurs. La **loi du 4 août 1982** vient pour la première fois régir cet acte unilatéral en prévoyant deux grands axes. D'une part, son contenu a été réduit et bon nombre de ces anciennes dispositions sont désormais soumis à la négociation obligatoire comme l'a prévu la loi du 13 novembre 1982. D'autre part, plusieurs contrôles ont été mis en place, non seulement par le biais du comité d'entreprise mais aussi par l'inspecteur du travail et les juges. Si la loi Auroux a pris le parti de maintenir cet acte, elle a aussi décidé de l'encadrer.

II. L'établissement du règlement intérieur

A. La mise en place du règlement intérieur

Selon l'art. L 1311-2 du Code du travail (anc. art. L 122-33), il s'agit d'un document obligatoire dans les entreprises, les organismes de droit privé et les établissements publics à caractère industriel et commercial comportant **plus de 20 salariés** (Voir Fiche n° 28). Ce seuil est apprécié au niveau de l'entreprise lorsqu'il existe plusieurs établissements et l'employeur établit un document unique valable pour tous les établissements. Lorsque ce seuil n'est pas atteint, l'employeur peut en établir un.

La Cour de cassation a défini cet acte comme étant un **acte réglementaire de droit privé** (Cass. soc. 25 septembre 1991, 87-42396, *Bull. civ.* V, n° 381, *DS* 1992, 25, note J. Savatier).

Il est rédigé par écrit par l'employeur seul, après **consultation du comité d'entreprise, ou à défaut des délégués du personnel, et du CHSCT**. Leur avis n'est que consultatif, mais la loi de 1982 en créant cette consultation a mis en place un contrôle préventif. Une fois rédigé, il est communiqué à l'inspecteur du travail du siège de l'entreprise qui en contrôle le contenu (voir circulaire DGT 2009/09 du 17/4/2009, *JCP soc.* 28/4/2009, act. 2009, en cas d'établissements multiples). Il doit être déposé au secrétariat-greffe du conseil des prud'hommes et faire l'objet d'une publicité à l'intérieur de l'entreprise. Il entre en vigueur un mois après l'achèvement de ces différentes formalités. Il est rédigé en français mais il peut être accompagné de plusieurs traductions en langues étrangères. Cette procédure s'applique aussi en cas de modification d'un règlement existant.

L'art. L 1321-5 du Code du travail (anc. art. L 122-39), issu de la loi du 4 août 1982, a voulu mettre fin à une pratique patronale consistant à édicter des notes de services, des circulaires, pour les soustraire au formalisme et à la réglementation du règlement intérieur. Ainsi ce texte assimile au règlement intérieur et soumet à son régime les notes de services, circulaires, toute mesure patronale unilatérale, quelle que soit sa dénomination dès lors qu'elle porte sur les matières des art. L 1321-1 et s. du Code du travail (anc. art. L 122-34). Il s'agit donc d'un critère matériel et non formel.

B. Le contrôle du règlement intérieur

L'inspecteur du travail peut exiger le retrait d'une clause qui serait interdite, ou la modification du règlement voir même d'en établir un ou d'en compléter les dispositions. Son pouvoir peut s'exercer à tout moment : il n'est enfermé dans aucun délai. Sa décision est susceptible d'un recours hiérarchique, dans les 2 mois à compter de sa notification, par un salarié, le comité d'entreprise ou l'employeur, devant le directeur régional du travail et de l'emploi. Ce dernier a 4 mois pour rendre sa décision et son silence vaut rejet. Cette décision peut aussi faire l'objet d'un recours devant le ministre ou un recours contentieux devant le tribunal administratif.

Par ailleurs, **le Conseil des prud'hommes** peut aussi être saisi pour en contrôler la validité : d'une part, à l'occasion d'un litige opposant un salarié à l'employeur sur le fondement de ce règlement intérieur et d'autre part, lorsqu'un salarié engage une action principale en annulation d'une ou plusieurs dispositions du règlement intérieur. La Cour de cassation a reconnu cette possibilité mais en limitant ce contrôle judiciaire aux seules clauses non examinées par l'inspecteur du travail, pour éviter de porter atteinte à la compétence des juridictions administratives (Cass. soc. 16 décembre 1992, 90-14337, *Bull. civ.* V, n° 602). En outre, **le tribunal de grande instance** peut aussi être saisi d'une demande émanant du comité d'entreprise ou d'un syndicat. La HALDE, enfin, peut donner un avis sur ce document à la demande de l'employeur (ex : délib. n° 2009-22, 26 janvier 2009, *JCP soc.* 10/3/2009, act. 134 sur une clause voulant interdire le port de signes religieux dans l'entreprise, considérée comme attentatoire à la liberté religieuse).

III. Le contenu du règlement intérieur

A. Les clauses obligatoires

Les articles L 1321-1 et L 1321-2 (anc. art. L 122-34) indiquent le contenu exclusif et obligatoire du règlement intérieur.

Ainsi, il doit indiquer :

- Les règles relatives à la sécurité (interdiction du tabac, port de casques et de chaussures de sécurité, les règles de circulation dans les locaux, etc.).
- Celles concernant l'hygiène.
- Celles portant sur le pouvoir disciplinaire (notamment les différentes sanctions applicables).
- Les règles légales régissant le harcèlement sexuel et moral.
- Les règles relatives aux droits de la défense du salarié.

B. Les clauses interdites

Le règlement **ne peut contenir que les clauses prévues par les articles L 1321-1 et L 1321-2,** dont le contenu est exclusif et limitatif (anc. art. L 122-34). Ainsi, il ne pourrait réglementer la rémunération, le droit aux congés payés. Si le règlement contient des dispositions favorables au salarié, la jurisprudence considère qu'il s'agit en réalité d'un engagement unilatéral de l'employeur qu'il peut donc dénoncer (Cass. soc. 7 juillet 1998, 96-42521, *Bull. civ.* V, n° 364, *DS* 1998, 955, note J. Savatier). Si au contraire, ces clauses créent des obligations à la charge du salarié, elles n'ont aucune force obligatoire même si l'employeur a pu obtenir que le salarié signe le règlement intérieur (Cass. soc. 19 novembre 1997, 95-41260, *Bull. civ.* V, n° 383).

Illustration : le règlement intérieur et le droit de grève.

> *Le Conseil d'État depuis 1992 interdit que le règlement intérieur puisse régir le droit de grève (CE, 12 octobre 1992, SA Sofrapain,* DS *1993, 163, concl. G. Le Chatelier). Deux raisons expliquent cette solution : d'une part ,les articles L 1321-1 et L 1321-2 imposent un contenu précis et limitatif au règlement intérieur, et, d'autre part, le droit de grève, ayant valeur constitutionnelle ne peut être réglementé que par la loi. Mais pouvant prévoir des mesures rela-*

tives à la sécurité, il est admis que par ce biais, le règlement intérieur puisse de fait limiter ce droit de grève en imposant par exemple un service minimum (CE, 12 novembre 1990, Atochem, AJDA *1991, 1484, note X. Prétot).*

Par ailleurs, **sont interdites toutes les dispositions contraires aux lois, règlements et conventions collectives**, alors même qu'elles interviendraient dans le domaine des articles L 1321-1 et 2 (anc. art L 122-34 et L 122-35). L'art. L 1321-3 précise également que ce règlement **ne peut contenir de clauses qui portent atteinte aux libertés individuelles et aux droits de salariés**, sauf si ces atteintes sont justifiées par la nature de la tâche à accomplir et proportionnées au but recherché (Voir Fiche n° 8).

Illustration : le contrôle d'alcoolémie prévu par le règlement intérieur

> *Le règlement intérieur peut organiser un contrôle d'alcoolémie dans l'entreprise mais plusieurs conditions doivent être remplies. D'abord, il doit être justifié par la nature de la tâche à accomplir (par exemple pour des chauffeurs-routiers ou d'engins de chantier). Ensuite, l'état d'ébriété doit être de nature à exposer le salarié et les autres à un danger. Enfin, il faut permettre au salarié d'en contester éventuellement le résultat ou le contrôle en demandant, par exemple, la présence d'un tiers, ou éventuellement une contre-expertise. Il s'agit d'exiger la fiabilité du test. Cette solution a été posée clairement dans un arrêt de la Cour de cassation en date du 22 mai 2002 (Cass. soc. 22 mai 2002, 99-45878,* DS *2002, p. 781, confirmation Cass. soc. 24 février 2004, 01-47000,* RJS *5/04, n° 535), mais le Conseil d'État depuis 1980 avait déjà admis une telle réglementation (CE, 1er février 1980, Peintures Corona,* DS *1980, 310, concl. A. Bacquet).*

À retenir

- **Le contenu du règlement intérieur :**

Les clauses obligatoires	Les clauses interdites
– Clauses relatives à l'hygiène (utilisation des douches, tenues vestimentaires, etc.). – Clauses relatives à la sécurité (interdiction du tabac, port de casques ou de chaussures, règles de circulation dans les locaux, etc.). – Clauses relatives à la discipline (différentes obligations à respecter, l'échelle des sanctions). – Clauses relatives au droit de défense du salarié. – Rappel des règles relatives au harcèlement moral et sexuel.	– Clauses qui concernent d'autres domaines que ceux visés aux art. L 1321-1 et L 1321-2 du Code du travail (ex : celle relative au droit de grève, à la rémunération...). – Clauses qui portent atteinte à la loi, aux conventions collectives, aux règlements. – Clauses qui portent atteinte aux libertés individuelles et aux droits des salariés sauf si elles sont justifiées par un intérêt légitime et proportionnées au but recherché.

Pour en savoir plus

- G. Bachelier, « Le contrôle du juge administratif sur le règlement intérieur des entreprises », *DS* 1988, p. 785 ;
- D. Chelle et X. Prétot, « Le contrôle administratif du règlement intérieur de l'entreprise : évolution récente de la jurisprudence », *RJS* 1993, p. 563 ;
- F. Donnat, « Règlement intérieur et droit de grève », *RJS* 11/05, p. 761 ;
- A. Jeammaud, « Les contrôles de la légalité du règlement intérieur », *DS* 1983, p. 520 ;
- G. Lyon-Caen, « Une anomalie juridique, le règlement intérieur », *D.* 1969, chron. 35 ;
- B. Soinne, « Le contenu du pouvoir normatif de l'employeur », *DS* 1983, p. 509 ;
- A. Supiot, « La réglementation patronale de l'entreprise », *DS* 1992, p. 215 ;
- M. Véricel, « Sur le pouvoir normateur de l'employeur », *DS* 1991, p. 120.

Pour s'entraîner

Répondez aux questions de cours suivantes :

1) ***Le règlement intérieur peut-il prévoir des clauses aménageant l'exercice du droit syndical dans l'entreprise ?***

2) ***Le règlement intérieur peut-il limiter la liberté individuelle en imposant une tenue vestimentaire particulière ?***

3) ***Le règlement intérieur est-il un acte négocié ?***

Réponses

1) Non, car les articles L 1321-1 et L 1321-2 (anc. art. l 122-34) fixent un contenu limitatif qui ne prévoit pas l'exercice du droit syndical ou le fonctionnement des institutions représentatives du personnel. Ont été jugées comme étrangères au champ d'application de ce règlement intérieur des clauses relatives à l'utilisation du crédit d'heures par exemple (CE, 8 juillet 1988, SA Comptoir Lyon, Alemand, Louyot, *D.* 1990, Somm. 134) ou celles relatives aux modalités des avis des délégués du personnel (CE 9 octobre 1987, *JS UIMM*, 1988, n° 88-498, 623).

2) Oui, car elles relèvent des règles relatives à l'hygiène et à la sécurité. Par ailleurs, elles sont valables si elles sont justifiées par la tâche à accomplir et proportionnées au but recherché. A été jugé illicite le fait d'imposer le port d'une blouse blanche en raison de l'absence de justification au regard de la tâche à accomplir (Cass. soc. 18 février 1998, 95-43491, *Bull. civ.* V, n° 90, *DS* 1998, 506, note A. Jeammaud). En revanche, il pourrait être imposé de porter un casque ou des chaussures de sécurité.

3) Non, en effet, il reste une manifestation du pouvoir normatif de l'employeur et si le CE et le CHCST sont consultés, leur voix n'est que consultative : en aucun cas, il ne s'agit d'un acte négocié.

Le pouvoir disciplinaire

Fiche **10**

Définitions

Faute : violation injustifiée des obligations professionnelles du salarié relatives à l'exécution de la prestation de travail.

Faute grave : manquement du salarié à ses obligations professionnelles qui est tel qu'il rend impossible le maintien du salarié dans l'entreprise y compris pendant la période de préavis.

Faute légère : comportement inhabituel et ponctuel du salarié, qui peut être excusé par les circonstances.

Faute lourde : manquement du salarié à ses obligations professionnelles se caractérisant par l'intention de nuire.

I. Évolution historique

Avant 1982, le pouvoir disciplinaire était considéré comme un pouvoir de contrainte exprimé sans contrôle. La thèse dite contractualitste a été consacrée dans l'arrêt **Brinon**, de 1956 (Cass. soc. 31 mai 1956, *D.* 1958, p. 21) : « *l'employeur qui porte la responsabilité de l'entreprise est seul juge de ses choix et de sa gestion* ». En raison du lien de subordination qui caractérise le contrat de travail et au nom de la force obligatoire, l'employeur pouvait sanctionner le non-respect des obligations contractuelles issues de ce contrat en s'appuyant sur ce pouvoir disciplinaire. L'employeur était alors libre de choisir la sanction prévue dans le règlement intérieur et aucun contrôle du juge n'était envisageable.

La loi du 4 août 1982 a voulu protéger davantage les droits des salariés en organisant une procédure disciplinaire et en donnant au juge le soin de contrôler l'exercice de ce pouvoir. Cette loi, intégrée aux articles L 1331-1 et suivants du Code du travail (anc. art. L 122-40 et s.), se fonde davantage sur la théorie dite institutionnelle du pouvoir disciplinaire : ce pouvoir est un attribut nécessaire du chef d'entreprise, mais il ne peut être exercé que dans l'intérêt de l'entreprise et suppose donc un contrôle. Désormais, des règles légales de fond et de procédure existent.

II. Les règles de fond

A. La faute

Présentation générale de la faute

L'art. L 1331-1 du Code du travail (anc. art. L 122-40) définit la faute dans les termes suivants : « *agissement considéré par l'employeur comme fautif* ». La loi ne précise pas quels sont précisément ces agissements considérés comme fautifs et c'est la jurisprudence qui a dégagé les grandes lignes directrices. Pour la Cour de cassation, la faute résulte d'une violation injustifiée des obligations professionnelles relatives à l'exécution de la prestation de travail. Ces obligations peuvent être prévues dans le contrat de travail, mais également dans le règlement intérieur, la convention collective, la loi. Il peut s'agir d'une obligation principale comme le fait de ne pas accomplir sa prestation de travail mais aussi d'une obligation accessoire, comme l'obligation de loyauté ou de non-concurrence. En cas de suspension du contrat de travail, seules ces obligations accessoires sont maintenues et peuvent donc justifier une sanction disciplinaire comme un licenciement (Voir Fiche n° 12).

En revanche, il n'y a pas faute dans trois cas :

- Lorsque le salarié exerce un droit, comme le droit de retrait ou le droit de refuser une modification de son contrat de travail.
- Quand le salarié refuse d'exécuter une obligation illicite : ainsi, un employeur ne peut sanctionner un salarié pour ne pas avoir respecté une clause du règlement intérieur qui interdisait aux salariés de se marier, clause illicite (Cass. soc. 10 juin 1982, 80-40929, *Bull. civ.* V, n° 392).
- Quand le fait reproché relève de la vie privée du salarié. Cependant des exceptions existent quand ce fait constitue aussi un manquement à une obligation professionnelle (Voir Fiche n° 14).

Échelle des fautes

La Cour de cassation a défini plusieurs fautes. Ainsi, une faute légère, de simple malveillance ou de négligence ne peut suffire à justifier un licenciement disciplinaire, mais une sanction moins grave pourrait être prononcée. **La faute légère** est définie comme étant un comportement inhabituel et ponctuel du salarié, qui peut être excusé par les circonstances. En revanche, peuvent justifier un licenciement disciplinaire la faute grave et la faute lourde. La **faute grave** est celle qui rend impossible le maintien du salarié dans l'entreprise y compris pendant la période de préavis (Cass. soc. 26 février 1991, 88-44908, *Bull. civ.* V, n° 97). Elle a nuancé cette définition en ne faisant plus référence au préavis dans une décision de 2007 dans les termes suivants : « *la faute grave, qui peut seule justifier une mise à pied conservatoire, est celle qui rend impossible le maintien* *du salarié dans l'entreprise* » (Cass. soc. 27 septembre 2007, 06-43867, *JCP soc.* 4/12/2007, 1934). Elle fait perdre en principe au salarié l'indemnité de licenciement et celle de préavis. La **faute lourde** se caractérise par l'intention de nuire, sachant qu'elle est appréciée de manière spécifique en cas de grève (Voir Fiche n° 45). Lorsqu'elle existe, le salarié perd, en plus des deux autres indemnités, celle compensatrice de congés payés.

Illustrations de faute grave et de faute lourde :

> *A été reconnue comme étant une faute grave le fait pour un chef de chantier de refuser de manière réitérée de porter un casque de sécurité, car il manque à son obligation de prendre soin de sa propre sécurité (Cass. soc. 23 mars 2005, 03-42404,* D. *2005, p. 1758). De même, peut constituer une faute grave le fait d'être en état d'ébriété sur le lieu de travail (Cass. 22 mai 2002, 99-45878,* JCP *2002, éd. G, II, 10132, note D. Carrignan-Carsin). Les agissements de harcèlement sexuel constituent aussi une faute grave (Cass. soc. 19 avril 2000, 98-40583,* RJS *6/00, n° 628). Le fait pour un salarié de voler un client de l'employeur est qualifié de faute grave, même si le bien volé est de faible valeur (Cass. soc. 16 janvier 2007, 04-47051). Il en est de même en cas de manquement à l'obligation de loyauté (Cass. soc. 11 février 2009, 07-43204,* JCP soc. *12/5/2009, 1214) ou en cas de propos injurieux tenus, parfois en dehors de l'entreprise (Cass. soc. 10 décembre 2008, 07-41820,* JCP soc. *17/2/2009, 1083,* RDT *mars 2009, 168 ; Cass. soc. 11 février 2009, 04-47783,* JCP soc. *12/5/2009, 1215). La Cour de cassation n'exige pas nécessairement la répétition du fait pour que la faute grave soit reconnue. Par conséquent, un fait isolé suffisamment grave en lui-même peut constituer une telle faute. Il en a été ainsi par exemple pour la consommation de cannabis dans la salle de pause fumeur (Cass. soc. 1er juillet 2008, 07-40053,* JCP soc. *30/9/2008, 1509) ou pour le fait d'avoir fumé une seule fois dans les locaux d'une imprimerie en raison des risques importants d'incendie et pour l'environnement (Cass. soc. 1er juillet 2008, 06-46421,* JCP soc. *29/7/2008, 1435,* RTD *décembre 2008, p. 750). Un salarié qui participe à l'utilisation d'un système d'écoutes clandestines installé dans le bureau du directeur commet une faute lourde (Cass. soc. 3 février 1993, 90-43642,* Bull. civ. *V n° 34).*

B. La sanction

La sanction est définie par l'art. L 1331-1 du Code du travail (anc. art. L 122-40) dans les termes suivants : « *constitue une sanction toute mesure, autre que les observations verbales, prise par l'employeur à la suite d'un agissement considéré par lui comme fautif, que cette mesure soit de nature à affecter immédiatement ou non la présence du salarié dans l'entreprise, sa fonction, sa carrière ou sa rémunération* ». Elle permet de viser toutes les mesures prises par l'employeur en réponse à un comportement fautif du salarié : il peut s'agir par exemple d'un avertissement, d'une mise à pied, d'un licenciement, d'une rétrogradation, mais aussi d'une mise à l'écart du salarié.

L'employeur est juge de l'opportunité de la prise de sanction mais aussi de la sanction à infliger au salarié. Il peut aussi choisir de sanctionner différemment des salariés auxquels il reproche les mêmes faits : il a pouvoir d'individualisation de son pouvoir de sanction.

Ce libre choix de la sanction connaît des limites :

- La sanction doit être prévue dans le règlement intérieur.
- La sanction doit être proportionnée au manquement reproché.
- Les sanctions pécuniaires sont prohibées telles que des retenues sur salaires, le non-paiement d'une prime en réponse à une faute ou une baisse de coefficient suite à un abandon de poste (C. trav., art. L 1331-2 ; anc. art. L 122-42 ; Cass. soc. 22 novembre 1995, 91-43809, *Bull. civ.* V, n° 309 ; Cass. soc. 11 février 2009, 07-42584, *JCP soc.* 3/3/2009, act. 112).
- Les sanctions discriminatoires sont interdites (C. trav., art. L 1132-1 et s. ; anc. art. L 122-45 ; Voir Fiche n° 8).

Attention

Lorsque l'employeur décide de prononcer une sanction qui modifie le contrat de travail, comme une rétrogradation, il doit demander l'accord du salarié. Cette solution a été posée par l'arrêt ***Hôtel du Berry*** *de 1998 (Cass. soc. 16 juin 1998, 95-45033,* JCP *1998, p. 1152, note D. Boulmier,* D. *1999, p. 125, note C. Puigelier et* D. *1999, p. 359, note J. Mouly). L'employeur peut alors, dans le cadre de son pouvoir disciplinaire, prononcer une autre sanction, comme un licenciement (Cass. soc. 11 février 2009, 06-45897,* JCP soc. *31/3/2009, 1153). Il doit alors recommencer la procédure disciplinaire et convoquer à nouveau le salarié à un entretien. Le délai d'un mois pour notifier la sanction court à compter de ce nouvel entretien (Cass. soc. 27 mars 2007, 05-41921,* JCP soc. *11/4/2007, act. 193).*

L'employeur ne peut pas sanctionner deux fois le même fait. Il s'agit de la règle *non bis in idem*. En revanche, il peut sanctionner plus gravement un 2e fait identique qui se produit, en tenant compte de l'existence d'un premier fait, à condition que la première sanction ait été prononcée au maximum trois ans auparavant. La récidive existe en droit du travail.

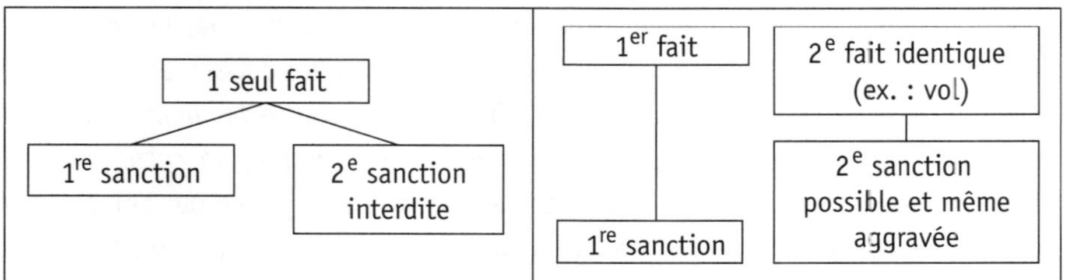

Interdiction de sanctionner deux fois le même fait	Autorisation de la récidive

III. Les règles procédurales

A. La procédure simplifiée

Pour les sanctions qui n'ont pas d'incidence sur la présence du salarié dans l'entreprise, comme un blâme, l'art. L 1332-1 (anc. art. L 122-41 alinéa 1) prévoit que l'employeur doit informer par écrit le salarié des griefs et de la sanction infligée, sans qu'aucun entretien préalable ne soit nécessaire.

B. La procédure normale

Dès lors que l'employeur envisage une sanction qui a des conséquences sur la vie professionnelle du salarié (C. trav., art. L 1332-2), il doit entamer la procédure dans les deux mois qui suivent la connaissance des faits. En cas de faute grave, la procédure doit être engagée le plus rapidement possible dès lors qu'aucune investigation n'est nécessaire : attendre 2 mois pourrait faire perdre à la faute sa gravité (Cass. soc. 11 avril 2008, 06-44521, *JCP soc.* 23/9/2008, 1494).

Il doit alors convoquer le salarié à un entretien préalable, par lettre remise en mains propres contre décharge ou par lettre recommandée avec accusé de réception. L'objet de l'entretien doit être indiqué mais non le motif. Un délai raisonnable doit être respecté et il doit informer le salarié qu'il a le droit de se faire assister. Lors de cet entretien, nécessairement individuel, l'employeur recueille ses explications. L'absence du salarié ne peut être retenue contre lui, dans la mesure où cette formalité est prévue dans son intérêt (Cass. soc. 28 novembre 2000, 98-41308, *RJS* 2000, n° 205). Enfin, la sanction doit lui être notifiée par écrit dans un délai compris entre un jour franc et un mois. Lorsque l'employeur ne respecte pas ce délai minimum, il s'agit d'une irrégularité de forme. En revanche, quand il dépasse le délai d'un mois pour notifier la sanction, le licenciement sera considéré comme sans cause réelle et sérieuse.

Les conventions collectives peuvent aménager cette procédure dans le but de renforcer les droits des salariés. L'employeur doit alors appliquer les garanties conventionnelles qui ne se substituent pas à la procédure légale. Par ailleurs, pour la Cour de cassation, le non-respect de ces dispositions est sanctionné comme une irrégularité de fond et le licenciement est considéré comme sans cause réelle et sérieuse (Cass. soc. 23 mars 1999, 97-40412, *Bull. civ.* V n° 134 ; Cass. soc. 9 juillet 2008, 07-41323, *JCP soc.* 25/11/2008, 1614 ; Cass. soc. 16 septembre 2008, 07-41532, *JCP soc.* 25/11/2008, 1615 ; Cass. soc. 21 octobre 2008, 07-42170, *JCP soc.* 27/1/2009, 1044 en cas de défaut d'information par l'employeur des procédures de contestation possibles de la sanction prononcée).

Cette procédure s'applique aussi lorsque l'employeur veut rompre un contrat à durée déterminée de manière anticipée pour faute grave, une période d'essai.

Illustration : la mise à pied à conservatoire :

> *Pendant la procédure disciplinaire, et si l'employeur considère que le salarié a au moins commis une faute grave, il peut décider dans l'attente du licenciement disciplinaire, de dispenser le salarié à venir travailler en prenant une mesure de mise à pied conservatoire. Dans une décision du 6 novembre 2001 (Cass. soc. 6 novembre 2001, 99-43012,* D. *2002, p. 1454), la Cour avait indiqué que cette mesure était nécessairement à durée indéterminée. Si l'employeur décide de mettre à pied le salarié pour 3 jours par exemple, il s'agissait d'une mise à pied disciplinaire, véritable sanction qui ne peut donc se cumuler avec un licenciement, car il s'agirait alors de sanctionner deux fois le même fait. La Cour vient d'opérer un revirement de jurisprudence en estimant qu'elle n'a plus nécessairement ce caractère indéterminé, dès lors qu'elle est prononcée dans l'attente de la décision définitive (Cass. soc. 18 mars 2009, 07-44185,* JCP soc. *5/5/2009, 1199). La Cour de cassation a admis une autre mesure conservatoire, à savoir la rétrogradation prise dans l'attente d'une décision définitive. Il faut préciser que dans cette affaire, l'employeur attendait la décision de la juridiction pénale qui avait été saisie pour des faits de harcèlement ainsi que celle d'une commission consultative prévue par la convention collective. Cependant de nombreuses questions restent en suspens, comme l'exigence d'une faute grave, la nécessité de demander l'accord du salarié, ou la possibilité d'envisager d'autres mesures conservatoires (Cass. soc. 20 décembre 2006, 04-46051,* JCP soc. *24/4/2007, 1296).*

C. Contrôle judiciaire

Le juge contrôle l'existence de la faute, sa gravité, la proportionnalité et la validité de la sanction, la régularité de la procédure. Ce contrôle de la proportionnalité remet en cause la théorie de l'employeur seul juge de la sanction. Les juges tiennent compte de l'âge du salarié, de son ancienneté, de son comportement antérieur.

L'art. L 1333-2 du Code du travail (anc. art. L 122-43) permet au juge d'annuler la sanction en cas de procédure irrégulière, de disproportion ou de caractère non justifié de la sanction. Mais ce pouvoir d'annulation disparaît lorsqu'il s'agit d'un licenciement, le salarié ne pouvant demander que des dommages-intérêts (N. C. trav., art. L 1333-3). La Cour de cassation a étendu cette limite, par un raisonnement par analogie, à la rupture anticipée d'un contrat à durée déterminée due à une faute grave (Cass. soc. 12 novembre 2003, 01-42130, *DS* 2004, p. 304).

À retenir

- **Notion de faute et l'échelle des fautes.**
- **La détermination de la sanction.**
- **Arrêt Hôtel Le Berry, 16 juin 1998.**

La procédure disciplinaire normale

Connaissance des faits		Envoi de la convocation à l'entretien préalable		Entretien individuel		Notification de la sanction
	délai de 2 mois		délai raisonnable		entre 1 jour et 1 mois	

Pour en savoir plus

- H. Blaise, « La mise à pied conservatoire », *DS* 1986, p. 220 ;
- P. Bouaziz, « Du pouvoir souverain vers un droit disciplinaire », *DO* 1982, p. 449 ;
- D. Corrignan-Carsin, « Les effets de la constatation de la faute grave du salarié », *JCP éd. G*, 2007, II, 10188 ;
- Y. Frossard, « Les évolutions du droit disciplinaire », *D.* 2004, p. 2450 ;
- J. Pélissier, « Les ambiguïtés du droit disciplinaire dans les relations de travail », in *Écrits en l'honneur de J. Savatier*, PUF, 1992, p. 367 ;
- J. Pélissier, « Le licenciement disciplinaire », *DS* 1992, p. 751 ;
- Ph. Waquet, « Droit disciplinaire et modification du contrat de travail », *DS* 1998, p. 803.

Pour s'entraîner

Résoudre le cas pratique :

M. Dupain qui gère une usine de fabriques de fromages normands à Livarot, met à disposition de ses salariés une messagerie électronique. Chaque salarié a une adresse comportant son nom suivi du sigle de l'entreprise @dupain.com. M. Dupont, directeur commercial dans son entreprise, a envoyé à un restaurateur, où il avait l'habitude d'aller déjeuner le midi et avec qui il avait eu une violente dispute, un courriel comportant des propos antisémites et xénophobes, et des injures. Il a écrit ce message alors qu'il venait de finir sa journée et que tous les autres employés de l'entreprise étaient déjà partis. Ce cafetier, en colère informe M. Dupain de ce courriel et lui indique qu'il ne souhaite plus recevoir du personnel de son entreprise et lui acheter ses fromages. M. Dupain a décidé de rétrograder son directeur commercial aux fonctions de délégué commercial en raison de ce courriel car il estime qu'il a commis une faute grave en envoyant ce message. Il le convoque donc à un entretien préalable pour lui indiquer la sanction qu'il

envisage de prononcer. Pendant cet entretien, l'employeur lui communique le relevé des communications et devant cette preuve, le salarié reconnaît les faits. Il lui notifie 8 jours après sa rétrogradation. M. Dupont vous consulte car il estime qu'il n'a pas commis de faute, mais qu'il s'agit d'un fait relevant de sa liberté de pensée, d'expression et de sa vie privée. De plus, il pense que la sanction n'est pas légale, alors même qu'elle est prévue au règlement intérieur de l'entreprise, car il n'accepte pas cette rétrogradation.

Réponses

Deux questions se posent :

1) L'envoi de ce courriel constitue-t-il une faute grave ?

Il peut s'agir d'un fait relevant de sa vie privée dans la mesure où ce courriel fait suite à une dispute qui a eu lieu en dehors du lieu de travail et du temps de travail. Mais cet événement peut constituer une faute s'il s'agit aussi d'un manquement à une obligation professionnelle ou si cela a des répercussions sur le fonctionnement de l'entreprise. En l'espèce, le mail permet d'identifier l'employeur et cela peut avoir une influence sur l'image de la société, surtout que le destinataire est un client de l'entreprise. Le fait d'avoir utilisé ce matériel de l'entreprise à de telles fins peut aussi être un manquement à une obligation professionnelle, puisque le règlement intérieur peut interdire ce genre de comportement. La Cour de cassation a d'ailleurs jugé que dans des circonstances similaires, le salarié avait commis une faute grave : Cass. soc. 2 juin 2004, 03-45269.

2) La rétrogradation peut-elle être prononcée ?

Si elle est prévue par le règlement intérieur, l'employeur peut décider de rétrograder un salarié sur un poste inférieur à celui qu'il occupait précédemment. Bien souvent, elle s'accompagne d'une diminution de salaires en raison de ce nouveau poste de travail avec une qualification moindre. Pourtant, il ne s'agit pas d'une sanction pécuniaire prohibée, car le nouveau salaire correspond au nouveau poste de travail. Par ailleurs, il ne s'agit pas non plus d'une double sanction, la diminution de salaire n'étant que la conséquence du nouveau poste. Enfin, l'employeur doit demander l'accord du salarié pour mettre en place une telle sanction, car elle opère une double modification du contrat, celle de la qualification et celle de la rémunération. Cette sanction est donc légale, mais M. Dupont est en droit de la refuser conformément à l'arrêt Hôtel Le Berry. Cette sanction semble proportionnée à l'existence d'une faute grave.

La modification de la relation de travail

Fiche 11

Définitions

Clause de mobilité : clause permettant à l'employeur de modifier unilatéralement le lieu de travail dans les limites précisées par la clause.

Clause de stabilité ou d'exclusivité : clause claire et précise selon laquelle le salarié exécutera sa prestation de travail exclusivement dans le lieu indiqué.

I. Distinction entre modification du contrat de travail et changement des conditions de travail

A. Rappel historique : abandon de la distinction entre modification substantielle et modification non substantielle

Le contrat de travail est un contrat qui, en principe, doit être soumis à l'art. 1134 alinéa 2 du Code civil qui prévoit que toute modification suppose l'accord des deux parties. Pourtant, l'application de ce texte au contrat de travail, contrat à exécution successive, pose problème. L'employeur, en raison de l'évolution du contexte économique et d'une nécessaire souplesse, doit pouvoir modifier plus facilement le contrat. Ainsi, pendant de nombreuses années, aucune protection particulière n'a été donnée au salarié : si l'employeur pouvait rompre unilatéralement le contrat, *a fortiori* il pouvait aussi le modifier sans demander l'accord du salarié au nom de son pouvoir de direction. La logique contractuelle était écartée. Puis, la jurisprudence a voulu limiter ce pouvoir de l'employeur en exigeant l'accord du salarié pour les modifications substantielles du contrat de travail. Seules les modifications non substantielles pouvaient être imposées au salarié. Le critère n'était pas satisfaisant. En effet, une modification était qualifiée de substantielle en fonction de la volonté des parties au moment de la conclusion du contrat et de l'intérêt de l'entreprise. Une analyse subjective suscitait donc un contentieux et une insécurité juridique importants : dans des situations proches, une modification pouvait être qualifiée de substantielle ou de non substantielle au regard de la volonté des parties.

La Cour de cassation a abandonné ce critère dans **un arrêt du 10 juillet 1996**, employant désormais la distinction entre les modifications du contrat qui supposent l'accord des parties en application de l'art. 1134 du Code civil et les changements des conditions de travail qui peuvent être imposés au salarié au nom du pouvoir de direction de l'employeur (Cass. soc. 10 juillet 1996, 93-41137, *Bull. civ.* V, n° 278, *DS* 1988, p. 120, note M.C. Amauger-Lattes). L'ANI du 11 janvier 2008 relatif à la modernisation du marché du travail aurait pu changer ce critère dans la mesure où son article 11 indiquait que « *le contrat de travail doit déterminer ceux des éléments qui ne pourraient pas être modifiés sans l'accord du salarié* ». Cependant, cette disposition n'a pas été reprise par la loi du 25 juin 2008.

B. Présentation de la distinction actuelle

La Cour de cassation établit désormais une liste des modifications du contrat de travail et une relative aux changements des conditions de travail. Les critères de distinction sont purement objectifs.

- **La rémunération**

Toute modification de la rémunération, même minime est considérée comme une modification du contrat. Il peut s'agir du montant, de son mode de calcul et cela même si le nouveau mode de calcul paraît plus avantageux (Cass. soc. 28 janvier 1998, 95-40275, *RJS* 3/1998, n° 274 ; Cass. soc. 12 juillet 2006, 05-40475, *JCP soc.* 14/11/06, n° 1892). La modification peut porter sur la partie variable du salaire (Cass. soc. 8 janvier 2002, 99-44467, *DS* 2002, 358). La Cour de cassation a admis également que lorsque la réduction du temps de travail, prévu pourtant en vertu d'un accord collectif, impliquait une baisse de rémunération, ce changement devait être approuvé par le salarié. Enfin, revenant sur une position antérieure, il est désormais jugé que la suppression d'une astreinte, perçue pendant un certain temps et prévue par le contrat de travail constitue une modification du contrat, car cela entraîne une baisse de rémunération (Cass. soc. 19 juin 2008, 07-41282, *JCP soc.* 10/2/2009, 1067).

Ce principe connaît cependant des exceptions. Ainsi lorsque l'employeur met en œuvre une **clause de variation de la rémunération**, il s'agit d'un changement des conditions de travail. Cette clause est valable sous réserve de ne pas faire porter le risque de l'entreprise sur le salarié qui n'est pas un associé, de ne pas faire descendre le salaire en dessous des minima légaux ou conventionnels et la variation doit être fondée sur des éléments objectifs, indépendants de la volonté de l'employeur (Cass. soc. 2 juillet 2002, 00-13111, *DS* 2002, 998). Par ailleurs, **la mise en chômage partiel** dans les conditions de l'art. L 5122-1 (anc. art. L 351-25) en raison d'une situation contraignante pour l'employeur, comme des intempéries, des difficultés économiques, ne constitue plus, depuis l'arrêt **Gury**, une modification du contrat (Cass. soc. 18 juin 1996, 94-44653, *DS* 1996, p. 978).

- **Les fonctions**

La Cour de cassation a précisé les critères permettant de dire à quelles conditions un changement de la tâche à accomplir entraîne une modification du contrat de travail. C'est le cas lorsque **la qualification** requise pour effectuer la nouvelle mission est différente de la précédente. La solution est identique quand c'est le **niveau de responsabilité** qui change. Il peut s'agir soit d'une promotion soit d'une rétrogradation. Lorsque le changement de fonctions s'accompagne d'un changement de rémunération, il s'agit là encore d'une modification du contrat de travail. Il faut ajouter que le contrat peut prévoir **une clause de mobilité fonctionnelle** par laquelle le salarié s'engage à accepter par avance toute modification de ses fonctions en cas de besoin. Dans ce cas, il ne s'agit que d'un changement des conditions de travail. Enfin, la même solution est retenue lorsque l'employeur change les mesures d'organisation, comme le planning, le matériel, le bureau, etc.

Illustration :

> *A été considéré comme un simple changement des conditions de travail le fait pour une ouvrière agricole embauchée pour cueillir des citrons de se voir confier pour mission l'engainage des bananes (Cass. soc. 10 mai 1999, 96-45673,* JCP *2000, éd. E, p. 88, note C. Puigelier,* Bull. civ. *V, n° 199). Il en est de même pour une femme de ménage recrutée pour faire le ménage d'appartements particuliers qui se voit confier la mission de faire le nettoyage des parties communes (Cass. soc. 24 avril 2001, 98-44873,* JCP *2001, éd. G, II, 10594). En revanche, a été jugé comme une modification du contrat le fait pour un réceptionniste dans un hôtel de devenir dresseur de table pour le petit-déjeuner (Cass. soc. 24 janvier 2001, 99-40596,* RJS *2001, n° 563). La même solution a été retenue pour un directeur « compte clés », chargé des négociations avec les grandes et moyennes surfaces, à qui l'employeur avait proposé de ne travailler qu'avec des petites enseignes : la Cour de cassation a estimé que même si ni la classification, ni sa qualification ni sa rémunération n'avaient été modifiées, il avait un niveau de responsabilité inférieur et donc que son contrat avait été modifié (Cass. soc. 28 janvier 2005, 03-40639).*

Dans tous les cas, l'employeur doit respecter son obligation d'adaptation au poste de travail à son évolution conformément à l'article L 6321-du Code du travail (anc. art. L 930-1).

• **Le temps de travail et ses aménagements**

La modification de la durée constitue une modification du contrat, alors qu'en principe celle de la répartition du temps de travail relève des changements de conditions. Cette règle de principe connaît cependant de multiples exceptions. Ainsi, certains changements de la répartition des horaires supposent l'accord du salarié en raison de l'ampleur de la modification et de ses implications sur la vie familiale du salarié. Il s'agit d'un passage d'un horaire de jour à un horaire de nuit (Cass. soc. 5 juin 2001 et 27 février 2001, 98-43783, *TPS* 2001, n° 174), d'un horaire continu à discontinu (Cass. soc. 18 décembre 2000, 98-42885, *RJS* 2001, n° 10) et les changements d'horaires dans le contrat de travail à temps partiel (C. trav., art. L 3123-21, anc. art. L 212-4-3). Par ailleurs, certains changements de la durée du temps de travail peuvent être imposés au salarié. C'est le cas pour le passage aux 35 heures prévu par un accord collectif et en l'absence de modification de la rémunération (C. trav., art. L 1222-7, anc. art. L 212-3 ; Cass. soc. 15 mars 2006, 05-42946). Il en est de même en cas de clause de variation des horaires (Cass. soc. 12 mars 1996, 92-42331, *Bull. civ.* V, n° 91).

• **Le lieu de travail**

Cinq arrêts du **3 juin 2003** ont affirmé que **la mention du lieu de travail dans un contrat n'a qu'une valeur informative** (Cass. soc. 3 juin 2003, 01-43573, 01-40376, *RJS* 8/03, n° 980 ; Cass. soc. 15 mars 2006, 02-46496, *JCP soc.* 25/4/2006, n° 1329, note critique de B. Bossu). Ces arrêts, opérant un revirement de jurisprudence changent la solution qui était appliquée jusqu'à cette date et qui consistait à demander l'accord du salarié pour modifier le lieu, dès lors qu'il était indiqué dans le contrat. Désormais, l'employeur peut modifier unilatéralement ce lieu de travail à condition que le nouveau lieu proposé reste dans le même secteur géographique. En dehors de ce secteur, l'accord du salarié est nécessaire.

Illustrations de la notion de secteur géographique :

> *Il s'agit d'une création jurisprudentielle qui doit être appréciée objectivement : c'est-à-dire entre les deux lieux de travail. Aucune référence n'est faite au domicile du salarié. Les juges apprécient souverainement cette notion de secteur géographique et prennent en compte le bassin d'emploi, la distance, les moyens de communication routiers, les transports en commun, etc. C'est une notion qui donne peu de sécurité juridique aux salariés. Ainsi, Malakoff, au sud de Paris et Courbevoie, au nord ouest de Paris, appartiennent au même secteur géographique car toutes les deux sont situées en région parisienne ; en revanche Versailles et Chartres ne font pas partie du même secteur géographique (Cass. soc. 20 octobre 1998, 96-40757,* Bull. civ. *V, n° 431 ; Cass. soc. 4 mai 1999, 97-40576,* RJS *5/99, p. 388).*

Cette règle de principe connaît cependant des aménagements. Le contrat peut prévoir une clause d'exclusivité encore appelée **clause de stabilité** qui interdit toute modification unilatérale du lieu de travail. À l'inverse, une **clause de mobilité** permet à l'employeur d'imposer un changement de lieu de travail dans les limites de la clause et sous réserve de ne pas faire un usage abusif de cette clause (Voir Fiche n° 5). L'employeur est tenu de respecter les termes de la clause de mobilité.

Illustration du respect de la clause de mobilité par l'employeur

> *La Cour de cassation a pu juger en se fondant sur l'article 1134 du Code civil et l'ancien article L 121-1 du Code du travail que l'employeur ne pouvait pas demander au salarié de partager son travail sur deux sites différents, alors même que les deux lieux étaient prévus dans la clause dès lors que la clause n'envisageait pas une mobilité partielle, mais totale (Cass. soc. 20 décembre 2006, 05-42224,* JCP soc. *20 février 2007, 1120).*

Enfin, la Cour de cassation admet que l'employeur puisse imposer un changement occasionnel, en dehors du secteur géographique et de la présence d'une clause de mobilité, dès lors que cette mission est justifiée par l'intérêt de l'entreprise, et que la spécificité des fonctions, en l'occurrence celle de chef de chantier, implique une certaine mobilité (Cass. soc. 22 janvier 2003, 00-43826, *DS* 2003, p. 433).

II. Régime juridique de la modification du contrat de travail

Le régime juridique de cette modification dépend du motif invoqué : il peut s'agir soit d'un motif personnel, soit d'un motif économique.

A. La modification du contrat de travail pour motif personnel

L'employeur propose la modification et le salarié doit disposer d'un délai raisonnable pour donner sa réponse. Le salarié est en droit de refuser cette modification (arrêt **Raquin, Cass. soc. 8 octobre 1987**, 84-41902 et 84-41903, *DS* 1988, 136) et l'exercice de ce droit ne peut donc être considéré comme fautif. Ce régime s'applique aussi pour les modifications temporaires : au moment du retour à la situation initiale, l'employeur doit à nouveau demander l'accord du salarié, même si la première modification acceptée avait été limitée dans le temps (Cass. soc. 11 janvier 2006, 04-43180, *JCP soc.* 16 mai 2006, 1404). En cas de refus, l'employeur peut soit renoncer à son projet, soit prendre l'initiative de la rupture du contrat. Il doit donc respecter les règles du licenciement dont la cause sera celle correspondant aux raisons de la modification proposée par l'employeur (Cass. soc. 8 janvier 1997, 94-40159, *RJS* 1997/3, n° 254). La jurisprudence a refusé d'annuler des licenciements prononcés dans ce cas, en indiquant qu'il n'y avait violation d'aucune liberté fondamentale (Cass. soc. 28 mars 2006, 04-41016, *JCP soc.* 9/5/2006, 1381). En cas d'acceptation, un nouveau contrat de travail est conclu, le salarié ne pouvant plus ensuite revendiquer l'application de l'ancien contrat. Une période probatoire peut être prévue (Voir Fiche n° 7).

B. La modification du contrat de travail pour motif économique

Quand l'employeur envisage de modifier le contrat de plusieurs salariés pour un motif économique, il doit, avant toute proposition, consulter le comité d'entreprise sur le fondement de l'article L 2323-6 (anc. art. L 432-1) sur ce projet de réorganisation. Ensuite, selon l'art. L 1222-6 du Code du travail (anc. art. L 321-1-1), l'employeur doit notifier la proposition de modification par lettre recommandée avec accusé de réception et indiquer que le salarié dispose d'un mois pour faire connaître sa réponse. À défaut de réponse expresse à l'expiration de ce délai, le silence du salarié vaut acceptation. Ce délai court à compter du retrait effectif de la lettre par le salarié et non de sa présentation par le facteur (Cass. soc. 27 mars 2008, 07-40428, *JCP soc.* 3 juin 2008, 1318). L'employeur est tenu de respecter ce délai d'un mois avant de mettre en œuvre la procédure de licenciement, car il s'agit d'un délai de réflexion pour le salarié. À défaut, le licenciement est dépourvu de cause réelle et sérieuse (Cass. soc. 17 octobre 2007, 06-41716, *JCP soc.* 5/2/2008, 1079). Ces formalités sont obligatoires et en cas de non-respect, l'employeur ne peut se prévaloir ni d'une acceptation ni d'un refus de la part du salarié (Cass. soc. 23 septembre 2008, 07-42602, *JCP soc.* 25/11/2008, 1613).

Attention

L'absence de réponse expresse du salarié dans un délai d'un mois à compter de la notification de la proposition de modification pour motif économique vaut acceptation de cette modification. Une telle règle n'existe pas quand la modification est justifiée par un motif personnel.

La loi de programmation pour la cohésion sociale du 18 janvier 2005 dite loi Borloo a mis fin à la jurisprudence **Framatome et Majorette du 3 décembre 1996**, qui exigeait que l'employeur respecte la procédure de licenciement pour motif économique avant même d'avoir obtenu la réponse des salariés et notamment qu'il mette en place un plan de sauvegarde de l'emploi s'il proposait la modification à plus de 10 salariés et si l'entreprise comportait plus de 50 salariés (Cass. soc. 3 décembre 1996, 95-17352, *RJS* 1997/01, n° 1, concl. P. Lyon-Caen, *DS* 1997, p. 18, rapport P. Waquet). Désormais, l'employeur doit attendre la réponse des salariés et la procédure de licenciement dépendra du nombre effectif de refus (Voir Fiche n° 16).

III. Régime juridique du changement des conditions de travail

L'employeur peut imposer un changement des conditions de travail au nom de son pouvoir de direction. Il est dans ce cas présumé être de bonne foi et en aucun cas, les juges n'ont à rechercher si le changement proposé est justifié par l'intérêt de l'entreprise (Cass. soc. 23 février 2005, 03-42018, *Bull. civ.* V, n° 64 ; Cass. soc. 15 décembre 2006, 05-42133, *JCP soc.* 27 février 2007, 1136).

Le changement des conditions de travail ne peut être refusé en principe par le salarié. Il s'agit d'un acte d'insubordination constitutif en principe d'une faute et même d'une faute grave, justifiant un licenciement disciplinaire avec perte d'indemnités (Cass. soc. 15 mars 2006, 04-47368, *JCP soc.* 25/4/2006, n° 1330). La Cour de cassation nuance cette solution désormais en affirmant qu'il s'agit d'un manquement à une obligation contractuelle, mais ce n'est pas en soi une faute grave (Cass. soc. 23 janvier 2008, 07-40522). L'employeur doit alors mettre en œuvre la procédure disciplinaire (Voir Fiche n° 10). Il faut cependant préciser que les représentants du personnel, en raison de leur statut protecteur, ont le droit de refuser une modification de leurs conditions de travail (Cass. soc. 11 février 2009, 07-43948, *JCP soc.* 9/6/2009, 1255). Par ailleurs, la Cour de cassation a admis, dans certaines hypothèses, des circonstances légitimant le refus du salarié, notamment des raisons familiales (Cass. soc. 9 mai 2001, 99-40111, *Bull. civ.* V, n° 157 ; Cass. soc. 14 décembre 2005, 03-47721, *Bull. civ.* V, n° 364).

À retenir

- **Arrêt du 10 juillet 1996, Raquin du 8 octobre 1987, Framatome et Majorette du 3 décembre 1996, arrêt du 3 juin 2003**

Tableau récapitulatif des cas de modification du contrat de travail et des cas de changements des conditions de travail

	Modification du contrat de travail	Changement des conditions de travail
Rémunération	– Montant modifié à la hausse comme à la baisse. – Modalités de calcul.	– Clauses de variation de salaires.
Temps de travail	– Durée. – Passage d'un horaire de jour à un horaire de nuit et inversement. – Passage d'un horaire continu à discontinu et inversement. – Changement des horaires de travail dans un contrat de travail à temps partiel.	– Passage aux 35 heures prévu par un accord collectif si aucun changement de rémunération. – Modification de la durée en vertu d'une clause de variation de la durée. – Modification des horaires dans un contrat de travail à temps complet.

Fonctions du salarié	– Modification des fonctions accompagnée d'un changement de qualification ou du niveau de responsabilité.	– Changement des tâches à effectuer sans changement de qualification et de responsabilité.
Lieu de travail	– En présence d'une clause de stabilité, tout changement de lieu de travail. – En l'absence de clause de stabilité, changement de secteur géographique.	– Clause de mobilité. – En l'absence de clause de mobilité, changement du lieu mais dans le même secteur géographique.

Le régime du changement des conditions de travail

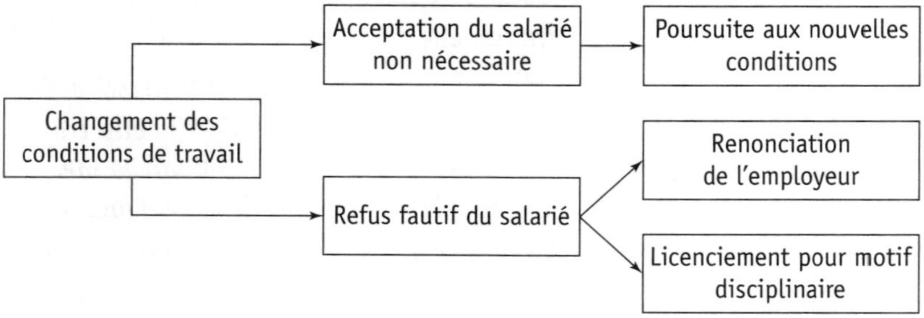

Le régime de la modification du contrat de travail

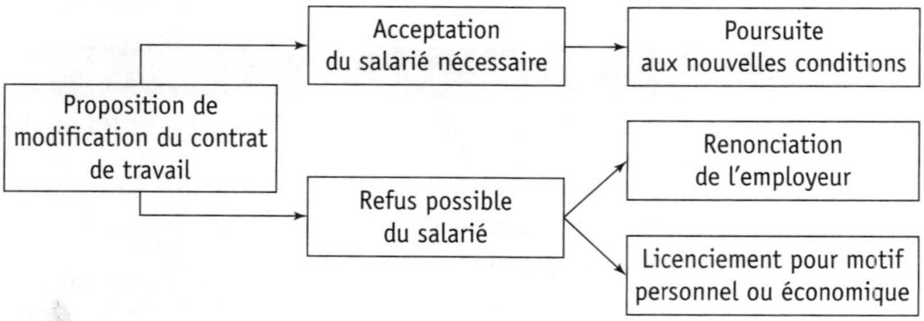

Pour en savoir plus

- M.C. Amauger-Lattes, « Modification du contrat et droit disciplinaire », *DS* 1998, p. 120 ;
- B. Bossu, « La réduction du temps de travail et la modification du contrat », *JCP soc.* 2/5/2006, n° 1355 ;
- P. Bouaziz et I. Goulet, « À propos de la modification du lieu de travail et de la clause de mobilité », *DS* 6/2005, p. 634 ;
- M. Carles, « Le refus d'un changement des conditions de travail », *RPDS* 2005, n° 722, p. 203 ;
- G. Couturier, « Pot pourri autour des modifications du contrat de travail », *DS* 1998, p. 878 ;
- A. Mazeaud, « Modification du contrat, changement des conditions de travail et vie personnelle », *DS* 2004, p. 77 ;

- M. Morand, « Propos sur la modification du contrat de travail ou des conditions de travail », *JCP* 1997, éd. E, n° 14 ;
- J. Pélissier, « Clauses informatives et clauses contractuelles du contrat de travail », *RJS* 1/04, p. 3 ;
- C. Radé, « L'accord et le régime du contrat de travail : la porte ouverte... mais à quelles réformes ? », *DS* mars 2008, p. 295 ;
- Ph. Waquet, « La modification du contrat de travail et le changement des conditions de travail », *RJS* 12/96, p. 791 ;
- Ph. Waquet, « Le renouveau du contrat de travail », *RJS* 5/99, p. 383.

Pour s'entraîner

Résoudre le cas pratique :

Laurence travaille depuis 1995 à temps partiel dans la librairie de son frère Patrick, comme responsable de rayons et plus particulièrement celui des livres scolaires. Son contrat écrit, indique toutes les mentions légales, y compris la clause de variation des horaires. Il est prévu qu'elle travaille tous les matins de 9 h à 12 h, du lundi au samedi inclus sauf le mercredi. Patrick souhaite apporter deux changements : il lui propose d'une part un changement de poste, pour qu'elle occupe désormais un emploi de caissière et d'autre part, un changement de ces horaires de travail pour répondre aux besoins de la clientèle de son magasin. Il voudrait qu'elle travaille tous les soirs, sauf le mercredi, de 16 à 19 h. Laurence refuse ces deux changements : elle invoque notamment le fait que ces nouveaux horaires l'empêchent de s'occuper de ses enfants et l'obligerait à avoir recours à une nourrice, ce qui n'est pas le cas en ce moment. Peut-elle refuser et que peut faire l'employeur ?

Réponse

Pour le changement de poste, il s'agit d'une modification de son contrat de travail car la nouvelle fonction suppose un niveau de qualification et un niveau de responsabilité inférieur à celui de responsable de rayons. L'employeur doit donc demander l'accord de Laurence. Pour le changement d'horaires, il s'agit en principe d'un changement des conditions de travail. Cependant dans le contrat de travail à temps partiel, ce qui est le cas en l'espèce, l'art. L 3123-21 (anc. art. L 212-4-3) prévoit qu'en l'absence de clause de variation, l'accord du salarié est nécessaire. En présence d'une telle clause, le refus du salarié n'est pas une faute s'il justifie d'obligations familiales impérieuses, ou d'un enseignement. De plus, il faut que la clause précise la variation possible et les cas dans lesquels elle peut intervenir. En l'espèce, il est possible de défendre l'existence de telles obligations impérieuses.

Fiche

12

Le régime général de la suspension du contrat de travail

Définition

Suspension du contrat de travail : Situation dans laquelle le contrat de travail continue d'exister mais dont les obligations principales ne sont pas exécutées pour une raison légitime, comme un événement ou l'exercice d'un droit.

I. Les principales causes de suspension

A. Présentation sommaire

Le Code du travail organise de nombreuses causes de suspension qui dispensent le salarié d'exécuter sa prestation de travail pendant un certain temps. Certaines causes de suspension sont dues à un événement qui empêche momentanément le salarié d'exécuter sa prestation de travail : la maternité (C. trav., art. L 1225-2 et s., anc. art. L 122-25), une maladie professionnelle ou non, une incarcération du salarié (Cass. soc. 15 octobre 1996, 93-43668, *Bull. civ.* V, n° 326), l'exercice d'un mandat social (Cass. soc. 12 décembre 1990, 87-40596, *DS* 1991, p. 463). Afin d'éviter que ces événements n'entraînent la rupture du contrat, le droit du travail organise le régime de suspension, pour permettre au salarié de conserver son emploi.

D'autres causes de suspension supposent une demande du salarié auprès de l'employeur. Ainsi, un salarié, lorsqu'il a 36 mois d'ancienneté dans l'entreprise et 6 ans d'activité professionnelle sans avoir pu bénéficier d'un autre congé, peut demander un congé sabbatique d'une durée comprise entre 6 et 11 mois. De même, s'il a 36 mois d'ancienneté dans l'entreprise, il peut demander un congé pour création d'entreprise pour 1 an renouvelable une fois. Le congé parental permet à un salarié de s'absenter jusqu'aux 3 ans d'un enfant pour l'élever, congé pris à condition d'avoir 1 an d'ancienneté et pour une durée d'un an renouvelable deux fois. Souvent des conditions d'ancienneté sont mises en place, mais ce n'est pas toujours le cas. Ainsi, le congé paternité permet à un père, quelle que soit son ancienneté dans l'entreprise, de prendre 11 jours consécutifs dans les 4 mois qui suivent la naissance. Il lui suffit d'informer l'employeur un mois avant la date à laquelle il compte prendre son congé, qui peut se cumuler avec le congé de naissance de 3 jours (C. trav., art. L 1225-35). Par ailleurs, le salarié doit faire sa demande quelque temps auparavant (par exemple 3 mois avant en cas de congé pour création d'entreprise ou sabbatique, ou 1 mois pour un congé de solidarité internationale), par lettre recommandée avec accusé de réception ou remise en main propre contre décharge. Ces formalités ne sont pas considérées comme des conditions de validité du congé et leur non-respect n'est pas un obstacle à l'obtention du congé (Cass. soc. 12 mars 2002, 99-43501, *D.* 2002, p. 2636). Par ailleurs, le non-respect de ce délai par le salarié ne dispense pas l'employeur de respecter lui-même les formalités pour donner sa réponse, en l'espèce 30 jours pour la demande d'un congé sabbatique et son silence, une fois ce délai écoulé vaut acceptation tacite (Cass. soc. 12 mars 2008, 06-43866, *RDT* mai 2008, p. 309, *JCP soc.* 16/9/2008, 1480). L'employeur peut, sous certaines conditions, refuser le départ ou le différer lorsque cette absence aurait des conséquences préjudiciables à la bonne marche de l'entreprise. Les conditions du refus sont strictes, comme un nombre d'absences minimum, une consultation des représentants du personnel (Voir par exemple : C. trav., art. L 3142-87, anc. art. L 122-32-22 pour le congé sabbatique ou pour création d'entreprise ; C. trav., art. D 3142-15, anc. art. D 225-1 pour celui de solidarité internationale) ou l'obligation de motiver (Cass. soc. 24 septembre 2008, 06-44939, *JCP soc.* 7/10/2008, act. 507 : l'employeur qui accorde un congé pour création d'entreprise à temps plein alors que le salarié avait demandé un travail à temps partiel rejette en réalité la demande qu'il doit alors motiver).

Enfin, certaines suspensions peuvent résulter de la décision de l'employeur soit lorsqu'il prononce une mise à pied conservatoire ou disciplinaire (Voir Fiche n° 10) ou lorsque son entreprise connaît des difficultés liées au contexte économique ou aux intempéries et qu'il décide de la mise en chômage partiel de tout ou partie de son personnel. Cette décision donne lieu à une indemnisation partielle des salariés par l'État. Suite à la crise économique, notamment dans le secteur automobile, l'indemnisation a été assouplie par deux décrets du 22 décembre 2008 n° 2008-1436 et un du 29 janvier 2009 n° 2009-110 (C. trav., art. L 5122-1, anc. art. L 351-25 ; *JCP soc.* 10/2/2009, act. 67 ; arrêté du 13 mars 2009, *JCP soc.* 24/3/2009, act. 153). Le contingent d'heures prises en charge a été augmenté à 800 heures par an et la durée portée à 6 mois.

B. Le concours des causes de suspension

Pour déterminer le régime juridique du contrat lorsque plusieurs causes de suspension sont présentes simultanément, la jurisprudence applique celui de la 1re cause de suspension, tant que cette dernière dure. Par exemple, un salarié qui pendant son congé maladie est placé en détention provisoire, continue de bénéficier du régime protecteur organisé par la convention collective, prévoyant notamment le maintien de sa rémunération pendant son absence pour maladie, tant que dure cet arrêt maladie (Cass. soc. 27 mars 1996, 92-41709, *CSB*, 1996, 575, p. 181). Lorsque la 1re cause de suspension suppose un accord de l'employeur, la date prise en compte pour fixer cette 1re cause est celle de l'accord de volontés et non celle de la prise d'effet effectif du congé demandé (Cass. soc. 21 mai 2008, 06-41498, *JCP soc.* 16/9/2008, 1481). Ce critère chronologique a été discuté en doctrine et est partiellement remis en cause par la jurisprudence dans deux hypothèses particulières. En premier lieu, dans un arrêt du 17 juin 1982 (80-40973, *Bull. civ.* V, n° 405), elle admet que des salariés grévistes devenus malades au cours d'une grève sont seulement présumés vouloir continuer cette grève. Ils peuvent donc manifester une volonté claire et non équivoque de se désolidariser des grévistes pour bénéficier du régime de la maladie, écartant ainsi le régime de la grève, pourtant première cause de suspension. En second lieu, elle a admis que le bénéfice d'un congé parental d'éducation ne fait pas obstacle aux règles protectrices de la maternité, notamment en ce qui concerne la rupture du contrat de travail (Cass. soc. 11 février 2004, 01-43754, D. 2004, p. 1926, note A. Gardin). Elle fait prévaloir ces règles statutaires sur le critère chronologique, puisqu'en l'espèce, la femme est devenue à nouveau enceinte lors d'un congé parental d'éducation.

II. Les effets de la suspension

A. Le maintien des obligations accessoires

Seules les obligations principales sont suspendues pendant la durée de l'absence légitime. Le salarié est ainsi dispensé d'exécuter sa prestation de travail et l'employeur, en raison du caractère synallagmatique du contrat de travail, n'est pas tenu, en principe, de verser le salaire (Voir Fiche n° 5). En raison du caractère alimentaire du salaire, l'employeur est parfois tenu de verser un salaire comme les congés pour événements familiaux (C. trav., art. L 3142-1, anc. art. L 226-1), ceux liés à la formation (C. trav., art. L 6322-1 et s., anc. art. L 931-1). En outre, des indemnités journalières sont prises en charge par la Sécurité sociale ou la CAF comme pour le congé parental d'éducation. Par ailleurs, des accords collectifs peuvent imposer le maintien total ou partiel de la rémunération, avec ou non un délai de carence.

Si les obligations principales ne sont pas exécutées, en revanche, les obligatoires accessoires restent dues. À titre d'exemple, le salarié doit exécuter son obligation de loyauté. Il en est de même de l'obligation de non-concurrence, de l'obligation de confidentialité ou de discrétion. Par ailleurs, la Cour de cassation exige aussi le respect de la finalité de certains congés, ou le fait de devoir justifier son absence. Certaines dispositions prévoient des interdictions spécifiques : ainsi, un salarié parti en congé de solidarité familiale ne peut exercer aucune activité professionnelle (C. trav., art. L 3142-18, anc. art. L 225-16). Il en est de même pour un congé parental d'éducation, sauf celle d'assistante maternelle (C. trav., art. L 1225-53, anc. art. L 122-28-5).

Illustrations de manquements reprochés à des salariés dont le contrat est suspendu :

> *Les juges ont reproché à des salariés absents le fait d'avoir refusé de communiquer un mot de passe informatique violant ainsi leur obligation de loyauté (Cass. soc. 18 mars 2003, 01-41343,* DS *2003, p. 770), ou le fait d'avoir commis des actes de concurrence déloyale à l'encontre de leur employeur (Cass. soc. 30 mars 2005, 03-16167,* RJS *7/2005, n° 709). Un salarié qui avait demandé un congé pour création d'entreprise a pu être sanctionné par l'employeur qui s'est aperçu que l'entreprise n'avait aucune activité réelle et que pendant cette absence, le salarié avait été enseignant, ne respectant pas la finalité du congé demandé (Cass. soc. 19 février 1997, 95-45040,* RJS *1997, n° 430).*

Si l'employeur constate un tel manquement à une obligation accessoire, il peut sanctionner ce salarié absent en respectant en principe la procédure disciplinaire (Voir Fiche n° 10).

B. La protection contre le licenciement

C'est l'effet principal de la suspension : le salarié conserve son contrat de travail et la suspension en soi n'est pas une cause de rupture du contrat de travail. Pour licencier un salarié absent, il faut une cause réelle et sérieuse, qui ne peut être le motif de l'absence, étant par hypothèse légitime, comme l'a rappelé la Cour de cassation le 13 décembre 2007 à propos d'une salariée partie en congé parental d'éducation (Cass. soc. 13 décembre 2007, 06-46302, *RTD* février 2008, p. 96). En revanche, l'employeur peut invoquer un manquement à une obligatoire accessoire, ou les conséquences de cette absence sur le fonctionnement de l'entreprise, comme en cas de maladie non professionnelle ou d'incarcération (Cass. soc. 21 novembre 2000, 98-41788, *Bull. civ.* V, n° 383 ; Voir Fiche n° 14).

Plusieurs remarques sont à donner. Le terme d'un contrat à durée déterminée n'est pas décalé par l'existence d'une suspension (C. trav., art. L 1243-6, anc. art. L 122-3-5). En revanche, une période d'essai est prolongée, en cas de suspension, de la durée de cette absence (Cass. soc. 4 février 1988, 85-41134, *Bull. civ.* V, n° 94). Par ailleurs, un représentant du personnel, dont le contrat de travail est suspendu, bénéficie des règles de protection attachées à son statut, car il continue d'exercer son mandat malgré la suspension de son contrat de travail (Voir Fiche n° 30). Enfin, en matière de maladie professionnelle, de maternité et de grève, un régime renforcé a été édicté par le législateur (Voir Fiches n° 13 et 45).

C. Le droit à réintégration

Lorsque la cause de la suspension disparaît, le salarié doit retrouver le poste qu'il occupait avant son départ. Ce droit à réintégration est prévu pour toutes les causes. Si l'employeur refuse cette réintégration, la rupture du contrat de travail s'analyse en un licenciement sans cause réelle et sérieuse. Si ce poste n'est plus disponible, il doit réintégrer le salarié dans un poste similaire, ce qui suppose l'absence d'une modification d'un élément du contrat de travail.

Illustrations d'emplois considérés comme non similaires :

> *La Cour de cassation a estimé que l'emploi n'était pas similaire lorsque l'employeur modifie la durée du temps de travail (Cass. soc. 16 mars 1989, 86-42328,* Bull. civ. *V, n° 231) ou la rémunération (Cass. soc. 25 février 1997, 94-41351,* Bull. civ. *V, n° 801) ou la qualification et le niveau de responsabilité (Cass. soc. 2 octobre 1997, 94-44797,* RJS *11/1997, n° 1251). Il en est de même lorsque l'employeur change le poste, en prétextant une période de réadaptation suite à une absence longue, sans fixer la durée et sans proposer une formation adaptée au poste que le salarié devait occuper (Cass. soc. 11 mars 2009, 07-41821,* JCP soc. *24/3/2009, act. 157).*

Pour en savoir plus

- D. Boulmier, « Le nouveau congé d'accompagnement d'une personne en fin de vie accordé à certains salariés », D. 2000, p. 84 ;
- D. Corrignan-Carsin, « À propos du congé parental d'éducation : portée de la suspension légale du contrat de travail », *DS* 1993, p. 728 ;
- J. Daniel, « Le recours au chômage partiel », *JCP soc.* 17/3/2009, 1121 ;
- J. Daniel, « L'indemnisation du chômage partiel », *JCP soc.* 24/3/2009, 1132 ;
- F. Duquesne, « Représentants du personnel, contrat de travail et exercice du mandat », *RJS* 7/2002, p. 603 ;
- J. Grangé et J. Crédoz, « Le recours au chômage partiel : mise en place et indemnisation », *JCP soc.* 13/1/2009, 1014 ;
- J. Pélissier, « Réflexions à propos de la suspension du contrat de travail », *in Études de droit du travail offertes à André Brun*, 174, Librairie sociale et économique, p. 427.

À retenir

Tableau récapitulatif des principales causes de suspension en dehors de la maladie et de la maternité

Causes de suspension	Conditions spécifiques	Durée	Maintien du salaire	Autres effets
Incarcération (Cass. soc. 15 oct. 1996).	Aucune.	Durée de l'absence.	Non.	– Dispense d'exécuter les obligations principales. – Maintien des obligations accessoires, comme celle de loyauté, de discrétion, de non-concurrence. – La cause de la suspension n'est pas une cause réelle et sérieuse de licenciement. – La durée de la période d'essai est prolongée de celle de la suspension. – Le terme d'un CDD n'est pas décalé en raison d'une cause de suspension. – Le statut de représentant du personnel et ce mandat continuent d'exister. – À la fin de la suspension, le salarié a le droit d'être réintégré dans son emploi précédent ou un emploi similaire si celui qu'il occupait n'est plus disponible.
Congé pour création d'entreprise (art. L 3142-68 et s., anc. art. L 122-32-12).	Ancienneté de 36 mois dans l'entreprise. Demande 3 mois avant. Refus possible de l'employeur.	1 an renouvelable 1 fois.	Non.	
Congé parental d'éducation (art. L 1225-47 et s., anc. art. L 122-28-1).	Ancienneté d'un an. Demande 1 mois avant. Pour un enfant de moins de 3 ans.	1 an renouvelable 2 fois.	Non.	
Congé d'accompagnement d'une personne en fin de vie, également appelé congé de solidarité familiale (art. L 3142-16, anc. art. L 225-15).	Demande par LR avec AR, 15 jours avant le départ déterminé. Refus possible de l'employeur.	3 mois maximum.	Non.	
Congé sabbatique (art. L 3142-81, anc. art. L 122-32-17).	Ancienneté de 36 mois dans l'entreprise et 6 ans d'activité, sans avoir pu bénéficier d'un autre congé. Demande 3 mois avant. Refus possible.	De 6 à 11 mois.	Non.	
Congé paternité (art. L 1225-35 et s., anc. art. L 122-25-4).	Information de l'employeur un mois avant le départ.	11 jours.	Oui.	

Pour s'entraîner

Indiquez si la proposition faite est Vraie ou Fausse :

1) ***L'incarcération d'un salarié entraîne de plein droit la rupture de son contrat de travail.***

❒ ***Vrai*** ❒ ***Faux***

2) ***L'employeur ne peut refuser la demande d'un salarié de partir en congé parental d'éducation si les conditions sont remplies.***

❒ ***Vrai*** ❒ ***Faux***

3) ***Un salarié dont le contrat est suspendu pour maladie peut être licencié en raison de son départ en vacances.***

❒ ***Vrai*** ❒ ***Faux***

Réponses

1) Faux, depuis un arrêt du 15 octobre 1996, mais c'était le cas auparavant en fonction de la durée de l'incarcération ;

2) Vrai, l'art. R 1227-5 prévoyant des sanctions pénales en cas de refus ;

3) Faux, car l'obligation de rester à son domicile est une obligation vis-à-vis de la Sécurité sociale et non de l'employeur, qui ne peut revendiquer que l'obligation de loyauté ou de non-concurrence (Cass. soc. 16 juin 1998, 96-41558, *Bull. civ.* V, n° 323).

La suspension du contrat de travail pour maternité et maladie

Fiche **13**

I. Le régime de la suspension en cas de maternité

A. La durée de la suspension

Il a été mis en place par une loi de 1909. Plusieurs fois modifié, il est soumis au droit communautaire et un communiqué de la Commission européenne du 3 octobre 2008 vise à le modifier, notamment en allongeant la durée minimale à 18 semaines (*JCP soc.* 14/10/2008, act. 525). Du début de la grossesse jusqu'au début *stricto sensu* de son congé maternité, la femme enceinte est autorisée à s'absenter pour suivre les examens médicaux sans diminution de salaire. Elle peut également demander à changer de poste ou à aménager son poste de travail pour des raisons médicales. L'art. L 1225-17 du Code du travail (anc. art. L 122-26) fait débuter le congé maternité 6 semaines avant la date présumée de l'accouchement et le finit 10 semaines après. Depuis une loi du 5 mars 2007, la femme enceinte peut décider, sur avis médical, de diminuer la durée prénatale à 3 semaines pour reporter 3 semaines après l'accouchement. Ces délais sont allongés en raison de l'état pathologique de la mère, en cas d'hospitalisation de l'enfant, de naissance multiple ou si la mère a déjà deux enfants vivants. Les accords collectifs peuvent augmenter la durée légale.

Pendant la durée de son congé, la femme enceinte touche des indemnités journalières versées par la Sécurité sociale. Par ailleurs, la période du congé est assimilée à une période de travail effectif pour la détermination de la durée des congés payés.

À la fin du congé, la mère doit suivre une visite médicale de reprise prévue par l'art. R 4624-21 du Code du travail (anc. art. R 241-51). Cependant, ce n'est pas cette visite médicale de reprise qui met un terme à la suspension du contrat, contrairement à la solution qui existe en cas de maladie professionnelle. Cet examen a seulement pour objet d'apprécier l'aptitude de l'intéressée à occuper à nouveau son poste et éventuellement d'effectuer les nécessaires adaptations (Cass. soc. 29 septembre 2004, 02-42461, *Bull. civ.* V, n° 239 ; Cass. soc.

28 janvier 2005, 03-41905). Elle doit réintégrer son poste ou un poste similaire. Aucune modification de son contrat de travail n'est en principe possible : elle doit occuper le même poste, percevoir le même salaire, sauf les commissions qui dépendent de son activité effective (Cass. soc. 10 décembre 2008, 07-44113, *JCP soc.* 24/3/2009, 1135). De plus, elle ne doit subir aucune discrimination du fait de son absence. Ainsi, l'employeur peut être poursuivi pour discrimination en cas, par exemple de refus de promotion suite à ce congé maternité (Cass. soc. 16 décembre 2008, 06-45262, *JCP soc.* 24/3/2009, 1134). Il est possible aussi, à condition qu'elle ait au moins un an d'ancienneté dans l'entreprise, qu'elle demande un congé parental d'éducation, soumis au régime général de la suspension (Voir Fiche n° 12).

B. Une protection renforcée contre le licenciement

L'art. L 1225-4 (anc. art. L 122-25-2) renforce la protection de la salariée enceinte ou venant d'accoucher contre le licenciement. En effet, dès lors que l'état de grossesse est médicalement constaté ainsi que pendant les 4 semaines qui suivent l'expiration de cette suspension, l'employeur ne peut pas licencier la salariée sauf s'il justifie d'une faute grave, non liée à l'état de grossesse ou de l'impossibilité où il se trouve, pour un motif étranger à la grossesse, de maintenir ce contrat. Avant la période de suspension *stricto sensu*, il est possible pour la salariée, qui se voit notifier un licenciement, d'apporter, dans les 15 jours qui suivent, la preuve médicale de son état de grossesse pour pouvoir bénéficier de ce régime protecteur, pour contester et faire annuler un licenciement qui ne serait pas motivé par une faute grave ou une impossibilité de maintenir le contrat de travail (Cass. soc. 9 juillet 2008, 07-41927, *JCP soc.* 16/9/2008, 1483). Par ailleurs, l'art. L 1225-4 (anc. art. L 122-27) précise que même si l'employeur peut invoquer l'un ou l'autre des motifs, il ne peut pas notifier le licenciement pendant la période de suspension *stricto sensu*. Licencier une femme enceinte pendant son congé est donc impossible, même si l'employeur justifie d'une faute grave ou d'un motif indépendant de son état (Cass. soc. 12 mars 2002, 99-42934, *Bull. civ.* V, n° 88), y compris lorsque l'entreprise est en liquidation judiciaire (Cass. soc. 19 mars 2008, 07-40599, *RTD* juin 2008, p. 383, *Act. Proc. Coll.* 20 juin 2008, n° 162). En revanche dans les 4 semaines qui suivent l'expiration de son congé, l'employeur retrouve son droit de notifier mais seulement pour les deux motifs évoqués précédemment. Une cause réelle et sérieuse de droit commun ne suffit pas.

En revanche, la Cour de cassation a précisé que l'art. L 1225-4 n'était pas applicable à la période d'essai (Cass. soc. 2 février 1983, 79-41754, *Bull. civ.* V, n° 74, solution confirmée : Cass. soc. 21 décembre 2006, 05-44806). Ce sont donc les règles de droit commun qui s'appliquent : ainsi si l'employeur rompt la période d'essai en raison de l'état de grossesse, il risque d'être sanctionné pour discrimination (Voir Fiche n° 7).

La sanction d'une violation de ces dispositions est la nullité du licenciement avec réintégration possible de la salariée dans son poste, comme l'a décidé la Cour de cassation dans un arrêt du 30 avril 2003 (00-44811, *Bull. civ.* V, n° 152, *DS* 2003, p. 827, note B. Gauriau). La salariée peut demander le paiement de ses salaires jusqu'à sa réintégration effective. Mais la salariée peut préférer demander une indemnisation et renoncer à sa réintégration. Son indemnisation comprendra les indemnités habituelles de licenciement et de préavis, une indemnité correspondant à la violation de son statut protecteur qui est de 6 mois de salaire minimum (Cass. soc. 9 octobre 2001, 99-44353, *Bull. civ.* V, n° 314). Elle peut aussi invoquer l'application de l'article L 1225-71 (anc. art. L 122-30) qui permet de percevoir les salaires de la période couverte par la nullité.

II. Le régime de la suspension en cas de maladie

A. La dualité de régime

Lorsque la maladie ou l'accident trouve sa cause dans l'activité professionnelle, le salarié est soumis au régime de la suspension pour maladie professionnelle ou accident du travail, qui est plus protecteur que le régime des maladies non professionnelles. Mais des points communs existent, la jurisprudence ayant souvent adopté des solutions identiques pour les deux hypothèses. Le régime dépend donc de l'existence d'un accident du travail. Cela suppose que l'accident soit survenu à l'occasion du travail et qu'il présente en réalité deux caractères :

- un caractère accidentel, c'est-à-dire qu'il faut prouver la soudaineté de la lésion
- un caractère professionnel, c'est-à-dire sur le lieu et pendant le temps de travail.

Illustrations de la notion d'accident du travail :

> *La Cour de cassation retient une interprétation large des deux critères de la notion d'accident du travail puisqu'elle admet par exemple qu'un salarié en arrêt maladie pour dépression soudaine suite à une évaluation annuelle est en arrêt pour accident du travail (Cass. civ. 2e, 1er juillet 2003,* Bull. civ. *V, n° 218). Même si la dépression se prolonge dans la durée, le caractère soudain a été reconnu en l'espèce. De même un salarié qui tente de se suicider à son domicile en raison d'un harcèlement moral dont il a été victime peut invoquer les règles sur les accidents du travail. En effet, même s'il n'est plus sous la subordination directe de son employeur au moment de l'accident, ce dernier est survenu du fait du travail, car l'employeur, conscient du danger n'avait rien fait pour éviter la tentative et avait donc commis une faute inexcusable (Cass. civ. 2e, 22 février 2007, D. 2007, p. 791).*

B. La durée de la suspension

La suspension commence à la date de l'arrêt effectif du travail et dure jusqu'à la première visite de reprise réalisée par le médecin du travail (arrêt Sté Provens Télécommunications, Cass. soc. 22 mars 1989, 86-43665, *Bull. civ.*, n° 235). Cette solution jurisprudentielle pose problème. En effet, l'art. R 4624-21 du Code du travail (anc. art. R 241-51) prévoit la nécessité d'une telle visite en cas de suspension pour maladie professionnelle, en cas d'absence d'au moins 8 jours pour les accidents du travail et d'au moins 21 jours pour la maladie non professionnelle. Aucune règle n'existe donc dans les cas où la visite médicale de reprise n'est pas obligatoire. C'est alors la reprise effective du travail qui met un terme à la période de suspension. Par ailleurs, tant qu'elle n'a pas eu lieu, le contrat est toujours considéré comme suspendu alors même que le salarié pourrait reprendre son travail. Enfin, en cas d'accident du travail, une deuxième visite médicale de reprise est prévue dans un délai minimum de 15 jours, sauf si cela présente un danger immédiat pour la santé ou la sécurité de l'intéressé. Mais aucun statut n'est mis en place pendant cette durée d'attente : le contrat n'est *a priori* plus suspendu même si le salarié n'a pas repris son travail en raison d'une 1re déclaration d'inaptitude. Malgré ces critiques, la Cour de cassation maintient sa position (Cass. soc. 28 février 2006, 06-41555 : un salarié victime d'un accident du travail et qui reprend son travail sans que la visite de reprise n'ait eu lieu, bénéficie toujours du régime de suspension ; Cass. soc. 25 mars 2009, 07-44408, *JCP soc.* 19/5/2009, 1227). La Cour de cassation a précisé, à juste titre, que le salarié en arrêt de travail qui refuse de se présenter à la visite médicale de reprise commet une faute grave permettant de le licencier, pour éviter que le salarié ne prolonge indéfiniment la période de suspension (Cass. soc. 29 novembre 2006, 04-47302, *JCP soc.* 23/1/2007, 1039).

Attention

La visite médicale de reprise ne joue pas le même rôle en cas de suspension pour congé maternité : elle ne met fin à la suspension qu'en cas de maladie et non en cas de maternité.

Pendant cette suspension, l'employeur doit continuer à verser une partie du salaire suite à un accord interprofessionnel du 10 décembre 1977 repris par la loi sur la mensualisation du 19 janvier 1978 et intégré au nouvel article L 1226-1. Cependant, des conditions doivent être réunies, même si les conventions collectives peuvent les assouplir :

- Ancienneté de 3 ans minimale réduite à 1 an depuis la loi du 25 juin 2008.
- Justification par le salarié de son absence dans les 48 heures.

- Constatation de la maladie par un certificat médical.
- Soins dispensés sur le territoire français ou dans l'Union européenne.
- Prise en charge par la Sécurité sociale.
- Délai de carence de 10 jours, sauf en cas d'accident du travail.

L'indemnisation décroît avec la durée de l'absence. Par ailleurs, elle complète le versement des indemnités journalières versées par la Sécurité sociale.

C. Une protection renforcée contre le licenciement

Pendant la période de suspension

En cas de maladie professionnelle ou d'accident du travail, le régime de protection contre le licenciement est assez proche de celui qui existe pour la maternité : l'employeur ne peut licencier que s'il justifie d'une faute grave ou d'une impossibilité de maintenir le contrat pour un motif étranger à la cause de la suspension (C. trav., art. L 1226-9, anc. art. L 122-32-2).

Illustrations des motifs autorisant le licenciement d'un salarié victime d'un accident du travail :

> *Depuis une décision du 25 mai 1993 (91-43515,* Bull. civ. *V, n° 146 ; cass. soc. 21 mai 2008, 07-41179,* JCP soc. *1/7/2008, 1376), l'employeur peut invoquer un motif économique, mais il doit expliquer en quoi ce motif rend impossible le maintien du contrat de travail. La simple référence à l'article L 1233-3 du Code du travail ne suffit pas. Ainsi, a été admis le licenciement d'un salarié victime d'un accident du travail en raison de la fermeture du magasin dans lequel il travaillait et en raison de la cessation définitive d'activité (Cass. soc. 15 mars 2005, 03-43083,* DS *2005, p. 695). La faute grave peut aussi être invoquée, même si les hypothèses restent rares puisque le contrat est suspendu. Mais les obligations accessoires sont maintenues et peuvent donc justifier une sanction. Ainsi, un salarié a pu être licencié car il avait falsifié un document (Cass. soc. 9 décembre 1998, 96-43068,* RJS *4/1999, n° 503).*

La Cour de cassation précise que l'article L 1226-9 du Code du travail (anc. art. L 122-32-2) s'applique à la rupture de la période d'essai, contrairement à la position prise en matière de maternité (revirement de jurisprudence : Cass. soc. 19 avril 1989, 86-44656, *D.* 1990, p. 8 pour un CDD et Cass. soc. 25 février 1997, 93-40185, *DS* 1997, p. 409 pour un CDI ; Cass. soc. 25 janvier 2006, 03-47517, *JCP soc.* 2/8/2006, n° 1639). Elle a également admis que la mise à la retraite par l'employeur pendant un arrêt pour maladie professionnelle ou accident du travail était impossible en raison d'un défaut de faute grave et de l'impossibilité de maintenir le contrat de travail pour une raison étrangère à l'absence (Cass. soc. 7 mars 2007, 05-42279, *JCP soc.* 24/4/2007, 1298).

Il n'existe pas un texte équivalent à l'art. L 1225-4 qui interdit toute notification du licenciement pendant un congé maternité. Mais la jurisprudence adopte une solution qui s'en rapproche puisque si l'employeur notifie pendant un arrêt pour maladie professionnelle ou accident du travail, le licenciement ne prend effet qu'après la fin de la période de suspension, mais il n'est pas nul (Ass. Plén. 28 janvier 2005, 01-45924, *DS* 2005, 581, note G. Couturier).

À défaut de respecter ces règles, le licenciement est nul et le salarié peut demander, comme en matière de maternité, sa réintégration ou préférer une indemnisation qui dépend du préjudice subi (Cass. soc. 12 mai 1998, 96-40606, *Bull. civ.* V, n° 243). L'article L 1226-15 du Code du travail (anc. art. L 122-32-7) qui prévoit une indemnisation de 12 mois minimum de salaire à défaut de reclassement ne s'applique pas (Cass. soc. 26 novembre 2008, 07-42403, *JCP soc.* 3/3/2009, 1095)

En cas de maladie non professionnelle, c'est le régime de droit commun qui s'applique. L'employeur ne peut donc pas utiliser l'état de santé comme cause de son licenciement, sous peine de voir son licenciement annulé pour motif discriminatoire (C. trav., art. L 1132-1, anc. art. L 122-45). Il doit justifier d'une cause réelle et sérieuse qui a été précisée par la Cour de cassation dans une décision du 13 mars 2001 (99-40110, *D.* 2001, p. 2339) : il doit démontrer que les absences répétées ou longues du salarié perturbent le fonctionnement de l'entreprise et nécessitent pour lui de procéder à son remplacement définitif. Une faute, pour un manquement à une obligation accessoire, peut également permettre le licenciement d'un salarié malade (Voir Fiche n° 14).

Illustration d'un motif autorisant le licenciement d'un salarié en congé maladie non professionnelle :

> *La Cour de cassation a précisé sa décision du 13 mars 2001 dans un arrêt concernant un directeur de magasin qui avait été arrêté pendant un an pour maladie non professionnelle et licencié au bout de cette durée. La Cour indique que le remplacement définitif doit intervenir dans un délai raisonnable après le licenciement et ce délai s'apprécie en fonction des circonstances, de l'entreprise, du poste. Par ailleurs, c'est à l'employeur de prouver ce remplacement pour justifier la cause réelle et sérieuse du licenciement du salarié malade (Cass. soc. 15 novembre 2006, 04-48192,* JCP soc. *30/1/2007, n° 1055). Ni le remplacement par une société prestataire de services (Cass. soc. 18 octobre 2007, 06-44251,* JCP soc. *11/12/2007, 1956) ni l'embauche d'un salarié en CDI à temps partiel pour remplacer un salarié absent travaillant à temps complet (Cass. soc. 6 février 2008, 06-44385,* JCP soc. *1/4/2008, 1205) ne correspondent à un emploi définitif).*

À la fin de la période de suspension

La réintégration du salarié n'est possible que si le salarié est déclaré apte à reprendre son activité par le médecin du travail. À défaut, l'employeur a une obligation de reclassement en fonction des recommandations faites par le médecin du travail. Elle a d'abord été prévue pour l'inaptitude d'origine professionnelle (C. trav., art. L 1226-8 et L 1226-10, anc. art. L 122-32-5), puis elle a été étendue à la maladie non professionnelle (C. trav., art. L 1226-2, anc. art. L 122-24-4). L'obligation de reclassement s'applique même si le salarié est déclaré inapte à tout poste de travail (Cass. soc. 7 juillet 2004, 02-45350, *Petites Affiches*, 13 septembre 2004, p. 16). À ce titre, l'employeur, doit proposer toutes mesures y compris dans les autres entreprises du groupe dont l'activité, l'organisation ou le lieu d'exploitation lui permettent d'affecter tout ou partie du personnel. Pour autant, il n'est pas tenu de proposer à un autre salarié une modification de son contrat de travail afin de libérer son poste pour le proposer en reclassement au salarié déclaré inapte (Cass. soc. 15 novembre 2006, 05-40408, *DS* janv. 2007 p. 106 note G. Couturier). Il doit rechercher les mesures les plus proches possibles de l'ancien poste et, à défaut, proposer des modifications et cela en tenant compte des recommandations du médecin du travail (exemple : Cass. soc. 26 novembre 2008, 07-44061, *JCP soc.* 10/2/2009, 1065). Lorsque l'inaptitude est d'origine professionnelle, l'employeur doit consulter sur les mesures de reclassement les délégués du personnel et plus précisément ceux de l'établissement où travaillait le salarié inapte (C. trav., art. L 1226-10 ; Cass. soc. 13 novembre 2008, 07-41512, *JCP soc.* 23/12/2008, 1670). L'obligation de reclassement peut donner lieu aussi à une obligation d'adaptation du poste et de la personne le cas échéant. L'employeur ne peut pas se contenter de proposer les postes vacants dans l'entreprise. Le salarié peut refuser les offres de reclassement et son refus n'est pas fautif (Cass. soc. 18 avril 2000, 98-40314, *Bull. civ.* V, n° 140). Ce refus peut être abusif s'il refuse toutes les mesures qui ont été proposées en conformité avec les préconisations du médecin du travail et qui étaient proches de l'ancien emploi occupé.

Si l'employeur ne peut reclasser le salarié, le salarié sera licencié pour inaptitude et impossibilité de reclassement, les deux motifs devant être mentionnés dans la lettre de licenciement (Cass. soc. 9 avril 2008, 07-40356, *JCP soc.* 1/7/2008, 1377, *RDT* juin 2008, 378). Le montant des indemnités diffère selon l'origine de l'inaptitude. Quand il s'agit d'une maladie non professionnelle, ce sont les indemnités de droit commun (Voir Fiche n° 20). Quand elle est d'origine professionnelle, l'indemnité légale de licenciement est doublée et il doit percevoir, en plus de l'indemnité de préavis, une indemnité spécifique correspondant à 12 mois de salaire (C. trav., art. L 1226-15, anc. art. L 122-32-7). L'employeur a un mois pour reclasser ou licencier le salarié à compter de la 2e visite médicale de reprise, et, à défaut, il doit reprendre le versement des salaires. Cette règle qui n'était prévue que pour la maladie professionnelle a été étendue par la jurisprudence aux maladies non professionnelles.

À retenir

<table>
<tr><th></th><th>Maternité</th><th>Maladie professionnelle</th><th>Maladie non professionnelle</th></tr>
<tr><td>Durée de la suspension</td><td>Durée fixée par l'art. L 1225-17 (anc. art. L 122-26) : 6 semaines avant l'accouchement et 10 semaines après. Durée prolongée pour raisons médicales, en cas de naissance multiple et à la naissance du 3e enfant.
La visite médicale de reprise obligatoire ne met pas un terme à cette suspension.</td><td colspan="2">Commence à la date de l'arrêt de travail et se termine à la 1re visite médicale de reprise.
Visite obligatoire après 8 jours d'absence suite à un accident du travail, une absence de plus de 21 jours pour maladie non professionnelle et pour toute absence liée à une maladie professionnelle (art. R 4624-21, anc. art. R 241-51), une 2e visite médicale est obligatoire dans les 15 jours après, en cas d'accident du travail.</td></tr>
<tr><td>Paiement des salaires</td><td>Paiement d'indemnités journalières par la Sécurité sociale.</td><td colspan="2">Oui au moins en partie : loi de mensualisation de 1978. La seule différence : le délai de carence n'existe pas pour les accidents du travail et les maladies professionnelles. Complément des indemnités journalières versées par la Sécurité sociale.</td></tr>
<tr><td>Régime du licenciement</td><td>Interdit de notifier tout licenciement pendant la période de suspension du contrat de travail (art. L 1225-4, anc. art. L 122-27). Pendant les 4 semaines qui suivent, licenciement possible seulement en cas de faute grave ou d'impossibilité de maintenir le contrat pour une raison étrangère à la grossesse.
En cas de non-respect : nullité du licenciement et réintégration.</td><td>Licenciement possible en cas de faute grave ou d'impossibilité de maintenir le contrat de travail pour une raison étrangère à la maladie : art. L 1226-9 (anc. art. L 122-32-2)
En cas de non-respect : nullité du licenciement avec réintégration ou indemnisation en fonction du préjudice subi.</td><td>Régime de droit commun : interdiction de fonder le licenciement sur l'état de santé, nécessité de trouver une cause réelle et sérieuse.</td></tr>
<tr><td>Rupture de la période d'essai</td><td>Régime de droit commun.</td><td>Applications de l'art. L 1226-9 (anc. art. L 122-32-2).</td><td>Régime de droit commun.</td></tr>
</table>

Retour du salarié	Droit à réintégration sur son poste ou un emploi similaire.	Droit à réintégration seulement si le salarié est déclaré apte à reprendre son emploi. L'employeur a un mois pour reclasser le salarié ou le licencier en l'absence de possibilité de reclassement dans l'entreprise ou le groupe. À défaut, l'employeur doit reprendre le versement des salaires. Par ailleurs, en cas de non-respect des règles, le salarié peut demander des indemnités dont le montant varie en fonction de l'origine de l'inaptitude.

Pour en savoir plus

- S. Bourgeot, « État de santé du salarié et licenciement », *RJS* 12/1998, p. 869 ;
- S. Bourgeot, « Le refus par le salarié inapte du reclassement proposé par l'employeur », *RJS* 6/2000, p. 434 ;
- S. Bourgeot et J.Y. Frouin, « Maladie et inaptitude du salarié », *RJS* 1/2000, p. 3 ;
- A. Brice, « Obligations de l'employeur au titre du reclassement du salarié inapte », *JCP soc.* 15/7/2008, 1408 ;
- E. Fraise, « Les droits des salariés malades ou accidentés », *RPDS* mai 2005, p. 151 et juin 2005, p. 187 ;
- D. Jourdan, « Le constat d'inaptitude lors de la reprise du travail », *JCP* 2005, éd. E, no 313 ;
- M.T. Lanquetin, « L'égalité des rémunérations entre les femmes et les hommes, réalisée en 5 ans ? », *DS* juin 2006, p. 624 ;
- L. Millet, « Accident du travail : de l'accident survenu sous la subordination de l'employeur à l'accident survenu par le fait du travail », *DS* juillet-août 2007, p. 836 ;
- H. Peschaud, « Incidence des périodes d'absence pour maladie sur la prise des congés payés », *JCP soc.* 22/7/2008, 1420 ;
- J. Savatier, « Visite de reprise par le médecin du travail et fin de la suspension du contrat à l'issue d'un congé maternité », *DS* 2004, p. 1091 ;
- J. Savatier, « La durée de la suspension du contrat de travail pour raisons de santé », *DS* 2005, p. 546 ;
- J. Savatier, « La reprise du travail sans visite de reprise par le médecin du travail », *DS* mai 2006, p. 514 ;
- P.– Y. Verkindt, « Inaptitude physique et obligation de reclassement », *JCP soc.* 19/12/2008, 1650.

Pour s'entraîner

Indiquez si la proposition faite est Vraie ou Fausse :

1) ***L'inaptitude du salarié à occuper un poste après un arrêt maladie peut être constatée par le médecin traitant.***

❒ *Vrai* ❒ *Faux*

2) ***L'employeur doit consulter les délégués du personnel sur les propositions de reclassement en cas de déclaration d'inaptitude.***

❒ *Vrai* ❒ *Faux*

3) ***Le salarié peut refuser les mesures de reclassement qui lui sont proposées par l'employeur.***

❒ *Vrai* ❒ *Faux*

4) ***La rupture de la période d'essai d'une salariée enceinte est possible selon les règles de droit commun.***

❒ *Vrai* ❒ *Faux*

Réponses

1) Faux, seul le médecin du travail est habilité à délivrer un tel document ;

2) Vrai, mais uniquement pour les accidents du travail et les maladies professionnelles (Voir art. L 1226-2 et L 1226-10). À défaut, il s'agit d'un délit d'entrave et le salarié peut demander une indemnité correspondant à 12 mois de salaire ;

3) Vrai, la Cour de cassation estimant qu'il n'y a pas d'abus quand le reclassement constitue une modification du contrat de travail (Cass. soc. 14 juin 2000, 98-42882, *Bull. civ.* V, n° 228) ; en revanche un doute est permis lorsque le salarié refuse un changement des conditions de travail à la suite d'une maladie non professionnelle ;

4) Vrai, même lorsqu'elle se trouve en congé maternité.

Le licenciement pour motif personnel

Fiche **14**

Définitions

Cause réelle et sérieuse : fait invoqué par l'employeur pour licencier un salarié et qui doit exister réellement, être exact, matériellement vérifiable et suffisamment grave pour justifier la rupture du contrat de travail.

Licenciement : acte unilatéral par lequel l'employeur manifeste sa volonté de mettre fin à un contrat à durée indéterminée après la fin de la période d'essai.

Attention

La rupture d'un contrat à durée déterminée n'est pas soumise à cette réglementation et il ne s'agit pas d'un licenciement.

I. La cause réelle et sérieuse du licenciement

A. Présentation générale

Définition

La loi de 1973, tout en imposant cette condition faisant du licenciement un droit causé (N. C. trav., art. L 1232-1), n'en a donné aucune définition. Ce sont donc les juges et la doctrine qui ont précisé cette condition.

La cause réelle signifie que le licenciement doit reposer sur des faits objectifs, matériellement vérifiables, qui doivent exister et être exacts. Le juge va donc vérifier l'existence des faits invoqués. Il doit aussi s'assurer que ce sont bien ces faits invoqués qui constituent la cause du licenciement et non pas d'autres faits. Lors des travaux parlementaires, il a été énoncé que **la cause est sérieuse lorsqu'elle revêt une certaine gravité, qui rend impossible, sans**

dommage pour l'entreprise, la continuation du travail. Derrière cette notion, il y a donc l'idée de proportionnalité de la mesure du licenciement par rapport à l'intérêt de l'entreprise ou par rapport au comportement du salarié.

Illustration d'un défaut de cause réelle et sérieuse :

> *Une salariée avait été licenciée pour avoir volé des pots de confiture laissés sur des plateaux de petits-déjeuners de clients d'hôtel. Mais, en réalité, le licenciement était fondé sur le témoignage que cette salariée avait apporté lors du divorce de son employeur. Le licenciement a été déclaré sans cause réelle et sérieuse (Cass. soc. 28 octobre 1981, 79-41274,* Bull. civ. *V, n° 836,* D. *1982, p. 195).*

La preuve de la cause réelle et sérieuse

L'article L 1235-1 (anc. art. L 122-14-3) indique que le juge forme sa conviction au vu des éléments fournis par les deux parties et au besoin après toute mesure d'instruction qu'il estime utile. Depuis une loi du 2 août 1989, le doute profite au salarié : cela signifie que si le juge ne peut former sa conviction au regard des éléments de preuve apportés, il déclare le licenciement sans cause réelle et sérieuse. Ces éléments de preuve doivent être licites. Ainsi, ont été écartés des enregistrements réalisés à l'insu des salariés car ils portent atteinte à la vie privée des salariés (Cass. soc. 20 novembre 1991, 88-43120, D. 1992, 75).

B. Les illustrations de la cause réelle et sérieuse

Le motif personnel peut être non disciplinaire ou disciplinaire.

Motif non disciplinaire

La cause sérieuse n'est pas nécessairement liée à une faute ou un comportement répréhensible du salarié.

La perte de confiance a pendant longtemps été invoquée par les employeurs pour justifier du licenciement. Dans une décision du 29 mars 2001, la Cour de cassation a opéré un revirement de jurisprudence en affirmant que **la perte de confiance n'est jamais une cause de licenciement, même si elle repose sur des faits objectifs** (Cass. soc. 29 mars 2001, 98-46341, *D.* 2002, p. 921). L'employeur ne peut licencier que si ces faits eux-mêmes constituent à eux seuls une cause réelle et sérieuse.

L'insuffisance professionnelle ou de résultat peut être une cause réelle et sérieuse. Mais il ne faut pas que les objectifs fixés soient irréalisables (Cass. soc. 14 novembre 2000, 98-42371, *DS* 2001, 99) ou que le salarié soit confronté à des difficultés tenant à des défaillances de l'entreprise (Cass. soc. 17 décembre 1987, D. 1988, somm. 320). Le salarié doit être en faute de ne pas les avoir atteints (Cass. soc. 2 mars 2005, 02-46534, inédit).

Illustrations des événements relevant de la vie professionnelle et pouvant justifier un licenciement :

> *Dans une décision du 23 février 2005 (02-45988, inédit), la Cour de cassation a admis qu'une mésentente grave entre un salarié et ses collègues pouvait constituer une cause réelle et sérieuse de licenciement en raison de faits objectifs et matériellement constatés, à savoir un dénigrement et un harcèlement en public des subordonnés, une agressivité à l'égard de ses collègues. Cette mésentente perturbait gravement le fonctionnement de l'entreprise et pouvait donc justifier un licenciement du salarié à l'origine de cette situation. En revanche, un risque de conflit d'intérêts ne peut suffire pour justifier un licenciement dans la mesure où il ne repose pas sur des faits objectifs et matériellement vérifiables. En l'occurrence, le salarié, chargé d'intégrer dans un réseau des centres de contrôle technique automobile, s'était vu licencié car sa femme avait une participation financière dans une société qui pouvait faire partie du réseau. Non seulement, le fait n'était pas imputable au salarié mais à son conjoint, mais également, l'employeur ne pouvait invoquer aucune constatation que le salarié avait effectivement favorisé cette société en question. Le simple risque de conflits d'intérêt ne reposait sur aucun fait objectif (Cass. soc. 21 septembre 2006, 05-41155,* Bull. civ. *V, n° 285).*

En principe, **la maladie** n'est pas une cause réelle est sérieuse de licenciement car elle entraîne seulement une suspension du contrat de travail. De plus, si le licenciement est fondé sur l'état de santé du salarié, il s'agit d'un motif discriminatoire au sens de l'article L 1132-1 (anc. art. L 122-45). Mais l'employeur peut justifier son licenciement en se fondant sur les conséquences de la maladie sur le fonctionnement de l'entreprise. Il doit préciser que les absences répétées ou longues du salarié perturbent le fonctionnement de l'entreprise et nécessitent pour lui de procéder à son remplacement définitif (Cass. soc. 13 mars 2001, 99-40110, *D.* 2001, 2339 ; Cass. soc. 2 mars 2005, 03-42800, *RJS* 5/05, n° 503 ; Cass. soc. 8 avril 2009, 07-43909, *JCP soc.* 28/4/2009, act. 218). Un remplacement par un salarié intérimaire ne suffit donc pas (Cass. soc. 18 octobre 2007, *DS* janvier 2008, p. 127). Il en est de même d'un salarié qui, tout en étant titulaire d'un contrat à durée indéterminée, aurait un temps de travail effectif inférieur à celui du salarié absent (Cass. soc. 6 février 2008, 06-44389) (Voir Fiche n° 13).

Illustrations des événements relevant de la vie privée du salarié :

> *En principe, ils ne peuvent justifier un licenciement car le fait objectif doit être en rapport avec l'activité du salarié au sein de l'entreprise. En revanche, l'employeur peut invoquer les conséquences de ce fait sur l'organisation et le fonctionnement de l'entreprise. L'arrêt de principe date du 17 avril 1991 (90-42636,* Bull. civ. *V, n° 201,* JCP *1991, II, 21724) dans lequel un aide sacristain avait été licencié en raison de son homosexualité. La Cour de cassation avait considéré qu'il n'y avait pas de cause réelle et sérieuse dans la mesure où l'employeur ne démontrait pas que ce comportement du salarié, compte tenu de ses fonctions*

et de la finalité de l'entreprise, avait créé un trouble caractérisé au sein de cette dernière. Depuis cette décision, il s'agit d'une jurisprudence constante. Un arrêt du 22 janvier 1992 (90-42517, Bull. civ. *V, n° 30) illustre cette solution : une salariée engagée comme secrétaire chez un concessionnaire Renault, change, quelques années après son recrutement son véhicule et achète une Peugeot. Le licenciement pour ce motif a été jugé sans cause réelle et sérieuse car l'employeur n'a pas démontré en quoi ce fait avait perturbé le fonctionnement de l'entreprise (Voir dernièrement : Cass. soc. 25 janvier 2006, 04-44918,* Bull. civ. *V, n° 26). L'employeur peut également démontrer que ce fait constitue une violation de ses obligations professionnelles. Ainsi, dans une décision du 2 décembre 2003 (01-43227,* Bull. civ. *V, n° 304), un chauffeur de poids lourd s'était vu retirer son permis de conduire après avoir été contrôlé positif à un test d'alcoolémie en dehors de son temps de travail et de l'exercice de ses fonctions. Il s'agit d'un manquement à son obligation de sécurité. Dans une autre affaire, une secrétaire médicale exerçait, en dehors de son temps de travail, les fonctions de voyante tarologue. L'employeur ne pouvait pas la licencier pour ce motif, sans démontrer en quoi cette activité personnelle constituait un manquement effectif à son obligation de confidentialité (Cass. soc. 21 octobre 2003, 00-45291,* Bull. civ. *V, n° 259). Le fait de tenir des propos injurieux à l'encontre d'un supérieur même en dehors du temps de travail a pu être reconnu comme constitutif d'une faute grave (Cass. soc. 10 décembre 2008, 07-41820,* JCP soc. *23/12/2008, act. 675) (Voir Fiches n° 8 et 10).*

Motif disciplinaire

Une faute sérieuse peut justifier d'un licenciement mais il ne sera pas disciplinaire. En revanche, sont des licenciements disciplinaires ceux fondés sur une faute grave ou lourde. **La faute grave est la faute résultant d'un fait imputable au salarié qui rend impossible son maintien dans l'entreprise pendant le préavis.** La Cour de cassation apprécie cette faute au regard du préjudice subi par l'entreprise ou du comportement général du salarié. **La faute lourde est nécessairement caractérisée par une intention de nuire, une volonté réelle de causer le dommage** (Voir Fiche n° 10). Un salarié gréviste ne peut être licencié que pour faute lourde pendant la grève (Voir Fiche n° 45).

II. La procédure de licenciement pour motif personnel non disciplinaire

Attention

Lorsque le licenciement est prononcé pour une faute grave ou lourde, c'est la procédure disciplinaire qui s'applique et non la procédure décrite dans la section suivante qui ne vaut que pour un motif personnel non disciplinaire (Voir Fiche n° 10).

La procédure de licenciement est prévue aux articles L 1232-2 à 6 (anc. art. L 122-14 et L 122-14-1). Elle se déroule en 3 étapes.

A. Convocation du salarié à l'entretien préalable

Le salarié doit être convoqué à un entretien préalable et individuel par lettre recommandée avec accusé de réception ou par lettre simple remise en main propre contre décharge. La lettre de convocation doit contenir plusieurs mentions (C. trav., art. R 1232-1, anc. art. R. 122-2-1) :

- **Le lieu de l'entretien** : qui est soit le lieu d'exécution du contrat soit le siège social de l'entreprise. Un autre endroit est possible à condition pour l'employeur de justifier d'un intérêt légitime (Cass. soc. 9 mai 2000, 97-45294, *RJS* 2000, n° 650, *Bull. civ.* V, n° 171, *JCP* 2000, éd. G, p. 1567).
- **La date de l'entretien** : l'employeur doit respecter un délai de 5 jours ouvrables minimum, auquel le salarié ne peut renoncer (Cass. soc. 28 juin 2005, 02-47128). Il ne faut pas tenir compte de la date de présentation de la lettre de convocation (Cass. soc. 20 février 2008, 06-40949).
- **L'objet de l'entretien** : la lettre doit préciser le projet de licenciement mais il n'est pas nécessaire d'indiquer les faits précisément reprochés au salarié (Cass. soc. 19 décembre 2007, 06-44592, *RDT* 2008, p. 70).
- **La possibilité pour le salarié de se faire assister** par une personne de son choix appartenant au personnel de l'entreprise s'il existe des institutions représentatives du personnel et à défaut, par un conseiller extérieur inscrit sur une liste établie par le préfet. Ce conseiller est protégé contre le licenciement au même titre qu'un délégué syndical (C. trav., art. L 2411-21, anc. art. L 122-14-16 alinéa 2) (Voir Fiche n° 30). La lettre de convocation doit mentionner l'adresse de l'inspection du travail ou de la mairie permettant de consulter cette liste de conseiller, sinon le salarié peut demander une indemnité pour irrégularité de procédure, perçue même si le salarié avait pu se faire assister (Cass. soc. 21 janvier 2009, 07-42985, *JCP soc.* 12/5//2009, 1213).

B. L'entretien individuel

Cet entretien consiste en un dialogue entre l'employeur et le salarié, pour permettre à ce dernier de se défendre. Le salarié peut ne pas y aller, car il s'agit pour lui d'un droit qu'il est libre d'utiliser ou non. Par conséquent, l'employeur ne peut se prévaloir de l'absence du salarié à cet entretien pour invoquer l'irrégularité de la procédure (Cass. soc. 15 mai 1991, 89-44670, *Bull. civ.* V, n° 235, D. 1992, Somm. 289). En revanche, si l'absence du salarié est due à une manœuvre de l'employeur, le salarié pourrait invoquer une irrégularité de procédure (Cass. soc. 1er février 2001, 98-45784, *RJS* 01, n° 425). L'employeur peut se faire assister mais, en aucun cas, il ne peut s'agir d'une personne extérieure à l'entreprise (Cass. soc. 26 mars 2002, 99-43155, *DS* 2002, p. 784).

C. Notification du licenciement

Délais de notification

Elle doit se faire par lettre recommandée avec accusé de réception, même si aucune sanction précise n'est prévue (C. trav., art. L 1232-6, anc. art. L 122-14-1). L'employeur doit respecter un délai minimum de 2 jours ouvrables après l'entretien. Ainsi, ne sont pas pris en compte les jours où les salariés ne travaillent pas habituellement dans l'entreprise. Aucun délai maximum n'est exigé pour envoyer ce courrier sauf si le licenciement a lieu dans le cadre de la procédure disciplinaire : dans ce cas, l'employeur dispose d'un mois après l'entretien (C. trav., art. L 1332-2, anc. art. L 122-41).

Contenu de la notification

L'employeur doit énoncer le ou les motifs de licenciement, quelle que soit la cause (C. trav., art. L 1232-6, anc. art. L 122-14-2). Ces faits doivent être suffisamment précis et ils doivent être matériellement vérifiables. L'absence (Cass. soc. 26 octobre 1976, 75-40659, Janousek, *D.* 1977, p. 544) ou l'imprécision des motifs (Cass. soc. 20 janvier 1993, 91-41931, *Bull. civ.* V, n° 17) équivaut à une absence de cause réelle et sérieuse, même s'il existe un motif légitime de licenciement. L'ANI du 11 janvier 2008 relatif à la modernisation du marché du travail prévoyait une remise en cause de cette jurisprudence en permettant à l'employeur, en cas d'insuffisance des motifs seulement, d'apporter des éléments de preuve au juge qui recherchera l'existence de la cause réelle et sérieuse. Mais cela n'a pas été repris dans la loi du 25 juin 2008.

Effets de la notification

Cette notification produit plusieurs effets. Elle sert de point de départ au délai-congé ou délai de préavis. De plus, elle emporte rupture du contrat de travail : l'employeur ne peut plus y renoncer. Enfin, elle fixe les limites d'un litige éventuel. L'employeur ne pourra plus ensuite invoquer d'autres faits. Traditionnellement, les effets courraient à compter de la présentation de la lettre au salarié. Or la Cour de cassation a modifié cette solution et a affirmé que « *si la rupture du contrat de travail se situe à la date d'envoi de la lettre recommandée avec demande d'avis de réception notifiant le licenciement, le préavis ne court qu'à compter de la date de présentation de cette lettre* » (Cass. soc. 7 novembre 2006, 05-42323, Cass. soc. 26 septembre 2006, 05-43841 *DS* 2006, p. 1193). La date de la rupture n'est donc pas unique. Il faut en distinguer trois :

- la date d'envoi de la lettre qui permet de calculer l'ancienneté du salarié sans prendre en compte le préavis
- la date de présentation de la lettre qui fixe le point de départ du préavis
- la date de la rupture effective du contrat à laquelle les obligations contractuelles s'éteignent, sauf les clauses de non-concurrence.

III. Les sanctions en cas de défaut de cause réelle et sérieuse et d'irrégularité

Le droit du travail refuse de considérer qu'un défaut de cause réelle et sérieuse ou un non-respect de la procédure entraîne la nullité du licenciement. **La sanction de principe consiste dans l'indemnisation du salarié dont le montant varie en fonction de la taille de l'entreprise et de l'ancienneté du salarié** (C. trav., art. L 1235-2, L 1235-3 et L 1235-5, anc. art. L 122-14-4 et L 122-14-5). En principe, lorsque l'employeur n'a pas respecté les règles de procédure, le licenciement est déclaré irrégulier. Mais certaines irrégularités de procédure sont considérées comme des défauts de cause réelle et sérieuse. Lorsque le salarié invoque une irrégularité de procédure et un défaut de cause réelle et sérieuse, il ne peut obtenir que l'indemnité correspondant aux 6 mois de salaire. La nullité est une sanction très rare car elle a pour conséquence d'imposer la réintégration du salarié à l'employeur, qui ne s'impose pas aux autres entreprises du groupe (Cass. soc. 9 juillet 2008, 07-41845, *JCP soc.* 28/10/2008, 1563). La Cour de cassation a rappelé le principe selon lequel « *le juge ne peut en l'absence de disposition le prévoyant et à défaut de violation d'une liberté fondamentale annuler un licenciement* » (Cass. soc. 31 mars 2004, 01-46960 et 01-46961, *DS* 2004, p. 666, note C. Radé). Ainsi, elle refuse que le licenciement d'un salarié ayant agi en justice pour demander l'application de l'adage « à travail égal, salaire égal » soit annulé, en raison de l'absence de texte même si l'article L 1144-3 du Code la prévoit pour les actions visant à sanctionner les atteintes à l'égalité entre les hommes et les femmes (Cass. soc. 20 février 2008, 06-40085, *RTD* mai 2008, 321, *JCP soc.* 25/11/2008, 1616). En revanche a été annulé un licenciement qui avait été prononcé à l'encontre d'un salarié qui avait reproché des faits de harcèlement moral, faits qui n'ont pas été établis par la suite (Cass. soc. 10 mars 2009, 07-44092, *JCP soc.* 19/5/2009, 1225). Il en a été de même d'un licenciement prononcé à l'encontre d'un salarié qui avait exercé son droit de retrait (Cass. soc. 28 janvier 2009, 07-44556, *RDT* mars 2009, 167).

À retenir

- **Notion de cause réelle et sérieuse, la procédure et les arrêts suivants :**

  Cass. soc. 26 octobre 1976, Janousek ; Cass. soc. 29 mars 2001 ; Cass. soc. 13 mars 2001 ; Cass. soc. 17 avril 1991 ; Cass. soc. 31 mars 2004.

Schéma du licenciement pour motif personnel

Convocation à l'entretien → Entretien 5 jours ouvrables minimum après → Notification de la lettre de licenciement 2 jours ouvrables minimum après

Tableau récapitulatif des sanctions

	Cas	Sanctions
Licenciement irrégulier	– Défaut de convocation à l'entretien. – Défaut d'entretien du fait de l'employeur. – Entretien collectif. – Représentation irrégulière de l'employeur.	– Si le salarié a plus de 2 ans d'ancienneté dans une entreprise de plus de 11 salariés : indemnité de droit plafonnée à 1 mois de salaire. L'employeur peut être contraint de recommencer la procédure. – S'il manque une de ces conditions : indemnité calculée en fonction du préjudice subi. Il y a une exception : l'indemnité est d'un mois de salaire même si les conditions ne sont pas remplies pour les règles relatives à l'assistance du salarié.
Licenciement sans cause réelle et sérieuse	– Défaut de cause réelle et sérieuse. – Défaut de notification de la lettre de licenciement. – Défaut de mention ou imprécision des motifs dans la lettre de notification. – Envoi de la notification d'un licenciement disciplinaire plus d'un mois après l'entretien.	– Si le salarié a plus de 2 ans d'ancienneté dans une entreprise de plus de 11 salariés : indemnité minimum égale à 6 mois de salaire. L'employeur peut être condamné à rembourser les Assedics dans la limite de 6 mois de salaire. La réintégration peut être proposée et suppose l'accord des deux parties. – S'il manque une de ces conditions : indemnité calculée en fonction du préjudice subi.

Licenciement nul	– Violation des règles relatives à la maternité (art. L 1225-2, anc. art. L 122-25-2). – Violation du droit de grève (art. L 2511-1, anc. art. L 521-1). – Violation du statut protecteur des représentants du personnel. – Violation du principe de non-discrimination (art. L 1132-4, anc. art. L 122-45). – Violation des règles relatives aux accidents du travail (art. L 1226-13, anc. art. L 122-32-2). – Violation d'une liberté fondamentale comme la liberté d'expression (arrêt Clavaud Cass. soc. du 28 avril 1988, *DS* 1988, 428), à la différence de la liberté de se vêtir (Cass. soc. 28 mai 2003, *JCP* 2003, II, 10128).	– Réintégration imposée à l'employeur. – Demande d'indemnisation par le salarié à défaut de réintégration ou dans l'attente de cette réintégration, les juges tenant compte des ressources que le salarié aurait pu percevoir notamment des Assedics.

Pour en savoir plus

- J. Béraudo, « L'évolution de la jurisprudence en matière d'énonciation des motifs du licenciement », *RJS* 4/92, p. 231 ;
- V. Cottereau, « Retour sur le contrôle jurisprudentiel du licenciement pour motif personnel », *JCP soc.* 22/7/2008, 1419 ;
- J.B. Cottin et P. Garcia, « Infraction pénale du salarié et rupture du contrat de travail », *Petites Affiches* 30/6/2006, p. 6 ;
- J. Y. Frouin, « Le point sur la motivation de la lettre de licenciement », *RJS* 7/99, 543 ;
- B. Gauriau, « La nullité du licenciement et la personne du salarié », *DS* 1993, p. 738 ;
- Ch. Mathieu-Geniaut, « L'immunité disciplinaire de la vie personnelle du salarié en question », *DS* 2006, p. 848 ;
- J. Mouly, « Le licenciement du salarié pour des faits relevant de sa vie personnelle : le retour discret de la perte de confiance », *DS* 9/10 2006, p. 839 ;
- J. Savatier, « L'obligation d'énoncer les motifs du licenciement et sa sanction », *DS* 1991, p. 99 ;
- E. Suire, « Le licenciement pour motif personnel », *RPDS* 2005 n° 726, p. 321 ;
- Ph. Waquet, « La réintégration du salarié illégalement licencié », *DS* 1991, p. 60.

Pour s'entraîner

Indiquez si la proposition faite est Vraie ou Fausse :

1) ***La procédure de licenciement doit être respectée pour rompre un contrat à durée déterminée.***

❒ ***Vrai*** ❒ ***Faux***

2) ***La procédure de licenciement doit être respectée pour rompre la période d'essai.***

❒ ***Vrai*** ❒ ***Faux***

3) ***L'employeur peut procéder à un entretien collectif pour licencier plusieurs salariés ayant commis la même faute.***

❒ ***Vrai*** ❒ ***Faux***

4) ***L'employeur ne peut pas procéder à un entretien téléphonique.***

❒ ***Vrai*** ❒ ***Faux***

5) ***En cas de défaut de cause réelle et sérieuse, le licenciement est nul permettant au salarié de demander sa réintégration.***

❒ ***Vrai*** ❒ ***Faux***

6) ***L'employeur peut invoquer un fait relevant de la vie privée du salarié comme cause du licenciement sous certaines conditions.***

❒ ***Vrai*** ❒ ***Faux***

Réponses

1) Faux ;
2) Faux ;
3) Faux ;
4) Vrai ;
5) Faux ;
6) Vrai.

La notion de licenciement pour motif économique

Fiche **15**

Définitions

Licenciement pour motif économique : rupture du contrat de travail à durée indéterminée par l'employeur pour un motif non inhérent à la personne du salarié et qui est due à des difficultés économiques sérieuses, des mutations technologiques, la sauvegarde de la compétitivité ou la fermeture définitive de l'entreprise imposant des suppressions d'emploi ou des modifications de contrats.

Obligation de reclassement préalable : obligation incombant à l'employeur de proposer à tout salarié menacé d'un licenciement pour motif économique des emplois disponibles dans l'entreprise ou le groupe avec, si besoin, une formation permettant au salarié de s'adapter à ce nouvel emploi.

I. Bref rappel historique

La réglementation des licenciements pour motif économique tente de concilier deux idées contradictoires : d'une part, admettre la possibilité de tels licenciements nécessaires dans un contexte de mondialisation, de mutations technologiques, d'adaptation au marché, et d'autre part, protéger les salariés contre d'éventuels abus (licenciements boursiers par exemple) et aménager une procédure qui tente de protéger au mieux leurs droits. La première réglementation date du 3 janvier 1975. Cette loi avait prévu une autorisation administrative préalable à tout licenciement pour motif économique pour en limiter le nombre. Cette autorisation a été supprimée le 30 décembre 1986. Ce type de licenciement connaît des évolutions législatives incessantes, remettant en cause la stabilité du droit. Plusieurs réformes importantes se sont succédées : loi du 2 août 1989, loi de modernisation sociale du 17 janvier 2002 en partie suspendue par la loi

Fillon du 3 janvier 2003. La loi Borloo du 18 janvier 2005 dite de cohésion sociale vient modifier à nouveau le régime juridique de cette rupture très particulière du contrat de travail à durée indéterminée.

Attention

Les contrats à durée déterminée sont exclus de la réglementation des licenciements pour motif économique.

II. Les critères du motif économique

L'art. L 1233-3 (anc. art. L 321-1) donne une définition du motif économique, définition inexistante pour le motif personnel : « *constitue un licenciement pour motif économique le licenciement effectué par un employeur pour un ou plusieurs motifs non inhérents à la personne du salarié résultant d'une suppression ou transformation d'emploi ou d'une modification refusée par le salarié d'un élément essentiel du contrat de travail, consécutives notamment à des difficultés économiques ou à des mutations technologiques* ». Trois éléments caractérisent ce licenciement pour motif économique.

A. Un motif non inhérent à la personne du salarié

C'est le critère de distinction du licenciement pour motif personnel. Si l'employeur ne respecte pas la bonne procédure, le juge ne requalifie pas le licenciement mais il le déclare sans cause réelle et sérieuse. Si l'employeur invoque l'âge, l'état de santé, l'ancienneté du salarié, il s'agit de motifs inhérents à la personne du salarié incompatibles en principe avec le motif économique. Mais l'employeur peut invoquer plusieurs motifs et le licenciement dépendra de la cause déterminante du licenciement. Ainsi, l'incompétence du salarié ou son défaut de qualification peut justifier un licenciement économique si cette inaptitude résulte d'une modification de l'activité économique de l'entreprise.

Illustration :

> *Un dirigeant d'un port de plaisance a été licencié car, en raison de l'extension de l'activité du port pour des raisons économiques, ses compétences professionnelles étaient insuffisantes. La Cour de cassation a estimé qu'il s'agissait effectivement d'un licenciement pour motif économique (Cass. soc. 10 mai 1994, 93-40105,* RJS *1994, n° 674).*

B. Un motif fondé sur une certaine situation économique de l'entreprise

L'article L 1233-3 (anc. art. L 321-1) cite deux causes possibles : **l'existence de difficultés économiques ou des mutations technologiques.**

La Cour de cassation contrôle le caractère réel et sérieux du motif économique avancé. Ainsi, les difficultés doivent être suffisamment graves pour contraindre l'employeur à licencier. La Cour de cassation a ainsi jugé que la perte de l'unique client de l'entreprise pouvait justifier le licenciement (Cass. soc. 19 juillet 2000, 98-42506, *RJS* 2000, 1064) ; à l'inverse, la recherche d'une économie ou le ralentissement des ventes ne suffisent pas et rendent le licenciement sans cause réelle et sérieuse (Cass. soc. 6 juillet 1999, 97-41036, *RJS* 1999, 767 ; CPH Libourne 8 septembre 2008, 07/00090, *JCP soc.* 16/9/2008, act. 470). Il en est de même de la perte d'un marché (Cass. soc. 10 octobre 2006, 04-43453, *DS* 2007, p. 112). L'appréciation de ces difficultés s'effectue au niveau de l'entreprise si elle ne fait pas partie d'un groupe. En revanche, si elle est intégrée dans un groupe, c'est au niveau du groupe que les difficultés sont appréciées (Cass. soc. 17 juin 1992, 89-42769, *DS* 1992, 710). Enfin, la Cour de cassation considère que le licenciement est dépourvu de cause réelle et sérieuse quand les difficultés sont dues à une faute de l'employeur ou à sa légèreté blâmable.

Attention

Ne pas confondre motif économique et cause réelle et sérieuse. Ainsi, même si les difficultés économiques ne sont pas suffisamment sérieuses pour justifier le licenciement, il n'en reste pas moins un licenciement pour motif économique, mais dépourvu de cause réelle et sérieuse (Cass. soc. 14 février 2007, 05-40504, JCP *soc. 24/4/2007, n° 1297). Le régime juridique du licenciement économique s'applique donc, comme la priorité d'embauchage ou les mesures de reclassement.*

Cependant, **ces causes ne sont pas limitatives** en raison de l'adverbe notamment. La jurisprudence a admis, comme autre cause possible, **la réorganisation de l'entreprise pour la sauvegarde de la compétitivité du secteur d'activité** (Cass. soc. 5 avril 1995, *Thomson Tubes*, 93-42690, *Bull. civ.* V, n° 123, *DS* 1995, p. 482, note Ph. Waquet ; Cass. soc. 16 décembre 2008, 07-41953, *RDT* février 2009, 103). De même, la Cour de cassation a retenu comme cause économique **la fermeture de l'entreprise** (Cass. soc. 16 janvier 2001, 98-44647, *DS* 2001, p. 413). S'il ne s'agit que de la fermeture d'un établissement ou d'une fermeture partielle, le critère est alors celui de la réorganisation pour la sauvegarde de la compétitivité ou l'existence de difficultés économiques (Cass. soc. 10 octobre 2006, 04-43453, *JCP soc.* 27/2/2007, n° 1139). Cette fermeture ne doit pas être due à une légèreté blâmable ou à une faute de l'employeur, sinon le licenciement est dépourvu de cause réelle et sérieuse. Un arrêt du 15 mars 2006 semble créer un autre cas de licenciement pour motif économique : un salarié qui refuse la réduction du temps de travail liée aux lois Aubry (Voir Fiche n° 11) ainsi que la baisse de sa rémunération peut être licencié pour motif économique lorsque cette réduction du temps de travail a été mise en place unilatéralement par l'employeur. La Cour de cassation insiste sur l'absence de motif inhérent à la personne du salarié (Cass. soc. 15 mars 2006, 05-42496, *JCP soc.* 2 mai 2006, n° 1355).

Illustrations de la légèreté blâmable de l'employeur :

> *Plusieurs arrêts démontrent une conception plutôt restrictive de cette notion. Elle ne reconnaît pas l'existence d'une telle faute lorsque l'employeur crée de nouveaux emplois sans en assurer leur financement (Cass. soc. 14 décembre 2005, 03-44380,* JCP soc. *13/6/2006, n° 1474, note P. Morvan). En revanche, cette faute a été reconnue, privant le licenciement de cause réelle et sérieuse, lorsqu'une association avait engagé du personnel suite à la reprise d'une maison de retraite mais sans s'assurer de l'agrément nécessaire de la commission de sécurité et sans procéder aux travaux de sécurité obligatoires (Cass. soc. 10 mai 2005, 03-40620). Cette notion suppose de contrôler la gestion de l'employeur et porte atteinte à la théorie de l'employeur, seul juge de sa gestion.*

Ces causes sont alternatives et non pas cumulatives. Ainsi, la Cour de cassation a admis que la sauvegarde de la compétitivité pouvait être invoquée sans que l'entreprise connaisse des difficultés économiques actuelles dès lors que cette réorganisation a pour objet d'en éviter dans le futur (Cass. soc. 11 janvier 2006, 05-40977, **Société Pages Jaunes**, *DS* 2006, p. 138, note J.E. Ray, *Act. Proc. Coll.* 6/3/2006, n° 34 ; *DO* août 2006, p. 369 et s. ; Pour une application discutable : Cass. soc. 16 décembre 2008, 07-41953, *RDT* fév. 2009, p. 103).

C. Une situation ayant des répercussions sur l'emploi

L'art. L 1233-3 du Code du travail (anc. art. L 321-1) envisage la suppression d'emploi mais aussi la modification refusée d'un élément essentiel du contrat de travail.

Si aucun emploi n'est supprimé, le licenciement sera dépourvu de cause réelle et sérieuse. Il en est ainsi, par exemple, si l'employeur remplace le salarié licencié (Cass. soc. 22 février 1995, 93-44074, *Bull. civ.* V, n° 67). En revanche, l'employeur peut répartir les tâches entre les autres salariés non licenciés (Cass. soc. 29 janvier 1992, 91-42128, *RJS* 1992, n° 264) ou la faire effectuer par un bénévole (Cass. soc. 7 octobre 1992, 88-45522 et 89-40047, *DS* 1992, 923) ou par un prestataire de services (Cass. soc. 26 septembre 1990, 87-40518, *RJS* 1990, n° 841).

Lorsque l'employeur propose une modification du contrat portant sur un élément essentiel (rémunération, durée, changement de fonctions et de qualification), le salarié est en droit de refuser. Mais en cas de refus, l'employeur peut le licencier pour motif économique si ce sont des difficultés économiques ou une réorganisation de l'entreprise pour en sauvegarder la compétitivité qui avaient justifié la proposition de modification du contrat. La Cour de cassation avait exigé que la procédure de licenciement soit respectée dès lors que l'employeur envisageait cette modification, sans même attendre la réponse des salariés (Cass. soc. 3 décembre 1996, 95-17352, *RJS* 1997/01, n° 1, concl. P. Lyon-Caen, *DS* 1997, p. 18, rapport P. Waquet, **arrêt Framatome et Majorette**). Ainsi, un plan de sauvegarde de l'emploi devait être édicté si l'entreprise avait plus de 50 salariés et que la proposition avait été faite à plus de 10 salariés sur une période de 30 jours. La loi Borloo du 18 janvier 2005 met un terme à cette jurisprudence fortement critiquée. Désormais, l'employeur doit attendre la réponse des salariés pour engager la procédure, qui dépend du nombre de salariés effectivement licenciés (Voir Fiche n° 11).

III. Le contrôle du motif économique

Le juge contrôle la réalité du motif économique invoqué mais aussi le caractère réel et sérieux comme pour le motif personnel. Les faits invoqués doivent donc exister, être réels, exacts et suffisamment graves pour justifier la rupture du contrat de travail. La sanction est la même que pour le licenciement pour motif personnel. Le salarié peut demander une indemnité correspondant à 6 mois de salaires si le salarié a plus de 2 ans d'ancienneté et travaillait dans une entreprise de plus de 11 salariés. Si une de ces conditions fait défaut, le montant des dommages-intérêts dépendra du préjudice réellement subi par le salarié licencié injustement (C. trav., art. L 1235-2, L 1235-3 et L 1235-5, anc. art. L 122-14-4 et L 122-14-5).

En revanche, la Cour de cassation a estimé que l'employeur est le seul juge de l'opportunité d'un licenciement pour motif économique. Si les critères légaux sont remplis, le licenciement est valable même si d'autres solutions moins coûteuses en terme d'emplois étaient envisageables. Il s'agit d'un arrêt de principe de l'Assemblée plénière : **l'arrêt SAT du 8 décembre 2000** (Ass. Plén. 8 décembre 2000, 97-44219, *DS* 2001, p. 126, P. de Caigny et A. Cristau ; *RJS* 2001/02, p. 95, note Ph. Antonmattéi ; *DS* 2001, p. 417, note A. Jeammaud et M. Le Friant ; *D.* 2001, p. 1125, note J. Pélissier).

Illustration : l'arrêt SAT, 8 décembre 2000.

> *La société SAT exerçait son activité sur plusieurs sites. En 1994, le comité d'entreprise est consulté sur un projet de licenciement. Plusieurs propositions lui sont présentées prévoyant des regroupements d'activité et des fermetures de sites différents. Le 1er projet entraînerait 86 licenciements, le 3e, 318. Or, l'employeur retient ce troisième choix. La Cour d'appel a accordé des indemnités pour défaut de cause réelle et sérieuse en indiquant qu'en choisissant ce 3e projet, l'employeur avait excédé ce qui était nécessaire à la sauvegarde de la compétitivité. La Cour de cassation casse cet arrêt estimant que le rôle du juge doit se limiter à contrôler la légalité de la décision mais non son opportunité.*

IV. La prévention du licenciement pour motif économique : l'obligation d'adaptation et de reclassement

La loi du 17 janvier 2002, dite loi de modernisation sociale consacre l'obligation d'adaptation et de reclassement préalable à tout licenciement pour motif économique qui avait été dégagée par la jurisprudence (Cass. soc. 1er avril 1992, 89-43494, *Bull. civ.* V, n° 228). L'art. L 1233-4 (anc. art. L 321-1) indique que le licenciement ne peut intervenir que « *lorsque tous les efforts de formation et d'adaptation ont été réalisés et que le reclassement ne peut être réalisé dans l'entreprise ou le groupe* ». Le Conseil constitutionnel, dans sa décision du 12 janvier 2002, a précisé qu'à défaut de respecter ce préalable obligatoire, le licenciement ne peut être annulé. La solution jurisprudentielle consistant à accorder des dommages-intérêts pour défaut de cause réelle et sérieuse doit donc être maintenue.

Ce reclassement n'est pas une obligation de résultat à la charge de l'employeur mais seulement une obligation de moyens. Il n'est donc pas tenu de proposer au salarié une formation initiale qu'il n'a pas. Il doit seulement présenter des reclassements avec, si besoin, l'adaptation des salariés à cette évolution. L'employeur doit rechercher dans l'entreprise ou le groupe tout poste pouvant être occupé par le salarié dont l'emploi est menacé, y compris à l'étranger si le droit applicable local n'empêche pas l'embauche de salariés étrangers. Les propositions doivent être écrites, précises et indiquer le lieu de travail, la rémunération, la qualification requise. Elles doivent être personnalisées, ce qui n'est pas respecté lorsque l'employeur envoie une liste de postes à pourvoi à l'ensemble du personnel (Cass. soc. 8 avril 2009, 08-40125, *JCP soc.* 28/4/2009, act. 217). Cette obligation est limitée au reclassement dit interne : c'est-à-dire dans l'entreprise mais aussi dans le groupe si l'entreprise fait partie d'un groupe. La Cour de cassation précise cependant que ce reclassement interne doit s'effectuer uniquement dans les entreprises dont les activités ou l'organisation ou le lieu leur permettent d'effectuer la permutation de tout ou partie du personnel (Cass. soc. 25 juin 1992, 90-41244, *DS* 1992, p. 710 et 826). Par ailleurs, des accords collectifs peuvent étendre le périmètre de cette obligation et inclure aussi du reclassement externe et, à défaut de respecter ces modalités conventionnelles, le licenciement sera déclaré sans cause réelle et sérieuse (Cass. soc. 28 mai 2008, 06-46009, *RDT* septembre 2008, p. 529, *JCP soc.* 18/11/2008, 1597). Si l'employeur ne peut pas limiter ses offres en fonction de la volonté présumée des salariés (Cass. soc. 24 juin 2008, 06-45870, *RTD* octobre 2008, p. 598, *JCP soc.* 7/10/2008, 1522), il peut tenir compte, dans ses recherches, de leur volonté clairement exprimée (Cass. soc. 13 novembre 2008, 06-46227, *RDT* janvier 2009, p. 37 ; Cass. soc. 4 mars 2009, 07-42381, *JCP soc.* 28/4/2009, 1190, *RDT* mai 2009, p. 306 : l'employeur ne peut pas limiter ses recherches en fonction d'une volonté exprimée à sa demande, par avance et en dehors de toute proposition concrète de reclassement). Ce reclassement peut concerner des emplois inférieurs à celui occupé par le salarié, mais cela suppose son accord. De manière plus générale, dès lors que le reclassement proposé entraîne une modification du contrat de travail, l'accord du salarié est nécessaire. Il peut la refuser et aucun délai n'est fixé par la loi pour donner sa réponse. En effet, la Cour de cassation a jugé que la procédure de l'art. L 1222-6 du Code du travail (anc. art. L 321-1-2) ne s'appliquait pas aux modifications du contrat résultant de l'obligation de reclassement (Cass. soc. 13 avril 1999, 97-41934, *DS* 1999, p. 639 ; Cass. soc. 27 novembre 2001, 99-41723, *DS* 2002, p. 221). Il faut donc un accord exprès du salarié et lui donner un délai raisonnable pour qu'il donne sa réponse (Voir Fiche n° 11).

Cette obligation concerne tous les licenciements pour motif économique voulus par une entreprise, notion englobant aussi les associations (Cass. soc. 27 mai 2008, 07-40703, *RDT* juillet-août 2008, p. 456) et cela quel que soit le nombre de salarié concerné. En revanche, elle prend une forme particulière dans le grand licenciement collectif : un plan de sauvegarde de l'emploi (Voir Fiche n° 16). Des différences existent entre les deux obligations : d'abord, l'obligation de reclassement est individuelle et non collective, comme le plan de sauvegarde de l'emploi. Ensuite, elle vise le reclassement interne alors que le plan doit aussi favoriser le reclassement externe. Enfin, la sanction est différente, à savoir le défaut de cause réelle et sérieuse et non la nullité du licenciement à la différence du plan de sauvegarde de l'emploi.

Enfin, il faut ajouter qu'il existe aussi aujourd'hui des mesures qui doivent être prises en amont, bien avant un projet de licenciement et dont le but consiste à les prévenir. Ainsi, la loi de cohésion sociale de 2005 a créé une nouvelle obligation de négocier triennale dans les entreprises de plus de 300 salariés en ce qui concerne la gestion prévisionnelle des emplois et des compétences (art. L 2242-15, anc. art. L 320-2). Le but consiste, en dehors de tout licenciement, d'entamer des négociations sur le volume des effectifs, l'évolution des emplois, ceux qui seraient menacés, les mesures d'adaptation nécessaires, etc. Toute la difficulté réside dans la portée exacte de cette nouvelle obligation, puisque certains juges du fond ont estimé qu'il s'agissait d'un préalable nécessaire à la mise en place d'un plan de sauvegarde de l'emploi. Un projet d'accord interprofessionnel a été adopté le 14 novembre 2008 précisant les modalités d'application de cette nouvelle obligation de négocier.

À retenir	
• **La notion de licenciement pour motif économique.**	
Définition du licenciement pour motif économique **Art. L 1233-3** **(N. C. trav., art. L 321-1)**	1) Motif non inhérent à la personne du salarié. 2) élément causal : situation particulière de l'entreprise prévue par l'art. L 1233-3 (anc. art. L 321-1) et complétée par la jurisprudence : - Les difficultés économiques. - Les mutations technologiques. - La réorganisation de l'entreprise en vue d'en sauvegarder la compétitivité (**arrêt du 5 avril 1995 Thomson Tubes ou Vidéocolor**). - La fermeture définitive de l'entreprise. 3) élément matériel : constatation d'une suppression de postes ou de modification du contrat de travail (la loi du 18 janvier 2005 met un terme à la jurisprudence **Framatome du 2 décembre 1996**).
Contrôle du juge	1) De **la légalité** du motif. 2) De l'existence **d'une cause réelle et sérieuse.** Hypothèses d'absence de cause réelle et sérieuse : - Des difficultés économiques non suffisantes, une fermeture non définitive ou due à une légèreté blâmable de l'employeur, l'absence de suppression de postes. - **Défaut de l'obligation de reclassement** préalable, obligation imposée dans tous les licenciements pour motif économique. Sanction : dommages-intérêts calculés en fonction de l'ancienneté et de l'effectif de l'entreprise. **Attention** : le juge ne contrôle par l'opportunité de la décision de licencier : arrêt **SAT du 8 décembre 2000**.

Pour en savoir plus

- « La gestion prévisionnelle des emplois et des compétences : un défi social, économique et juridique », *DS* novembre 2007, n° spécial ;
- P. H. Antonmattéi, « L'obligation de reclassement préalable au licenciement pour motif économique : nouvelles dispositions », *DS* 2002, p. 274 ;
- B. Boubli, « Réflexions sur l'obligation de reclassement en matière de licenciement pour motif économique », *RJS* 3/96, 131 ;
- B. Boubli, « La sauvegarde de la compétitivité de l'entreprise », *DS* 2004, p. 1094 ;
- A. Fabre, « Première lecture du projet d'accord national interprofessionnel sur la GPEC, Accord GPEC du 14 novembre 2008 », *RDT* janvier 2009, p. 34 ;
- L. Fin-Langer, « L'obligation de reclassement à l'étranger », *Rev. proc. coll.* janvier-février 2009, p. 14 ;
- Ch. Radé, « Feu la jurisprudence Framatome et Majorette », *DS* 4/2005, p. 386 ;

- J. Savatier, « La disponibilité d'un emploi en vue d'une réintégration, d'un reclassement ou d'une priorité d'embauche », *DS* 1999, p. 146 ;
- J. Savatier, « La cessation d'activité de l'entreprise, motif économique de licenciement », *DS* 2001, p. 413 ;
- Ph. Waquet, « La cause économique du licenciement », *DS* 2000, p. 168.

Pour s'entraîner

Indiquez si la proposition faite est Vraie ou Fausse :

1) ***La fermeture d'un établissement peut justifier le licenciement pour motif économique.***

❒ *Vrai* ❒ *Faux*

2) ***La fermeture temporaire d'une entreprise pour cause de travaux peut justifier un licenciement pour motif économique.***

❒ *Vrai* ❒ *Faux*

3) ***Un licenciement fondé sur la réorganisation de l'entreprise en vue d'en sauvegarder la compétitivité peut avoir une cause réelle et sérieuse même si l'entreprise a des bénéfices actuels.***

❒ *Vrai* ❒ *Faux*

4) ***Le défaut de proposition de reclassement préalable par l'employeur permet au salarié licencié pour motif économique de demander la nullité de son licenciement et sa réintégration.***

❒ *Vrai* ❒ *Faux*

Réponses

1) Faux, car il faut que ce soit l'entreprise en elle-même et non pas un simple établissement. Dans ce cas, le motif invoqué doit être la réorganisation de l'entreprise en vue d'en sauvegarder la compétitivité ou des difficultés économiques ;

2) Faux, car il faut que l'entreprise ferme définitivement. En cas de fermeture temporaire, l'employeur peut invoquer du chômage partiel ou technique qui suspend le contrat de travail ;

3) Vrai, car les causes citées par l'art. L 1233-3 (anc. art. L 321-1) ne sont pas cumulatives mais alternatives ;

4) Faux, le salarié peut seulement demander des dommages-intérêts pour défaut de cause réelle et sérieuse.

Fiche 16 Les procédures de licenciement pour motif économique

Définitions

Accord de méthode : accord collectif conclu entre un employeur et une ou plusieurs organisations syndicales qui fixe les modalités d'information, de consultation du comité d'entreprise en cas de licenciement économique de plus de 10 salariés sur une même période de 30 jours.

Plan de sauvegarde de l'emploi : ensemble des mesures prises par un employeur décidant de licencier plus de 10 salariés dans une entreprise de plus de 50 salariés visant à éviter leur licenciement ou, le cas échéant d'en limiter les effets, et proposant des mesures de reclassement interne et externe, mais aussi par exemple une réduction du temps de travail, des aides à la reprise d'activité, à la formation ou à la recherche d'emploi.

I. Remarques préliminaires

A. Le domaine d'application de la procédure de licenciement pour motif économique

L'ancien article L 321-1 alinéa 2 précisait que toute rupture pour motif économique est soumise à la procédure prévue aux articles suivants. Le texte ne visait pas uniquement le licenciement et la Cour de cassation a donc admis que quel que soit le type de rupture du contrat à durée indéterminée, dès lors qu'elle est justifiée par un motif économique, cette rupture doit être soumise à ces procédures particulières. Ainsi, la Cour de cassation a jugé qu'un départ volontaire à la retraite dans le cadre d'un plan de sauvegarde de l'emploi (Cass. soc. 25 juin 2002, 00-18907, *Bull. civ.* V, n° 214) et qu'une rupture amiable du contrat pour motif économique (Cass. soc. 13 septembre 2005, 04-40135 ; Cass. soc. 18 mars 2008, 07-40269, *JCP soc.* 24/6/2008, 1368, *RDT* septembre 2008, p. 527) devaient respecter les anciens articles L 321-1 à L 321-15 qui sont d'ordre public, et notamment la priorité de réembauchage. En revanche, elle n'en produit pas nécessairement les effets, notamment pour le paiement des indemnités conventionnelles de licenciement. Le nouvel article L 1233-3 a repris cette disposition dans les mêmes termes, mais en excluant les cas de rupture conventionnelle. Il faut cependant combiner ce texte avec le nouvel article L 1237-16 qui exclut l'application des règles de la rupture conventionnelle aux ruptures de contrat de travail résultant d'un accord de GPEC ou des plans de sauvegarde de l'emploi. Ainsi, si les conditions du PSE ne sont pas réunies, il serait possible de conclure des accords de rupture conventionnelle sans respecter la procédure de licenciement économique et notamment la consultation des représentants du personnel (Voir Fiche n° 18). Cette lecture délicate des textes devra être confirmée par la Cour de cassation.

B. La fixation des critères d'ordre

Lorsqu'un employeur décide de licencier pour motif économique des salariés, quel que soit leur nombre, il doit respecter les critères d'ordre. Ils peuvent être fixés dans les accords collectifs applicables à l'entreprise. À défaut, c'est l'employeur qui les détermine selon les règles posées par l'article L 1233-5 du Code du travail (anc. art. L 321-1-1). Ce texte vise les charges de famille, l'ancienneté du salarié, leur situation rendant leur réinsertion professionnelle difficile ou les qualités professionnelles. Mais cette liste n'est pas limitative. De plus, l'employeur peut privilégier un critère mais il doit tenir compte des autres (arrêt **Belkacem**, Cass. soc. 14 janvier 1977, 95-44366, *Bull. civ.* V, n° 16, *Grands arrêts de droit du travail*, n° 107). Ces critères s'appliquent à toute l'entreprise même si seul un établissement connaît une réduction de ses effectifs. Cela signifie qu'un salarié travaillant pour un autre établissement peut être licencié alors que celui travaillant dans l'établissement fermé ne le sera pas. Enfin, il faut préciser qu'ils s'appliquent à l'intérieur d'une catégorie socioprofessionnelle. Si l'employeur supprime une catégorie socioprofessionnelle dans son intégralité, il n'aura pas à fixer ces critères d'ordre. Cette notion peut parfois soulever un contentieux (Cass. soc. 2 avril 2008, 07-40572 : le chef comptable fait partie de la catégorie des chefs de service). Par conséquent, ce n'est pas nécessairement le salarié qui occupait le poste supprimé qui est licencié (Cass. soc. 13 juin 1996, 93-43298, *Bull. civ.* V, n° 237). L'employeur doit consulter les représentants du personnel pour les fixer. Une fois déterminés, l'employeur devra les respecter. À défaut de respecter les règles de fixation des critères, le licenciement n'est pas pour autant dépourvu de cause réelle et sérieuse, mais le salarié peut demander des dommages-intérêts en fonction du préjudice subi (arrêt **Belkacem** précité). Cette indemnité peut désormais se cumuler avec celle pour défaut de cause réelle et sérieuse (Cass. soc. 24 septembre 2008, 07-42200, *RDT* décembre 2008, p. 739, *JCP soc.* 16/12/2008, 1660). Le salarié qui a adhéré à une convention de préretraite prévue par le PSE peut contester l'ordre des licenciements (Cass. soc. 13 janvier 2009, 07-44398, *JCP soc.* 27/1/2009, act. 52).

II. Présentation des différentes procédures

La procédure varie en fonction du nombre de salariés licenciés pour motif économique ainsi qu'en fonction des effectifs de l'entreprise. Ces effectifs sont appréciés au niveau de l'entreprise ou de l'établissement concerné par la mesure de licenciement au moment où la procédure de licenciement est engagée conformément à l'art. L 1111-2 du Code du travail (anc. art. L 620-10 et s.) (Cass. soc. 16 janvier 2008, 06-46313 ; Voir Fiche n° 25).

A. Le licenciement individuel pour motif économique (C. trav., art. L 1233-11, anc. art. L 122-14-1)

Si seul un salarié est licencié pour motif économique, l'employeur doit convoquer ce salarié à un entretien préalable 5 jours ouvrables avant, procéder à cet entretien puis notifier la lettre de licenciement dans un délai de 7 jours ouvrables pour les non-cadres et 15 jours pour les cadres. Ces délais sont désormais comptés en jours ouvrables depuis l'ordonnance du 24 juin 2004. La lettre de notification doit comporter, comme pour un licenciement pour motif personnel, l'indication de la cause réelle et sérieuse du licenciement. Si elle n'est pas indiquée ou n'est pas suffisamment précise, le salarié peut demander des dommages-intérêts pour défaut de cause réelle et sérieuse. Cette notification doit également préciser la priorité de réembauchage ainsi que les modalités pour que le salarié puisse en bénéficier, le rappel de la proposition de la convention de reclassement personnalisé et le délai de réponse et enfin, le délai dont dispose le salarié pour contester son licenciement devant le conseil des prud'hommes et qui est désormais de 12 mois à compter de cette notification (C. trav., art. L 1235-7, anc. art. L 321-16). À défaut de préciser ce délai, ce dernier est inopposable au salarié qui retrouve les délais de droit commun. Dans les 8 jours qui suivent cette notification, le directeur départemental du travail doit être informé par écrit de cette notification (C. trav., art. D 1233-3, anc. art. R 321-1).

B. Le petit licenciement collectif pour motif économique (de 2 à 9 salariés) (C. trav., art. L 1233-8 et s.)

Cette procédure s'applique quand l'employeur décide de licencier entre 2 et 9 salariés sur une période de 30 jours. La procédure est identique à celle qui est prévue pour le licenciement individuel si l'entreprise est dépourvue de représentants du personnel. En revanche, si l'entreprise dispose de délégués du personnel ou d'un comité d'entreprise, ils doivent être consultés avant de convoquer chaque salarié à leur entretien individuel. Le comité d'entreprise est consulté au titre de sa compétence générale sur toutes les questions intéressant la bonne marche de l'entreprise (C. trav., art. L 2323-6, anc. art. L 432-1). Il doit recevoir toutes les informations utiles sur le nombre de salariés concernés, les motifs économiques, les mesures de reclassement préalable. Deux réunions sont possibles, la première permettant de recevoir les informations et la deuxième pour que le comité donne son avis. Si le comité d'entreprise n'a pas été mis en place et qu'aucun procès-verbal de carence n'a été établi, le salarié a droit à une indemnité égale à un mois de salaire brut (C. trav., art. L 1235-15, anc. art. L 321-2-1).

C. Le grand licenciement collectif pour motif économique (à partir de 10 salariés) (C. trav., art. L 1233-26 et 27)

Le domaine de cette procédure

Cette procédure est à utiliser lorsque l'employeur licencie plus de 10 personnes sur une même période de 30 jours. De plus, pour éviter les fraudes et les fractionnements des licenciements, la loi de modernisation sociale impose aussi son respect dans deux autres hypothèses. En premier lieu, lorsqu'une entreprise de plus de 50 salariés a licencié pendant 3 mois plus de 10 personnes pour motif économique, sans dépasser le seuil de 10 licenciements sur une période de 30 jours, tout nouveau licenciement économique dans les 3 mois qui suivent est soumis à cette procédure. En second lieu, si au cours d'une même année civile, une entreprise de plus de 50 salariés a procédé à plus de 18 licenciements économiques sans avoir établi un plan de sauvegarde de l'emploi, tout nouveau licenciement prévu dans les 3 mois qui suivent la fin de cette année civile doit respecter ces dispositions.

Description de la procédure légale

La procédure se caractérise par l'absence d'entretien individuel et par un rôle accru des représentants du personnel. Ainsi, l'employeur doit convoquer les représentants du personnel au titre de l'article L 2323-6 (anc. art. L 432-1) et au titre de la procédure spécifique du licenciement économique prévue à l'art. L 1233-30 (anc. art. L 321-1). La loi de cohésion sociale a autorisé que les deux consultations aient lieu simultanément, mais en distinguant bien l'ordre du jour des deux types de réunions. Au titre de la consultation sur le projet de licenciement, le comité d'entreprise doit être consulté au moins deux fois dans un délai de 14 jours maximum si l'employeur décide de licencier moins de 100 personnes, délai poussé jusqu'à 28 jours quand le nombre de licenciements dépasse 250. Mais le comité d'entreprise peut décider, lors de la première réunion, qu'il fera appel à un expert-comptable rémunéré par l'employeur. Dans ce cas, une troisième consultation doit avoir lieu.

L'employeur doit également informer la direction départementale du travail et de l'emploi sur le projet de licenciement au plus tôt le lendemain de la 1re réunion du comité d'entreprise (C. trav., art. L 1233-46, anc. art. L 321-7). Il communique toutes les informations nécessaires, comme les projets de licenciement, du plan de sauvegarde, les procès-verbaux des réunions du comité d'entreprise. Cette information permet à l'autorité administrative de contrôler la régularité de la procédure et notamment le respect des consultations des représentants du personnel. Par ailleurs, elle contrôle le contenu du plan de sauvegarde de l'emploi. Quand il est définitivement adopté, il est transmis à l'autorité administrative qui dispose d'un délai de 8 jours pour en constater l'éventuelle carence.

Enfin, l'employeur notifie aux salariés le licenciement par lettre recommandée avec accusé de réception 30 jours minimum après la notification du projet à l'administration.

La reconnaissance des accords de méthode dérogatoires

Les accords de méthode avaient été mis en place à titre expérimental et de manière temporaire par la loi Fillon du 3 janvier 2003. Cette loi souhaitait développer les accords destinés à aménager la procédure de licenciement économique. La loi de cohésion sociale a généralisé leur existence (art. L 1233-21 et s., anc. art. L 320-3). Ces accords ne sont possibles que pour les gros licenciements collectifs. Ils sont soumis au droit commun de la négociation collective pour leur conclusion (Voir Fiche n° 31) et il peut s'agir d'un accord d'entreprise, de groupe ou de branche. Cet accord peut aménager la procédure voire anticiper le contenu d'un PSE. Certaines règles sont d'ordre public et ne peuvent donc pas être écartées : l'obligation de reclassement préalable, le principe même de la consultation du comité d'entreprise, les informations à transmettre au comité et les dispositions relatives aux procédures collectives. Si un tel accord est conclu, il se substitue alors à la procédure légale. Il peut envisager de diminuer les délais entre les différentes réunions, voire d'alléger la procédure de consultation, d'impliquer davantage le comité dans l'élaboration du PSE, fixer le calendrier de la procédure, etc.

Le plan de sauvegarde de l'emploi (PSE)

Si une entreprise de plus de 50 salariés décide de procéder à un grand licenciement collectif, elle doit mettre en place un plan de sauvegarde de l'emploi comprenant toutes les mesures alternatives au licenciement et comprenant des mesures de reclassement interne et externe (C. trav., art. L 1233-61 et s., anc. art. L 321-4-1). Pour déterminer si le seuil de 50 salariés est dépassé, il faut prendre en compte uniquement les salariés travaillant dans les établissements situés en France, lorsque la société est étrangère (Cass. soc. 23 septembre 2008, 07-42862, *RTD* décembre 2008, p. 737, *JCP soc.* 28/10/2008, 1564). Si l'entreprise est incluse dans une unité économique et sociale, les effectifs ne sont calculés qu'au niveau de l'entreprise (Cass. soc. 28 janvier 2009, 07-45481, *JCP soc.* 14/4/2009, 1176, *RDT* avril 2009, p. 233). Le PSE, anciennement appelé plan social, a pour objet de limiter les licenciements et de faciliter le reclassement des personnes licenciées. Il est établi par l'employeur en concertation avec les représentants du personnel qui peuvent formuler des contre-propositions. Il contient par exemple des mesures de réduction du temps de travail, des propositions de mutations professionnelles et/ou géographiques, des actions de soutien à la création d'activités nouvelles, la mise en place de cellules de reclassement, l'utilisation des cabinets d'out-placement, etc. Il semble que la mise en place d'une cellule de reclassement soit considérée comme un minimum pour l'administration, l'état pouvant en financer une partie par le biais des conventions FNE.

Illustration : le PSE et les propositions de reclassement à l'étranger.

> *En principe, l'employeur doit proposer toutes les mesures de reclassement dans les autres entreprises du groupe y compris à l'étranger (Voir dernièrement Cass. soc. 4 décembre 2007, 05-46073,* JCP soc. *18/12/2007, act. 609). Dans une décision du 12 février 2003 (01-40342), la Cour de cassation affirme que le plan doit contenir des indications précises sur des mutations possibles de salariés dans les autres filiales du groupe Porsche, dès lors qu'une permutation du personnel est possible et que la législation applicable dans cet état n'empêche pas l'emploi de salariés étrangers. Cela doit être proposé même si les entreprises ne relèvent pas exactement du même secteur d'activité. Les entreprises invoquant cette jurisprudence ont alors proposé dans leur PSE des mutations dans des pays de l'Europe de l'Est ou en Asie avec des salaires dérisoires, conformes pourtant au droit local. Une instruction de la DGEFP n° 2006-01 du 23 janvier 2006 recommande cependant que ces propositions soient sérieuses pour être considérées comme de bonne foi. Elle indique que ne peuvent être considérées comme telles des mutations à l'étranger avec un salaire nettement inférieur au SMIC. Ces propositions ne respectent pas le principe de bonne foi dans l'exécution du contrat.*

Les mesures proposées doivent être proportionnées avec les moyens de l'entreprise ou du groupe. Si l'obligation de reclassement est une obligation de moyens, certaines propositions faites dans le PSE peuvent être qualifiées d'obligations de résultat, comme celle de proposer un nombre minimum d'offres d'emploi aux salariés licenciés (CPH Caen, 11 septembre 2007, affaire Moulinex, *Act. Proc. Coll.* 20 novembre 2007, n° 206). L'employeur doit informer en temps utiles les salariés par lettre recommandée. À défaut, ni la procédure ni le licenciement ne sont nuls, mais le salarié peut être indemnisé (Cass. soc. 25 juin 2008, 07-41065, *RTD* octobre 2008, p. 600).

Le salarié est en droit de refuser toutes les mesures proposées et la Cour de cassation ne semble pas retenir le fait que ce refus puisse être abusif. Un salarié qui refuserait ces mesures ne pourrait être licencié pour faute (Cass. soc. 29 janvier 2003, 00-46332 et 00-46323, *Bull. civ.* V, n° 28).

L'employeur doit exécuter les engagements pris dans le PSE et il doit être de bonne foi. Par exemple, il doit respecter le délai de réponse donné aux salariés pour accepter ou refuser une offre de reclassement (Cass. soc. 16 mai 2007,

05-44085). De même, la Cour de cassation a pu juger que l'employeur était de mauvaise foi lorsqu'il propose des mesures de reclassement, sans indiquer les risques encourus par la société qui proposait ces postes et qui était sur le point de déposer son bilan (Cass. soc. 6 juin 2007, 06-41001, *RJS* 8/9 2007 n° 936).

L'existence et le contenu du PSE suscitent un contentieux important car les articles L 1235-10 et L 1235-11 du Code du travail (anc. art. L 321-4-1) prévoient la nullité de la procédure de licenciement en cas d'absence de ce PSE. La Cour de cassation a étendu cette sanction si les mesures proposées ne sont pas suffisamment concrètes, précises ou ne correspondent pas aux moyens de l'entreprise dans **l'arrêt Samaritaine du 13 février 1997** (Cass. soc. 13 février 1997, 96-41874 et 96-41875, *DS* 1997, 249, D. 1997, p. 171 note A. Lyon-Caen, *Bull. civ*. 64). Cette décision a également tiré les conséquences de cette nullité de la procédure : cette nullité du plan implique et entraîne celle de tous les actes subséquents, c'est-à-dire celle des licenciements. Les salariés peuvent donc demander leur réintégration (ex : Paris, 16 avril 2008, *JCP soc.* 29/7/2008, act. 439). Cette réintégration ne s'étend pas au groupe auquel appartient l'entreprise (Cass. soc. 15 février 2006, 02-43282). Elle peut être refusée lorsqu'elle est matériellement impossible, notamment parce que l'entreprise a cessé définitivement son activité (Cass. soc. 15 juin 2005, **Wolber**, 03-48094, *DS* 2005, p. 847, note G. Couturier). La loi Borloo consacre désormais cette jurisprudence en modifiant art. L 1235-11 du Code du travail (anc. art. L 122-14-4). Ce droit de demander la nullité du plan et du licenciement qui en découle est un droit propre ouvert à chaque salarié, même s'il a bénéficié des mesures de reclassement et même si le plan a fait l'objet d'un accord collectif (Cass. soc. 28 novembre 2006, 04-48798, *JCP soc.* 27/3/2007, 1206). À défaut de demander sa réintégration ou si elle est impossible, le salarié a droit à une indemnité égale aux 12 derniers mois de salaire. Il faut également souligner que cette nullité n'est pas encourue quand l'insuffisance concerne un plan établi dans le cadre d'un redressement ou d'une liquidation judiciaire (Cass. soc. 2 février 2006, 04-40773, *Act. Pro. Coll.* 20/3/2006, n° 49).

À retenir

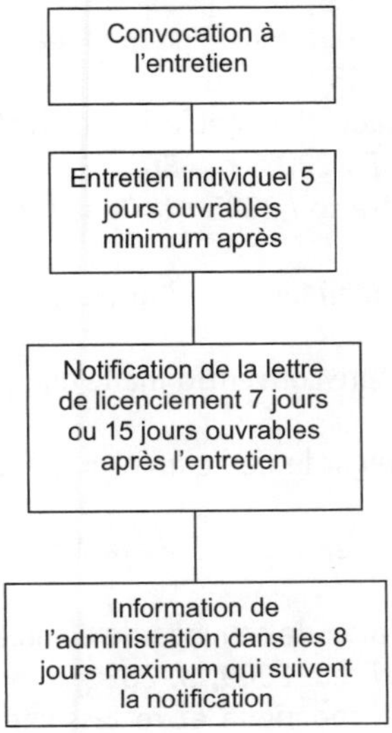

Procédure de licenciement individuel

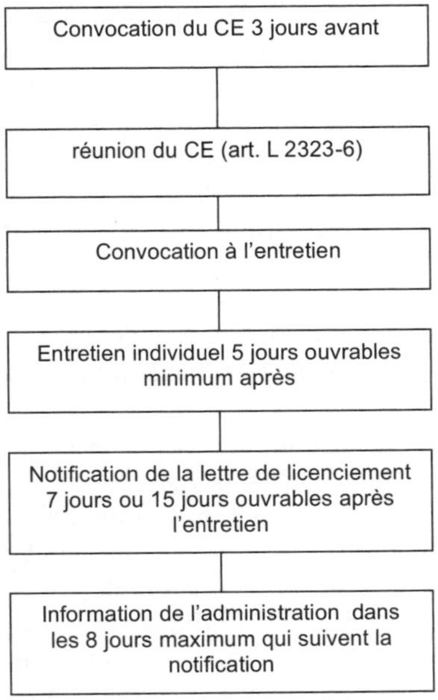

Procédure de petit licenciement collectif

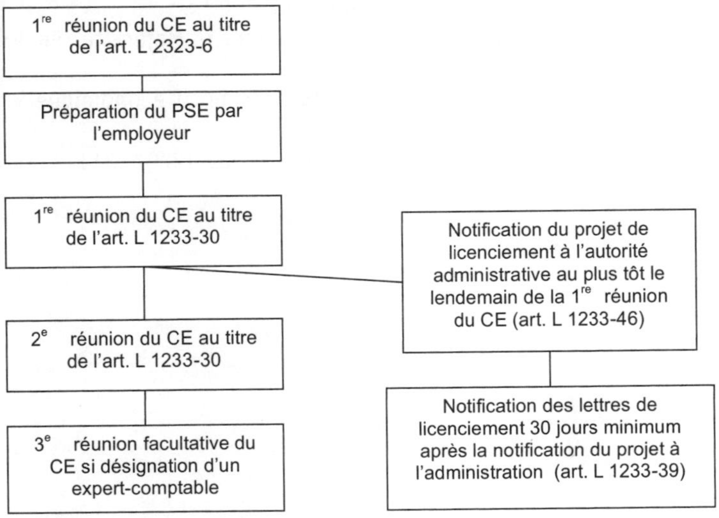

Procédure du grand licenciement collectif (délais donnés pour un licenciement de moins de 100 personnes sur une période de 30 jours).

Pour en savoir plus

- « Cellules de reclassement : précisions administratives », *JCP soc.* 11/9/2007, act. 407 ;
- P.H. Antonmattéi, « La nullité du licenciement pour motif économique consécutive à la nullité du plan social », *RJS* 3/97, 155 ;
- P.H. Antonmattéi, « Licenciements économiques et négociation collective : un nouvel accord collectif de travail est né », *DS* 2003, p. 486 ;
- P.H. Antonmattéi, « Accord de méthode, génération 2005 : la "positive attitude" », *DS* 2005, p. 399 ;
- S. Béal, « La résiliation amiable pour motif économique », *JCP soc.* 14/4/2009, 1171 ;
- S. Chassagnard-Pinet et P. Y. Verkindt, « La rupture conventionnelle du contrat de travail », *JCP soc.* 24/62008, 1365 ;
- G. Couturier, « Du plan social au plan de sauvegarde de l'emploi », *DS* 2002, p. 279 ;
- M. Despax, « L'ordre des licenciements dans les entreprises à établissements multiples », *DS* 1994, p. 250 ;
- M.-L. Dufresne-Castets, et Y. Tarasewicz, « Un plan de sauvegarde d'emploi se conçoit-il sans efforts de reclassement ? », *RDT* mai 2009, p. 282 ;
- R. Dupire, « Départs volontaires pour cause économique et reclassement », *JCP soc.* 12/5/2009, 1210 ;
- A. Fabre, « Rupture conventionnelle et champ du licenciement pour motif économique : une exclusion troublante », *RDT* novembre 2008, p. 653 ;
- F. Favennec-Héry, « Rupture du contrat de travail pour motif économique et droit du licenciement », *JCP soc.* 8/72008, 1392 ;
- B. Gauriau, « La jurisprudence dite "Framatome et Majorette" ne doit-elle pas être abandonnée ? » *DS* 2004, p. 375 ;
- J. Savatier « L'ordre des licenciements pour motif économique », *DS* 1990, p. 515 ;
- P.Y. Verkindt, « L'ordre des licenciements », *RJS* 12/97, 811.

Pour s'entraîner

Indiquez si la proposition faite est Vraie ou Fausse :

1) ***Un salarié refusant une mesure de reclassement proposée par l'employeur dans le cadre d'un licenciement pour motif économique peut être licencié pour faute grave.***

❒ ***Vrai*** ❒ ***Faux***

2) ***Un plan de sauvegarde de l'emploi doit toujours être proposé dans tous les licenciements pour motif économique.***

❒ ***Vrai*** ❒ ***Faux***

3) ***L'employeur qui décide de licencier pour motif économique doit toujours convoquer les salariés licenciés pour un entretien individuel.***

❒ ***Vrai*** ❒ ***Faux***

4) ***La procédure de licenciement s'applique à d'autres modes de rupture dès lors qu'il y a un motif économique.***

❒ ***Vrai*** ❒ ***Faux***

Réponses

1) Faux, car il a le droit de tout refuser (Cass. soc. 29 janvier 2003, 00-46332, Bull. civ. V, n° 28) ;

2) Faux, car il n'est obligatoire que s'il s'agit d'un licenciement de plus de 10 salariés sur une même période de 30 jours et dans une entreprise de plus de 50 salariés ;

3) Faux, car cet entretien disparaît pour les grands licenciements collectifs, sauf pour les représentants du personnel (Voir Fiche n° 31) ;

4) Vrai.

Fiche

17

Les conséquences du licenciement pour motif économique

Définition

Priorité de réembauchage : droit pour un salarié licencié pour motif économique d'être embauché par priorité dans l'année qui suit le licenciement en cas d'emploi à nouveau disponible dans l'entreprise.

I. Les conséquences de droit commun

Comme dans tout licenciement, le salarié licencié pour motif économique a droit à une **indemnité de licenciement** (C. trav., art. L 1234-9 et R 1234-1 et s., anc. art. L 122-9 et R 122-2). Depuis la loi du 25 juin 2008, son montant est identique à celle du licenciement pour motif personnel, à savoir soit 2/10 de mois de salaire par année d'ancienneté majorée de 2/15 de mois de salaire au-delà de 10 ans d'ancienneté. Elle n'est due que si la rupture est effectivement un licenciement et seulement si le salarié avait au moins 1 an d'ancienneté dans l'entreprise. Les accords collectifs peuvent déroger à ces règles dans un sens plus favorable.

Outre cette indemnité, l'employeur doit respecter **un préavis** selon art. L 1234-1 (anc. art. L 122-6) et verser au salarié une indemnité compensatrice en cas de dispense. Ce dernier bénéficie aussi de **l'indemnité compensatrice de congés payés** pour les congés restant dus (C. trav., art. L 3141-22 et s., Voir Fiche n° 20).

Le salarié peut agir en justice et saisir le conseil des prud'hommes pour demander des dommages-intérêts pour irrégularité de procédure, défaut de cause réelle et sérieuse, pour non-respect des mesures de reclassement. Depuis la loi de cohésion sociale du 18 janvier 2005, le délai de prescription est raccourci à 12 mois à compter de la notification du licenciement à condition que ce délai soit rappelé dans la lettre de licenciement (C. trav., art. L 1235-7, anc. art. L 321-16).

Pour l'employeur, il est impossible de conclure un contrat à durée déterminée pour accroissement temporaire d'activité dans les 6 mois qui suivent un licenciement pour motif économique (voir Fiche n° 21).

II. Les conséquences spécifiques au licenciement pour motif économique

A. Le congé de reclassement

Dans les entreprises de plus de 1 000 salariés, l'employeur doit proposer à chaque salarié licencié quel que soit leur nombre, **un congé de reclassement** qui s'effectue pendant la période de préavis (C. trav., art. L 1233-71, anc. art. L 321-4-3). Il a pour objet de permettre au salarié de bénéficier des actions de formation d'une cellule d'accompagnement ainsi que de l'aide dans ses démarches de recherche d'emploi. L'employeur doit financer l'ensemble de ces mesures qui ne peuvent excéder 9 mois. Le contrat de travail est donc maintenu jusqu'à la fin de ce congé de reclassement, congé qui suspend le préavis. Pendant le congé, le salarié reçoit une allocation dont le montant est de 65 % de la rémunération brute moyenne des 12 derniers mois et correspondant au minimum à 85 % du SMIC.

B. La convention de reclassement personnalisé

Dans les entreprises de moins de 1 000 salariés, l'employeur doit proposer depuis la loi Borloo **la convention de reclassement personnalisé, dite CRP**. Le salarié doit cependant avoir au moins 2 ans d'ancienneté dans l'entreprise. Elle est proposée lors de l'entretien individuel ou après la dernière réunion du comité d'entreprise. L'employeur doit remettre au salarié un formulaire écrit et le salarié a 14 jours pour donner sa réponse. Pendant ce délai, il est reçu par le Pôle Emploi pour l'aider dans sa réflexion. Elle permet au salarié de bénéficier, après la rupture de son contrat de travail, d'actions de soutien, de bilan de compétences, d'évaluation pendant 8 mois. S'il accepte cette proposition, le contrat est considéré comme rompu d'un commun accord et il n'est pas inscrit comme demandeur d'emploi, mais comme stagiaire de la formation continue. Cela lui donne un statut en matière de Sécurité sociale. La Cour d'appel de Caen, le 9 novembre 2007 a considéré que le salarié qui avait accepté une telle mesure, ne pouvait plus ensuite contester son licenciement ainsi que les critères d'ordre. La Cour de cassation rejette cette position des juges du fond (Cass. soc. 5 mars 2008, 07-41964, *JCP soc.* 10 juin 2008, 1334).

À titre expérimental et seulement dans certains bassins d'emploi, la CRP a été remplacée par le **contrat de transition professionnelle** pour les salariés licenciés entre le 15 avril 2006 et le 1er mars 2007. Il a été mis en place par l'ordonnance du 13 avril 2006 n° 2006-433, suite à une habilitation législative approuvée par le Conseil constitutionnel le 16 mars 2006 (2006-534 DC, *Petites Affiches*, 25/5/2006, p. 4). Il est conclu entre le salarié et une filiale de l'AFPA et vaut pour tous les salariés licenciés pour motif économique quels que soient leur nombre et leur ancienneté. Ce contrat prévoit des périodes de travail qui ne peuvent excéder 9 mois et des périodes de formation. Cette mesure tente à se pérenniser. Elle a même été étendue en raison de la crise subie depuis la fin 2008 par le plan de relance de l'économie (Mesures sociales du plan de relance de l'économie, *JCP soc.* 9/12/2008, act. 634 ; décret du 30 janvier 2009, n° 2009-111, *JCP soc.* 10/2/2009, act. 70 ; décret du 27 février 2009, n° 2009-236, *JCP soc.* 10/3/2009, act. 117 ; décret du 29 mai 2009, n° 2009-607, *JCP soc.* 9/6/2009, act. 290).

C. La priorité de réembauchage

Tout salarié licencié pour motif économique bénéficie d'une priorité de réembauchage dans l'année qui suit l'expiration du préavis. Le salarié doit manifester son désir d'user de cette priorité dans l'année auprès de l'employeur, qui doit ensuite l'informer de tout emploi devenu disponible dans l'entreprise et compatible avec sa qualification. À défaut de respecter ce droit, le salarié peut demander une indemnité correspondant à 2 mois de salaires (C. trav., art. L 1233-45, anc. art. L 321-14 et L 122-14-4).

À retenir

• **Les conséquences d'un licenciement pour motif économique.**	
Conséquences de droit commun	– Indemnité de licenciement (art. L 1234-9, anc. art. L 122-9). – Préavis ou indemnité compensatrice en cas de dispense (art. L 1234-1, anc. art. L 122-6). – Indemnité compensatrice de congés payés restant à prendre.
Conséquences spécifiques au licenciement pour motif économique	– Congé de reclassement pour les entreprises de plus de 1 000 salariés ou convention de reclassement personnalisé pour les entreprises de moins de 1 000 salariés. – Priorité de réembauchage pendant 1 an (art. L 1233-45, anc. art. L 321-14).

Pour en savoir plus

- D. Corrignan-Carsin, « La priorité de réembauchage », *RJS* 10/94, chron. p. 643 ;
- D. Jourdan, « Le contrat de transition professionnelle », *JCP soc.* 25/4/ 2006, act. p. 165 ;
- T. Lahalle, « Le contrat de transition professionnelle », *JCP soc.* 23/5/2006, p. 1421.

Pour s'entraîner

Indiquez si la proposition faite est Vraie ou Fausse :

1) ***Un salarié qui a opté pour un départ volontaire dans le cadre d'un plan social lors d'un grand licenciement économique bénéficie de la priorité de réembauchage pendant un an.***

❒ *Vrai* ❒ *Faux*

2) ***L'employeur, dans les 6 mois qui suivent un licenciement pour motif économique peut conclure un contrat à durée déterminée pour remplacer un salarié absent.***

❒ *Vrai* ❒ *Faux*

3) ***La priorité de réembauchage existe pendant un an à compter de l'expiration du préavis, qu'il soit ou non exécuté.***

❒ *Vrai* ❒ *Faux*

Réponses

1) Vrai, car il s'agit d'une disposition d'ordre public prévue par l'art. L 1233-45 (anc. art. L 321-14) et donc applicable à toute forme de rupture dès lors qu'elle a motif économique (Cass. soc. 10 mai 1999, 96-19898 RJS 6/99, n° 806 ; Cass. soc. 13 septembre 2005, 04-40135 DS 2005, p. 1059, obs. G. Couturier) ;

2) Vrai, car seuls les CDD pour accroissement temporaire d'activité sont interdits ;

3) Vrai. Solution de la Cour de cassation (Cass. soc. 21 juillet 1993, RJS 1993/11, n° 858).

Fiche

18

Les autres modes de rupture à l'initiative de l'employeur

Définitions

Force majeure : événement extérieur irrésistible ayant pour effet de rendre impossible la poursuite du contrat de travail.

Mise à la retraite : mode de rupture à l'initiative de l'employeur consistant à rompre le contrat de travail d'un salarié pour qu'il bénéficie de ses droits à la retraite.

Prise d'acte de la rupture : manifestation unilatérale de volonté de rompre le contrat de travail tout en l'imputant à l'autre partie en raison de faits que l'auteur de la rupture lui reproche.

I. Les autres modes de rupture autorisés

A. La mise à la retraite

La mise à la retraite constitue un mode de rupture du contrat particulier à l'initiative de l'employeur, différent du licenciement.

Attention

Ne pas confondre mise à la retraite dont l'initiative appartient à l'employeur et départ à la retraite qui dépend au contraire du salarié.

La pratique avait créé les « clauses couperet » qui prévoyaient la rupture automatique du contrat de travail à la survenance d'un âge déterminé sans préavis ni indemnisation. La loi du 30 juillet 1987 a interdit ces clauses (C. trav., art. L 1237-4, anc. art. L 122-14-12). La loi du 21 août 2003 a étendu cette nullité aux clauses dites souples qui aménageaient la mise à retraite. Cette nullité prononcée dans l'intérêt du salarié ne peut être invoquée que par ce dernier.

Pour que la mise à la retraite ne soit pas requalifiée en licenciement sans cause réelle et sérieuse voire discriminatoire en raison de l'âge, l'employeur doit manifester sa volonté de mettre à la retraite le salarié, à condition qu'il ait plus de 65 ans, âge qui lui permet de bénéficier d'une retraite à taux plein quel que soit le nombre de trimestres cotisés. L'âge peut être avancé à 60 ans dans trois hypothèses :

- Si le salarié a suffisamment de trimestres pour bénéficier d'une telle retraite.
- Si un accord collectif conclu avant le 1er janvier 2008 le prévoit en contrepartie d'emplois ou de formation professionnelle.
- Si le salarié avait bénéficié d'une convention de préretraite.

Si ces conditions ne sont pas remplies, la rupture est requalifiée en licenciement discriminatoire (Cass. soc. 10 juin 2008, 07-42159, *JCP soc.* 7/10/2008, 1523). Elles sont appréciées au jour de la rupture du contrat, c'est-à-dire à l'expiration du préavis.

Lorsque ces conditions sont remplies, l'employeur doit respecter un préavis calculé comme en matière de licenciement. Il doit verser une indemnité spéciale de mise à la retraite dont le montant est au minimum égal à celui de l'indemnité de licenciement. Aucune procédure particulière ne s'impose, ni aucune formalité, mais l'employeur a intérêt à envoyer une lettre recommandée avec accusé de réception pour faire partir le délai de préavis. Il faut cependant préciser que lorsque la mise à la retraite est décidée pour un motif économique, la procédure de licenciement pour motif économique doit être respectée (Voir Fiche n° 16). De plus, lorsqu'il s'agit d'un représentant du personnel, cette mise à la retraite suppose une demande d'autorisation préalable à l'inspection du travail (Voir Fiche n° 33).

Un décret du 30 décembre 2008 (n° 2008-1515, *JO* 31/12/2008, *JCP soc.* 13/1/2009, act. 26) impose désormais à l'employeur de demander par écrit au salarié trois mois avant son 65e anniversaire de son intention de partir à la retraite. Si ce dernier refuse, l'employeur ne peut plus le mettre à la retraite d'office dans les 12 mois qui suivent ces 65 ans. La même procédure est applicable jusqu'aux 70 ans du salarié. Ce dernier peut en effet choisir de continuer à travailler désormais jusqu'à 70 ans.

B. La force majeure

Notion de force majeure

N'étant pas définie par le Code du travail, la jurisprudence de la Chambre sociale s'est inspirée de la celle des Chambres civiles pour forger sa propre définition. Dans trois décisions **du 12 février 2003** (Cass. soc. 12 février 2003, 99-42985, *Bull. civ.* V, n° 50 ; *DS* 2003, 388, note A. Cristau), elle a ainsi indiqué que « *la force majeure permettant à l'employeur de s'exonérer de tout ou partie des obligations nées de la rupture du contrat de travail s'entend de la survenance d'un événement extérieur irrésistible ayant pour effet de rendre impossible la poursuite dudit contrat* ». La Cour de cassation exclut donc le caractère imprévisible de la force majeure. Suite à l'arrêt rendu par l'assemblée plénière le 14 avril 2006 (02-11168, *Bull. civ.* n° 5, *D.* 2006, 1577), la chambre sociale adoptera peut-être une autre conception, en abandonnant l'extériorité. La position de l'assemblée plénière semble en effet plus large que celle de la chambre sociale puisqu'elle a affirmé que la maladie du débiteur était constitutive d'un cas de force majeure, dès lors qu'elle a présenté un caractère imprévisible lors de la conclusion du contrat et irrésistible dans son exécution. Toute la difficulté sera d'apprécier le caractère imprévisible, dans la mesure où le contrat de travail est à exécution successive et que la maladie fait partie des cas de suspension prévus.

Illustrations de la force majeure :

> *Dans ces décisions du 12 février 2003, elle a considéré que ne remplissaient pas ces conditions le décès de l'acteur principal d'une série télévisée dès lors que la poursuite du film était possible avec un autre acteur, ni la destruction partielle d'un village-hôtel par un cyclone en raison de la reconstruction possible, ni l'inaptitude d'un salarié engagé avec un contrat à durée déterminée. Il en est de même de l'incarcération du salarié depuis un arrêt du 15 octobre 1996 (Cass. soc. 15 octobre 1996, 93-43668,* Bull. civ. *V, n° 326,* DS *1997, p. 246, note P. H. Antonmattéi), ou de celle de l'employeur (Cass. soc. 5 mai 2004, 03-10010,* Bull. civ. *V, n° 122). Dans ces deux hypothèses, il manque l'élément d'extériorité pour qu'il s'agisse d'une force majeure.*
>
> *À l'inverse, la Cour de cassation a reconnu l'existence d'une force majeure dans les hypothèses de fait du prince comme le retrait d'un agrément donné par le ministre de l'Intérieur et nécessaire pour l'exploitation d'un casino (Cass. soc. 5 mai 1993, 90-41639,* Bull. civ. *V, n° 126,* JCP *éd. E, 1994, n° 1 p. 5, note P.H. Antonmattéi). Mais cette décision ne doit pas avoir été provoquée par l'attitude de celui qui en est le destinataire. De plus, une décision administrative n'est pas toujours constitutive d'un cas de force majeure. Ainsi, la Cour de cassation a refusé cette qualité au retrait d'une autorisation donnée par le préfet à un salarié, exerçant des fonctions d'agent d'escale commercial dans la zone réservée d'un aéroport. Elle indique que «* la situation résultant du retrait d'une habilitation par l'autorité publique en raison du comportement du salarié titulaire de l'habilitation ne constitue pas, en soi, un cas de force majeure *» (Cass. soc. 13 novembre 2007, 06-41717,* RJS *1/08, n° 25).*

Les conséquences de la force majeure

Si ces conditions sont remplies, l'employeur est exonéré de toutes les obligations qui incombent en raison de la rupture du contrat. Ainsi, il n'a pas de préavis ni de procédure spécifique à respecter. En principe, il devrait aussi être dispensé de verser une indemnité de rupture au salarié. Cependant, dans un souci de protection des salariés, la loi de modernisation sociale du 17 janvier 2002 oblige désormais l'employeur à verser une indemnité compensatrice aux salariés correspondant à la somme de l'indemnité de préavis et de licenciement ainsi que l'indemnité compensatrice de congés payés (C. trav., art. L 1234-13, anc. art. L 122-9-1).

C. Les accords amiables

Ces accords font l'objet d'une réglementation depuis la loi du 25 juin 2008.

Le droit antérieur à la loi du 25 juin 2008

La jurisprudence **les a considérés valables par principe** en application de l'article 1134 du Code civil. La Cour de cassation (Cass. soc. 2 décembre 2003, 01-46176, *DS* 2004, p. 318, *Bull. civ.* V, n° 308) a affirmé : « *attendu que le contrat de travail peut prendre fin non seulement par un licenciement ou par une démission, mais encore du commun accord des parties* ». **Mais ce mode de rupture a été encadré** par la jurisprudence pour éviter les fraudes : l'employeur ne devait pas pouvoir, par ce moyen, éluder un certain nombre de règles protectrices. Ainsi, ils étaient interdits en cas d'accident du travail suivi d'un avis d'inaptitude, l'employeur devant respecter les règles relatives au reclassement (Cass. soc. 29 juin 1999, 96-44160, *DS* 2000, p. 182). De même, cette rupture amiable était exclue pour les représentants du personnel qui bénéficient d'une protection exceptionnelle et exorbitante du droit commun (Cass. soc. 2 décembre 1992, 91-42326, *Bull. civ.* V, n° 578, Voir Fiche n° 31). Par ailleurs, lorsque la rupture était justifiée par un motif économique, la procédure du licenciement économique devait être respectée. Il faut rappeler aussi qu'un tel accord pouvait être annulé en cas de vice du consentement.

Lorsque le contrat était rompu d'un commun accord, aucun préavis n'était dû (Cass. soc. 30 juin 1993, 92-40008, *Bull. civ.* V, n° 189) et le salarié ne pouvait réclamer l'indemnité légale de licenciement. En principe, n'étant pas privé involontairement de son emploi, il ne pouvait réclamer le bénéfice des allocations chômage.

La nouvelle réglementation de la rupture conventionnelle

La loi du 25 juin 2008 reprend les propositions de l'ANI du 11 janvier 2008 qui a voulu non seulement consacrer ce mode de rupture mais aussi l'encadrer pour éviter les abus (C. trav., art. L 1237-11 et s.). Il s'agit d'une des mesures phares de cette loi.

Ce mode de rupture s'ajoute désormais de manière claire à côté des modes de rupture unilatéraux que sont la démission, le départ à la retraite, le licenciement et la mise à la retraite. C'est un mode de rupture autonome, mais qui ne vaut que pour le contrat à durée indéterminée, car il est cité dans l'art. L 1231-1. Or la rupture du contrat à durée déterminée est régie par les articles L 1243-1 et suivants. Il peut être rompu d'un commun accord, mais selon le droit commun des contrats seulement, et donc sans droit de rétractation ni homologation administrative (Voir Fiche n°22).

En vertu de l'article L 1237-16, la rupture conventionnelle ne s'applique pas dans le cadre de la GPEC ni dans le cadre d'un PSE. Ce qui veut dire que ce mode de rupture est *a priori* possible pour les licenciements économiques qui ne mettent pas en place un PSE, en raison de la taille de l'entreprise ou du nombre de salariés licenciés. Mais l'article L 1233-3 a également été modifié et la procédure de licenciement est écartée pour la rupture conventionnelle. Il est donc possible de soutenir que lorsque les conditions du PSE sont réunies, c'est la procédure du licenciement économique qui prévaut. En revanche, dans les autres licenciements économiques, il sera possible de conclure des accords de rupture conventionnelle soumis à homologation, sans respecter la procédure du licenciement économique (Voir Fiche n°16).

Pour les salariés protégés, il faudra également demander l'autorisation à l'inspection du travail pour mettre en place ce type de rupture du contrat de travail. Mais selon l'art. L 1237-15, cette autorisation préalable se substituera à l'homologation.

Des incertitudes demeurent, concernant la rupture de la période d'essai, ou en cas d'accident du travail ou de femme bénéficiant d'un congé maternité.

Ce mode de rupture reste différent de la transaction, car il n'y a pas de différend entre les parties ni de concessions réciproques exigées.

À la suite d'une discussion entre l'employeur et le salarié, les parties peuvent rompre d'un commun accord le contrat. Lors d'un ou plusieurs entretiens, les parties vont se mettre d'accord sur le principe de la rupture conventionnelle. Le salarié peut se faire assister comme pour un licenciement par un autre salarié de l'entreprise et, à défaut d'institutions représentatives du personnel dans l'entreprise, par un conseiller inscrit sur la liste. L'employeur peut aussi se faire assister si le salarié lui-même décide de le faire. La loi permet que ce soit une personne extérieure, à savoir un autre employeur relevant de la même branche si l'entreprise a moins de 50 salariés. Le nombre d'entretiens et les délais sont laissés à l'appréciation des parties. Aucune réglementation n'existe sur les pourparlers et le droit commun des contrats pourrait donc s'appliquer, permettant au salarié d'obtenir une indemnisation en fonction du préjudice subi en cas de rupture abusive. Le but de ces entretiens est de conclure une convention de rupture.

L'accord, qui doit être écrit et signé des parties, sans que soit précisée la sanction par l'art. L 1237-11, doit indiquer :

- la date de la rupture effective qui ne peut intervenir au plutôt que le lendemain du jour de l'homologation ;
- l'indemnité versée, égale au minimum à celle de licenciement, sans que la loi précise s'il s'agit de l'indemnité légale ou conventionnelle.

À compter de la signature de cette convention, un délai de 15 jours calendaires s'ouvre pendant lequel chaque partie, y compris l'employeur peut exercer un droit de rétractation. Si ce droit est exercé, *a priori* aucune rupture n'intervient. Si ce droit n'est pas exercé, la partie la plus diligente adresse une demande d'homologation de l'accord auprès du directeur départemental du travail, de l'emploi et de la formation professionnelle. Ce dernier aura 15 jours ouvrables pour vérifier l'intégrité du consentement. À défaut de réponse dans ce délai, cela vaut acceptation tacite. Cette homologation est exigée, de manière exceptionnelle à titre de validité de l'accord de rupture. La loi donne une compétence exclusive au conseil des prud'hommes en cas de contentieux de l'homologation et écarte donc les juridictions administratives. Le délai de prescription est de 12 mois à compter de la date d'homologation.

Le salarié aura droit aux allocations chômage. Quel sera le devenir de cette réforme ? La DDTEFP aura-elle les moyens de contrôler réellement ces accords ? Les accords de rupture amiable qui existaient avant seront-ils toujours admis ? Il est difficile de répondre à ces questions aujourd'hui.

II. Les modes de rupture non autorisés

La Cour de cassation a tendance à interdire les modes de rupture de droit commun pour privilégier le licenciement, offrant, selon elle, des garanties en terme de procédure et de motivation.

A. La prise d'acte de la rupture

La prise d'acte a été un mode de rupture utilisé par les employeurs pour ne pas respecter la procédure de licenciement : il s'agit de constater que le contrat est rompu en imputant la responsabilité de cette rupture au salarié. Dans une décision du 24 octobre 1995 (94-41281, *RJS* 1995, n° 1231), la Cour de cassation a estimé que ce mode de rupture devait être analysé comme un licenciement, car c'est l'employeur qui en prend l'initiative. Mais les juges appréciaient les griefs reprochés au salarié. Ainsi, ce licenciement pouvait avoir une cause réelle et sérieuse si les faits reprochés au salarié étaient avérés et pouvaient justifier un tel licenciement (comme un abandon de poste). Le salarié pouvait seulement réclamer des dommages-intérêts pour non respect de la procédure de licenciement.

Dans **une décision du 25 juin 2003** (Cass. soc. 25 juin 2003, 01-41150, *Bull. civ.* V, n° 208, *DS* 2003, p. 814, avis de P. Lyon-Caen et note G. Couturier), la Cour de cassation a opéré un revirement de jurisprudence en affirmant qu'il s'agit nécessairement d'un licenciement sans cause réelle et sérieuse, que les faits reprochés au salarié soient ou non fondés. La position de la Cour s'explique par la volonté de privilégier les règles du licenciement qui donnent certaines garanties de fond et de procédure au salarié, garanties inexistantes dans la prise d'acte (Voir Fiche n° 14). Par conséquent, par son comportement, le salarié oblige l'employeur finalement à mettre en œuvre cette procédure de licenciement et cette jurisprudence a pour effet d'interdire à l'employeur de prendre acte de la rupture, contrairement au salarié (Voir Fiche n° 19).

B. La résiliation judiciaire

Il s'agit d'un mode de rupture de droit commun, prévu par l'article 1184 du Code civil au bénéfice des contrats synallagmatiques. Progressivement, la Cour de cassation va limiter ce mode de rupture pour l'interdire complètement. Tout d'abord, elle l'a interdit pour les salariés protégés dans l'arrêt Perrier de la Chambre mixte du 21 juin 1974. Puis, elle a pris la même position pour la rupture anticipée des contrats à durée déterminée (Cass. soc. 15 juin 1999, 98-44295, *DS* 1999, 836). Le 9 mars 1999 (96-41734, *Bull. civ.* V, n° 108), elle a également interdit cette procédure en cas de faute disciplinaire. Toutes ces décisions s'appuient sur un raisonnement particulier : il existe des modes de rupture spécifiques que l'employeur doit respecter et qu'il ne peut écarter en utilisant la résiliation judiciaire de droit commun. Enfin, **dans un arrêt du 13 mars 2001** (Cass. soc. 13 mars 2001, 98-46411, *DS* 2001, p. 629, note C. Radé, *Bull. civ.* V, n° 89), la Cour de cassation a posé une solution de principe : « *l'employeur qui dispose du droit de résilier unilatéralement un contrat de travail à durée indéterminée par la voie du licenciement, en respectant les garanties légales, n'est pas recevable, hors les cas où la loi en dispose autrement, à demander la résiliation judiciaire dudit contrat* ».

Cet attendu de principe met l'accent sur l'importance du licenciement que l'employeur doit utiliser s'il veut rompre un contrat de travail. Cependant, la Cour de cassation réserve le cas des exceptions légales. À ce titre, il faut citer les articles L 6222-18 (anc. art. L 117-17) pour le contrat d'apprentissage et L 1226-20 (anc. art. L 122-32-9 alinéa 2) pour le contrat à durée déterminée en cas d'inaptitude d'origine professionnelle. La Cour de cassation, dans un avis du 29 avril 2002 (Cass. soc. Avis n° 02-00001, *RJS* 8-9/02, chron. p. 707, S. Bourgeot, *JCP* 2002, éd. G, II, 10142, note J. Mouly) a refusé de faire une interprétation par analogie de ce texte pour l'appliquer à une inaptitude pour raison non professionnelle.

Pour en savoir plus

- G. Auzero, « La rupture conventionnelle du contrat de travail : l'illusion de la sécurisation », *RDT* septembre 2008, p. 522 ;
- A. Bousiges, « L'évolution de la force majeure en droit du travail », écrit en l'honneur de Jean Savatier, PUF, 1992, p. 85 et s. ;
- G. Brédon, « La rupture conventionnelle : une rupture amiable encadrée », *JCP soc.* 29/7/2008, 1431 ;
- S. Chassagnard-Pinet et P.Y. Verkindt, « La rupture conventionnelle du contrat de travail », *JCP soc.* 24/6/2008, 1365 ;
- G. Couturier et E. Serverin, « Quel contentieux pour la rupture conventionnelle du contrat à durée indéterminée ? », *RDT* avril 2009, p. 205 ;
- A. Cristau, « Force majeure : à l'impossible l'employeur serait-il tenu ? », *DS* 2003, p. 388 ;
- A. Fabre, « Rupture conventionnelle et champ du licenciement pour motif économique : une exclusion troublante », *RDT* novembre 2008, p. 653 ;

- F. Favennec-Héry, « La rupture conventionnelle du contrat de travail, mesure phare de l'accord », *DS* 2008, p. 308 ;
- D. Jourdan, « Rédaction d'une convention de rupture d'un CDI », *JCP soc.* 28/10/2008, 1562 ;
- J. Pélissier, « Âge et perte d'emploi », *DS* 2003, p. 1060 ;
- J. Pélissier, « Les accords de rupture des contrats de travail », *DS* 1987, p. 479 ;
- C. Pizzio-Delaporte, « La force majeure en cas de rupture du contrat de travail : un nécessaire abandon », *TPS* 2003, chron. 15, p. 4 ;
- H. Pélissier et D. Blanc, « Rupture conventionnelle : la question de l'indemnité spécifique », *JCP soc.* 2/6/2009, 1236 ;
- X. Prétot ; « L'homologation de la rupture conventionnelle par l'autorité administrative », *DS* 2008, p. 316 ;
- J. Savatier, « La résiliation amiable du contrat de travail », *DS* 1985, p. 692.

À retenir

	Mode de rupture	Conditions	Effets
Modes de rupture autorisés	Mise à la retraite.	En principe le salarié doit avoir 65 ans. L'employeur doit manifester sa volonté mais il n'y a aucune procédure particulière à respecter sauf pour les représentants du personnel et en cas de motif économique.	Respect d'un préavis. Versement d'une indemnité spéciale au moins égale à celle de licenciement.
	Force majeure.	Définition donnée dans des arrêts du 12 février 2003 : Événement extérieur irrésistible ayant pour effet de rendre impossible la poursuite du contrat. Aucune procédure particulière à respecter.	Indemnités de préavis, de licenciement et de congés payés à verser.
	Accords de rupture conventionnelle.	Un ou plusieurs entretiens pour trouver un accord de principe Conclusion d'un accord écrit Droit de rétractation accordé aux deux parties dans les 15 jours qui suivent la signature de l'accord À défaut d'exercice du droit de rétractation, demande d'homologation au DDTEFP qui a 15 jours ouvrables pour homologuer l'accord.	Indemnité minimale correspondant à celle de licenciement.
Modes de rupture non autorisés	– Prise d'acte de la rupture par l'employeur depuis des arrêts du 25 juin 2003. – Résiliation judiciaire sauf les cas expressément admis par la loi depuis un arrêt du 13 mars 2001.		

Pour s'entraîner

Indiquez si la proposition faite est Vraie ou Fausse :

1) ***L'employeur peut demander la résiliation judiciaire du contrat de travail si le salarié a commis une faute dans l'exécution du contrat.***

❒ *Vrai* ❒ *Faux*

2) ***Un salarié qui part en vertu d'un accord négocié avec l'employeur en raison de difficultés économiques peut demander à bénéficier de la priorité d'embauchage.***

❒ *Vrai* ❒ *Faux*

3) ***Si l'employeur prend acte de la rupture en invoquant des griefs du salarié, ce dernier peut demander la requalification de la rupture en licenciement sans cause réelle et sérieuse, même si ces faits sont fondés.***

❒ *Vrai* ❒ *Faux*

4) ***La mise à la retraite d'un salarié ne donne droit à aucune indemnité pour celui-ci.***

❒ *Vrai* ❒ *Faux*

Réponses

1) Faux, l'employeur doit utiliser la procédure disciplinaire depuis un arrêt du 13 mars 2001 ;

2) Vrai, car le salarié doit bénéficier des mesures d'ordre public des art. L 1233-3 et suivants du Code du travail et l'employeur doit respecter la procédure de licenciement économique ;

3) Vrai, depuis des arrêts du 25 juin 2003 ;

4) Faux : l'employeur doit verser une indemnité spéciale d'un montant au moins égal à celui de l'indemnité de licenciement.

La rupture du contrat de travail par le salarié

Fiche 19

Définitions

Démission : manifestation unilatérale de volonté du salarié de mettre fin à sa collaboration avec son employeur.

Départ à la retraite : mode de rupture autonome par lequel le salarié veut faire prévaloir ses droits à la retraite.

Prise d'acte : mode de rupture du contrat de travail par lequel le salarié prend l'initiative de la rupture en raison de faits imputables à l'employeur.

I. La démission

A. Les conditions de la démission

La démission doit être une manifestation de volonté non équivoque et non viciée. La jurisprudence est abondante sur ces conditions de fond à vérifier.

Illustrations de démission litigieuse :

> *A été jugé comme étant une manifestation équivoque de démissionner le fait pour un salarié de ne pas reprendre son travail à l'issue d'un congé sabbatique, car plusieurs raisons peuvent expliquer cette absence de reprise de travail (Cass. soc. 20 octobre 1993, 90-41958,* RJS *1993, n° 1214). De même, a été considérée comme viciée la lettre de démission d'un salarié écrite dans les locaux de la direction, les juges estimant que le salarié avait été victime d'une forme de violence morale (Cass. soc. 13 novembre 1986, 84-41013,* Bull. civ. *V, n° 520). En revanche, un salarié qui ne reprend pas son travail, à la suite d'une mise en demeure de son employeur et partant travailler chez un concurrent à la fin de son congé maladie a été considéré comme démissionnaire (Cass. soc. 4 janvier 2000, 97-43572,* RJS *00, n° 167).*

Attention

> ***L'accord de l'employeur n'est pas nécessaire*** *et en principe aucune condition de forme n'est exigée. Elle peut donc être tacite, verbale. Enfin, le salarié n'est pas tenu de donner les motifs de sa démission.*

Mais cette liberté de rompre connaît quelques limites :

- **Un préavis peut être imposé** comme le prévoit l'art. L 1237-1 du Code du travail (anc. art. L 122-5). Ce délai peut être fixé par la loi, comme pour les journalistes (art. L 7112-2, anc. art. L 761-4) imposant un délai d'un mois pour les salariés d'une ancienneté inférieure à 3 ans et de 2 mois au-delà. Généralement, il est indiqué dans la convention collective, le contrat ne pouvant pas prévoir un délai plus long. À défaut de précision, il convient de se référer aux usages de la profession. L'employeur peut dispenser le salarié d'exécuter son préavis. En cas de non-respect par le salarié et à défaut de dispense, l'employeur peut demander des dommages-intérêts (Cass. soc. 9 mai 1990, 88-40044, *Bull. civ.* V, n° 209). Dans un arrêt du 1er juillet 2008, la Cour de cassation opère un revirement de jurisprudence en refusant désormais que le salarié puisse imposer un délai de préavis plus long que celui prévu par la convention collective (Cass. soc. 1er juillet 2008, 07-40109, *JCP soc.* 30/9/2008, 1508, *RDT* octobre 2008, p. 592).
- **Une forme peut être prévue** par la convention collective, les usages ou le contrat de travail comme une lettre recommandée avec accusé de réception.
- **La démission ne doit pas être abusive.** Si l'employeur démontre cet abus, notamment en cas d'intention de nuire ou de légèreté blâmable, il peut demander des dommages-intérêts comme le prévoit l'art. L 1237-2 du Code du travail (anc. art. L 122-13).

Illustrations de démission abusive :

> *Des salariés ont été condamnés à verser des dommages-intérêts à leur employeur pour démission abusive dans les cas suivants : un expert-comptable qui part avec l'intention de nuire à son employeur (Cass. soc. 26 juin 1959,* Bull. civ. *IV, n° 833) ou un mannequin qui, au cours de la journée de présentation des modèles conçus à partir de ses mensurations, démissionne (Cass. soc. 19 juin 1959,* D. *19159, 513) ou encore un salarié qui, avant de démissionner, tente de débaucher un collègue de son entreprise (Cass. soc. 28 avril 1988, 85-42581,* JS UIMM *1988, 392).*

B. Les conséquences de la démission

La démission ne peut donner lieu à une indemnisation par l'employeur au profit du salarié. Il peut seulement demander l'indemnité compensatrice pour les congés payés qui lui restent à prendre et, éventuellement, l'indemnité compensatrice de préavis si l'employeur le dispense de l'exécuter. Le salarié n'a pas droit, non plus, en principe, aux allocations de chômage, car il ne s'agit pas d'une perte involontaire de leur emploi. Des exceptions existent cependant (C. trav., art. L 5421-1, anc. art. L 351-1). Cette absence d'indemnisation explique que le salarié tente de demander la requalification de sa démission en licenciement.

C. La requalification de la démission en licenciement

Lorsque le salarié a été contraint de démissionner et qu'il arrive à prouver qu'il n'avait pas l'intention de démissionner, il peut obtenir la requalification de la rupture en licenciement. Il en a été ainsi, par exemple, quand un menuisier envoie une lettre de démission avant de saisir le conseil des prud'hommes pour obtenir le paiement de salaires. La Cour de cassation a estimé que « *la rupture s'analyse en un licenciement lorsque l'employeur, par son fait, a rendu impossible pour le salarié la poursuite du contrat de travail et l'a contraint à démissionner* » (Cass. soc. 22 septembre 1993, 92-41441, *Bull. civ.* V, n° 221 ; voir également : Cass. soc. 5 juin 2008, 06-45779, *JCP soc.* 21/10/2008, 1550).

II. La prise d'acte

Le salarié, au lieu de démissionner, peut être tenté de prendre acte de la rupture en raison de faits qu'il reproche à l'employeur, comme le non-paiement des salaires. Cela lui évite alors une action en justice et il ne s'agit pas d'une démission. La Cour de cassation, dans un arrêt Mocka du 26 septembre 2002 (00-41823, *Bull. civ.* V, n° 284), a considéré qu'il ne s'agissait pas d'une démission, en raison de cette absence de volonté claire et non équivoque, mais que cette rupture devait s'analyser en un licenciement sans cause réelle et sérieuse, car elle était due au comportement de l'employeur. La Cour admet cette solution que les griefs contre l'employeur soient ou non fondés. La doctrine a critiqué cette décision, en indiquant qu'elle consacrait au profit du salarié un véritable « droit à l'autolicenciement ». La Cour de cassation a alors opéré **un revirement de jurisprudence dans plusieurs arrêts du 25 juin 2003** (Cass. soc. 25 juin 2003, 01-43578, *RJS* 2003, n° 994). Elle indique que lorsque le salarié prend acte de la rupture, cette rupture produit les effets d'un licenciement sans cause réelle et sérieuse, si ces faits reprochés à l'employeur sont établis et qu'ils sont suffisamment graves pour justifier la rupture. En revanche, elle produit les effets d'une démission si ces griefs n'existent pas ou ne sont pas suffisamment sérieux. Depuis ces arrêts, la Cour de cassation a précisé le régime et les hypothèses de ce mode de rupture qui devient autonome.

Dans une décision du 29 juin 2005 (03-42804, *D.* 2005, 2723, note P. Lokiec), la Cour de cassation a précisé que la lettre par laquelle le salarié prend acte de la rupture aux torts exclusifs de l'employeur ne fixe pas les limites du litige. Elle met fin à un doute soulevé par d'autres arrêts (Cass. soc. 19 octobre 2004, 02-45742, *Bull. civ.* V, n° 263). Elle montre la différence avec la lettre de licenciement, qui selon une jurisprudence bien établie fixe les limites du litige. Cette solution protège le salarié qui peut rencontrer des difficultés à motiver sa lettre de rupture. Elle consacre un droit à l'oubli ou à l'insuffisance des motifs, qui peut constituer une prime à la mauvaise foi du salarié. Par ailleurs, la Cour de cassation permet le contrôle par les juges des griefs invoqués par le salarié. Ils doivent exister, être suffisamment graves et justifier la rupture. Le salarié prend donc un risque.

Illustrations de prise d'acte produisant les effets d'un licenciement sans cause réelle et sérieuse :

> *Ont été considérés comme des manquements suffisamment graves pour justifier la prise d'acte : le fait pour un employeur de ne pas respecter le droit au repos hebdomadaire des salariés (Cass. soc. 7 octobre 2003, 01-44635, inédit), le fait de ne pas respecter son obligation de sécurité de résultat consistant à mettre en place l'interdiction de fumer dans les bureaux à usage collectif (Cass. soc. 29 juin 2005, 03-44412,* DS *2005, p. 970, note J. Savatier).*

Illustrations de prise d'acte produisant les effets d'une démission :

> *La Cour de cassation a estimé que les manquements suivants n'étaient pas suffisamment graves : le fait pour un employeur d'avoir un retard de 2 jours dans le paiement de salaires (Cass. soc. 19 janvier 2005, 03-45018,* Bull. civ. *V, n° 12) ou le fait pour un employeur de refuser de changer les fonctions d'une salariée pour devenir éducateur spécialisé (Cass. soc. 19 janvier 2005, 02-41113,* Bull. civ. *V, n° 11). Il s'agit plutôt de l'exercice du pouvoir de direction de l'employeur, qui ne peut lui être reproché.*

En outre, il faut préciser que c'est la prise d'acte qui entraîne la rupture du contrat et non le comportement de l'employeur. Il s'agit d'un mode de rupture autonome, différent de la démission et du licenciement. La Cour de cassation semble écarter l'exigence d'un préavis, la rupture étant immédiate (Cass. soc. 4 juin 2008, 06-45757, *JCP soc.* 29/7/2008, 1438)

Illustration du contentieux soulevé par la prise d'acte par le salarié et la démission

> *Plusieurs arrêts rendus en 2007 tentent de distinguer ces deux modes de rupture, notamment lorsque le salarié envoie une lettre de démission mais en invoquant des faits à l'encontre de l'employeur et expliquant la rupture du contrat. S'agit-il d'une démission ? Si oui, ne peut-on pas invoquer son caractère équivoque ? Ou s'agit-il au contraire d'une prise d'acte ? Plusieurs arrêts indiquent que les juges doivent l'analyser comme une prise d'acte si ces circonstances sont antérieures ou concomitantes à la rupture du contrat et que le salarié les invoque dans sa lettre de rupture (Cass. soc. 21 novembre 2007, 06-44859 ; Cass. soc. 9 mai 2007, 05-40315,* RTD *2007, 452,* RJS *7/07, p. 603, Cass. soc. 30 octobre 2007,06-43327,* D. *2007, 2952). Ce dernier arrêt indique*

clairement que cette rupture constitue une prise d'acte. Le salarié peut aussi avoir fait part de ses griefs à l'inspecteur du travail avant d'envoyer sa « démission » (Cass. soc. 9 mai 2007, 05-41324). En revanche, si les faits sont invoqués bien après la rupture (Cass. soc. 9 mai 2007, 05-40518) ou s'ils le sont avant la rupture mais sans précision (Cass. soc. 9 juillet 2008, 07-41857, JCP soc. *11/11/2008, 1584), il s'agit d'une volonté non équivoque de démissionner. Il en sera de même de démission sans réserve. Ce raisonnement est cohérent avec la jurisprudence de 2003. Mais reste-t-il alors une place pour la démission équivoque ? Il semble possible d'y répondre positivement dans la mesure où une démission donnée avec violence pourra avoir un caractère équivoque, mais les arrêts du 9 mai 2007 affirment que le salarié peut demander l'annulation de sa démission. Est-ce à dire qu'il pourrait imposer sa réintégration à l'employeur ? Certains éclaircissements apparaissent encore nécessaires.*

Enfin, la Cour de cassation vient d'admettre qu'un représentant du personnel puisse prendre acte de la rupture de son contrat en raison de faits qu'il reproche à l'employeur. Mais les effets sont particuliers en raison du statut protecteur : elle produit soit les effets d'un licenciement nul pour violation du statut protecteur lorsque ces faits la justifiaient, soit ceux d'une démission (Cass. soc. 5 juillet 2006, 04-46009, *DS* 9/10 2006, p. 815, *JCP soc.* 26/09/2006, 1757 ; Voir Fiche n° 30). Elle a également admis qu'un salarié qui a été déclaré inapte par le médecin du travail pouvait prendre acte de la rupture (Cass. soc. 21 janvier 2009, 07-41822, *JCP soc.* 3/2/2009, act. 63)

III. La résiliation judiciaire

La jurisprudence a depuis longtemps admis que le salarié puisse saisir le juge pour demander la résiliation judiciaire de son contrat lorsqu'il démontre que l'employeur manque gravement à ses obligations. La Cour de cassation applique alors le droit commun de l'art. 1184 du code du civil et regarde le comportement de l'employeur. Lorsque comportement est suffisamment sérieux, la résiliation produit alors les effets d'un licenciement sans cause réelle et sérieuse, permettant au salarié d'obtenir des indemnités.

Illustrations de demandes de résiliation judiciaire acceptées :

Les juges ont estimé que le manquement de l'employeur était suffisamment grave dans les hypothèses suivantes : le non-paiement de salaire (Cass. soc. 6 décembre 1994, 91-43012, RJS *1995, n° 5), ou la non-fourniture de la prestation de travail au salarié (Cass. soc. 20 janvier 1999, 96-45424), ou le fait pour un employeur de ne plus aller chercher une salariée à son domicile, manquant ainsi à son obligation d'exécuter de bonne foi le contrat de travail (Cass. soc. 10 mai 2006, 05-42210,* DS *2006, p. 803).*

Depuis l'arrêt *Carcoop France* du 16 mars 2005, cette demande peut également être faite par un représentant du personnel (Voir Fiche n° 30).

Une décision du 12 avril 2005 est venue préciser le moment où la rupture est consommée (Cass. soc. 12 avril 2005, 02-45923, *DS* 9/10 2005, p. 844). Un salarié demande la résiliation judiciaire et pendant l'instance, l'employeur le met à la retraite. La Cour a estimé qu'au moment où le juge statue sur cette action, le contrat est déjà rompu par cette mise à la retraite et donc la demande doit être rejetée, car elle est dépourvue d'objet. La rupture du contrat apparaît donc au moment où le juge statue sur la demande (solution confirmée par exemple pour fixer le point de départ de l'obligation de non-concurrence : Cass. soc. 6 mai 2009, 07-44692, *JCP soc.* 19/5/2009, act. 269).

IV. Le départ à la retraite

Le salarié qui souhaite faire valoir ses droits à la retraite peut prendre l'initiative de la rupture du contrat. Le départ à la retraite est un mode de rupture particulier, différent de la démission.

Attention

*Ne pas confondre **départ à la retraite** dont l'initiative appartient au salarié et **mise à la retraite**, quand c'est l'employeur qui prend cette initiative.*

Le salarié **doit alors respecter un préavis** comme s'il s'agissait d'un licenciement et il a droit à **une indemnité de départ** à la retraite. L'art. L 1237-9 (anc. art. L 122-14-13) indique qu'il s'agit d'un demi mois de salaire après 10 ans d'ancienneté dans l'entreprise, 1 mois après 15 ans, 1 mois et demi après 20 ans et au-delà de 30 ans d'ancienneté, le salarié obtient 2 mois de salaire. Les conventions collectives peuvent déroger dans un sens favorable.

À retenir

- **Arrêt Mocka, arrêt du 25 juin 2003.**

Tableau récapitulatif des modes de rupture du contrat de travail à l'initiative du salarié

	Conditions	Effets
Démission	– Volonté claire, non équivoque et non viciée de démissionner. – Préavis à respecter. – Parfois forme exigée. – Contrôle de l'abus.	– Aucune indemnité.

Prise d'acte par le salarié	– Recours possible au juge après la rupture pour discuter du bien fondé ou non des faits reprochés à l'employeur.	– La prise d'acte produit les effets d'une démission si les faits reprochés à l'employeur ne sont pas établis ou ne sont pas suffisamment graves. – La prise d'acte produit les effets d'un licenciement sans cause réelle et sérieuse si ces faits reprochés existent et justifient la rupture du contrat par le salarié. – La lettre de rupture ne fixe pas les limites du litige. – La lettre de rupture consomme cette rupture.
Résiliation judiciaire	– Action en justice. – Suppose un manquement grave de l'employeur à ses obligations. – Pouvoir d'appréciation du juge.	– Si les faits sont établis, le contrat est rompu au jour où le juge statue et elle produit les effets d'un licenciement sans cause réelle et sérieuse. – Si les faits ne sont pas établis, la demande est rejetée et le contrat se poursuit.
Départ à la retraite	– Préavis à respecter. – Possibilité pour le salarié de faire valoir ses droits à la retraite.	– Paiement d'une indemnité de départ à la retraite (C. trav., art. L 1237-9, anc. art. L 122-14-13).

Pour en savoir plus

- B. Boubli, « L'autolicenciement : gadget ou catégorie juridique ? », *TPS* 2004, n° 4, p. 5 ;
- J. Cortot, « Prise d'acte de la rupture par le salarié : contribution à l'étude d'un mode de rupture original », *Petites Affiches*, 3 janvier 2006, p. 3 ;
- G. Couturier, « L'autolicenciement n'est pas un droit, c'est un risque », *Sem. Soc. Lamy*, 22 avril 2003, p. 11 ;
- G. Couturier et J.E. Ray, « L'autolicenciement : suite et fin », *DS* 2003, p. 817 ;
- J.-Y. Frouin, « Existe-t-il un droit à l'autolicenciement du salarié ? », *Sem. Soc. Lamy*, 22 avril 2003, n° 1119, p. 5 ;
- J.-Y. Frouin, « La rupture du contrat de travail à durée indéterminée à l'initiative du salarié », *RDT* 2007, p. 152 ;
- J.–Y. Frouin, « Les ruptures à l'initiative du salarié et le droit de la rupture du contrat de travail », *JCP soc.* 15/7/2008, 1407 ;
- C. Gaillard, « La prise d'acte de rupture », *JCP* éd. E, 29 septembre 2005, n° 1422 ;
- J. Mouly, « Démission ou licenciement : une alternative très convenable, propos critiques sur un revirement », *DS* 2004, p. 90 ;
- J. Pélissier, « La remise en cause des démissions », *RJS* 7/07, p. 591 ;
- P. Pocher, « La résiliation judiciaire du contrat de travail », *JCP soc.* 28/11/2006, n° 1942 ;
- Ph. Waquet, « Réflexions sur la démission et la prise d'acte dans le contrat de travail à durée indéterminée », *RJS* 11/2007, p. 903.

Pour s'entraîner

Résoudre le cas pratique suivant :

Franck a été engagé par un contrat à durée indéterminée. Son contrat prévoit une période de préavis en cas de démission de 2 mois. Il est recruté comme avocat-fiscaliste. Jusqu'à ces derniers mois tout se passait bien. Puis, son employeur a commencé à exercer sur lui une pression morale forte, l'obligeant à effectuer des tâches subalternes le privant ainsi du temps nécessaire pour traiter ses dossiers (préparer le café pour ses collègues, faire des photocopies, etc.). Par ailleurs, il entend toute la journée des reproches infondés ainsi que des moqueries sur sa tenue vestimentaire qui selon l'employeur est démodée. Toutes ces remarques sont pour lui insupportables dans la mesure où elles sont permanentes et prononcées devant ses collègues.

Le 30 avril, il envoie un certificat médical constatant un état dépressif assez grave et un arrêt de travail d'un mois. À son retour dans l'entreprise, il est toujours victime de ce comportement. Il décide de rompre son contrat de travail, mais il se demande quel est le moyen le plus pertinent. Aidez-le en lui indiquant les avantages et les inconvénients des différents moyens. Proposez-lui celui qui vous semble le plus pertinent en justifiant votre réponse.

Réponse

Il semble être victime de harcèlement moral (C. trav., art. L 1152-1, anc. art. L 122-49). Il s'agit d'agissements répétés qui ont pour objet ou pour effet une dégradation des conditions de travail susceptibles de porter atteinte à ses droits et à sa dignité, d'altérer sa santé physique ou mentale ou de compromettre son avenir professionnel. Les différentes conditions semblent remplies en l'espèce : brimades continues devant les collègues, pression morale, tâches subalternes. De plus, il a été arrêté pour dépression.

Il peut donc **démissionner** mais il devra respecter son préavis contractuel de 2 mois, sauf si l'employeur l'en dispense. De plus, il n'a pas le droit de percevoir une indemnité ni en principe les allocations chômage. Mais, il peut ensuite demander la requalification de sa démission en licenciement sans cause réelle et sérieuse à condition de prouver que l'employeur a contraint le salarié de démissionner. Dans ce cas, en réalité, le salarié arrive à prouver qu'il n'avait pas l'intention de démissionner, mais que sa volonté était viciée. La jurisprudence reconnaît ce vice en cas de violence, de brimades, de mesures vexatoires et donc *a fortiori* de harcèlement moral. Les circonstances qui l'ont contraint à rompre le contrat doivent être antérieures ou contemporaines à la démission. Mais c'est au salarié d'apporter cette preuve et cela suppose ensuite un recours en justice.

Il peut aussi **demander la résiliation judiciaire** sur le fondement de l'article 1184 du Code civil. La chambre sociale l'a admis en cas de harcèlement (Cass. soc. 15 mars 2000). Avantages : la résolution judiciaire produit alors les effets d'un licenciement sans cause réelle et sérieuse. Il reçoit une indemnité de licenciement, de défaut de cause réelle et sérieuse et les allocations chômage car il s'agit d'une perte involontaire d'emploi.

Inconvénients : il faut une procédure judiciaire et suppose de prouver le manquement grave de l'employeur à ses obligations. Le harcèlement moral est-il un tel manquement ? La jurisprudence l'admet en cas d'attitude abusive de l'employeur : retrait de sa voiture de fonction, absence de fourniture de prestation de travail. On peut considérer que la solution est identique en l'espèce, dans la mesure où il effectue des tâches subalternes et non pas sa fonction réelle d'avocat.

Enfin, il **peut prendre acte de la rupture** en raison de faits reprochés à l'employeur. Depuis des arrêts du 25 juin 2003, cette rupture produit les effets soit d'un licenciement sans cause réelle et sérieuse si les faits reprochés sont établis consistant pour l'employeur en un manquement à ces obligations.

En revanche, si ces faits ne sont pas établis, elle produit les effets d'une démission. Il y a donc un risque pour le salarié. Mais avantages : cela évite pour le salarié l'action en justice, le respect du délai de préavis, qui *a priori* ne s'applique que pour la démission (Voir J. Savatier qui pense au contraire que le préavis doit être respecté : obs sous Cass. soc. 31/10/06, *DS* janv. 2007, p. 114). De plus, il a droit dans ce cas aux différentes indemnités et aux allocations chômage. Le contentieux portant sur les faits sera postérieur à la rupture. Conseil : il est préférable d'indiquer dans sa prise d'acte les faits qu'il reproche à l'employeur, en l'espèce, le harcèlement moral, avec tous les éléments de fait, même si cette lettre ne fixe pas les limites du litige. La Cour de cassation l'a admis pour le harcèlement moral : cass. soc. 26 janvier 2005, 02-47.926.

Fiche 20 — Les conséquences de la rupture

Définitions

Délai congé ou de préavis : délai que doit respecter la partie qui souhaite résilier unilatéralement le contrat afin de préparer la rupture et pendant lequel le contrat continue d'être exécuté malgré la notification de la rupture.

Transaction : contrat qui a pour objet de mettre fin à un conflit présent ou à naître par des concessions réciproques et qui a vocation à régir les conséquences de la rupture d'un contrat de travail.

I. Les conséquences non pécuniaires

A. Le délai-congé ou de préavis

Le nouveau Code du travail utilise désormais uniquement le terme de délai de préavis. **Pendant ce préavis, la rupture est notifiée, mais elle ne prend pas encore effet, car le contrat doit en principe être exécuté.** Ce préavis est dû lorsque le salarié démissionne, ainsi que lorsque l'employeur licencie le salarié, sauf en cas de faute grave ou lourde. Dans ce cas, la privation du préavis est analysée comme une sanction. Il faut noter qu'aucun préavis ne doit être respecté en cas de rupture de la période d'essai. C'est un délai préfix, qui n'est donc pas suspendu sauf en cas d'accident du travail et de congés payés. Pendant ce préavis, le salarié comme l'employeur doivent respecter leurs obligations réciproques. Cependant, les conventions collectives ou les usages peuvent accorder le droit pour le salarié de s'absenter pour rechercher un emploi, habituellement de 2 heures par semaine.

Cas où le préavis est exigé		Cas où le préavis n'est pas dû
Mode de rupture	**Fixation de la durée**	
Licenciement (art. L 1234-1, anc. art. L 122-6)	La durée du préavis dépend de l'ancienneté du salarié : – Si moins de 6 mois, durée fixée par le contrat de travail, le statut collectif ou les usages. – Si le salarié a entre 6 mois et 2 ans : 1 mois minimum. – Si le salarié a plus de 2 ans d'ancienneté : 2 mois minimum.	– Rupture de la période d'essai. – Résiliation judiciaire demandée par le salarié. – Cas de force majeure, mais l'employeur doit verser l'indemnité compensatrice. – Accord des parties sauf si prévu expressément dans l'accord. – Faute grave et *a fortiori* faute lourde du salarié.
Démission (art. L 1237-1, anc. art. L 122-5)	Par les accords collectifs, le contrat de travail ou les usages.	
Mise à la retraite	Comme en matière de licenciement (art. L 1237-6 renvoie en effet à l'art. L 1234-1, anc. art. L 122-14-13)	
Départ à la retraite	Comme en matière de licenciement (art. L 1237-10 renvoie à l'art. L 1234-1, anc. art. L 122-14-13)	

L'employeur peut cependant décider de **dispenser le salarié d'exécuter le préavis** notamment en cas de licenciement économique collectif. Il doit alors verser une indemnité compensatrice calculée en fonction du salaire qu'il aurait perçu et de l'intégralité des avantages y afférant. Cette indemnité est due même si le salarié devient incapable de fournir sa prestation, par exemple en cas de maladie ou d'incarcération (Cass. soc. 8 février 2000, 97-45553, *RJS* 2000, n° 273). Cette indemnité est considérée comme un salaire et est donc soumis au même régime juridique (Voir Fiche n° 40).

B. La remise de documents

L'employeur remet 3 documents. Le **reçu pour solde de tout compte**, facultatif, est un écrit par lequel le salarié reconnaît avoir reçu les sommes indiquées. Avant la loi de modernisation sociale du 17 janvier 2002, il avait une double valeur : une valeur probatoire et libératoire, dans la mesure où en l'absence de dénonciation par le salarié dans les 2 mois qui suivaient sa signature, cette signature rendait irrecevable toute action en justice de la part du salarié ayant pour objet la contestation de ces sommes. Cet effet a été supprimé par la loi de janvier 2002, mais vient d'être rétabli à des conditions différentes par la loi du 25 juin 2008. En effet, il peut être dénoncé par le salarié dans les 6 mois qui suivent sa signature, délai au-delà duquel il devient libératoire pour l'employeur. Cette réforme risque d'entraîner une résurgence du contentieux qui existait avant la loi de modernisation sociale.

Le **certificat de travail** doit être établi par l'employeur, quelle que soit la rupture du contrat. Il atteste des emplois occupés par le salarié dans l'entreprise. Il ne peut comporter que les mentions suivantes : le nom et l'adresse de l'employeur et du salarié, la date d'entrée et de sortie, les emplois occupés avec les périodes correspondantes.

L'attestation Assedic permet au salarié de bénéficier des allocations chômage. Elle doit être établie et remise en même temps que le dernier bulletin de paye.

II. Les conséquences pécuniaires

A. Les conséquences légales

Le salarié a droit à plusieurs indemnités. Tout d'abord, si l'employeur le dispense d'exécuter son préavis, dans les cas où il est dû, il doit lui verser **une indemnité compensatrice de préavis** correspondant au salaire versé pendant cette durée s'il avait été exécuté (C. trav., art. L 1234-5, anc. art. L 122-8). De même, le salarié peut demander **une indemnité de congés payés** pour ceux qu'ils n'auraient pas pu prendre (C. trav., art. L 3141-22, anc. art. L 223-11 ; Voir Fiche n° 37). Enfin, en fonction du type de rupture, le salarié peut obtenir **une indemnité de rupture.** C'est le cas pour le licenciement dont le montant est désormais identique depuis la loi du 25 juin 2008 pour le motif personnel et économique (C. trav., art. L 1234-9, anc. art. L 122-9). Elle n'est due que si le salarié a plus d'un an d'ancienneté. Elle est calculée en fonction de la rémunération brute moyenne des 3 derniers mois. Elle n'a pas la nature juridique d'un salaire, mais d'une indemnisation forfaitaire compensatrice d'un préjudice subi en raison de la rupture du contrat par l'employeur. Cette indemnité doit être versée en cas de force majeure (C. trav., art. L 1234-13, anc. art. L 122-9-1). Depuis la loi du 25 juin 2008, son montant est d'1/5 de mois de salaire par année d'ancienneté, augmenté de 2/15 de mois de salaire au-delà de 10 ans d'ancienneté. Enfin, en cas de mise à la retraite ou de départ à la retraite, le salarié a également droit à une indemnité de rupture calculée de manière différente.

Attention

En cas ***de faute lourde***, le salarié n'a droit à aucune indemnité. En cas ***de faute grave***, il ne peut demander que celle compensatrice de congés payés.

À noter également, que l'employeur devait parfois verser aux ASSEDIC une contribution appelée **contribution Delalande** quand le contrat de travail rompu concernait un salarié âgé de plus de 50 ans. L'objectif était de dissuader l'employeur de rompre le contrat de salarié âgé. Le montant de cette somme variait en fonction de l'effectif de l'entreprise et de l'âge du salarié (C. trav., art. D 321-8). Elle n'était pas due, notamment en cas rupture pour faute grave ou lourde, pour inaptitude et pour force majeure (C. trav., art. L 321-13). La loi du 30 décembre 2006 n° 2006-1770 entrant en vigueur le 1er janvier 2008 a supprimé cette contribution.

B. Les conséquences contractuelles

La jurisprudence a établi une différence entre un accord de rupture amiable qui met fin au contrat de travail et une **transaction** dont l'objet consiste à régir les conséquences de cette rupture. La transaction est un contrat spécial régi par les articles 2044 et suivants du Code civil. Ces règles de droit commun vont donc s'appliquer aux transactions conclues entre un employeur et un salarié. Ainsi, la Cour de cassation vérifie **l'intégrité du consentement**, en précisant cependant que ni l'erreur de droit ni la lésion ne sont des causes d'annulation d'un tel contrat. Elle va également rechercher **la présence de concessions réciproques** en fonction des prétentions des parties au moment de la signature du contrat (Pour un exemple d'annulation : Cass. soc. 13 décembre 2007, 06-46302, *JCP soc.* 19/2/2008, 1220 ; pour un exemple de validité : Cass. soc. 27 janvier 2009, 07-41657, *JCP soc.* 14/4/2009, 1177). Mais la Chambre sociale apporte une particularité en raison des risques de déséquilibre potentiel de ce contrat dus au lien de subordination. Le salarié doit pouvoir accepter ce contrat en toute connaissance de cause. Depuis un **arrêt du 29 mai 1996 appelé jurisprudence Purier**, (Cass. soc. 29 mai 1996, 92-45115, *RJS* 7/96, n° 789 ; Cass. soc. 14 juin 2006, 04-43123, *JCP soc.* 2/8/06, n° 1641), **la transaction ne peut être valablement conclue qu'après la rupture du contrat** et ne peut pas porter sur l'imputabilité de la rupture. Une transaction conclue avant la notification de la rupture est sanctionnée par une nullité relative depuis un arrêt du 28 mai 2002 (Cass. soc. 28 mai 2002, 99-43852 et 99-43853, *JCP* 2002, II, 10147).

Illustration : transaction et licenciement pour motif économique

> *Deux arrêts de la Cour de cassation semblent remettre en cause la possibilité de conclure des transactions à la suite d'un licenciement pour motif économique. D'abord, l'arrêt Case France du 5 avril 2005 (04-44626 à 04-44634,* Bull. civ. *V, n° 124,* DS *2005, 701) a condamné des transactions conclues par des salariés licenciés pour motif économique, conclusion qui conditionnait le versement d'une indemnité correspondant à 65 % de leur salaire brut jusqu'à leur retraite à taux plein. La Cour de cassation annule ces transactions car l'avantage que les salariés retiraient de la transaction était en réalité prévu par*

un accord collectif qui avait complété le plan de sauvegarde de l'emploi. Dans l'arrêt Nouricia du 20 novembre 2007 (06-41410, RDT *février 2008, p. 101), la Cour de cassation interdit également des transactions conclues selon les dispositions du PSE qui avait prévu le versement de différentes sommes en contrepartie d'une renonciation à agir en justice pour contester ces mesures. La Cour considère que le salarié ne peut pas renoncer par le biais d'une transaction aux mesures du PSE. Ces deux arrêts témoignent d'une hostilité de la Cour de cassation vis-à-vis de transactions conclues dans le cadre d'un licenciement pour motif économique. Mais n'est-ce pas une tendance qui peut ne pas satisfaire les intérêts des salariés qui préfèrent parfois une bonne transaction plutôt que des mesures de reclassement illusoires ?*

Une fois la transaction valablement conclue, elle produit des effets spécifiques prévus par l'art. 2052 du Code civil. Elle a autorité de la chose jugée et rend donc irrecevable toute action en justice entre le salarié et l'employeur portant sur le même objet. Par ailleurs, sa conclusion entraîne le désistement des instances en cours.

Illustration d'une transaction valable mais aux effets limités :
Cass. soc. 13 mai 2003 (01-42826, inédit).

Suite à son licenciement, un chauffeur, chargé du ramassage du lait, signe avec son ancien employeur une transaction réglant de manière définitive le paiement d'heures supplémentaires et de repos compensateurs pour la période de juin 1998 à novembre 1999. Le salarié, en échange de ce paiement, renonce à toute action. La transaction est considérée comme valable en raison des concessions réciproques et de l'absence de vice du consentement. Mais quelques mois plus tard, le salarié saisit le conseil des prud'hommes pour demander un rappel de salaire et de primes en se fondant sur la convention collective applicable dans l'entreprise. La question qui se posait était de savoir si cette action était recevable en raison de la transaction signée. La Cour de cassation casse l'arrêt de cour d'appel qui avait répondu par la négative. La Cour estime que lorsqu'une transaction est conclue, le salarié renonce effectivement à tous ses droits, actions et prétentions relatifs au différend qui a donné lieu à la transaction et dont l'objet est d'y mettre un terme. En l'espèce, la transaction portait sur des heures supplémentaires et du repos compensateur et la demande en justice sur un autre objet, le rappel de salaire et de primes.

À côté de ce contrat spécifique, les parties peuvent avoir prévu **une clause de non-concurrence** qui produit ses effets après la rupture du contrat et qui oblige le salarié, en échange d'une contrepartie financière, de ne pas travailler pour une entreprise concurrente (Voir Fiche n° 5). Les parties peuvent également avoir mis en place des « golden-parachute » qui sont des indemnités contractuelles de départ et qui sont souvent d'un montant très élevé. La Cour de cassation les valide sous réserve de ne pas faire échec à la faculté de résiliation unilatérale.

À retenir

Tableau récapitulatif des conséquences pécuniaires légales des principaux modes de rupture d'un contrat à durée indéterminée

Mode de rupture	Préavis		Indemnité de CP	Indemnité de rupture
	Existence	Durée		
Licenciement pour motif personnel	Oui.	La durée du préavis dépend de l'ancienneté du salarié : – Si moins de 6 mois, durée fixée par le contrat de travail, le statut collectif ou les usages. – Si le salarié a entre 6 mois et 2 ans : 1 mois minimum. – Si le salarié a plus de 2 ans d'ancienneté : 2 mois minimum.	Oui.	Si le salarié a plus de 1 an d'ancienneté : indemnité de licenciement (art. L 1234-9, anc. art. L 122-9) : 1/5 de mois de salaire par année d'ancienneté jusqu'à 10 ans et + 2/15 à compter de 10 ans.
Licenciement pour faute grave	Non.		Oui.	Non.
Licenciement pour faute lourde	Non.		Non.	Non.
Licenciement pour motif économique	Oui.	Comme pour le licenciement pour motif personnel.	Oui.	Oui, calculé comme pour le licenciement pour motif personnel.
Démission	Oui.	Par les accords collectifs, le contrat de travail ou les usages.	Oui.	Non.
Mise à la retraite	Oui.	Comme en matière de licenciement.	Oui.	Indemnité de mise à la retraite dont le montant minimum doit correspondre à celui de l'indemnité de licenciement.

Départ à la retraite	Oui	Comme en matière de licenciement.	Oui.	Indemnité de départ à la retraite : (art. L 1237-7, anc. art. L 122-14-13). Un demi mois de salaire après 10 ans, 1 mois après 15 ans, 1 mois et demi après 20 ans, 2 mois après 30 ans.
Force majeure	Non dû en principe, mais l'employeur doit verser l'indemnité compensatrice calculée comme en matière de licenciement.		Oui.	Oui : celle de licenciement (art. L 1234-13, anc. art. L 122-9-1).

Pour en savoir plus

- H. Blaise, « Rupture amiable et transaction : une distinction délicate en droit du travail », *DS* 1996, p. 33 ;
- G. Couturier, « Nullités de transaction », *DS* 2001, p. 23 ;
- X. Lagarde, « Les spécificités de la transaction consécutive à un licenciement », *JCP* 2001, éd. G, I, 337 ;
- J. Savatier, « Le reçu pour solde de tout compte. Chronique de jurisprudence », *DS* 1989, p. 829.

Pour s'entraîner

Résoudre le cas pratique suivant :

Après 40 années de bons et loyaux services dans la société, Patrick a décidé de partir à la retraite pour faire valoir ses droits pour le 1er juin prochain. Il lui reste la moitié de ses congés payés à prendre. Il gagne 2 000 euros par mois. Il vient vous consulter car il voudrait savoir quelles sont les démarches à accomplir auprès de son employeur ainsi que les conséquences attachées à cette rupture.

Réponse

Il s'agit d'un départ à la retraite à l'initiative du salarié (Voir Fiche n° 19). Il doit seulement manifester sa volonté de manière non équivoque auprès de l'employeur, en envoyant par exemple une lettre recommandée avec accusé de réception.

Un préavis est dû et il est calculé comme pour un licenciement, et non comme une démission. Par conséquent ayant plus de 2 ans d'ancienneté, il doit faire un préavis de 2 mois minimum, à défaut de convention collective contraire. L'employeur peut l'en dispenser mais dans ce cas, il doit lui verser 2 mois de salaire, soit **4 000 euros comme indemnité compensatrice de préavis.**

Conformément à l'art. L 3141-22 du Code du travail, il a droit à une indemnité compensatrice de congés payés pour le reste de ses congés à prendre, soit 15 jours sur les 30. Elle est égale à 1/10 du total de la rémunération qu'il aurait dû percevoir pendant la période de référence entre le 1er juin et la date de la rupture, soit le 1er juin de l'année suivante en l'espèce. Elle est calculée de la manière suivante :

1/10 x (12 x 2 000) x 15/30 = **1 200 euros à titre d'indemnité de congés payés.**

Par ailleurs, elle ne doit pas être inférieure au salaire que le salarié aurait perçu s'il avait travaillé (soit 1 000 €).

Il a droit à une **indemnité de départ à la retraite** équivalente à 2 mois après 30 ans d'ancienneté (C. trav., art. L 122-14-13, N. C. trav., art. L 1237-7), soit **4 000 euros**. Un accord collectif peut prévoir une somme plus importante.

Fiche 21

La formation du contrat à durée déterminée

Définition

Contrat à durée déterminée : contrat de travail qui, à la différence du contrat à durée indéterminée, est conclu pour une durée limitée dans le temps et uniquement pour un motif précis.

I. Les conditions de validité

Le contrat à durée déterminée est un contrat de travail spécifique, à côté du contrat à durée indéterminée. Plusieurs projets tant nationaux que communautaires voulaient supprimer ce dualisme pour mettre en place un contrat unique. L'ANI du 11 janvier 2008 relatif à la modernisation du marché du travail ainsi que la loi du 25 juin 2008 abandonnent cette idée et maintiennent l'existence de ces deux types de contrat qui répondent à des besoins différents. Cela signifie qu'il doit respecter toutes les conditions de validité communes à tous les contrats de travail (Voir Fiche n° 6) mais aussi des règles particulières. Seules seront étudiées dans cette fiche les conditions de droit commun du contrat à durée déterminée. Les autres contrats atypiques, dont le contrat de travail à objet défini créé par la loi du 25 juin 2008, font l'objet d'une fiche différente (Voir Fiche n°23).

A. Les cas de recours

Selon l'art. L 1242-1 (anc. art. L 122-1), le contrat à durée déterminée ne peut avoir pour objet ni pour effet de pourvoir durablement un emploi lié à l'activité normale et permanente de l'entreprise. Il ne peut être exécuté que pour une tâche précise et temporaire. Cette condition est autonome du cas de recours sollicité par l'employeur.

L'employeur doit également invoquer un cas de recours parmi ceux limitativement énumérés à l'art. L 1242-2 du Code du travail (anc. art. L 122-1-1). La Cour de cassation vient de préciser que le contrat ne peut comporter qu'un seul motif, car, dans le cas contraire, cela impliquerait que le salarié pourvoit durablement un emploi permanent dans l'entreprise (Cass. soc. 23 janvier 2008, 06-41536).

La liste a été étendue par des réformes successives. Ces cas de recours peuvent être regroupés en 5 catégories :

- **Le remplacement d'un salarié absent ou dont le contrat est suspendu ou dans l'attente de l'entrée effective d'un salarié.** L'employeur n'est cependant pas tenu d'affecter le salarié recruté en remplacement au poste occupé par la personne absente (Cass. soc. 25 mars 1997, 94-40515, *RJS* 1997, 663). Cela autorise donc les remplacements en cascade. Par ailleurs, ce cas de recours est interdit pour remplacer un salarié gréviste (C. trav., art. L 1242-6, anc. art. L 122-3 ; Voir Fiche n° 45).

Illustration d'un CDD conclu pour remplacer un salarié absent :

> *Un CDD a pu être conclu pour remplacer le conjoint du chef d'entreprise, en l'occurrence le conjoint d'un gérant de bar tabac. Mais pour que ce contrat soit valable, les juges ont dû vérifier que ce conjoint remplissait les conditions de l'ancien art. L 784-1 du Code du travail et qu'il était bien salarié de son époux (Cass. soc. 26 mars 2002, 00-40943,* DS *2002, 890).*

- **Le remplacement du chef d'entreprise ou de son conjoint**, ou une personne exerçant une profession libérale ou un associé d'une société civile professionnelle. C'est une loi du 3 janvier 2003 qui a étendu la liste car ce cas de recours était auparavant réservé au remplacement des seuls salariés. Un arrêt du 26 novembre 2008 a apporté des précisions sur ce cas de recours nouveau, en admettant le remplacement partiel du mandataire social, sans pour autant s'interroger sur la validité de ce moyen au regard du droit des sociétés (Cass. soc. 26 novembre 2008, 07-41757, *RDT* février 2009, 987 ; *JCP soc.* 7/4/2009, 1161).
- **L'accroissement temporaire d'activité** : il peut s'agir d'une commande exceptionnelle mais pas nécessairement. En effet, la Cour de cassation admet la validité des contrats conclus pour des travaux urgents pour répondre à des mesures de sécurité, ou pour satisfaire une augmentation temporaire de l'activité habituelle ou liée à un moment particulier de l'année. Mais ce surcroît doit rester temporaire. Tel n'est pas le cas par exemple d'un surcroît d'activité engendré par le rachat d'un magasin dont l'employeur veut vérifier la rentabilité (Cass. soc. 13 janvier 2009, 07-43388, *JCP soc.* 7/4/2009, 1159). Il en est de même lorsque le surcroît d'activité se répète tous les ans à la même époque, comme des expositions (Cass. soc. 10 décembre 2008, 06-46349, *JCP soc.* 7/4/2009, 1160). Ce cas de recours est interdit quand l'entreprise a procédé dans les 6 mois précédant le recrutement à un licenciement pour motif économique (C. trav., art. L 1242-5, anc. art. L 122-2).
- **Les emplois à caractère saisonnier** : c'est-à-dire « *des tâches normalement appelées à se répéter chaque année à des dates à peu près fixes, en*

fonction du rythme des saisons ou des modes de vie collective ». Cette définition a été donnée par la Cour de cassation à propos d'une caissière de la Tour Eiffel et le caractère saisonnier a été reconnu alors qu'elle travaillait 6 mois dans l'année (Cass. soc. 12 octobre 1999, 97-40915, *DS* 1999, 1097 ; Cass. soc. 17 septembre 2008, 07-42463, *JCP soc.* 13/1/2009, 1015). C'est le cas des travaux agricoles ou liés à l'activité touristique.

- **Les « emplois d'usage »** : ce sont les emplois pour lesquels il est d'usage constant de ne pas recourir à des contrats à durée indéterminée en raison de la nature de l'activité et uniquement dans les secteurs fixés par un accord collectif étendu ou un décret. L'art. D 1242-1 du Code du travail (anc. art. D 121-2) en fait une liste et peuvent être cités à titre d'exemple : l'hôtellerie, le sport professionnel, les centres de loisirs, l'enseignement, le spectacle. Cette liste a été légèrement modifiée par un décret du 17 octobre 2008 (n° 2008-1069) ajoutant les activités de montage et de démontage des installations foraines. Il faut donc vérifier le rattachement de l'activité de l'entreprise au secteur cité, constater un usage dans ce domaine consistant à recourir à des contrats à durée déterminée et la nature temporaire de l'activité.

Illustrations des « emplois d'usage » :

La Cour de cassation retient plutôt une conception stricte des textes. Ainsi, elle a jugé que l'activité de mannequin ne pouvait pas être considérée comme un « emploi d'usage » dans la mesure où ce secteur n'est pas prévu ni dans un accord ni dans l'art. D 1242-1 (anc. art. D 121-1, Cass. soc. 7 décembre 1994, 90-41887, D. *1995, 285, note Y. Chauvy). De même, des joueurs promotionnels de football ne relèvent pas du secteur d'activité du sport professionnel car ils sont amateurs (Cass. soc. 12 novembre 1997, 95-42247,* Bull. civ. *V, n° 361). Dans un arrêt du 6 mai 2002, des comédiens avaient été engagés pendant 5 à 7 ans pour tourner dans différentes séries réalisées par une société de production. La Cour de cassation a estimé que certes, si ces emplois relevaient bien du monde du spectacle, en revanche, ils correspondaient à l'activité normale de l'entreprise et avaient un caractère permanent. Elle a donc requalifié ces contrats en contrats à durée indéterminée. Elle avait cependant assoupli sa jurisprudence en ne contrôlant plus le caractère par nature temporaire de l'emploi, condition, qui était vérifiée avant 4 arrêts du 26 novembre 2003 (Cass. soc. 26 novembre 2003, 01-44263,* DS *204, 628). Ainsi, elle avait affirmé que les contrats conclus dans le secteur de l'hôtellerie et de la restauration ne pouvaient être requalifiés malgré une occupation régulière en saison et hors saison sur plusieurs années (Cass. soc. 25 mai 2005, 04-40169,* DS *2005, 916). Par deux arrêts du 23 janvier 2008, la Cour de cassation opère à nouveau un revirement de jurisprudence en exigeant le contrôle par les juges du fond de « raisons objectives, qui s'entendent de l'existence d'éléments concrets établissant le caractère par nature temporaire de l'emploi » (Cass. soc. 23 janvier 2008, 06-44197, 06-43040,* RJS *3/08, n° 256 ; Cass. soc. 24 septembre 2008, 06-43529,* JCP soc. *14/10/2008,*

1532). La chambre criminelle adopte la même solution (Cass. crim. 6 mai 2008, 06-82366, RDT *oct. 2008, 594 ;* JCP soc. *14/10/2008, 1536).*

B. La durée du contrat

Le **terme du contrat doit être fixé** avec précision dès la conclusion du contrat (C. trav., art. L 1242-7). À défaut, il est présumé avoir été conclu à durée indéterminée (C. trav., art. L 1245-1, anc. art. L 122-1-2). Sa **durée maximale** est alors de 18 mois (C. trav., art. L 1242-8). Quelques aménagements existent : les contrats conclus pour effectuer une mission à l'étranger peuvent l'être pour 24 mois, et à l'inverse, ceux qui se justifient pour des travaux urgents de sécurité ne peuvent pas dépasser 9 mois.

Le Code du travail écarte cependant cette double exigence pour un certain nombre de cas. Ils sont alors qualifiés de **contrat à durée déterminée avec un terme imprécis**. Il en est ainsi lorsque le contrat est formé pour remplacer un salarié absent ou dont le contrat est suspendu, pour les emplois saisonniers et les emplois d'usage. Pour éviter la requalification en CDI, il faut indiquer l'événement dont la réalisation mettra fin au contrat ainsi qu'une durée minimale (Cass. soc. 29 octobre 208, 06-45419, *JCP soc.* 9/12/2008, 1647). Ainsi, le terme du contrat conclu pour remplacer un salarié absent est en principe son retour dans l'entreprise. Mais il peut aussi s'agir de son absence définitive, comme son décès (Cass. soc. 4 février 2009, 07-42954, *JCP soc.* 9/6/2009, 1250). Ces exceptions s'expliquent par la difficulté de prévoir, au jour de la conclusion du contrat, la durée de la mission.

Le **renouvellement** du contrat est possible (C. trav., art. L 1243-13) : il s'agit de prolonger la durée initiale du contrat au-delà de celle qui était prévue et c'est alors le même contrat qui se poursuit. Plusieurs conditions doivent être respectées. Le cas de recours initial doit toujours exister. Seul un renouvellement est autorisé et la durée maximale de 18 mois ne doit pas être dépassée. Si une clause de renouvellement est prévue dans le contrat, l'employeur n'est cependant pas tenu de l'utiliser sous réserve de l'abus de droit.

La succession de différents contrats est également envisageable (C. trav., art. L 1244-1, anc. art. L 122-3-11) : il s'agit ici de conclure un nouveau contrat portant sur le même poste. Dans ce cas, ce nouveau contrat doit remplir toutes les conditions de validité. Par ailleurs, il faut respecter un **délai de carence** entre les deux CDD conclus pour occuper le même poste. Ce délai est calculé en fonction des jours d'ouverture de l'entreprise depuis la loi du 17 janvier 2002. Il est d'un tiers de la durée du contrat initial renouvellement inclus, si cette durée est supérieure ou égale à 14 jours, et il est de la moitié de cette durée initiale dans les autres cas. **Ce délai est cependant écarté pour les cas de recours suivants :** les travaux urgents de sécurité, les emplois d'usage, les emplois saisonniers, une nouvelle absence du salarié remplacé, si le nouveau contrat est conclu pour occuper un autre poste. Dans ces cas, la succession peut donc se faire de manière illimitée sauf s'il est prouvé que cette succession de contrats permet d'occuper durablement un emploi permanent correspondant à l'activité normale de l'entreprise. Si le salarié occupe les mêmes fonctions et touche le même salaire, la Cour de cassation requalifie ces différents contrats successifs en un seul contrat à durée indéterminée.

Attention

Ne pas confondre renouvellement et succession de contrats à durée déterminée.

Illustration de requalification de CDD en CDI :

> *Une salariée avait été recrutée en qualité d'agent de service suivant 94 contrats à durée déterminée successifs pour remplacer des salariés absents sur une période de 4 ans. Elle a saisi le conseil des prud'hommes pour demander la requalification de cette succession de contrats en contrat à durée indéterminée et pour obtenir des indemnités pour licenciement abusif. La Cour d'appel avait considéré que ces 94 contrats étaient autonomes et avaient été conclus pour remplacer des salariés différents. La Cour de cassation casse cette analyse et affirme au contraire que la salariée avait conservé le même salaire, la même qualification, quel que soit le remplacement assuré et a donc admis la requalification de cette succession de contrats en un seul contrat à durée indéterminée (Cass. 4 décembre 1996, 93-41891,* Bull. civ. *V, n° 414,* D. *1997, p. 460, note J. Mouly).*

Une période d'essai peut être fixée dans le contrat de travail, comme pour un contrat à durée indéterminée (Voir Fiche n° 7) mais la durée est fixée aux articles L 1242-10 et L 1242-11 (anc. art. 122-3-2). Elle ne peut excéder un jour par semaine de travail dans la limite de 1 mois maximum et de 15 jours si le contrat à durée déterminée est prévu pour une durée inférieure ou égale à 6 mois.

C. Les conditions de forme

Le contrat à durée déterminée doit être écrit et comporter un certain nombre de mentions prévues par l'art. L 1242-12 du Code du travail (anc. art. L 122-3-1). Il doit préciser le cas de recours, le nom et le poste du salarié remplacé, la durée du contrat, la convention collective applicable, la rémunération, le nom et l'adresse de la caisse de retraite complémentaire. Il doit être signé par les deux parties. Enfin, l'art. L 1242-13 (anc. art. L 122-3-1) impose de transmettre le contrat au salarié dans les 2 jours ouvrables qui suivent l'embauche, le jour de l'embauche n'étant pas pris en compte (Cass. soc. 29 octobre 2008, 07-41482, *JCP soc.* 13/1/2009, 1016).

II. La sanction en cas d'irrégularité : la requalification en contrat à durée indéterminée

A. Le domaine de la requalification

L'art. L 1245-1 (anc. art. L 122-3-13) prévoit que la sanction d'une irrégularité de fond ou de forme est la requalification du contrat en un contrat à durée indéterminée. Il s'agit d'une présomption irréfragable, la preuve contraire n'étant pas admise.

Cependant, la Cour de cassation est venue apporter des précisions en raison d'une rédaction ambiguë de l'ancien article L 122-3-13 qui ne vise pas tous les articles dans leur intégralité. La requalification est encourue lorsqu'aucun écrit n'est établi mais aussi, quand le contrat n'est pas signé (Cass. soc. 26 octobre 1999, 97-41992, *DS* 2000, 201) ou n'est pas transmis au salarié dans les 2 jours (Cass. soc. 17 juin 2005, 03-42596, D. 2005, Inf. rap. 1802). Il en est de même pour toutes les conditions de fond (durée excessive, cas de recours erroné, contrat permettant d'occuper un emploi permanent dans l'entreprise). En revanche, la Cour opère une distinction parmi les mentions qui doivent être inscrites dans le contrat. Le défaut de mention du cas de recours (Cass. soc. 12 novembre 1997, 95-41746, *Bull. civ.* V, n° 362) est sanctionné par la requalification mais non l'omission de la convention collective applicable (Cass. soc. 26 octobre 1999, 97-42255, *Bull. civ.* V, n° 399, *DS* 2000, 201). La Cour semble différencier les clauses informatives, pour lesquelles la requalification serait une sanction trop importante, disproportionnée, de celles qui permettent de contrôler la validité du contrat à durée déterminée.

Illustration du domaine de la requalification d'un contrat à durée déterminée pour poursuite au-delà du terme :

> *Dans un arrêt du 22 mars 2006, la Cour de cassation avait opéré un revirement de jurisprudence en refusant la requalification en cas de poursuite du CDD après son terme (Cass. soc. 22 mars 2006, 04-45411,* JCP soc. *13/6/2006, n° 1470,* DS *2006, p. 796). Cet arrêt a relancé le débat sur la notion de requalification, car certains auteurs défendent l'idée qu'il s'agit plutôt d'une qualification du contrat, le contrat devenant à durée indéterminée et non d'une requalification-sanction. Dans un arrêt du 13 décembre 2007, la Cour de cassation semble opter d'ailleurs pour la première hypothèse (Cass. soc. 13 décembre 2007, 06-44004,* RDT *février 2008, p. 97). Mais un arrêt du 3 octobre 2007 (Cass. soc. 3 octobre 2007, 05-44958, D. 2008, p. 391) vient semer le trouble dans cette jurisprudence pour le moins chaotique. En effet, la Cour de cassation rejette le moyen qui contestait la requalification du contrat à durée déterminée et accorde l'indemnité de requalification. Par ailleurs, cet arrêt admet à nouveau le cumul possible entre l'indemnité de requalification et l'indemnité de précarité.*

Des sanctions pénales peuvent également être prononcées à l'encontre de l'employeur en cas d'absence d'écrit ou de transmission tardive du contrat (C. trav., art. L 1248-1 et s., anc. art. L 152-1-4 ; Cass. crim. 6 mai 2008, 06-82366, *RDT oct.* 2008, p. 594).

B. La demande de requalification

La procédure est particulière dans la mesure où le salarié saisit directement la formation de jugement du conseil des prud'hommes sans qu'aucune phase de conciliation ne doive être respectée (Voir Fiche n° 3). Par ailleurs, le conseil ne dispose que d'un mois pour rendre sa décision et depuis un arrêt du 4 décembre 2002 (00-40255, *Bull. civ.* V, n° 369, *DS* 2003, p. 529), cette procédure concerne toutes les demandes, même celles qui ne sont pas liées à un problème de validité du contrat.

Seul le salarié peut invoquer une irrégularité et demander la requalification du contrat en contrat à durée indéterminée, car selon la Cour de cassation, ces dispositions ont été prises dans un souci de protection du salarié. L'AGS, redevable du paiement des salaires en cas de procédure collective ouverte à l'encontre de l'employeur, ne peut plus demander cette requalification depuis un arrêt du 11 décembre 2002 (01-40126, *RJS* 2003, n° 161).

C. Les conséquences de la requalification

Le juge ne dispose d'aucun pouvoir d'appréciation et il doit accorder une indemnité au salarié égale à un mois de salaire minimum. Elle ne peut être inférieure au dernier mois de salaire perçu, salaire calculé en intégrant les heures supplémentaires (Cass. soc. 10 juin 2003, 01-40779, *Bull. civ.* V, n° 190).

Cette procédure permet au salarié de demander des indemnités pour non-respect de la procédure de licenciement, sachant que la lettre de rupture d'un contrat à durée déterminée s'analyse en une éventuelle lettre de licenciement (Cass. soc. 7 mai 2003, 00-44396, *RJS* 8-9/03, n° 990 ; Cass. soc. 9 juillet 2008, 06-46379, *JCP soc.* 11/11/2008, 1585). Cette décision a opéré un revirement de jurisprudence puisqu'avant, la rupture d'un CDD requalifié en CDI valait nécessairement licenciement sans cause réelle et sérieuse en raison du défaut de notification du licenciement. Désormais, si la lettre indique des motifs et qu'ils sont justifiés, il peut seulement demander une indemnité pour irrégularité de procédure. La jurisprudence est incertaine sur la possibilité, pour le salarié de conserver l'indemnité de précarité lorsqu'elle lui est due (Voir Fiche n° 22). En effet, certains arrêts l'admettent à titre de sanction (Cass. soc. 9 mai 2001, 98-44090, *Bull. civ.* V, n° 153 ; Cass. soc. 3 octobre 2007, 05-44958, *D.* 2008, p. 391) ; d'autres, la rejettent (Cass. soc. 20 septembre 2006, 04-43068, *DS* 2006, p. 1184).

À retenir

<table>
<tr><th colspan="2">• Conditions de validité du CDD :</th><th>Sanction
(art. L 1245-1, anc. art. L 122-3-13)</th></tr>
<tr><td>Cadre général
(art. L 1242-1, anc. art. L 122-1)</td><td>Le CDD ne doit pas avoir pour objet ni pour effet de pourvoir durablement un emploi lié à l'activité normale et permanente de l'entreprise.</td><td rowspan="5">Elle est identique pour toutes les conditions de fond et de forme : il s'agit de la requalification du CDD en CDI. Exceptions : le défaut de mention de certaines clauses informatives comme la convention collective applicable.
Cette requalification constitue une présomption irréfragable que seul le salarié peut invoquer.
Elle s'accompagne du versement d'une indemnité égale au dernier mois de salaire.</td></tr>
<tr><td>Cas de recours
(art. L 1242-2, anc. art. L 122-1-1)</td><td>Remplacement d'un salarié ou du chef d'entreprise absent, sauf pour remplacer un salarié gréviste.
Accroissement temporaire d'activité sauf dans les 6 mois qui suivent un licenciement pour motif économique.
Emplois saisonniers.
Emplois d'usage relevant d'un secteur d'activité défini par décret ou accord collectif.</td></tr>
<tr><td>Durée
(art. L 1242-7 et s., anc. art. L 122-1-2)</td><td>18 mois maximum en principe, comprenant un renouvellement possible.
Exceptions :
– 9 mois pour les travaux urgents.
– 24 mois en cas de mission à l'étranger.
– Fixation d'une durée minimale sans terme précis et sans durée maximale pour les remplacements, les contrats d'usage et saisonniers.</td></tr>
<tr><td>Succession de CDD
(art. L 1244-1, anc. art. L 122-3-11)</td><td>Elle est possible à condition de respecter un délai de carence dès lors qu'il s'agit de conclure un nouveau CDD pour occuper le même poste.</td></tr>
<tr><td>Forme
(art. L 1242-12, anc. art. L 122-3-1)</td><td>Rédaction nécessaire d'un écrit comportant des mentions impératives comme le cas de recours, la durée, le poste de travail, la rémunération, etc.</td></tr>
</table>

Pour en savoir plus

- P. Bailly, « À propos du contrat à durée déterminée d'usage », *RJS* 1/04, p. 7 ;
- F. Bousez, « Le retour des seniors dans l'emploi : le CDD seniors », *JCP soc.* 17 octobre 2006, n° 1809 ;
- E. Fraise, « La requalification des contrats précaires », *RPDS* janvier 2006, p. 7 ;
- P. Lyon-Caen, « Sanction des irrégularités formelles du contrat à durée déterminée : faut-il modifier la jurisprudence ? », *DS* 2003, p. 712 ;
- C. Roy-Loustaunau, « Le sort de l'indemnité de précarité après requalification-sanction du CDD : une opération lucrative inattendue », *DS* 2001, p. 925 ;
- C. Roy-Loustaunau, « La lutte contre la précarité des emplois : une réforme du CDD, discrète mais non sans importance », *DS* 2002, p. 304 ;
- C. Roy-Loustaunau, « Les contrats à durée déterminée selon l'usage : nouvelle donne », *DS* 2004, p. 629 ;
- J. Savatier, « Le terme du contrat conclu pour remplacer un salarié absent », *DS* 1996, p. 141.

Pour s'entraîner

Résoudre le cas pratique suivant :

M. Dunoël gère une station dans les Alpes qui ouvre toute l'année. M. Lapiste est engagé depuis plusieurs années par des CDD comme pisteur du mois de novembre à avril. Mais cette année, M. Dunoël refuse de l'embaucher car il a trouvé un autre jeune homme qu'il pourrait rémunérer moins cher. M. Lapiste souhaite saisir le conseil des prud'hommes pour demander la requalification de ces CDD successifs en un CDI estimant qu'il occupait un emploi permanent dans l'entreprise.

Réponse

Les CDD étaient conclus pour des emplois saisonniers, emplois amenés à se répéter chaque année à des dates à peu près fixes en fonction du rythme des saisons ou des modes de vie collective. En l'espèce, la station est ouverte toute l'année mais le salarié ne travaille que l'hiver : il s'agit donc bien d'un emploi saisonnier et il ne pourvoit pas durablement un emploi lié à l'activité normale et permanente de l'entreprise, puisque sa fonction n'est nécessaire que l'hiver. Par conséquent, ses contrats étaient valables sur le fond et la demande de M. Lapiste doit être rejetée (Cass. soc. 30 mai 2000, 98-41134, *Bull. civ.* V, n° 205). La solution serait différente si la fonction du salarié était nécessaire toute l'année, comme un comptable. La succession est possible sans limite de temps dès lors que chaque contrat remplit les conditions de validité. Si en principe un délai de carence doit être respecté, il en est autrement pour les contrats saisonniers.

La rupture du contrat à durée déterminée

Fiche **22**

I. Les modes de rupture

II. Les conséquences de la rupture

I. Les modes de rupture

Le principe est que le contrat à durée déterminée est rompu par l'arrivée du terme. En principe, ni l'employeur, ni le salarié ne peuvent rompre unilatéralement le contrat avant l'arrivée du terme. Ce principe connaît cependant des exceptions prévues notamment par l'art. L 1243-1 du Code du travail (anc. art. L 122-3-8) qui autorise plusieurs cas de rupture anticipée de ce contrat :

- L'accord des parties. Il est à noter que les dispositions de la réforme du 25 juin 2008 instaurant la rupture conventionnelle (Voir Fiche n° 18) ne sont pas applicables à la rupture du contrat à durée déterminée. Il n'est donc pas nécessaire de respecter les garanties procédurales ou bien encore l'homologation.
- En cas de faute grave et *a fortiori* en cas de faute lourde. L'employeur doit alors respecter la procédure disciplinaire (Voir Fiche n° 10). Il doit notamment expliquer en quoi cette faute rend impossible le maintien de la relation de travail et notifier les motifs de la rupture. À défaut, la rupture anticipée est abusive et injustifiée, et non pas seulement irrégulière (Cass. soc. 4 juin 2008, 07-40126, *JCP soc.* 7/10/2008, 1518).
- En cas de force majeure dont la notion est définie comme pour le contrat à durée indéterminée (Voir Fiche n° 18).
- Depuis la loi du 17 janvier 2002, le salarié peut également rompre son contrat à durée déterminée s'il justifie d'une embauche à durée indéterminée.

Cette liste est-elle limitative ? Il existe, en dehors de ce texte général, d'autres moyens de rompre de manière anticipée le contrat à durée déterminée. L'employeur peut demander la résiliation judiciaire du contrat à durée déterminée mais seulement en cas d'inaptitude du salarié d'origine professionnelle et seulement si l'employeur ne peut proposer au salarié un reclassement. La Cour de cassation, dans un avis du 29 avril 2002, a refusé d'appliquer ce texte à une inaptitude en cas de maladie non professionnelle (C. trav., art. L 1226-20, anc.

art. L 122-32-9, Voir Fiche n° 18). Il faut également souligner que le salarié, sur le fondement de l'article 1184 du code du civil, peut demander la résiliation du contrat en cas de manquement grave de l'employeur à ses obligations.

Illustration : demande de résiliation judiciaire d'un salarié embauché sous CDD : Cass. soc. 14 janvier 2004, 01-40489, DS 2004, p. 306

> *Un joueur professionnel de football engagé par le Toulouse Football Club le 3 juillet 1997 a demandé la résiliation de son contrat à durée déterminée en invoquant le fait que l'employeur ne l'entraînait plus depuis le 31 juillet 1997. La Cour de cassation a considéré que la demande était recevable dans la mesure où l'employeur a manqué gravement à son obligation principale : celle de fournir la prestation de travail. Cependant, l'arrêt ne précise pas quelles en sont les conséquences. Quant il s'agit d'un contrat à durée indéterminée, la résiliation produit les effets d'un licenciement sans cause réelle et sérieuse. Pour les contrats à durée déterminée, cette demande pourrait produire ceux d'une rupture anticipée non justifiée.*

La dernière question qui se pose concerne la prise d'acte par le salarié, puisqu'elle est fermée pour l'employeur. Elle semble ouverte au salarié dès lors qu'il puisse invoquer la faute grave de l'employeur susceptible de justifier la rupture anticipée du contrat (Versailles, 10 octobre 2006, *JCP soc.* 13/3/2007, 1171 ; Cass. soc. 9 avril 2008, 06-46003, *RDT* juillet-août 2008, 448 ; Cass. soc. 30 mai 2007, 06-41240, *RJS* 8/9 2007, n° 919 ; Cass. soc. 15 mai 2008, 06-43343, *JCP soc.* 7/10/2008, 1519). Reste à déterminer le régime puisqu'il est impossible d'avoir la même solution que pour la prise d'acte d'un contrat à durée indéterminée. Il semble opportun de considérer que si les faits ne justifient pas la rupture, la prise d'acte équivaut à une rupture anticipée non justifiée du contrat par le salarié. En revanche, si les faits justifient la rupture, la prise d'acte équivaudrait à une rupture anticipée injustifiée mais imputable à l'employeur.

Aucune procédure particulière n'est à respecter pour rompre de manière anticipée un contrat à durée déterminée, contrairement au licenciement, sauf lorsque l'employeur invoque une faute grave. Par ailleurs, lorsque le salarié veut rompre ce contrat en raison d'une embauche à durée indéterminée, il doit respecter un préavis de 1 jour par semaine, compte tenu de la durée totale du contrat, dans la limite maximale de 2 semaines. C'est le seul cas où un préavis est dû.

II. Les conséquences de la rupture

Le salarié bénéficie de plusieurs indemnités au moment de la rupture de son contrat à durée déterminée. Lui sont dues l'indemnité compensatrice de congés payés et celle de précarité, égale à 10 % du totale de la rémunération globale brute. Le taux peut être limité à 6 % lorsqu'un accord collectif le prévoit en contrepartie d'actions de formation spécifiques au profit de ce personnel et qui doivent être effectivement proposées par l'employeur au salarié (Cass. soc. 11 juillet 2007, 06-41765). Si le contrat est rompu pour force majeure, le salarié peut également demander le reste des salaires dus (C. trav., art. L 1243-4, anc. art. L 122-3-4-1).

L'indemnité de précarité n'est cependant pas versée au salarié dans différentes hypothèses :

- Pour les emplois saisonniers et d'usage.
- En cas de rupture anticipée pour faute grave du salarié ou à son initiative.
- En cas de poursuite de la relation sous forme de contrat à durée indéterminée.
- En cas de refus par le salarié de conclure un contrat à durée indéterminée pour occuper dans l'entreprise le même emploi assorti d'une rémunération équivalente.

À côté de l'indemnité de précarité, des dommages-intérêts peuvent être versés en cas de rupture anticipée injustifiée. Le montant varie en fonction de l'auteur de la rupture. Le salarié a droit à la rémunération qui était prévue par son contrat, comme réparation forfaitaire. Mais depuis un arrêt du 18 novembre 2003 (Cass. soc. 18 novembre 2003, 01-44280, *Bull. civ.* V, n° 285, *DS* 2004, p. 302, note C. Roy-Lostaunau), cette réparation n'est pas due si l'employeur rompt de manière anticipée le contrat en raison d'une inaptitude non professionnelle, mais le salarié peut demander des indemnités calculées en fonction du préjudice subi. L'employeur peut aussi réclamer des dommages-intérêts si c'est le salarié qui rompt de manière injustifiée le contrat, mais ils seront calculés en fonction du préjudice réellement subi.

À retenir

La rupture du CDD : principe
• **Le contrat à durée déterminée prend fin à l'arrivée du terme. Le salarié a droit à l'indemnité compensatrice de congés payés et une indemnité de précarité sauf s'il s'agit d'un emploi saisonnier ou d'usage, en cas de poursuite de la relation en CDI ou en cas de refus du salarié d'un tel contrat.**   Mais il existe des exceptions présentées ci-dessous :

Exceptions

	Cas	Modalités	Conséquences
Rupture anticipée par le salarié	Embauche à durée indéterminée.	Préavis à respecter de 1 jour par semaine, compte tenu de la durée totale du contrat, dans la limite maximale de 2 semaines.	Indemnité compensatrice de congés payés.
	Demande de résiliation judiciaire.	Le salarié doit prouver le manquement grave de l'employeur à ses obligations et faire une demande en justice.	Indemnité de congés payés Indemnisation possible.
Rupture anticipée par l'employeur	Faute grave et *a fortiori* faute lourde.	Procédure disciplinaire à respecter.	Indemnité de congés payés, perdue en cas de faute lourde.
	Accord des parties.		Indemnité de congés payés.
	Force majeure.		Indemnité de congés payés et indemnité correspondant au reste des salaires dus (art. L 1243-4, anc. art. L 122-9-1).
	Demande de résiliation.	Seulement en cas d'inaptitude et d'impossibilité de reclassement suite à une maladie professionnelle ou un accident du travail (art. L 1226-20, anc. art. L 122-32-9).	Indemnité de congés payés et demande d'une compensation financière possible pour le salarié.

Pour en savoir plus

- J. Mouly, « La résolution judiciaire du CDD des salariés victimes d'une inaptitude physique à l'emploi : une résolution judiciaire en trompe-l'œil », *DS* 2000, p. 1068 ;
- C. Vigneau, « Le régime des contrats à durée déterminée en droit communautaire (CJCE, 4 juillet 2006) », *DS* janv. 2007 p. 94.

Pour s'entraîner

Résoudre le cas pratique suivant :

M. Dupain a conclu 3 CDD qu'il voudrait rompre dès à présent pour des raisons diverses :

– Le premier concerne un informaticien chargé de mettre en place un nouveau logiciel pour une durée de 6 mois, mais sa mission est achevée au bout de 4 mois.

– Le deuxième bénéficie à une secrétaire en remplacement de son ancienne secrétaire partie en congé parental d'éducation, mais cette dernière souhaite revenir plutôt. Ce contrat a été conclu sans terme précis.

– Le troisième a été conclu pour un chauffeur pour 12 mois en raison d'un accroissement temporaire d'activité. Mais ce dernier a été contrôlé positif à un test d'alcoolémie alors qu'il effectuait une livraison pour l'entreprise.

Réponses

Pour le 1er cas : il s'agit d'un cas de rupture anticipée à l'initiative de l'employeur. L'art. L 1243-1 (anc. art. L 122-3-8) ne prévoit aucune solution : il n'y a pas de faute grave du salarié, pas de force majeure. Seul un accord des parties pourrait permettre de rompre ce contrat avant l'arrivée du terme, sinon l'employeur pourrait être condamné à payer les 2 mois de salaire restant, en plus de l'indemnité de précarité et celle compensatrice de congés payés.

Pour le 2e : le CDD a été conclu sans terme précis, comme l'autorise l'art. L 1242-7 (anc. art. L 122-1-2,). C'est donc le retour du salarié absent qui met un terme au contrat : il ne s'agit pas d'une rupture anticipée. L'indemnité de précarité et celle compensatrice de congés payées sont dues.

Pour le 3e : l'employeur veut rompre pour faute. Il peut s'agir d'une faute grave, rendant impossible le maintien du salarié dans l'entreprise. C'est possible selon l'art. L 1243-1 (anc. art. L 122-3-8), en respectant la procédure disciplinaire : il doit le convoquer à un entretien, procéder à cet entretien et notifier la sanction dans un délai compris entre un jour franc et un mois maximum (Voir Fiche n° 10). Dans ce cas, le salarié perd l'indemnité de précarité mais conserve celle compensatrice de congés payés.

Fiche 23

Les autres contrats atypiques

Définitions

Contrat aidé : contrat de travail bénéficiant d'une aide financière sous forme, notamment, d'exonération des charges sociales ou d'une aide à l'embauche dans le but de favoriser l'emploi de certaines personnes.

Contrat à temps partiel : contrat de travail qui peut être à durée déterminée ou indéterminée et dont la durée du temps de travail effectif est inférieure à la durée légale ou à la durée conventionnelle si elle est moindre.

I. Le contrat de travail à temps partiel

Attention

Ne pas confondre ***contrat de travail à temps partiel*** *et* ***contrat à durée déterminée.*** *Un CDI peut être à temps partiel, puisque c'est la durée effective du temps de travail qui est inférieure à la durée légale, mais non la durée du contrat.*

C'est un contrat qui peut permettre à certains salariés de concilier une vie familiale avec une vie professionnelle, d'organiser éventuellement la poursuite d'études ou un passage progressif à la retraite ou bien encore de revenir progressivement dans la vie active par un mi-temps thérapeutique. Mais, il peut aussi signifier une diminution de salaire et être un instrument de souplesse au profit des employeurs, source d'une flexibilité et d'une nouvelle forme de précarité dans le travail. C'est pourquoi ce contrat est soumis à une réglementation stricte pour éviter les abus (C. trav., art. L 3123-1 et s., anc. art. L 212-4-2).

Il s'agit d'un contrat écrit comportant de nombreuses mentions obligatoires pour garantir une certaine prévisibilité au profit du salarié. À défaut d'être écrit et de comporter toutes les mentions obligatoires, il peut être requalifié en contrat à temps complet, permettant au salarié de demander un rattrapage de salaires sur 5 ans. Il s'agit cependant d'une présomption simple, puisque l'employeur peut apporter la preuve que le contrat avait été conclu à temps partiel. Ce contrat doit mentionner :

- La durée de base minimale choisie librement sans que la loi impose un minimum. Cette durée doit être respectée, sinon l'employeur doit payer du chômage partiel.
- La répartition du temps de travail, sur la semaine ou le mois, choisie librement par les parties à condition, toutefois, de respecter la réglementation relative au temps de repos (Voir Fiche n° 37).

Il est possible d'indiquer :

- La faculté de demander au salarié des heures complémentaires qui ne peuvent pas dépasser 1/10 de la durée hebdomadaire ou mensuelle. Il est possible d'augmenter par accord collectif ce plafond et de le fixer à 33 %, moyennant des contreparties.
- Les modalités de la modification des horaires par l'employeur. La répartition des horaires dans un contrat à temps partiel ne peut en principe être modifiée qu'avec l'accord du salarié. Mais le contrat peut prévoir une clause de révision qui doit prévoir un délai de prévenance suffisant de 7 jours ainsi que les cas dans lesquels ces horaires sont modifiés. Le délai peut être réduit à 3 jours en présence d'un accord collectif dans ce sens. Même dans ce cas, le refus du salarié ne constitue pas une faute s'il justifie des obligations familiales impérieuses (pour une illustration : Cass. soc. 13 janvier 2009, 06-45562, *JCP soc.* 7/4/2009, 1162).

Attention

*Ne pas confondre **heures supplémentaires**, heures effectuées au-delà de la durée légale du temps de travail entraînant une majoration de salaire et **heures complémentaires**, heures faites au-dessus du temps prévu dans le contrat à temps partiel mais en deçà de la durée légale et non majorées.*

L'employeur peut refuser une demande du salarié qui souhaite passer à temps partiel s'il invoque des raisons objectives, comme l'absence d'emploi disponible ou l'existence de conséquences préjudiciables à la bonne marche de l'entreprise. En revanche, l'employeur ne peut rejeter cette requête si elle représente une forme du congé parental d'éducation (C. trav., art. L 1225-51, anc. art. L 122-28-1). Si l'employeur demande à un salarié embauché à temps complet de passer à temps partiel, il s'agit d'une modification du contrat de travail que le salarié peut refuser (Voir Fiche n° 11).

Les salariés embauchés à temps partiel bénéficient d'une priorité d'embauchage sur des postes équivalents à temps complet, comme l'a rappelé la Cour de cassation (Cass. soc. 14 novembre 2007, 06-44271, inédit).

II. Le contrat à durée déterminée à objet défini

La loi du 25 juin 2008 relative à la modernisation du marché du travail, reprenant une disposition de l'ANI du 11 janvier 2008, crée un nouveau contrat à durée déterminée : **le contrat à durée déterminée à objet défini.** Ce contrat est institué à titre expérimental pour 5 ans.

Il est soumis à un régime particulier tant pour ses conditions de conclusion que pour sa rupture. Sa mise en œuvre suppose au préalable la conclusion d'un accord de branche étendu ou d'un accord d'entreprise. Il est réservé aux cadres et ingénieurs. Sa durée est comprise entre 18 mois et 3 ans. Il doit comporter des clauses spécifiques, comme le nom du contrat, les références de l'accord collectif qui l'instaure, la description du projet et des tâches à accomplir, l'indication de la durée du contrat, le délai de prévenance en cas de rupture du contrat, la clause donnant la possibilité de rupture unilatérale du contrat pour un motif réel et sérieuse. Le renouvellement est interdit, mais leur succession semble possible sous réserve de respecter le droit commun (Voir Fiche n°21).

Quant à la rupture, le contrat prend fin avec la réalisation de l'objet après un délai de prévenance de 2 mois et le versement d'une indemnité égale à 10 % de la rémunération totale brute. Par ailleurs, il peut être rompu, pour un motif réel et sérieux, au bout des 18 mois et tous les ans à sa date anniversaire, à condition qu'une clause dans le contrat le prévoit. Le droit commun de la rupture du contrat à durée déterminée continue par ailleurs de s'appliquer (Voir Fiche n° 22).

III. Les contrats aidés

Plusieurs contrats existent pour faciliter l'emploi de personnes rencontrant des difficultés d'insertion dans le monde du travail, en raison de l'existence d'un chômage de longue durée, d'un niveau de qualification insuffisant. La loi de cohésion sociale du 18 janvier 2005 dite loi Borloo a modifié le régime juridique de ces contrats qui se caractérisent par des allégements de charge, et parfois même une aide financière de l'État en cas de recrutement sous cette forme. Ainsi, cette loi a créé différents types de contrat selon qu'il s'agisse d'employeurs du secteur marchand ou non, comme les collectivités territoriales, les associations, les entreprises d'insertion. La loi du 1er décembre 2008 n° 2008-1249 qui instaure le RSA a également modifié le régime des contrats aidés en poursuivant l'œuvre entreprise en 2005. En effet, elle abroge, à compter du 1er janvier 2010, le contrat d'avenir et le CIRMA.

A. Les contrats aidés du secteur non marchand

Selon l'art. L 5134-20 du Code du travail (anc. art. L 322-4-7), le contrat d'accompagnement dans l'emploi (CAE) remplace les contrats emploi-solidarité et contrat emploi-consolidé. Les employeurs doivent avoir signé au préalable une convention avec l'État par le biais du Pôle emploi. Avec la réforme du 1er décembre 2008, cette convention appelée contrat à durée déterminée d'insertion, peut également être conclue avec le conseil général pour les bénéficiaires du RSA. C'est un contrat à durée déterminée pour 6 mois minimum et de 24 mois maximum, prévoyant au moins 20 heures de travail par semaine. Il doit être écrit. Il vise à satisfaire des besoins collectifs non pourvus. Il est proposé aux personnes sans emploi rencontrant des difficultés sociales et professionnelles particulières d'accès à l'emploi. La loi du 1er décembre 2008 a assoupli certaines règles quant à la durée et aux facultés de renouvellement pour les salariés de 50 ans et plus ainsi que pour les travailleurs handicappés. Par ailleurs, cette loi implique la mise en place et l'évaluation des actions d'accompagnement professionnel.

Le contrat d'avenir ne concerne que les bénéficiaires du revenu minimum d'insertion, de l'allocation spécifique de solidarité ou de l'allocation de parent isolé selon l'art. L 5134-35 (anc. art. L 322-4-10). Il s'agit d'un CDD écrit de 2 ans, renouvelable 1 an prévoyant un travail à temps partiel et obligatoirement des actions de formation et d'accompagnement. C'est le seul contrat aidé où ces actions de formation sont obligatoires. Sa conclusion doit être précédée de la signature d'une convention d'objectifs entre l'État et la collectivité territoriale et d'une convention de contrat d'avenir entre le salarié, l'employeur et le prescripteur du contrat d'avenir. Ce contrat sera abrogé au 1er janvier 2010, date d'entrée en vigueur de la loi du 1er décembre 2008 sur ce point. D'ici cette date, de tels contrats pourront encore être conclus.

B. Les contrats aidés du secteur marchand

Les employeurs du secteur marchand peuvent conclure des contrats initiative-emploi (CIE). Il peut être à durée déterminée mais aussi à durée indéterminée, à temps partiel ou complet. Il concerne les demandeurs d'emploi non bénéficiaires des minima sociaux mais qui rencontrent des difficultés d'insertion dans la vie professionnelle. L'employeur doit au préalable conclure une convention, appelée contrat à durée déterminée d'insertion, avec l'État et désormais les conseils généraux (C. trav., art. L 5134-65, anc. art. L 322-4-8). La loi du 1er décembre 2008 vise à assouplir sa mise en place dans les mêmes termes que pour le contrat initiative-emploi. De plus, elle impose aussi des actions d'accompagnement professionnel, qui pourront être effectuées pendant ou en dehors du temps de travail. Enfin, pour les allocataires des minima sociaux, la loi a mis en place le contrat d'insertion-revenu minimum d'activité (CIRMA). C'est un CDD écrit à temps plein ou partiel, avec 20 heures minimales hebdomadaires. Son objectif est de faciliter le retour à l'emploi des personnes qui sont les plus éloignées de la vie active. Un tel contrat doit être précédé de la conclusion d'une convention entre l'employeur et la collectivité débitrice de l'allocation qui va préciser les conditions de mise en œuvre du projet d'insertion professionnelle du salarié. La loi du 1er décembre 2008 abroge ce contrat.

Pour ces deux types de contrat, l'entreprise ne doit pas avoir procédé à un licenciement économique dans les 6 mois précédant la date d'effet du contrat, ne doit pas avoir licencié un CDI pour recourir à ces contrats aidés et doit être à jour du paiement de ses cotisations sociales.

À retenir

Tableau récapitulatif des principaux contrats atypiques

	Caractéristiques	**Conditions de formation**
Contrat à temps partiel (art. L 3123-1 et s., anc. art. L 212-4-2)	Contrat en vertu duquel le salarié effectue une durée du travail inférieure à la durée légale. Contrat qui peut être un CDD ou CDI.	Écrit comportant les mentions suivantes : – durée de base minimale. – répartition de cette durée. – la possibilité de faire des heures complémentaires. – une éventuelle clause de modification des horaires. À défaut d'écrit ou des mentions obligatoires, le contrat est présumé être à temps complet, la preuve contraire étant possible.
CAE (art. L 5134-20 et s., anc. art. L 322-4-7)	Contrat aidé. CDD de 6 mois à 2 ans.	Conclu avec les employeurs du secteur non marchand au profit de personnes sans emploi rencontrant des difficultés particulières d'accès à l'emploi. Écrit. Suppose la conclusion préalable d'une convention avec l'État.
Contrat d'avenir (art. L 5134-35 et s., anc. art. L 322-4-10) abrogé à compter du 1er janvier 2010	Contrat aidé. CDD de 2 ans renouvelable un an prévoyant un travail à temps partiel et **obligatoirement des actions de formation**.	CDD conclu entre des employeurs du secteur non marchand et les bénéficiaires des minima sociaux. Écrit. Conclusion préalable de 2 autres conventions.

CIE (art. L 5134-65 et s., anc. art. L 322-4-8)	Contrat aidé. CDD ou CDI.	Contrat conclu entre les employeurs du secteur marchand et des demandeurs d'emploi non bénéficiaires des minima sociaux. Écrit si CDD. Conclusion préalable d'une convention avec l'État.
CIRMA (art. L 5134-74 et s., anc. art. L 322-4-15) abrogé à compter du 1er janvier 2010	Contrat aidé. CDD à temps plein ou partiel avec un minimum de 20 heures.	Conclu entre des employeurs du secteur marchand et des bénéficiaires des minima sociaux. Écrit. Conclusion préalable d'une convention avec la collectivité débitrice de l'allocation.

Pour en savoir plus

- G. Couturier, « Le contrat de projet », *DS* 2008, p. 300 ;
- M. Del Sol, « Travail à temps partiel : le renforcement de la logique du temps choisi ? », *DS* 2001, p. 728 ;
- F. Favennec-Héry, « Le temps vraiment choisi », *DS* 2000, p. 295 ;
- D. Jourdan, « De nouveaux contrats en faveur de l'emploi », *Petites Affiches*, 31 mars 2005, p. 12 ;
- D. Jourdan, « Les clauses particulières du CDD à objet défini », *JCP soc.* 30/9/2008, 1505 ;
- R. Marié, « Le contrat de travail à objet défini : entre CDD classique et contrat de chantier », *JCP soc.* 8/4/2008, n° 1213 ;
- S. Molla, « Structures d'insertion par l'activité économique : CDD d'insertion et autres dispositions (L. n° 2008-1249, 1er déc. 2008) », *JCP soc.* 17/2/2009, 1076 ;
- O. Pouey, « Le contrat à durée déterminée à objet défini : critiques et propositions », *JCP soc.* 2/12/2008, 1627 ;
- Cl. Roy-Loustaunau, « Deux nouveaux venus contestables : le contrat de mission à l'exportation et le contrat d'avenir », *DS* 4/2005, p. 414 ;
- Cl. Roy-Loustaunau, « Le nouveau CDD : un mauvais... projet », *DS* 2008, p. 307 ;
- E. Suire, « Les contrats aidés depuis la loi du 18 janvier 2005 », *RPDS* février 2006, n° 730, p. 43 ;
- J.Y. Verkindt, « Le contrat d'accompagnement dans l'emploi », *DS* avril 2005, p. 440 ;
- Ch. Willmann, « La loi de cohésion sociale du 18 janvier 2005 et aides à l'emploi », *DS* 4/2005, p. 445 ;
- Ch. Willmann, « Le contrat unique d'insertion. – Loi n° 2008-1249 du 1er décembre 2008 », *JCP soc.* 17/2/2009, 1077.

Pour s'entraîner

Indiquez si la proposition faite est Vraie ou Fausse :

1) ***Un contrat de travail à temps partiel est nécessairement à durée déterminée.***

❒ *Vrai* ❒ *Faux*

2) ***Le contrat d'avenir doit obligatoirement prévoir des actions de formation au profit du bénéficiaire du minimum social qui a conclu le contrat.***

❒ *Vrai* ❒ *Faux*

3) ***Les heures complémentaires donnent lieu à une rémunération supplémentaire.***

❒ *Vrai* ❒ *Faux*

Réponses

1) Faux, il peut être à durée indéterminée ;

2) Vrai ;

3) Faux, car il ne s'agit pas d'heures supplémentaires.

Le prêt de main-d'œuvre

Fiche **24**

Définition :

Travail temporaire ou intérimaire : travail effectué par un salarié embauché en CDD par une entreprise de travail temporaire pour effectuer sa prestation de travail au profit d'une entreprise utilisatrice qui n'est pas son employeur.

I. L'interdiction du prêt de main-d'œuvre à but lucratif

Les articles L 8231-1 (anc. art. L 125-1) et L 8241-1 et 2 (anc. art. L 125-3) **interdisent les opérations de fourniture de main-d'œuvre à but lucratif** et les punissent d'une peine de 2 ans d'emprisonnement et/ou 30 000 euros d'amende. Les deux textes visent à interdire les opérations à but lucratif. Toute la difficulté consiste à définir cette notion car deux conceptions sont possibles : faut-il seulement établir le caractère onéreux de l'opération ou faut-il que l'opération vise à rechercher un profit ? La doctrine comme la jurisprudence sont divisées et n'apportent aucune réponse certaine. La Cour de cassation vient d'indiquer qu'il s'agit de tout prêt de main-d'œuvre qui engendre un bénéfice, un profit ou un gain (Cass. crim. 20 mars 2007, 05-85253, *Bull. crim.* n° 86). De plus, les deux textes interdisent les opérations de prêt de main-d'œuvre, c'est-à-dire non seulement l'opération permet de fournir du travail mais également de transférer le pouvoir de direction à l'emprunteur. Cependant, malgré ces points communs, ces deux dispositions, souvent citées ensemble prévoient des infractions différentes.

L'art. L 8231-1 (anc. art. L 125-1) interdit toute opération à but lucratif de fourniture de main-d'œuvre qui a pour objet ou pour effet de causer un préjudice au salarié ou d'éluder l'application des dispositions de la loi ou d'un accord collectif. Le contrat de mise à disposition est nul.

Les articles L 8241-1 et 8241-2 (anc. art. L 125-3) prohibent toute opération à but lucratif ayant pour objet exclusif le prêt de main-d'œuvre lorsqu'elle n'est pas effectuée dans le cadre des dispositions relatives au travail temporaire. Dans cette deuxième infraction, il faut établir le caractère exclusif de l'opération.

Mais, en revanche, il n'est pas exigé de prouver le préjudice subi par le salarié ou la fraude à l'application des normes légales ou conventionnelles.

Par un raisonnement *a contrario*, **les pratiques de fourniture de main-d'œuvre à but non lucratif sont autorisées.** À titre d'exemple, une société mère peut mettre à disposition un salarié au profit de l'une de ses filiales françaises voire étrangères (C. trav., art. L 1231-5, anc. art. L 122-14-8). De même, plusieurs employeurs peuvent se regrouper pour former un groupement d'employeurs qui embauchera des salariés pour les mettre à la disposition des membres du groupement (C. trav., art. L 1253-1 et s., anc. art. L 127-1).

Par ailleurs, certaines mises à disposition à but lucratif sont autorisées.

II. Les exceptions à ce principe

Plusieurs cas de mise à disposition à titre onéreux ou dans un but lucratif existent.

A. Le travail temporaire

Le travail temporaire permet de faire effectuer des tâches par des personnes extérieures à l'entreprise. Il met en relation trois personnes :

- **L'entreprise de travail temporaire** dont l'activité exclusive est de mettre à la disposition d'entreprises clientes des salariés qu'elle a embauchés et qu'elle rémunère. Elle bénéficie d'un monopole pour faire ces opérations. Depuis la loi du 18 janvier 2005, ces entreprises sont également autorisées à réaliser des opérations de placement qui, auparavant, étaient effectuées de manière exclusive par l'ANPE.
- **L'entreprise utilisatrice** qui va bénéficier des services du salarié mis à disposition par l'entreprise de travail temporaire. Pendant la mission, elle assurera le pouvoir de direction et de contrôle sur ce salarié et assumera la responsabilité civile des commettants du fait des préposés.
- **Le salarié** qui va effectuer la mission au profit de l'entreprise utilisatrice qui n'est pas son employeur.

Deux contrats doivent être conclus comme le rappelle l'article L 1251-1 du Nouveau Code du travail.

Un contrat de mise à disposition est conclu entre l'entreprise de travail temporaire et l'entreprise utilisatrice conformément aux art. L 1251-42 et s. (anc. art. L 124-3). Il doit être écrit, comporter un certain nombre de mentions comme le cas de recours, la durée de la mission et être remis au plus tard dans les 2 jours qui suivent la mise à disposition.

Par ailleurs, **un contrat de mission** est signé entre le salarié et l'entreprise de travail temporaire (C. trav., art. L 1251-11 et s., anc. art. L 124-4). Ce contrat de mission est nécessairement un contrat à durée déterminée. Il est donc soumis au même régime en principe. Ainsi, il doit être **écrit** et comporter un certain nombre de mentions obligatoires (C. trav., art. L 1251-16, anc. art. L 124-4). Un **cas de recours** doit être indiqué : ce contrat ne doit pas avoir pour objet de pourvoir durablement à l'activité normale et permanente de l'entreprise et doit être justifié par un cas de recours, comme le remplacement d'un salarié absent dans l'entreprise ou à son poste de travail habituel (Cass. soc. 25 février 2009, 07-43513, *JCP soc.* 10/3/2009, 132), l'accroissement temporaire d'activité ou une activité saisonnière (Voir Fiche n° 21). Si les conditions ne sont pas remplies, le contrat de mission ou leur succession est requalifié en un contrat à durée indéterminée entre le salarié et l'entreprise utilisatrice considérée comme responsable des irrégularités de la mission (C. trav., art. L 1251-40, anc. art. L 124-7 ; Cass. soc. 18 octobre 2006, 05-40339, *RJS* 1/07, n°126 ; Cass. soc. 17 septembre 2008, 07-40704, *RDT* novembre 2008, 661, *JCP soc.* 13/1/2009, 1017). Parfois, la requalification peut être opérée auprès de l'entreprise utilisatrice notamment en cas de poursuite de la mission après l'expiration du terme sans conclusion d'un nouveau contrat (C. trav., art. L 1251-39). Une période d'essai peut être prévue mais sa durée est fixée par le Code : elle ne doit pas être supérieure à 2 jours si le contrat est conclu pour une durée inférieure ou égale à 1 mois, 3 jours si la mission dure entre 1 et 2 mois et 5 jours au-delà (C. trav., art. L 1251-14 et L 1251-15).

Illustration : la requalification de contrat de travail temporaire en CDI

> *Seul le salarié peut demander cette requalification prévue par l'art. L 1251-40 (anc. art. L 124-7,) en cas de non-respect des anciens articles L. 124-2 à L 124-2-4 du Code du travail. Toutes les irrégularités ne sont donc pas sanctionnées par cette requalification, comme le non respect du délai de carence entre 2 missions successives prévu à l'art. L 1251-36 (anc. art. L 124-7 al. 3 ; Cass. soc. 23 février 2005, 02-44098,* DS *2005, p. 685, note Cl. Roy-Loustaunau). En revanche, cette sanction est encourue pour les conditions de fond. Ainsi, la Cour de cassation a admis la requalification d'une succession de plusieurs contrats d'interim sur une période de 10 ans au profit de la société Sovab en estimant que cette succession avait en réalité pour effet de pourvoir durablement à l'activité normale et permanente de l'entreprise, notamment parce que l'accroissement temporaire d'activité avait été constante et régulière sur cette période de 10 ans (Cass. soc. 21 janvier 2004, 03-42769,* Petites Affiches, *25 juillet 2005, p. 13,* JCP *2004, éd. G, II, 10052, note D. Corrignan-Carsin). La demande de requalification est portée directement devant le bureau de jugement du Conseil des prud'hommes qui doit rendre sa décision dans le mois. Le salarié peut obtenir une indemnité de requalification égale à un mois, ainsi que les indemnités de rupture d'un CDI (Cass. soc. 13 avril 2005, 03-44996,* DS *2005, 1038, note Cl. Roy-Loustaunau) et conserver son indemnité de précarité (Cass. soc. 13 avril 2005, 03-41967,* DS *2005, 1038, note Cl. Roy-Loustaunau).*

B. Le travail à temps partagé

La loi du 2 août 2005 a mis en place la possibilité pour une entreprise, personne physique ou morale, d'avoir pour activité exclusive la mise à disposition de personnel qualifié auprès d'entreprises clientes. C'est une nouvelle dérogation au prêt de main-d'œuvre à but lucratif, régie par les articles art. L 1252-1 et 2 et suivants du Code du travail (anc. art. L 124-24). Les entreprises de travail temporaire peuvent effectuer cette activité. Les règles sont très proches du travail temporaire.

Deux contrats doivent être conclus. Un contrat de mise à disposition entre l'entreprise de travail à temps partagé et l'entreprise cliente doit préciser le contenu et la durée de la mission, le montant de la rémunération et les caractéristiques du poste occupé. Le deuxième contrat lie le salarié à l'entreprise de travail à temps partagé. Il s'agit **d'un contrat de travail à durée indéterminée**, à la différence du contrat de travail temporaire. Ce contrat est donc soumis aux règles du licenciement.

C. La sous-traitance

La sous-traitance s'est développée en s'appuyant sur les articles L 8241-1 et 8231-1 du Code du travail (anc. art. L 125-1 et L 125-3). Pour éviter la sanction du prêt de main-d'œuvre à but lucratif, les entreprises vont fournir leur main-d'œuvre de deux manières :

- soit en l'accompagnant d'une autre opération juridique, comme une prestation de service ou la transmission d'un savoir-faire à l'occasion d'une vente par exemple ;
- soit en vérifiant que cette opération ne cause pas de préjudice au salarié.

Mais le juge n'est pas lié par la qualification donnée par les parties à leur contrat et il va analyser les faits, l'exécution de la prestation de travail. Ainsi, si c'est le client qui exerce effectivement le pouvoir de direction, les sanctions pénales pourront être encourues et le contrat de sous-traitance sera annulé.

Illustration d'une sous-traitance illicite

> *Il s'agit d'une décision du 17 juin 2005 (03-43707,* JCP soc. *2005, 1151) qui a requalifié l'opération de sous-traitance en prêt de main-d'œuvre illicite. Dans cette affaire, le litige a débuté par une action en justice de l'entreprise, qui avait mis à disposition son salarié au profit d'une cliente, pour obtenir le paiement de la facture de « sous-traitance ». Cette demande est rejetée en appel et par la Cour de cassation en raison du caractère illicite de l'opération sur le fondement de l'ancien art. L 125-3. En effet, les juges ont établi que la société prêteuse n'exerçait aucun pouvoir de contrôle et de direction sur ce salarié qu'elle avait embauché et que par conséquent, ce contrat avait pour*

objet exclusif le prêt de main-d'œuvre. Par ailleurs, l'opération avait un but lucratif, parce que le prix facturé n'était pas forfaitaire mais en fonction du nombre de jours travaillés et que l'opération présentait une marge bénéficiaire pour la société prêteuse. Le contrat a donc été annulé.

À retenir

Les cas autorisés et interdits de prêt de main-d'œuvre	
Principe	**Interdiction du prêt de main-d'œuvre à but lucratif** soit s'il s'agit de l'objet exclusif de l'opération soit s'il s'agit de porter atteinte aux droits du salarié : art. L 8241-1 et 8231-1 (anc. art. L 125-1 et L 125-3).
Exceptions	**Prêt gratuit de main-d'œuvre :** comme dans les groupements d'employeurs, les mises à disposition dans les groupes de sociétés.
	Travail temporaire qui suppose la conclusion d'un contrat de mise à disposition et d'un contrat de mission, qui est nécessairement un CDD, soumis à ce régime (durée limitée, cas de recours, délai de carence, écrit, etc.).
	Travail à temps partagé qui suppose la conclusion d'un contrat de mise à disposition mais aussi d'un contrat de mission, qui est un CDI.
	Sous-traitance à condition de ne pas porter atteinte aux droits des salariés et de ne pas avoir un caractère exclusif.

Pour en savoir plus

- Dossier sur « Le portage », *DS* janvier 2007, p. 46 et s. ;
- A. Bruder, « Plaidoyer en faveur de la reconnaissance juridique du portage salarial », *JCP soc.* 2/5/2007, 1312 ;
- N. Côte, « Le portage salarial : entre innovation et dérives », *JCP* éd. E, 2002, 1599 ;
- I. Laurent-Merle « Le travail temporaire en Europe : un environnement juridique en évolution », D. 2006, chron. p. 1643 ;
- R. Marié, « Vers une nécessaire redéfinition du droit de la mise à disposition », *JCP soc.* 24/3/2009, 1131 ;
- B. Teyssié, « Le travail temporaire », *JCP* 1982, I, 3086.

Pour s'entraîner

Répondre aux questions de cours suivantes :

1) ***Quels sont les principaux points communs et différences entre le travail temporaire et le contrat à durée déterminée ?***

2) ***En quoi le travail à temps partagé se différencie-t-il du travail intérimaire ?***

3) ***À quelles conditions le prêt de main-d'œuvre est-il autorisé ?***

Réponses

1) Point communs : ils ne doivent pas pourvoir durablement à l'activité permanente de l'entreprise, doivent avoir un cas de recours (les mêmes pour les 2 types de contrat), la durée est limitée, l'exigence d'un écrit avec des mentions obligatoires

la sanction : requalification en CDI avec la même procédure.

Différences : l'employeur dans le contrat à durée déterminée est celui qui bénéfice de la prestation, alors que dans l'intérim, c'est l'entreprise intérimaire qui est l'employeur du salarié.

Certaines irrégularités du contrat d'intérim ne sont pas sanctionnées par la requalification comme par exemple le non-respect du délai de carence à la différence du CDD.

2) Dans le travail à temps partagé, il s'agit d'un CDI non soumis au formalisme du CDD, ni aux cas de recours et à la durée et dont la rupture est régie par les règles du licenciement.

3) Le prêt de main-d'œuvre est autorisé s'il est gratuit. S'il est à titre onéreux, il ne doit pas être le but exclusif de l'opération ni porter atteinte aux droits du salarié. Par ailleurs, sont autorisés et réglementés les prêts de main-d'œuvre dans le cadre de l'intérim ou du travail à temps partagé.

Le calcul des effectifs

Fiche 25

Définitions

Établissement distinct : communauté de travailleurs ayant des intérêts propres et travaillant sous la direction d'un représentant de l'employeur, dans une unité qui n'a pas en principe d'autonomie juridique.

Unité économique et sociale : groupement de personnes morales distinctes dont les pouvoirs de direction sont concentrés et les activités économiques sont complémentaires ou similaires (unité économique) **et** qui se caractérise par une communauté de travailleurs partageant des conditions de travail similaires leur permettant d'opérer des permutations (unité sociale).

I. Les enjeux du calcul des effectifs

Le calcul des effectifs constitue un enjeu important pour un chef d'entreprise. De nombreuses règles sont en effet soumises à un seuil particulier. Ainsi, le choix de procédure de licenciement pour motif économique (Voir Fiche n° 16) dépend des effectifs de l'entreprise. On peut également citer certaines règles relatives à la formation professionnelle (C. trav., art. L 6331-1 et s., anc. art. L 951-1), la participation des salariés aux résultats de l'entreprise (C. trav., art. L 3322-1 et s., anc. art. L 442-1), les sanctions en cas de défaut de cause réelle et sérieuse ou de licenciement irrégulier (C. trav., art. L 1235-5 et 1235-4, anc. art. L 122-14-4 et L 122-14-5), la mise en place d'un règlement intérieur à partir de 20 salariés (C. trav., art. L 1311-2, anc. art. L 122-33), etc.

Mais l'enjeu essentiel concerne les représentants du personnel : si l'entreprise dépasse un certain seuil, l'employeur devra mettre en place ces institutions représentatives du personnel, sous peine de poursuite pour délit d'entrave (Voir Fiches n° 28 et 31).

La mise en place doit se faire lorsque les effectifs dépassent le seuil fixé pendant douze mois, consécutifs ou non, au cours des trois années précédentes (C. trav., art. L 4611-1, anc. art. L 236-1 pour le CHSCT ; art. L 2132-3, anc.

art. L 412-11 pour les délégués syndicaux ; art. L 2312-2, anc. art. L 421-1 pour les délégués du personnel ; art. L 2322-2, anc. art. L 431-1 pour le comité d'entreprise). Ainsi, l'employeur doit procéder aux élections des délégués du personnel à partir de 11 salariés et à celles du comité d'entreprise et du CHSCT à partir de 50. Quant aux délégués syndicaux, ils peuvent être désignés à partir de 50 salariés.

Quand l'entreprise voit ses effectifs passer en dessous de 50 salariés, le chef d'entreprise ne peut pas décider de lui-même que le mandat de délégué syndical a pris fin ou que le comité d'entreprise doit disparaître, ni demander au tribunal d'instance la suppression de l'institution. Il doit demander l'accord de toutes les organisations syndicales représentatives et à défaut de cet accord, c'est le directeur départemental du travail qui décide la suppression du comité d'entreprise ou que le mandat de délégué syndical a pris fin. Cette décision peut donc intervenir au cours du mandat. Pour les délégués du personnel, la diminution du personnel n'a pas d'influence : le mandat reste en vigueur. Mais l'institution ne sera pas renouvelée si l'effectif est resté inférieur à 11 salariés pendant au moins 12 mois (C. trav., art. L 2312-3, anc. art. L 421-1). En cas de renouvellement, l'effectif pris en compte est celui à la date du renouvellement.

Le nombre de mandats dépend aussi du seuil des effectifs.

Tableau récapitulatif du nombre de mandats en fonction du seuil des effectifs

DS (art. R 2143-2, anc. art. R 412-2)		**DP (art. R 2314-1 et 2314-2, anc. art. R 423-1)**			
Effectif de l'entreprise	**Nombre de DS**	**Nombre de DP en présence d'un CE ou d'un CHSCT**		**Nombre de DP en l'absence de CE ou de CHSCT**	
		Effectifs de l'entreprise	**Nombre de DP**	**Effectifs de l'entreprise**	**Nombre de DP**
De 50 à 999	1	**De 11 à 25**	**1+1**	**De 11 à 25**	**1+1**
De 1 000 à 1 999	2	**De 26 à 74**	**2+2**	**De 26 à 49**	**2+2**
		De 75 à 99	**3+3**	**De 50 à 74**	**3+3**
De 2 000 à 3 999	3	**De 100 à 124**	**4+4**	**De 75 à 99**	**4+4**
		De 125 à 174	**5+5**	**De 100 à 124**	**5+5**
De 4 000 à 9 999	4	**De 175 à 249**	**6+6**	**De 125 à 149**	**6+6**
		De 250 à 499	**7+7**	**De 150 à 174**	**7+7**
Au-delà de 9 999	5	**De 500 à 749**	**8+8**	**De 175 à 199**	**8+8**
		De 750 à 999	**9+9**		
		À partir de 1 000	**1+1 par tranche de 250**		

CE (art. R 2324-1, anc. art. 433-1)		CHSCT (art. R 4613-1, anc. art. R 236-1)	
Effectif de l'entreprise	**Nombre de mandats**	**Effectif de l'entreprise**	**Nombre de mandats**
De 50 à 74	3+3	De 50 à 199	3 dont 1 cadre
De 75 à 99	4+4	De 200 à 499	4 dont 1 cadre
De 100 à 399	5+5	De 500 à 1 499	6 dont 2 cadres
De 400 à 749	6+6	À partir de 1 500	9 dont 3 cadres
De 750 à 999	7+7		
De 1 000 à 1 999	8+8		
De 2 000 à 2 999	9+9		
De 3 000 à 3 999	10+10		
De 4 000 à 4 999	11+11		
De 5 000 à 7 499	12+12		
De 7 500 à 9 999	13+13		
Au-delà de 10 000	15+15		

II. Les modalités de calcul

Les règles de calcul ont été uniformisées par l'ordonnance du 24 juin 2004 (C. trav., art. art. L 1111-2, anc. art. L 620-10 et s.). Ces textes instaurent des règles uniques dès lors qu'un seuil est fixé dans une disposition du Code du travail.

Un principe est posé : tous les salariés embauchés en contrat à durée indéterminée à temps plein sont pris en compte intégralement dans le calcul des effectifs. La question s'est posée de savoir si devaient être intégrés dans le calcul des effectifs, des salariés exerçant une délégation de pouvoirs pouvant les assimiler au chef d'entreprise. Depuis un revirement de jurisprudence le 26 septembre 2002, la Cour de cassation les admet dans ce calcul (Cass. soc. 26 septembre 2002, 01-60670, *DS* 2002, p. 1084).

D'autres salariés sont pris en compte en fonction de leur temps de présence. Ainsi, les salariés à temps partiel le sont également mais en divisant la somme totale des horaires inscrits dans leur contrat de travail par la durée légale ou conventionnelle. Les contrats à durée déterminée et les intermittents sont pris en compte au prorata de leur temps de présence dans l'entreprise au cours des douze derniers mois. Les salariés mis à disposition ont suscité un contentieux important en raison de leur particularité. Il convient, en effet, de se demander à quelles conditions ils peuvent être intégrés dans l'effectif de l'entreprise dans laquelle ils travaillent sans y être salariés. La Cour de cassation a d'abord exigé un état de subordination de fait (Cass. soc. 13 mars 1985, *Bull. civ.* V, n° 172), abandonné dans une décision du 28 mars 2000 (98-60440, *Bull. civ.* V, n° 133) et remplacé par la participation aux activités nécessaires au fonctionnement de l'entreprise utilisatrice (**arrêt Renault**, Cass. soc. 26 mai 2004, 03-60125, *Bull. civ.* V, n° 140). Suite à une décision du Conseil Constitutionnel du 28 décembre 2006, elle conditionne leur prise en compte à leur intégration de façon permanente et étroite à la communauté de travailleurs, indépendamment de leurs fonctions (Cass. soc. 28 février 2007, arrêt Peugeot, 06-60171, *JCP soc.* 17 avril 2007, 1272). La loi du 20 août 2008 modifie cette disposition. Désormais, ils sont pris en compte dans l'entreprise qui les emploie de manière classique. Ils sont également intégrés à l'effectif de l'entreprise utilisatrice en fonction de leur temps de présence au cours des 12 derniers mois seulement si deux conditions cumulatives sont remplies : ils doivent être présents dans l'entreprise et y avoir travaillé au moins 12 mois. Le législateur a voulu préciser la notion d'intégration de façon permanente et étroite à la communauté de travailleurs, mais rien ne dit que les critères objectifs posés suffiront à la caractériser et donc si la jurisprudence Peugeot continuera de s'appliquer.

Enfin, certains salariés sont exclus de ce calcul. Il s'agit tout d'abord des salariés remplaçant, par un contrat à durée déterminée ou intérimaire ou de mise à disposition, un salarié absent ou dont le contrat de travail est suspendu. D'autres dispositions, regroupées désormais dans le nouvel article L 1111-3 excluent les contrats précaires pour une grande partie des règles du Code du travail sauf la tarification des risques d'accidents du travail et de maladies professionnelles (anc. art. L. 322-48 pour les contrats initiative-emploi ; art. L 322-4-7 pour les contrats d'accompagnement dans l'emploi ; art. L 322-4-10 pour les contrats d'avenir ; art. L 981-8 pour les contrats de professionnalisation ; art. L 117-11-1 pour les apprentis). Une ordonnance du 2 août 2005 avait prévu d'exclure les jeunes de moins de 26 ans embauchés depuis le 22 juin 2005. Cette disposition, suite à un recours devant le Conseil d'État et une question préjudicielle posée à la CJCE n'est jamais entrée en vigueur dans la mesure où la CJCE l'a déclarée non conforme aux directives du 11 mars 2002 relative à l'information et à la consultation des travailleurs dans la communauté et à celle du 20 juillet 1998 en matière de licenciements collectif. Certes, l'objectif de promouvoir l'emploi des jeunes est louable, mais cette disposition prive d'effet utile les deux directives (CJCE, 18 janvier 2007, aff. C 385-05, CGT c. Premier ministre, *JCP soc.* 6 février 2007, 1082).

Illustration du calcul des effectifs et les difficultés posées :

> *Un salarié dont le contrat est suspendu est-il pris en compte dans le calcul des effectifs ? L'article L 1111-2 du Code du travail (anc. art. L 620-10 et s.) est muet sur cette hypothèse. La Cour de cassation, dans plusieurs arrêts, a estimé que leur prise en compte est subordonnée au maintien de leur rémuné-*

ration (Cass. soc. 20 novembre 1985, 85-60223, Bull. civ. *V, n° 545 ; Cass. soc. 18 février 1988, 87-60043,* JCP *1988, éd. E, II, 15235, note B. Teyssié). Cette solution jurisprudentielle est critiquable à plus d'un titre. D'abord, le contrat suspendu reste en vigueur, la suspension écartant seulement l'exécution du contrat. Par ailleurs, elle aboutit à un calcul tronqué des effectifs, car son remplaçant n'est pas non plus pris en compte dans le calcul (C. trav., art. L 1111-2, anc. art. L. 620-10 alinéa 3* in fine*). Enfin, cette exclusion n'est pas prévue expressément par le texte.*

III. Le cadre d'appréciation

En principe, les effectifs sont appréciés au niveau de l'entreprise dotée de la personnalité juridique. Mais pour éviter des fraudes ou pour favoriser la représentation du personnel, le droit du travail reconnaît l'existence d'une unité plus petite : l'établissement, dépourvu de la personnalité juridique et celle d'une unité plus grande : l'unité économique et sociale, regroupement de plusieurs entreprises.

A. L'établissement distinct

Depuis des arrêts du 10 octobre 1990 (89-61558, *Bull. civ.* V, n° 446), la notion d'établissement distinct est identique quelle que soit l'institution représentative du personnel. Ces décisions mettent fin à une jurisprudence qui recherchait un lien entre la mission de l'institution et son implantation pour que cette dernière puisse exercer sa mission dans les meilleures conditions. Un arrêt du 2 octobre 2001 (00-60170, *Bull. civ.* V, n° 296 ; Cass. soc. 29 janvier 2003, 01-60628, *Bull. civ.* V, n° 30) a adopté une définition unique : une communauté de travailleurs ayant des intérêts propres et travaillant sous la direction d'un représentant de l'employeur, même si cet établissement n'a pas la personnalité juridique.

Ainsi, si une entreprise est divisée en plusieurs établissements comportant chacun 11 salariés, chaque établissement devra être doté d'un délégué du personnel propre. Ce découpage de l'entreprise en plusieurs établissements autonomes permet d'augmenter le nombre des représentants du personnel et d'avoir des institutions plus proches du personnel. Ainsi, si l'établissement voit son effectif dépasser 50 salariés, il pourra être doté d'un comité d'établissement et l'entreprise aura alors un comité central.

Le nombre d'établissements peut être source de contentieux. Il est fixé par accord d'entreprise avec les syndicats représentatifs dans l'entreprise (Voir Fiche n° 27). À défaut d'accord, la direction départementale du travail peut décider de l'existence et du nombre d'établissements. L'ordonnance du 1er décembre 2005 écarte désormais la compétence du tribunal d'instance pour les litiges portant sur leur reconnaissance.

B. L'unité économique et sociale (UES)

L'unité économique et sociale est une création jurisprudentielle et notamment d'un arrêt de la Chambre criminelle du 23 avril 1970, arrêt Herriau (*D.* 1970, 444). La Cour a estimé que devait être considéré comme une fraude à la loi le fait de créer des entreprises pour ne pas mettre en place des institutions représentatives du personnel, alors que cette création est régulière au regard du droit des sociétés et justifiée sur le plan économique. La loi du 28 octobre 1982 va consacrer cette notion, sans pour autant la définir. Seul l'art. L 2322-4 relatif au comité d'entreprise (anc. art. L 431-1) y fait référence, mais la jurisprudence va étendre ce cadre d'appréciation des effectifs pour les autres institutions représentatives (Cass. soc. 3 juillet 1985, 85-60060, *Bull. civ.* V, n° 401). Par ailleurs, la Cour de cassation va se détacher de l'idée de fraude et retient désormais des critères purement objectifs pour la définir :

- Une unité économique : il faut une concentration des pouvoirs de direction et que les activités des différentes entreprises soient similaires ou complémentaires.
- Une unité sociale : une communauté de travailleurs doit être établie entre ces entreprises, permettant une permutation du personnel entre elles.

Attention

Il faut caractériser de manière cumulative l'unité économique et celle sociale.

Illustrations de la reconnaissance ou non d'une UES :

> *Le fait de constater un lien de parenté entre les dirigeants des sociétés concernées ne suffit pas à établir une UES, si par ailleurs, il n'y a pas d'activités économiques complémentaires, ni d'unité sociale (Cass. soc. 13 septembre 2005, 04-60348). En revanche, une UES a été reconnue entre plusieurs sociétés qui avaient des activités différentes, mais complémentaires, complémentarité qui avait été indiquée par les sociétés elles-mêmes auprès de leurs clients communs. Par ailleurs, le pouvoir était détenu par les mêmes personnes auprès de ces sociétés. L'unité économique était donc caractérisée. L'unité sociale l'était également dans la mesure où les salariés bénéficiaient de contrats de travail similaires et 11 d'entre eux avaient opéré des permutations (Cass. soc. 13 juillet 2004, 03-60425,* RJS *10/04, n° 1057).*

Dans une décision du 13 juillet 2004 (03-60412, *RJS* 10/04, n° 1058), la Cour de cassation a précisé que cette notion était unitaire et non pas relative comme le soutenait le pourvoi. Par conséquent, ces critères sont appréciés sans prise en compte de la finalité particulière de chaque institution représentative du personnel et une fois établie, sa reconnaissance vaut pour toutes les institutions. En revanche, à chaque élection, la composition et le périmètre de l'UES doivent être définis (Cass. soc. 31 mars 2009, 08-60494, *JCP soc.* 14/4/2009, act. 205). Elle revient ainsi sur un arrêt de 1985 qui permettait une appréciation différente des critères selon la finalité et le rôle de chaque institution (Cass. soc. 23 octobre 1985, *DS* 1986, 11). Cet arrêt a également indiqué que le tribunal d'instance ne devait pas apprécier l'opportunité d'une telle reconnaissance et, donc ne devait pas vérifier si cette reconnaissance améliorerait ou non le sort des institutions représentatives du personnel. Cette solution n'est pourtant pas un obstacle à la contestation ultérieure de la désignation d'un délégué syndical dans cette UES (Cass. soc. 16 avril 2008, 07-60373, *JCP soc.* 29/7/2008, 1439).

Depuis l'arrêt Vivendi 7 mai 2002 (00-60424, *Bull. civ.* V, n° 150, *DS* 2002, p. 715), la Cour de cassation a mis fin à un certain flottement jurisprudentiel sur les entités qui peuvent être regroupées au sein d'une UES. Il faut que ce soient des personnes morales distinctes comme des sociétés, des associations. En revanche, ne peuvent former une UES plusieurs établissements d'une même entreprise, car ces établissements sont dépourvus de la personnalité juridique (Cass. soc. 17 décembre 1984, 84-60909, *Bull. civ.* V, n° 494).

Une fois l'UES établie, elle est assimilée à une entreprise et peut faire l'objet d'un nouveau découpage en établissements distincts (Cass. soc. 20 juin 2007, 06-60279). Pour autant, l'UES est dépourvue de la personnalité morale et ne peut être considérée comme l'employeur des salariés (Cass. soc. 16 décembre 2008, 07-43873, *JCP soc.* 24/3/2009, 1140, *RDT* avril 2009, p. 228).

Cette reconnaissance de l'UES peut se faire par un accord collectif unanime ou par décision de justice. Une action déclaratoire peut être faite à tout moment devant le tribunal d'instance et par ailleurs, sa reconnaissance peut aussi être établie à l'occasion d'une action en contestation d'une élection. Le tribunal d'instance est également compétent pour modifier le périmètre de l'UES par voie d'élargissement ou de réduction (Cass. soc. avis, n°0070005P du 19 mars 2007).

À retenir

Tableau récapitulatif des principaux effets de seuil des effectifs

Seuil à dépasser	Conséquences pour la mise en place des institutions représentatives du personnel	Autres conséquences éventuelles
À partir de 11 salariés	Délégués du personnel obligatoires (art. L 2312-2, anc. art. L 421-1).	Sanction du défaut de cause réelle et sérieuse et d'irrégularité de procédure (art. L 1235-4 et L 1235-5, anc. art. L 122-14-4 et L 122-14-5).
À partir de 20 salariés		Mise en place obligatoire d'un règlement intérieur (art. L 1311-2, anc. art. L 122-33).

À partir de 50 salariés	Comité d'entreprise obligatoire (art. L 2322-2, anc. art. L 431-1). CHSCT obligatoire (art. L 4611-1, anc. art. L 236-1). Désignation possible d'un délégué syndical (art. 2132-3, anc. art. L 412-11).	Mise en place d'une participation des salariés aux résultats de l'entreprise (art. L 3322-1, anc. art. L 442-1). Procédure particulière de licenciement pour motif économique (art. 1233-30 et s., anc. art. L 321-1 et s.).
Moins de 200 salariés	Délégation unique du personnel au sein du comité d'entreprise possible (art. L 2326-1, anc. art. L 431-1-1).	
À partir de 300 salariés	Représentant syndical possible au sein du Comité d'entreprise et du CHSCT.	
• **Définition, critères de l'établissement distinct et de l'UES.**		

Pour en savoir plus

- « Unité économique et sociale », *JCP soc.* 3 octobre 2006, n° spécial ;
- G. Blanc-Jouvan, « L'unité économique et sociale et la notion d'entreprise », *DS* 2005, p. 68 ;
- B. Boubli, « L'établissement distinct, une notion fonctionnelle et relative », *JSL* 2005, n° 164-1 ;
- M. Cohen, « Les confusions relatives au périmètre de l'UES », *RJS* 3/01, chron. 183 ;
- I. Desbarats, « La notion d'unité économique et sociale en droit du travail », *Mélanges dédiés à M. Despax*, PU Toulouse, 2002, p. 75 ;
- A.M. Dupuy et P. Safar, « Travailleurs mis à disposition : les apports de la loi du 20 août 2008 », *JCP soc.* 9/9/2008, 1462 ;
- H. Duval, « La situation des salariés mis à disposition : regards croisés du législateur et du juge », *JCP soc.* 30/9/2008, 1504 ;
- P. Morvan, « Décompte des salariés mis à disposition dans les effectifs de l'entreprise utilisatrice », *JCP soc.* 13/6/2006, 1477 ;
- J. Savatier, « La définition de l'établissement distinct pour l'élection des délégués du personnel », *DS* 1991, p. 40 ;
- J. Savatier, « Établissement ou entreprise : quel cadre pour les relations de travail », *Mélanges dédiés à M. Despax*, PU Toulouse, 2002, 61 ;
- J. Savatier, « Le contentieux de la reconnaissance d'une unité économique et sociale (UES) », *DS* 2007, p. 1248 ;
- Ch. Willmann, « L'exclusion du calcul des effectifs des jeunes de moins de 26 ans », *DS* 2005, p. 1142.

Pour s'entraîner

Résoudre le cas pratique suivant :

M. Dupain a embauché 1 686 contrats à durée indéterminée. L'une d'entre d'elle est en congé pour création d'entreprise et il a conclu un contrat à durée déterminée pour la remplacer pour la durée de son absence. Un autre de ses salariés à durée indéterminée, M. Lechef, est directeur des ressources humaines et c'est lui qui est chargé de recruter le personnel, de rompre les contrats éventuellement. 50 autres salariés ont un contrat à temps partiel pour 17 h 30 par semaine. Enfin, il a recruté 12 contrats à durée déterminée pour un accroissement temporaire d'activité pour 3 mois. Il se demande quel est son effectif. Indiquez par ailleurs quelles sont les institutions représentatives qu'il doit mettre en place avec le nombre de mandats.

Réponses

Il faut appliquer les art. L 1111-2 et s. du Code du travail (anc. art. L 620-10 et s.) :

Il a 1686 CDI qui comptent pour 1686.

Faut-il tenir compte de la salariée absente en congé pour création d'entreprise ? Certains arrêts exigent le maintien de leur rémunération par l'employeur pour les prendre en compte (Cass. soc. 20 novembre 1985 ; 18 février 1988 ; soc. 26 mai 2004). Le congé création d'entreprise n'est pas rémunéré en principe. Donc cette salariée doit être exclue des effectifs. Il reste 1686-1, soit 1685 salariés.

Qu'en est-il de son remplaçant ? Ces salariés sont totalement exclus des effectifs. Il y a toujours 1685 salariés.

Faut-il tenir compte de M. Lechef qui a un pouvoir de représentation de l'employeur auprès des autres salariés ? oui depuis un arrêt du 26 septembre 2002. Le nombre de 1685 reste inchangé, puisqu'il n'est pas exclu des effectifs.

Pour les temps partiels et les salariés en CDD, ils sont pris en compte au prorata de leur temps de présence au cours des 12 derniers mois.

Pour les 12 CDD : 12 x 3/12 = 3 salariés

Pour les 50 temps partiels : 50 x 17,5/35 = 25 salariés

Total :

1685 + 3 + 25 = 1713 salariés

Il peut avoir 2 DS par syndicat représentatif, et doivent en principe être élus 12 délégués du personnel titulaires et 12 suppléants, 8 titulaires et 8 suppléants au sein du CE et 9 membres au CHSCT dont 3 cadres.

Fiche 26 — La vie syndicale dans l'entreprise

Définitions

Délégué syndical : salarié désigné par un syndicat représentatif pour représenter ce syndicat auprès de l'employeur et des salariés.

Représentant de la section syndicale : salarié désigné par un syndicat non représentatif, mais ayant deux ans d'ancienneté et satisfaisant les critères d'indépendance et de respect des valeurs républicaines pour représenter ce syndicat auprès de l'employeur et des salariés.

Section syndicale : groupement des salariés syndiqués d'une entreprise appartenant à la même obédience syndicale.

Syndicat représentatif : syndicat professionnel considéré comme apte à être le porte-parole des salariés dont il prétend défendre et promouvoir les intérêts, notamment dans l'entreprise ou au niveau de la branche et qui bénéficie d'un certain nombre de droits spécifiques.

I. La liberté syndicale

La liberté syndicale existe depuis une loi de 1884 appelée loi Waldeck-Rousseau. Elle est reconnue aujourd'hui comme ayant valeur constitutionnelle grâce au préambule de la Constitution de 1946 qui affirme que « *tout homme peut défendre ses droits et intérêts par l'action syndicale et adhérer au syndicat de son choix* ». Une convention de l'OIT et l'article 11 de la Convention européenne de sauvegarde des droits et libertés fondamentales (CEDH 12 novembre 2008, 34503/97, *JCP soc.* 31/3/2009, 1154, *RDT* mai 2009, 288) reconnaissent également cette liberté. Elle peut être aménagée par un accord collectif qui ne peut en aucun cas en restreindre l'exercice. Le principe de faveur est maintenu (Cass. soc. 27 mai 2008, 06-46403, *RDT* oct. 2008, p. 612, *JCP soc.* 2/12/2008, 1633). Elle revêt un aspect collectif et un aspect individuel.

A. La liberté syndicale en tant que liberté collective

Les groupements de défense des intérêts professionnels, autrement appelés syndicats sont libres de se créer. Ils sont dotés de la personnalité juridique, ce qui leur permet de défendre les intérêts professionnels de leurs membres, de pouvoir agir en justice et de disposer d'un patrimoine propre. La seule démarche consiste à déposer les statuts en mairie pour obtenir cette personnalité juridique, une demande d'autorisation serait jugée contraire à la Convention de sauvegarde des droits de l'homme du 4 novembre 1950. Ils sont libres de s'organiser comme ils l'entendent et de prévoir leurs conditions d'admission sous réserve de ne pas imposer des conditions discriminatoires. Les syndicats sont entrés dans la vie des entreprises grâce à la loi du 27 décembre 1968. Cette loi a reconnu la possibilité pour les seuls syndicats représentatifs de créer une section syndicale et de désigner un délégué syndical, chargé de les représenter dans l'entreprise auprès de l'employeur et des salariés. La loi du 20 août 2008 remet en cause ce monopole et reconnaît désormais certaines attributions à des syndicats qui ne remplissent qu'une partie des critères exigés pour être considérés comme représentatifs (Voir *infra*).

Les syndicats sont protégés contre la pression de l'employeur notamment par une obligation de neutralité et de non-discrimination entre les syndicats. À ce titre, l'employeur ne peut essayer de diminuer l'influence d'un syndicat ou exprimer aux salariés son opinion sur un syndicat (Cass. crim. 2 septembre 2008, 07-81661, *JCP soc.* 13/1/2009, 1019). La liberté syndicale semble primer sur la liberté d'expression de l'employeur. De même, si des accords d'entreprise peuvent être signés pour améliorer la liberté syndicale dans l'entreprise, ces accords doivent bénéficier à tous les syndicats, y compris les non-signataires de l'accord (**arrêt Cegelec**, Cass. soc. 29 mai 2001, 98-23078, *Bull. civ.* V, n° 185 ; pour un autre exemple du respect d'égalité entre les syndicats : Cass. soc. 19 novembre 2008, 08-60395, *JCP soc.* 10/3/2009, 1109).

Un débat a lieu sur le financement des syndicats qui reste opaque et qui peut avoir des conséquences sur l'action syndicale aujourd'hui. Les partenaires sociaux devaient discuter sur ce thème, et à défaut d'accord au 31 mars 2008, le législateur devait intervenir pour réglementer cet aspect de la vie syndicale, en s'appuyant notamment sur le rapport Hadas-Lebel de mai 2006 (*DS* février 2008, p. 148). La loi portant rénovation de la démocratie sociale et du temps de travail du 20 août 2008 n° 2008-789 impose désormais la tenue des comptes annuels, leur publicité et leur contrôle (art. L 2135-1 et s.).

B. La liberté syndicale en tant que liberté individuelle

L'art. L 2141-1 (anc. art. L 411-5) du Code du travail consacre le droit pour chaque salarié, et cela quel que soit le type de contrat de travail, d'adhérer à un syndicat, qu'il aura librement choisi, y compris un syndicat non représentatif. La question a été soulevée de savoir si un salarié avait le droit de ne pas se syndiquer à l'occasion des clauses de sécurité syndicale qui réservaient des droits ou des emplois aux seuls salariés syndiqués. Le Conseil d'État en 1939, la loi en 1956 et la Cour européenne des droits de l'homme en 1996 (CEDH, 30 juin 1996 **Gustafsson**, *D.* 1997, 363) ont interdit ces clauses et reconnu la liberté syndicale sous son aspect négatif. Par ailleurs, le salarié a le droit de se retirer à tout moment. Enfin, les articles 1132-1 (anc. art. L 122-45) et L 2141-5 (anc. art. L 412-2) protègent tous les salariés pour leur activité syndicale contre les discriminations éventuelles de l'employeur à leur encontre. À ce titre, le salarié n'est pas tenu d'informer l'employeur de son appartenance à un syndicat. La loi du 20 août 2008 renforce le dispositif et indique que ce sujet relève de la négociation collective. Un accord doit désormais déterminer les mesures à prendre pour concilier la vie professionnelle et la carrière syndicale. Par ailleurs, dans les entreprises de plus de 300 salariés, elle met en place une obligation triennale de négocier sur le déroulement des carrières des salariés exerçant des responsabilités syndicales.

Attention

***Être syndiqué ne signifie pas être délégué syndical**, salarié qui dispose d'un mandat particulier donné par un syndicat représentatif pour le représenter auprès de l'employeur et des salariés de l'entreprise. Un délégué syndical est un représentant du personnel qui bénéficie à ce titre d'un statut protecteur, consistant notamment à demander une autorisation à l'inspection du travail en cas de rupture à l'initiative de l'employeur.*

II. La notion de syndicat représentatif

A. Les critères du syndicat représentatif

La loi du 20 août 2008, reprenant une position commune signée le 9 avril 2008, a modifié de manière sensible les critères de la représentativité des syndicats.

Le droit antérieur distinguait deux types de représentativité, une qui était présumée et l'autre à prouver. Un arrêté du 31 mars 1966 fixait une liste de cinq syndicats qui étaient présumés, de manière irréfragable comme représentatifs : il s'agissait de la CGT, CGT-FO, CFDT, CFTC et CGC-CFE pour les cadres. La preuve contraire n'était donc pas admissible. Cette liste pouvait se justifier en 1966 : d'une part, elle permettait une stabilité des partenaires sociaux dans la négociation collective et, d'autre part, ces syndicats étaient légitimes à l'époque.

Cependant, cette présomption irréfragable était de plus en plus contestée aujourd'hui, car ces syndicats n'étaient pas toujours majoritaires dans certains secteurs d'activité ou dans certaines entreprises. Ainsi un syndicat, l'UNSA a demandé au ministre la modification de cette liste, demande qui a été rejetée. Le Conseil d'État, suite à un recours, a également rejeté cette demande mais semblait admettre une contestation possible de cette liste. En effet, le Conseil d'État a considéré que ce syndicat n'arrivait pas à prouver sa représentativité, son implantation étant essentiellement dans le secteur public, et elle demeurait encore trop faible dans le secteur privé (CE, 5 novembre 2004, *TPS* 2005, n° 55, *DS*, 2004, p. 1098, concl. J.-H. Stahl). Pour les autres syndicats, leur représentativité était possible : soit par affiliation à l'une de 5 centrales, leur permettant de bénéficier de cette présomption, soit en la prouvant. La Cour de cassation a indiqué qu'un accord collectif ne pouvait pas écarter la possibilité de prouver leur représentativité aux syndicats non affiliés à une centrale au nom de cette liberté syndicale (Cass. soc. 16 septembre 2008, 07-13440, *JCP soc.* 10/3/2009, 1109). L'ancien article L 133-2, datant de 1950, posait 5 critères : les effectifs, l'indépendance vis-à-vis de l'employeur, l'expérience, l'ancienneté, l'attitude patriotique pendant l'occupation. Cette liste de critères a été assouplie et adaptée par la jurisprudence. Ainsi, celui de l'attitude patriotique pendant la guerre a été abandonné, comme le confirme le nouvel article L 2121-1 du Code du travail. De plus, la Cour de cassation vérifiait l'activité réelle et l'influence du syndicat (Cass. soc. 13 avril 1999, 97-60633, *Bull. civ.* V, n° 175 ; Cass. soc. 21 mai 2003, 01-60660, *Bull. civ.* V, n° 172, *RJS* 11/03, n° 1283), ce qui n'était pas sans poser problème, puisque pour avoir une réelle activité dans l'entreprise, la notion de représentativité était indispensable. En outre, la faiblesse des effectifs, vu le faible taux de salariés syndiqués, pouvait être compensée par son activité, son audience, son expérience. Enfin, elle considérait que la constitution récente du syndicat n'était pas un obstacle à la reconnaissance de sa représentativité (Cass. soc. 5 mai 1998, 97-60003, *Bull. civ.* V, n° 221). À l'inverse, le fait qu'il soit ancien n'était pas un gage de sa représentativité (Cass. soc. 13 avril 1999, 97-60633, *Bull. civ.* V, n° 175).

Suite à une discussion entre les partenaires sociaux courant 2008, la loi du 20 août 2008 modifie ces critères et abandonne la présomption irréfragable contestée. Le nouvel article L 2121-1 prévoit désormais la réunion de 7 critères cumulatifs : effectifs et cotisations, transparence financière, indépendance, respect des valeurs républicaines, influence caractérisée par l'activité et l'expérience, ancienneté minimale de 2 ans et l'audience aux élections réglementée de manière précise pour chaque niveau (décret du 4 novembre 2008, n° 2008-1133, *JO* 5/11/2008). Au niveau de l'entreprise, il faut que le syndicat obtienne aux dernières élections des élus titulaires du comité d'entreprise, ou à défaut des délégués du personnel, 10 % des suffrages exprimés au 1er tour et cela quel que soit le nombre de votants. Au niveau du groupe, il en est de même en additionnant l'ensemble des suffrages exprimés dans les entreprises et les établissements du groupe. Au niveau de la branche, le pourcentage est ramené à 8 % dans les entreprises de la branche et il faut que le syndicat ait une implantation territoriale équilibrée. Enfin au niveau national et interprofessionnel, le critère de l'implantation territoriale est remplacé par celui de la représentativité dans les branches de l'industrie, de la construction, du commerce et des services. La présomption irréfragable telle qu'elle est organisée depuis 1966 est donc supprimée. Le ministre du Travail, après un avis du Haut Conseil du dialogue social, fixera la liste des syndicats représentatifs au niveau national et interprofessionnel pour 4 ans à partir des critères précités. Ce nouvel organisme est régi par un décret du 13 novembre 2008, n° 2008-1163.

L'article 11 de la loi met en place des mesures transitoires. En effet, le droit antérieur est maintenu jusqu'aux prochaines élections professionnelles prévues dans les entreprises et au plus tard dans 5 ans au niveau national et interprofessionnel. Suite aux élections professionnelles à la SNCF, il en découle que les syndicats désormais représentatifs dans cette entreprise sont la CGT, puis l'UNSA, puis Sud Rail et la CFDT. En revanche, ne sont plus considérés comme tels FO, la CFE-CGC et la CFTC.

Attention

***Représentatif ne signifie pas nécessairement majoritaire**, car les effectifs ne sont qu'un critère parmi d'autres.*

Cette représentativité est appréciée, pour l'application d'un texte déterminé, dans le cadre où ce texte est appelé à s'appliquer : ainsi, par exemple, un syndicat peut être considéré comme représentatif au niveau d'une entreprise, mais non d'une branche. C'est le principe de concordance entre le niveau d'appréciation et la nature de la disposition qui suppose d'établir ces critères règle par règle, niveau par niveau, entité par entité. De plus, ces critères sont vérifiés au moment où l'acte est fait.

B. Les conséquences

Jusqu'à la réforme d'août 2008, seuls les syndicats représentatifs disposaient des droits suivants dans l'entreprise :

- Monopole de désignation des délégués syndicaux dans l'entreprise ou d'un représentant au comité d'entreprise ou au CHSCT (Cass. soc. 29 octobre 2008, 07-43578, *JCP soc.* 3/3/2009, 1046).
- Monopole de désignation des candidats au 1er tour des élections des délégués du personnel et du comité d'entreprise.

- Monopole de la négociation du protocole préélectoral avec le chef d'entreprise pour organiser les élections des délégués du personnel et des membres du comité d'entreprise.
- Possibilité de création d'une section syndicale dans l'entreprise.
- Possibilité de disposer d'un local dans l'entreprise, de distribuer des tracts, de disposer d'un panneau d'affichage dans l'entreprise.
- Pouvoir de négocier les conventions et accords collectifs (jusqu'à la loi du 4 mai 2004, ils disposaient d'un quasi-monopole : Voir Fiches n° 31 et s.).

La loi portant rénovation de la démocratie sociale attribue désormais, à des syndicats qui ne seraient pas représentatifs selon les nouveaux critères, le droit de constituer une section syndicale (art. L 2142-1) et de désigner un représentant de la section pour les représenter dans l'entreprise (art. L 2142-1-1). Ils pourront aussi participer à la négociation du protocole d'accord préélectoral et présenter des candidats aux élections des délégués du personnel et du comité d'entreprise. Ces syndicats doivent être valablement constitués depuis 2 ans et satisfaire aux critères de respect des valeurs républicaines et d'indépendance.

III. La section syndicale

Il s'agit d'un groupement des salariés syndiqués de l'entreprise, de la même obédience syndicale. Elle peut être créée dans toute entreprise par un syndicat représentatif, y compris quand son effectif est inférieur à 50 salariés. Cette création n'est soumise à aucune formalité de publicité, ni de seuil minimum d'adhérent, ni même d'autorisation de l'employeur. Ce dernier ne peut s'opposer à la création d'une telle section, sauf à contester le caractère représentatif du syndicat dans son entreprise. La loi du 20 août 2008 exige désormais une nouvelle condition, qui avait été abandonnée par la jurisprudence dans un arrêt du 27 mai 1997 (96-60239, *Bull. civ.* V, n°194 ; *JCP* 1997, II, 22899 ; *DS* 1997, 757), la preuve de la présence de plusieurs adhérents dans l'entreprise. Ce droit était auparavant réservé aux syndicats représentatifs dans l'entreprise ou à ceux affiliés à une organisation représentative sur le plan national et interprofessionnel. Depuis la réforme de 2008, il est désormais ouvert aux syndicats valablement constitués depuis 2 ans, respectant les critères d'indépendance et celui des valeurs républicaines.

Selon l'art. L 2142-1 du Code du travail (anc. art. L 412-6), elle assure la représentation des intérêts matériels et moraux des membres du syndicat. Elle a un droit de réunion au moins une fois par mois, dans laquelle elle peut convier toute personne. Mais s'il s'agit d'une personne extérieure à l'entreprise, il faut l'accord de l'employeur. Cette section, soutien logistique de la vie syndicale dans l'entreprise, représente parfois la seule présence des syndicats dans l'entreprise.

Mais en réalité, son utilité reste limitée en raison de l'absence de personnalité morale. La Cour de cassation a refusé de le lui reconnaître en raison du défaut de volonté collective distincte de celle du syndicat et d'organe susceptible d'exprimer des intérêts propres (Cass. soc. 19 décembre 1990, 89-14576, *Bull. civ.* V, n° 698). Elle ne peut donc pas agir en justice, ce n'est pas elle qui négocie les accords collectifs.

IV. Les délégués syndicaux (DS)

A. Les conditions de la désignation

Plusieurs conditions doivent être réunies pour que la désignation soit valable : seul un syndicat représentatif dans l'entreprise peut désigner un délégué syndical dans cette entreprise à condition que cette dernière ait au moins 50 salariés. Dans les entreprises de moins de 50 salariés, chaque syndicat peut choisir un délégué du personnel pour remplir les fonctions de délégué syndical. Seul un délégué titulaire peut être désigné en raison du crédit d'heures qui lui est octroyé et la durée du mandat syndical n'est pas liée à celle du mandat de délégué du personnel (Cass. soc. 24 septembre 2008, 06-42269, *RDT* janv. 2009, 51). Lorsque l'entreprise est divisée en établissement, le seuil de 50 salariés est apprécié au niveau de l'entreprise (Cass. soc. 29 avril 2009, 08-60484, *JCP soc.* 12/5/2009, act. 251).

Depuis un arrêt du 27 mai 1997 (Cass. soc. 27 mai 1997, 96-60239, *Bull. civ.* V, n° 194, *JCP* 1997, II, 22899, note Arséguel), il n'est plus nécessaire de constituer une section syndicale avant de désigner ce délégué syndical. Cet arrêt a opéré un revirement de jurisprudence.

Selon l'art. L 2143-1 (anc. art. L 412-14), pour être désigné comme délégué syndical, il faut avoir au moins 18 ans, n'avoir jamais eu de condamnation prévue aux art. 5 et 6 du Code électoral et qui entraîne la privation du droit de vote politique et avoir une ancienneté d'au moins 1 an dans l'entreprise. Pour les travailleurs intérimaires, cette durée est limitée à 6 mois et en cas de création d'entreprise, cette ancienneté est réduite à 4 mois. La jurisprudence a ajouté une condition non prévue par les textes : le salarié désigné ne doit pas disposer d'une délégation écrite particulière d'autorité lui permettant d'être assimilé au chef d'entreprise ni représenter effectivement l'employeur devant les institutions représentatives du personnel (Cass. soc. 12 juillet 2006, 05-60300, *JCP soc.* 2007, 1007). La Cour de cassation a également précisé qu'un salarié mis à disposition d'une entreprise pouvait être désigné comme délégué syndical dans cette entreprise à condition d'être intégré de façon permanente et étroite à la communauté de travail (Cass. soc. avis, 15 janvier 2007, 0070002 P, *JCP soc.*

17/4/2007, 1272). En revanche, le fait que le salarié soit détaché dans une autre structure n'est pas un obstacle à sa nomination comme délégué syndical dans l'entreprise d'origine, car seul le syndicat peut apprécier si un salarié détaché peut ou non être désigné comme délégué syndical (Cass. soc. 27 mai 2009, 08-60569, *JCP soc.* 9/6/2009, act. 301).

La loi portant rénovation de la démocratie sociale ajoute une condition : le délégué syndical doit être désigné parmi les candidats aux élections professionnelles titulaires ou suppléants ayant obtenu au moins 10 % des suffrages exprimés, et cela quel que soit le nombre de votants, au 1er tour des dernières élections. Il n'est pas nécessaire qu'il soit élu. S'il ne reste aucun candidat remplissant ces conditions, il peut être désigné soit parmi les autres candidats, soit parmi ses adhérents au sein de l'entreprise. Par ailleurs, la modification des critères de représentativité des syndicats aura des conséquences sur les syndicats qui les désigneront. Mais les délégués syndicaux régulièrement désignés au moment de la publication de la loi conservent leur mandat jusqu'au résultat des premières élections professionnelles organisées dans l'entreprise.

Pour être effective, cette désignation doit être portée à la connaissance de l'employeur soit par lettre recommandée avec accusé de réception ou remise en mains propres contre récépissé. Cette lettre doit mentionner le nom du salarié, sa fonction de délégué syndical et le périmètre de sa désignation. La Cour de cassation vient d'assouplir le formalisme de l'accusé de réception en n'exigeant pas la signature personnelle du chef d'entreprise, le cachet de l'entreprise suffisant pour prouver la connaissance de cette désignation (Cass. soc. 29 octobre 2008, 08-60016, *JCP soc.* 10/3/2009, 1109). C'est la date de réception qui permet de savoir si le statut s'applique et qui fait partir le délai de 15 jours pour contester éventuellement cette désignation. Il faut que l'employeur soit informé de cette désignation au moment de l'envoi de la convocation à l'entretien préalable de licenciement pour que la procédure spéciale s'applique (Cass. soc. 2 décembre 2008, 07-45540, *JCP soc.* 16/12/2008, 657 ; Voir Fiche n°30). Le juge peut en effet annuler une désignation frauduleuse ou irrégulière, mais en aucun cas, il n'en apprécie l'opportunité. Enfin, l'information doit être donnée à l'inspection du travail et affichée dans l'entreprise sur les panneaux réservés aux communications syndicales.

La durée du mandat n'est pas fixée par la loi. Le syndicat qui l'a désigné peut donc le révoquer selon les règles de droit commun du mandat ou le délégué peut y renoncer. La loi du 20 août 2008 a cependant prévu une nouvelle cause d'extinction du mandat, à savoir la perte des conditions nécessaires à sa validité, comme la disparition du caractère représentatif du syndicat (art. L 2143-11). Lorsque les effectifs diminuent en dessous du seuil requis, il faut demander l'accord de toutes les organisations syndicales représentatives et à défaut c'est le directeur départemental du travail qui prend la décision de mettre fin au mandat.

B. Le nombre de délégués syndicaux désignés

Ce nombre varie en fonction de l'effectif de l'entreprise. Selon l'art. R 2143-2 (anc. art. R 412-2), seul un délégué par syndicat représentatif peut être désigné jusqu'à 999 salariés dans l'entreprise.

Effectifs de l'entreprise	Nombre de DS par syndicat représentatif
De 50 à 999	1
De 1 000 à 1 999	2
De 2 000 à 3 999	3
De 4 000 à 9 999	4
Au-delà de 10 000	5

Quand l'entreprise a au moins 500 salariés, chaque syndicat représentatif peut désigner un délégué supplémentaire pour les cadres, appelé délégué syndical supplémentaire catégoriel, mais à condition d'avoir obtenu, aux dernières élections du comité d'entreprise, au moins un élu dans le collège ouvriers-employés et un élu dans le collège cadre. Lorsque plusieurs syndicats ont présenté une liste commune, seul un délégué supplémentaire catégoriel peut être désigné d'un commun accord des différentes organisations syndicales (Cass. soc. 18 novembre 2008, 08-60397, *JCP soc.* 10/3/2009, 1109). Lorsque l'entreprise est divisée en plusieurs établissements distincts, cette possibilité suppose que l'effectif de l'établissement et non de l'entreprise dépasse 500 salariés (Cass. soc. 14 janvier 2009, 08-60449, *RDT* avril 2009, 247).

Ces règles sont aménagées lorsque l'entreprise dispose de plusieurs établissements distincts. Ainsi si chaque établissement a au moins 50 salariés, le syndicat peut désigner un délégué d'établissement pour chacun d'entre eux et un délégué central d'entreprise. Si l'entreprise a moins de 2 000 salariés, ce délégué central est nécessairement un délégué syndical d'établissement. Dans les autres, il peut être différent. Lorsque le syndicat a d'abord désigné un délégué d'entreprise, il ne peut désigner un délégué d'établissement qu'en transformant le mandat du délégué syndical d'entreprise en délégué d'établissement. La solution contraire aurait pour effet d'augmenter le nombre de mandats syndicaux dans l'entreprise (Cass. soc. 16 avril 2008, 07-60414, *JCP soc.* 2/9/2008, 1455).

C. Les fonctions du délégué syndical

De manière générale, il est chargé de représenter et de défendre l'ensemble des salariés et il dispose essentiellement d'un pouvoir de revendication : sa mission consiste à modifier le droit applicable pour l'améliorer, à négocier des accords collectifs.

Il représente, auprès de l'employeur, le syndicat qui l'a désigné. À ce titre, il négocie le protocole préélectoral ainsi que les accords collectifs, même si son pouvoir et le monopole qu'il détenait ont été remis en cause par la loi du 4 mai 2004 (Voir Fiche n° 31). Il intervient dans la négociation annuelle obligatoire sur les salaires, le temps de travail. Il anime la section syndicale dans l'entreprise. Il peut collecter les cotisations, procéder aux affichages des documents syndicaux et organiser des réunions. Il représente enfin le syndicat auprès des salariés. Il peut ainsi assister un salarié lors d'une action en justice contre l'employeur. Il peut transmettre les revendications et les réclamations des salariés auprès de l'employeur.

D. Les moyens d'action spécifiques

Comme tout représentant du personnel, le délégué syndical dispose d'un crédit d'heures (Voir Fiche n° 29) et il est protégé contre le licenciement (Voir Fiche n° 30). Mais une liberté particulière lui a été attribuée : celle de diffuser des tracts dans l'entreprise. C'est la loi du 27 décembre 1968 qui, la première, a défini les modalités dans lesquelles les tracts pouvaient être distribués. Selon l'art. L 2142-4 (anc. art. L 412-8), les syndicats peuvent librement diffuser ces tracts aux heures d'entrée et de sortie des salariés. A été considéré comme illégal le fait de déposer des tracts sur les bureaux du personnel absent en dehors des horaires de travail ou de donner ces tracts 30 minutes après le début du travail (Cass. soc. 27 mai 1997, 95-14850, *DS* 197, p. 760, *Bull. civ.* V, n° 193), ou encore le fait d'envoyer des tracts par voie postale (Cass. crim. 25 mai 1982, *Bull. crim.* n° 135). Cette règle n'est cependant plus nécessairement adaptée à l'évolution du monde du travail. Il est aujourd'hui difficile d'avoir un horaire commun à tous les salariés. Des aménagements existent. Ainsi, un accord d'entreprise peut préciser et améliorer ces modalités d'exercice (C. trav., art. L 2144-2, anc. art. L 412-23). De même, un usage dans l'entreprise peut autoriser des pratiques différentes. Enfin, la loi du 4 mai 2004 relative à la formation professionnelle tout au long de la vie et au dialogue social a favorisé la diffusion de tracts en permettant l'emploi des nouvelles technologies comme la voie électronique à condition, cependant, qu'un accord d'entreprise en définisse les modalités et que les salariés conservent la liberté d'accepter ou de refuser ces messages (Cass. soc. 25 janvier 2005, 02-30946, *RPDS* mai 2005, n° 721, p. 173). Si les conditions de distribution sont encadrées, en revanche, les syndicats disposent d'une totale liberté dans le contenu de leurs affiches sous réserve de respecter les dispositions relatives à la presse ou la confidentialité de certaines informations (Cass. soc. 5 mars 2008, 06-18907, *JCP soc.* 18/1/2008, 1600).

V. Le représentant syndical au comité d'entreprise

Chaque syndicat représentatif peut désigner un représentant syndical au comité d'entreprise qui est la voix du syndicat auprès du comité. Il ne donne qu'un avis consultatif et ne prend donc pas part au vote. Dans les entreprises de moins de 300 salariés, c'est de droit le délégué syndical. Dans les autres, il peut s'agir d'une autre personne. Mais dans tous les cas, chaque syndicat ne peut désigner qu'un seul représentant syndical. Lorsque les différentes organisations sont affiliées à une même centrale syndicale, seul un représentant peut être désigné malgré la pluralité de structures, la Cour de cassation faisant prévaloir l'unicité de tendance syndicale (Cass. soc. 5 mars 2008, 07-60060, *RDT* juillet-août 2008, 468). Les conditions de désignation sont les mêmes que pour le délégué syndical et il doit remplir en plus les conditions d'éligibilité au comité d'entreprise (C. trav., art. L 2324-2, anc. art. L 433-1). La loi du 20 août 2008 a cependant ajouté une condition puisqu'elle réserve ce droit au syndicat ayant des élus au comité d'entreprise.

VI. Le représentant de la section syndicale

La loi du 20 août 2008 crée une nouvelle institution représentative du personnel : le représentant de la section syndicale régi par les articles L 2142-1-1 et suivants dont le but est de permettre aux syndicats qui ne sont pas encore représentatifs dans l'entreprise de le devenir. Cette possibilité est réservée aux seuls syndicats non représentatifs qui ont créé une section syndicale, c'est-à-dire qui doivent avoir 2 ans d'ancienneté, et satisfaire les critères d'indépendance et de respect des valeurs républicaines (pour un exemple de contentieux : TI Lille, 21 janvier 2009, 08-003994, TI Rennes, 2 février 2009, 11-09-000028, *JCP soc.* 7/4/2009, 1165). Les syndicats représentatifs ne peuvent pas désigner un représentant de la section syndicale.

Il doit remplir les conditions posées par l'article L 2143-1 et 2 du Code du travail, à savoir 18 ans révolus, avoir un an d'ancienneté et sans privation de ses droits politiques. De même lui sont applicables les règles relatives aux formalités de publicité, de contestation, ainsi que celles relatives à sa protection. Dans les entreprises de moins de 50 salariés, ces syndicats peuvent désigner un délégué du personnel pour remplir cette mission pour la durée de son mandat. Enfin, il doit être adhérent du syndicat qui le désigne.

Il a les mêmes pouvoirs que le délégué syndical, sauf celui de négocier les accords collectifs. Mais une exception a été prévue, à l'article L 2143-23 (Voir Fiche n° 33).

Il dispose d'un crédit d'heures de 4 heures par mois, sauf accord collectif plus favorable.

Son mandat prend fin quand aux premières élections professionnelles qui suivent, le syndicat l'ayant désigné n'est pas reconnu représentatif. S'il l'est, la loi ne prévoit rien, mais la solution devrait être identique, puisque le syndicat ne peut alors désigner qu'un délégué syndical. Son mandat expire également en cas de révocation, de renonciation et de disparition des conditions de désignation.

À retenir

La représentativité des syndicats	
Notion de représentativité	Système antérieur à la loi du 20 août 2008 : Présomption irréfragable de représentativité pour 5 syndicats : CGT, CGT-FO, CFDT, CFTC, CGC CFE. Représentativité à prouver pour les autres grâce aux critères de l'art. L 2121-1 (anc. art L 133-2,) assouplis par la jurisprudence : attitude patriotique pendant la guerre (désuet et désormais abandonné), effectif, indépendance vis-à-vis de l'employeur, expérience, ancienneté, activité réelle, audience. Réforme du 20 août 2008 : Abandon futur de la présomption irréfragable Cumul de sept critères nécessaires pour être reconnu représentatif : - effectifs et cotisations - ancienneté de 2 ans - transparence financière - indépendance - respect des valeurs républicaines - influence caractérisée par l'expérience et l'activité - audience aux dernières élections professionnelles (10 % des suffrages exprimés au 1er tour pour les élus titulaires du comité d'entreprise ou à défaut des délégués du personnel, quel que soit le nombre de votants pour l'entreprise, pourcentage ramené à 8 % pour les autres niveaux)
Conséquences de la représentativité	– Monopole de désignation des délégués syndicaux dans l'entreprise. – Possibilité de désigner des candidats au 1er tour des élections des délégués du personnel et du comité d'entreprise. – Possibilité de négocier le protocole préélectoral avec le chef d'entreprise pour organiser les élections des délégués du personnel et des membres du comité d'entreprise. – Possibilité de création d'une section syndicale dans l'entreprise. – Possibilité de disposer d'un local dans l'entreprise, de distribuer des tracts, de disposer d'un panneau d'affichage dans l'entreprise. – Pouvoir de négocier les conventions et accords collectifs (jusqu'à la loi du 4 mai 2004, ils disposaient d'un quasi monopole).

Droits accordés à certains syndicats non représentatifs	Syndicats concernés : Ayant 2 ans d'ancienneté et satisfaisant les critères d'indépendance et de respect des valeurs républicaines Droits accordés : - création d'une section syndicale - désignation d'un représentant de la section syndicale - négociation du protocole d'accord préélectoral - désignation des candidats au 1er tour des élections professionnelles		
Présentation générale de la section syndicale, du délégué syndical et du représentant de la section syndicale			
	Section syndicale	**DS**	**Représentant de la section syndicale**
Seuil des effectifs	Aucun seuil minimum.	Possible à partir de 50 salariés.	Aucun seuil minimum
Syndicats concernés	- syndicats représentatifs - syndicats ayant 2 ans d'ancienneté, satisfaisant le critère d'indépendance et de respect des valeurs républicaines.	- syndicats représentatifs	- syndicats ayant 2 ans d'ancienneté, satisfaisant le critère d'indépendance et de respect des valeurs républicaines
Composition	Regroupement sans personnalité juridique de l'ensemble des salariés syndiqués de la même obédience syndicale.	Désignation d'un salarié de plus de 18 ans, sans privation du droit de vote, et ayant une ancienneté d'au moins 1 an dans l'entreprise. Doit être désigné parmi les candidats aux élections du CE ou des DP ayant recueilli au moins 10 % des suffrages au 1er tour, à défaut parmi les autres candidats et à défaut parmi ses adhérents	Désignation d'un salarié de plus de 18 ans, sans privation du droit de vote, et ayant une ancienneté d'au moins 1 an dans l'entreprise.
Fonctions	Défendre les intérêts matériels et moraux de l'ensemble des membres.	– Pouvoir de revendications. – Pouvoir de représentation du syndicat auprès de l'employeur et des salariés. – Pouvoir de négocier les accords collectifs. – Animation de la section syndicale.	- pouvoir de représentation du syndicat auprès de l'employeur et des salariés. - Animation de la section syndicale - N' a pas en principe le pouvoir de négocier les accords collectifs.

Pour en savoir plus

- G. Adam, « Les syndicats sous perfusion », *DS* 1990, p. 833 ;
- G. Adam, « Vers un nouveau syndicalisme », *DS* 1998, p. 107 ;
- H. Antonmattéi, « Les critères de la représentativité : lecture critique de la position commune du 9 avril 2008 », *DS* 2008, p. 773 ;
- A. Arseguel, « Réflexions sur la théorie de la représentation syndicale », *Mélanges dédiés à M. Despax*, PU Toulouse, 2002, p. 401 ;
- G. Borenfreund, « Propos sur la représentativité syndicale », *DS* 1998, p. 476 ;
- G. Borenfreund, « La représentation des salariés et l'idée de représentativité », *DS* 1991, p. 685 ;
- G. Borenfreund, « La reconnaissance de la représentativité syndicale : quelques interrogations autour de 3 décisions (Cass. soc. 25/1/2006) », *DS* 9/10 2006, p. 869 ;
- G. Borenfreund, « Le nouveau régime de la représentativité syndicale », *RDT* décembre 2008, 712 ;
- A. Brice, « La section syndicale après la loi du 20 août 2008 », *JCP soc.* 7/4/2009, 1157 ;
- M. Carles, « Diffusion des tracts syndicaux sur messagerie électronique de l'entreprise », *RPDS* 2005, n° 721, p. 173 ;
- M. Cointepas, « Les règles de droit et le déclin syndical en France », *DS* 1992, p. 250 ;
- G. Couturier, « Que reste-t-il de la section syndicale d'entreprise ? », *Mélanges J.M. Verdier*, p. 25 ;
- A. Cristau, « Droit syndical et NTIC de l'entreprise », *DS* 2002, p. 1085 ;
- F. Duquesne, « Un délégué syndical en devenir : le nouveau représentant de la section syndicale », *DS* 2008, 1084 ;
- B. Gauriau, « La rénovation de la démocratie sociale », *JCP soc.* 2/9/2008, 1448 ;
- B. Gauriau, « Variations sur le droit syndical », *JCP soc.* 10/3/2009, 1109 ;
- D. Guillouet, « La représentation syndicale après la loi du 20 août 2008 : premières difficultés d'application », *JCP soc.* 11/11/2008, 1579 ;
- M. Grévy, S. Nadal, et E. Peskine, « Le Regards sur la position commune du 9 avril 2008. À propos du devenir (incertain ?) des syndicats dans l'entreprise », *RDT* juillet-août 2008, 431 ;
- Y. Pagnerre, « Le respect des valeurs républicaines ou l'éthique syndicale », *JCP soc.* 3/2/2009, 1050 ;
- Y. Pagnerre, « Le représentant de la section syndicale », *JCP soc.* 7/4/2009, 1159 ;
- J.E. Ray, « NTIC et droit syndical », *DS* 2002, p. 67 ;
- J.E. Ray, « Libres propos sur le financement des syndicats », *DS* 2008, p. 139 ;
- R. Soubie, « Le syndicalisme dans tous ses états », *DS* 1991, p. 926 ;
- R. Soubie, « Cause du déclin syndical », *DS* 1992, p. 11.

Pour s'entraîner

Indiquez si la proposition faite est Vraie ou Fausse :

1) ***N'importe quel syndicat peut désigner dans une entreprise de plus de 50 salariés un délégué syndical chargé de le représenter.***

❒ *Vrai* ❒ *Faux*

2) ***Le délégué syndical est élu démocratiquement par les membres de la section syndicale.***

❒ *Vrai* ❒ *Faux*

3) ***Il n'est plus nécessaire de préconstituer une section syndicale dans l'entreprise pour désigner un délégué syndical.***

❒ *Vrai* ❒ *Faux*

4) ***Une section syndicale peut inviter des personnalités syndicales extérieures à l'entreprise à participer dans l'entreprise à une réunion qu'elle organise sans avoir l'accord du chef d'entreprise.***

❒ *Vrai* ❒ *Faux*

5) ***Le critère de l'expérience d'un syndicat pour en apprécier sa représentativité peut concerner celle de ses membres.***

❒ *Vrai* ❒ *Faux*

Réponses

1) Faux, seul un syndicat représentatif dans l'entreprise a ce droit ;

2) Faux, car il est désigné par le syndicat, mais non élu ;

3) Vrai depuis un arrêt 27 mai 1997, mais cette solution pourrait être remise en cause avec l'entrée en vigueur de la loi du 20 août 2008 ;

4) Vrai, selon l'art. L 2142-10 (anc. art. L 412-10), cela est possible dès lors que la réunion a lieu dans le local dont elle a la disposition, sinon il faut l'accord du chef d'entreprise. De plus, la réunion doit intervenir en dehors du temps de travail. Enfin, pour les personnalités non syndicales, il faut l'accord du chef d'entreprise ;

5) Faux : il faut mesurer l'activité du syndicat et non celle de ses membres, pris individuellement. La réforme de 2008 ne devrait pas changer cette solution.

La mise en place des institutions représentatives du personnel élues

Fiche 27

Définitions

Comité d'entreprise : institution représentative du personnel élue par les salariés de l'entreprise, obligatoire à partir de 50 salariés, dotée de la personnalité juridique et dont la mission est de donner son avis en matière économique et professionnelle et de gérer les activités sociales et culturelles au profit des salariés et des membres de leur famille.

Comité d'hygiène, de sécurité et des conditions de travail : institution représentative élue au suffrage indirect, obligatoire dans les entreprises de plus de 50 salariés et dont la mission consiste à prévenir les accidents, contrôler et donner son avis en matière d'hygiène, de sécurité et des conditions de travail.

Délégué du personnel : salarié titulaire d'un mandat représentatif, élu par les salariés et dont la mission est de veiller au respect des règles dans l'entreprise.

Protocole d'accord préélectoral : accord collectif d'une nature particulière, soumis en partie aux conditions de validité des accords collectifs, dont l'objet consiste à organiser les élections des représentants du personnel.

I. Présentation générale

A. Les représentants désignés et les représentants élus

Les délégués syndicaux ainsi que les représentants syndicaux au comité d'entreprise ou au CHSCT sont désignés par les syndicats représentatifs dans l'entreprise (Voir Fiche n° 26). En revanche, les délégués du personnel et les membres du comité d'entreprise sont élus directement par les salariés et ceux du CHSCT sont indirectement élus par les délégués du personnel ou les membres élus au comité d'entreprise. Les élections doivent avoir lieu au moment de l'expiration du mandat, dont la durée a été allongée à 4 ans par loi du 2 août 2005. Mais un accord de branche, de groupe ou d'entreprise peut fixer une durée entre 2 et 4 ans, à condition que l'accord soit conclu après l'entrée en vigueur de cette loi de 2005 ou que la clause intégrée antérieurement soit renégociée (Cass. soc. 24 septembre 2008, 07-60310, *JCP soc.* 25/11/2008, 1618).

B. Le contentieux de la désignation

C'est le tribunal d'instance qui a une compétence exclusive pour le contentieux électoral. Toute personne intéressée peut contester les élections qui ont eu lieu. L'art. R 2324-24 (anc. art. R 433-4) précise que la requête doit être faite dans les trois jours qui suivent la désignation lorsqu'elle porte sur l'électorat. En revanche, elle sera faite dans les 15 jours pour le contentieux portant sur la régularité de l'élection ou sur la désignation d'un délégué syndical (C. trav., art. L 2143-8, anc. art. L 412-15). Le point de départ de ce délai de prescription est la désignation officielle du délégué syndical et non une lettre informant l'employeur de l'imminence de sa désignation, lettre prise en compte en revanche pour savoir si le statut protecteur s'applique (Cass. soc. 28 mai 2008, 07-60342, *JCP soc.* 16/9/2008, 1484). Le tribunal a ensuite 10 jours à compter de sa saisine pour statuer et rendre une décision en dernier ressort. Les irrégularités affectant les opérations électorales n'entraînent pas nécessairement l'annulation des élections, car il faut parfois établir son influence sur le résultat du scrutin (Voir par exemple : Cass. soc. 18 novembre 2008, 07-60359, *JCP soc.* 2/12/25008, act. 626). Si l'employeur ne saisit pas le tribunal dans les 15 jours qui suivent la désignation d'un délégué syndical ou l'élection d'un autre représentant, cette désignation ou cette élection est purgée de tout vice : l'irrégularité ne pourra plus être soulevée ultérieurement (Cass. soc. 4 mars 2009, 08-40500, *JCP soc.* 28/4/2009, 1191) et le représentant du personnel désigné, malgré l'éventuelle irrégularité, bénéficiera du statut protecteur (Cass. soc. 12 février 2008, 06-44121, *JCP soc.* 29/7/2008, 1440, Voir Fiche n°30). Ce texte vaut pour les élections des délégués du personnel et les membres du comité d'entreprise. Pour les membres désignés du CHSCT, le délai de 3 jours n'est pas prévu par l'art. R 4613-12 (anc. art. R 236-5-1) et la Cour de cassation a estimé que, quel que soit le litige, le délai de prescription est de 15 jours (Cass. soc. 18 février 2004, 03-60110, *RJS* 2004, n° 552).

Il existe aussi un contentieux préélectoral, c'est-à-dire avant même que les élections n'aient lieu, devant le juge d'instance qui statue alors en référé. Cette intervention du juge n'est possible qu'à défaut d'accord préélectoral unanime et seulement si une des parties intéressée l'a saisi. Une partie signataire de l'accord ne peut pas saisir le juge (Cass. soc. 10 juin 1997, 96-60200, *Bull. civ.* V, n° 215). À défaut de saisine du juge, l'accord préélectoral même non unanime pourra s'appliquer et fixer les modalités des élections, sauf pour la répartition des sièges entre les catégories de personnel et celle du personnel dans les collèges. En effet, depuis l'ordonnance du 1er décembre 2005, le directeur départemental du travail est désormais compétent pour ces litiges. En raison des nouvelles conditions de validité du protocole d'accord préélectoral issues de la loi du 20 août 2008 (Voir *infra*), ce contentieux préélectoral va nécessairement évoluer.

II. Les délégués du personnel (DP) et le comité d'entreprise (CE)

A. L'organisation des élections

Les règles sont communes aux élections des délégués du personnel (art. L 2314-3-1) et de la délégation du personnel au comité d'entreprise (art. L 2324-4-1). C'est l'employeur qui doit prendre l'initiative des élections. Les règles de validité du protocole d'accord préélectoral ont été modifiées par la loi du 20 août 2008 portant rénovation de la démocratie sociale et réforme du temps de travail. Avant cette réforme, l'employeur devait inviter toutes les organisations syndicales représentatives dans l'entreprise pour négocier un protocole d'accord préélectoral prévoyant la division de l'entreprise en établissements distincts, la répartition des sièges entre les différentes catégories de personnel, la composition et le nombre de collèges électoraux, la répartition du personnel dans ces collèges, le déroulement et l'organisation matérielle des élections (date, heure des élections, vote par correspondance, etc.). À défaut d'inviter toutes ces organisations à négocier cet accord, les élections étaient nulles (Cass. soc. 9 avril 1987, 86-60432, *Bull. civ.* V, n° 219). Désormais, l'employeur doit aussi inviter à la négociation les syndicats ayant 2 ans d'ancienneté et satisfaisant les critères de respect des valeurs républicaines et d'indépendance. Ce protocole préélectoral n'est pas un accord collectif comme les autres, dans la mesure où il fallait l'unanimité des organisations syndicales pour être valable. Cette unanimité était prévue pour modifier le nombre et la composition des collèges électoraux (C. trav., anc. art. L 423-1 et L 433-9) ainsi que pour écarter la règle selon laquelle les élections ont lieu pendant le temps de travail et sur le lieu de travail (C. trav., anc. art. L 423-13 et L. 433-9). La Cour de cassation avait étendu cette règle pour les modalités pratiques des élections (Cass. soc. 6 mai 1985, 84-60879, *Bull. civ.* V, n° 276 ; Cass. Soc. 7 novembre 1990, 89-61333, *RJS* 1990, n° 1001) et en avait fait une règle de portée générale (Cass. soc. 12 janvier 1999, 97-60337, *Bull. civ.* V, n° 13, *TPS* 1999, comm. 107). Cette solution était justifiée à une époque où les accords d'entreprise n'étaient pas soumis à un principe majoritaire et où il était possible de conclure un accord par la signature d'un seul syndicat, même minoritaire dès lors qu'il était représentatif dans l'entreprise. Mais pour éviter les blocages, la Cour de cassation avait vite nuancé sa solution et avait indiqué que l'absence d'unanimité ne rendait pas à elle seule le protocole irrégulier mais autorisait seulement une des parties y ayant intérêt à saisir le juge d'instance pour qu'il fixe les modalités non prévues (Cass. soc. 10 mai 2000, 99-60064, *TPS* 2000, comm. 272). En revanche, si le juge n'était pas saisi, l'accord s'appliquait. Dans une décision du 28 décembre 2006 (05-60283, *JCP soc.* 13/3/2007, 1174) semblait remettre un peu plus en cause cette règle de l'unanimité. En effet, elle rappelait que l'accord même non unanime s'appliquait quant à la date de dépôt des listes et des scrutins, à la composition des collèges et la répartition des sièges, *alors même que le juge d'instance était saisi*. Ainsi la liste qui avait été déposée avec retard en raison d'une contestation est écartée du scrutin et les élections ont été validées. Toutes les questions n'étaient pourtant pas résolues dans la mesure où rien n'était indiqué sur l'exigence du principe majoritaire (Voir Fiche n° 33). Cet accord reste particulier dans la mesure où la Cour de cassation n'exige pas d'écrit faute de disposition expresse dans le code (Cass. soc. 23 janvier 2002, 00-60293, inédit). De plus, la Cour a écarté l'art. L 2232-17 (anc. art. L 132-20) et autorise des personnes étrangères à l'entreprise, dès lors qu'elles ont reçu un mandat spécial à négocier cet accord préélectoral (Cass. soc. 6 mai 1985, 84-60879, *Bull. civ.* V, n° 276). Désormais, l'accord n'est plus soumis à l'unanimité mais à une double majorité : celle des organisations ayant participé à la négociation ainsi qu'à la majorité des syndicats représentatifs ayant obtenu la majorité des suffrages exprimés lors des dernières élections professionnelles ou lorsque ces résultats ne sont pas disponibles à la majorité des organisations syndicales représentatives dans l'entreprise. Cette condition est requise pour la répartition du personnel entre les collèges, pour la répartition des sièges entre les collèges, la détermination ou la perte de la qualité des établissements distincts, le nombre de membres du comité d'entreprise. En revanche, l'unanimité avec les syndicats représentatifs reste nécessaire pour la suppression du comité d'entreprise ou du mandat du délégué syndical, pour le nombre et la composition des collèges DP et CE et pour l'organisation du scrutin en dehors du temps de travail.

En principe, le personnel est réparti en 2 collèges électoraux, sauf quand l'entreprise a moins de 26 salariés : un pour les ouvriers et employés et un pour ingénieurs, chefs de service, techniciens et agents de maîtrise. L'accord préélectoral peut en augmenter le nombre (C. trav., art. L 2314-10 et L 2324-12, anc. art. L 423-2 et L 433-2). C'est cet accord, et à défaut l'autorité administrative, qui répartit le personnel dans ces collèges.

L'employeur doit ensuite établir les listes électorales. Sont électeurs tous les salariés ayant plus de 16 ans et au moins trois mois d'ancienneté dans l'entreprise et n'ayant pas fait l'objet d'une condamnation des articles L 5 et 6 du

Code électoral. Un salarié dont le contrat est suspendu est électeur (Cass. soc. 8 avril 1992, 90-60531, *Bull. civ.* V, n° 264), même si des arrêts plus anciens exigeaient, pour conserver cette qualité, le maintien de la rémunération (Cass. soc. 17 décembre 1984, 84-6090, *Bull. civ.* V, n° 494). L'employeur, en établissant ces listes, ne doit donc pas oublier les salariés absents. Le protocole préélectoral peut prévoir des modalités du vote par correspondance. En revanche, doivent être exclus de l'électorat les salariés qui exercent des fonctions patronales en vertu d'une délégation (Cass. soc. 26 septembre 2002, 01-60670, *DS* 2002, p. 1080, note F. Duquesne). La question a été soulevée à propos des salariés mis à disposition par une autre entreprise : peuvent-ils être électeurs dans l'entreprise dans laquelle ils effectuent leur prestation de travail ? Après plusieurs hésitations jurisprudentielles, la Cour de cassation leur a reconnu cette qualité pour les élections des délégués du personnel et du comité d'entreprise quand ils sont intégrés de façon permanente et étroite à la communauté de travail (Cass. soc. 28 février 2007, 06-60171, *JCP soc.* 17/4/2007, 1272). La loi du 20 août 2008 vient préciser la règle (C. trav., art. L 2314-18-1 pour les délégués du personnel et art. L 2324-17-1 pour le comité d'entreprise) : les salariés mis à disposition sont électeurs s'ils sont pris en compte dans les effectifs de l'entreprise utilisatrice (Voir Fiche n° 25) et s'ils sont présents dans l'entreprise depuis au moins 12 mois. Ils doivent alors choisir dans quelle entreprise ils exercent leur doit de vote, sans que les modalités de choix soient précisées. En revanche, en sont toujours exclus les salariés intérimaires, qui bien que comptant dans les effectifs de l'entreprise utilisatrice, ne peuvent participer aux élections de cette entreprise (Cass. soc. 30 janvier 2008, 07-60096). Ces listes sont établies pour les deux tours et ne peuvent donc pas être modifiées avant le 2e tour (Cass. soc. 18 novembre 2008, 07-60359, *JCP soc.* 10/2/2009, 1070).

Ensuite, avant la loi du 20 août 2008, seules les organisations syndicales représentatives pouvaient désigner au 1er tour les candidats aux élections. Par conséquent, la propagande électorale antérieure au premier tour était réservée aux syndicats représentatifs et l'employeur devait respecter cette règle. Il ne pouvait donc pas autoriser l'affichage de tracts de candidatures libres avant le premier tour (Cass. soc. 14 janvier 2004, 01-60788, *Bull. civ.* V, n° 12). La loi du 20 août 2008 ouvre également ce droit aux syndicats non représentatifs mais ayant 2 ans d'ancienneté et satisfaisant aux critères de respect des valeurs républicaines et d'indépendance. Les syndicats peuvent présenter des listes incomplètes mais non plus de candidats que de postes à pourvoir. Par ailleurs, il faut établir pour chaque collège une liste de membres titulaires et une liste de membres suppléants.

Pour être éligible, le salarié doit remplir les conditions pour être électeur, mais être âgé de plus de 18 ans et avoir travaillé « sans interruption » dans l'entreprise depuis au moins 1 an (C. trav., art. L 2314-16 et L 2324-15, anc. art. L 423-8 et L 433-5). Cette précision posait problème lorsque le salarié était absent de l'entreprise en raison d'une cause de suspension. Les arrêts les plus récents estimaient qu'il était toujours éligible (Cass. soc. 15 mai 1991, 90-60483, *Bull. civ.* V, n° 240, Cass. soc. 1er décembre 1993, 92-60278, *DS* 1994, p. 217), remettant en cause une jurisprudence antérieure qui estimait que cette qualité était perdue (Cass. soc. 14 janvier 1982, 81-60850, *Bull. civ.* V, n° 21). L'ordonnance du 1er décembre 2005 a supprimé cette condition d'ininterruption, effaçant ainsi le doute soulevé par la rédaction antérieure. Par ailleurs, le salarié ne doit pas être conjoint, ascendant, descendant, frère ou sœur ou allié au même degré du chef d'entreprise. Le nouvel art. L 2324-15 du Code du travail ajoute une incompatibilité pour le partenaire d'un PACS. La loi du 20 août 2008 vient préciser les conditions dans lesquelles les salariés mis à disposition peuvent être candidats. Elle fait ici une distinction entre les élections aux fonctions de délégué du personnel et celles au comité d'entreprise. En effet, ils ne sont jamais éligibles au comité d'entreprise, en raison de la confidentialité des informations qui pourraient être communiquées. En revanche, ils peuvent exercer les fonctions des délégués du personnel à condition d'être comptés dans les effectifs de l'entreprise utilisatrice et d'y être présents depuis au moins 24 mois continus et d'exercer le choix d'y être éligible.

Si la loi fixe le nombre de représentant à élire (Voir Fiche n° 25), c'est l'accord préélectoral qui fixe la répartition des mandats entre les différents collèges. De plus, dès lors qu'il y a plusieurs collèges, il doit y avoir au moins un siège de titulaire par collège.

Les élections ont nécessairement lieu pendant le temps de travail et sur le lieu de travail sauf disposition contraire du protocole d'accord préélectoral, en respectant les principes généraux du droit électoral, notamment un scrutin secret, l'utilisation d'isoloirs (Cass. soc. 26 mai 1998, 97-60092, *DS* 1998, p. 724). Lorsqu'il faut désigner les délégués du personnel et le comité d'entreprise, elles ont lieu à la même date (C. trav., art. L 2314-6, anc. art. L 423-19), à peine de nullité de l'élection réalisée (Cass. soc. 28 mai 2008, 07-60333, *RDT* décembre 2008, p. 754). Le vote électronique est désormais possible depuis une loi du 21 juin 2004, à condition de conclure un accord d'entreprise le prévoyant (C. trav., art. L 2314-21, anc. art. L 423-13). Le mode de scrutin est un scrutin de liste à deux tours avec une représentation proportionnelle à la plus forte moyenne (Voir pour un exemple de contentieux : Cass. soc. 24 septembre 2008, 08-60004, *JCP soc.* 25/11/2008, 1619, *RTD* janvier 2009, 48 qui admet la validité de candidature individuelle considérée comme une liste incomplète et la technique du panachage). Le calcul se fait par collège et séparément pour les titulaires et les suppléants conformément aux articles R 2314-22 et s. et 2324-18 et s. du Code du travail (anc. art. R 433-3 et R 423-2). Ce 1er tour des élections représente également un enjeu pour mesurer la majorité des syndicats, mais aussi, dans la loi portant rénovation de la démocratie sociale, la représentativité des syndicats et leur capacité à négocier des accords collectifs.

Un deuxième tour est organisé, dans les 15 jours qui suivent le 1er tour, dans plusieurs hypothèses :

- Soit que le quorum n'a pas été atteint lors du 1er tour. Il faut en effet que plus de la moitié des électeurs inscrits votent lors du 1er tour.
- Soit que certains sièges n'ont pas été pourvus.
- Soit qu'aucune organisation syndicale n'a présenté de liste de candidats au 1er tour.

Dans ce cas, les listes de candidatures sont libres : les syndicats n'ont plus le monopole pour présenter des candidats, même si leurs listes sont maintenues. Par ailleurs, la règle du quorum n'est plus exigée.

B. L'élection des délégués du personnel

Cette élection doit avoir lieu quand l'entreprise a plus de 11 salariés. Le nombre de délégués du personnel varie selon l'effectif de l'entreprise et selon aussi l'existence ou non d'un comité d'entreprise et d'un CHSCT (Voir Fiche n° 25).

C. La mise en place du comité d'entreprise

La mise en place d'un comité d'entreprise est obligatoire quand l'établissement occupe plus de 50 salariés (Voir Fiche n° 25). Lorsque l'entreprise dispose de plusieurs établissements distincts de plus de 50 salariés, un comité d'établissement dans chacun d'eux doit être élu et au niveau de l'entreprise sera créé un comité central d'entreprise. Les membres de comité central seront élus par les comités d'établissement. Si au contraire l'effectif de tous les établissements est inférieur à 50 salariés, seul un comité d'entreprise sera instauré.

Ce comité d'entreprise est composé du chef d'entreprise ou de son représentant qui le convoque, établit l'ordre du jour avec le secrétaire et préside les réunions. Il est également composé d'une délégation du personnel élue dont le nombre varie en fonctions des effectifs de l'entreprise (C. trav. art. R 2324-1, anc. art. R 433-1 ; Voir Fiche n° 25). Sont alors élus autant de titulaires qui ont une voix délibérative que de suppléants qui n'ont qu'une voix consultative. Par ailleurs, chaque organisation syndicale représentative peut désigner un représentant syndical au comité d'entreprise, qui est de droit le délégué syndical dans les entreprises employant moins de 300 salariés (C. trav., art. L 2143-22, anc. art. L 412-17).

Dans les entreprises de moins de 200 salariés, depuis la loi du 20 décembre 1993, l'employeur peut décider la mise en place d'une délégation unique, c'est-à-dire que les délégués du personnel élus vont constituer la délégation salariée au sein du comité d'entreprise (C. trav., art. L 2326-1 et s., anc. art. L 431-1-1). Cette décision, prise après consultation des représentants du personnel, a pour objet de simplifier les démarches pour l'employeur. Elle entraîne une fusion des mandats sans cumul possible des crédits d'heures. Mais elle a pour effet de réduire le nombre des représentants dans l'entreprise et la simplification n'est pas totale : car les deux institutions continuent de coexister dans l'entreprise, avec leurs attributions respectives. Cette règle vaut dans toutes les entreprises de plus de 50 salariés : l'employeur doit procéder en principe à 2 élections, une de délégués du personnel et une pour le comité d'entreprise.

Dans les groupes de sociétés, définis comme étant composés de plusieurs sociétés dont une domine les autres grâce à la détention de plus de la moitié du capital ou des droits de vote (C. trav., art. L 2331-1 et s., anc. art. L 439-1), un comité de groupe doit être institué, et cela quel que soit le seuil des effectifs au sein du groupe si toutes les entreprises ont leur siège social en France. Il est composé du représentant de l'entreprise dominante et deux personnes de son choix. Les présidents des comités d'entreprise ne sont pas membres du comité de groupe. La délégation du personnel comprend des représentants du personnel désignés par les syndicats, et non par le personnel au suffrage direct, parmi les élus aux comités d'entreprise de l'ensemble du groupe de son obédience syndicale. Par ailleurs, la répartition des sièges se fait par collège et non par comité d'entreprise. Ce ne sont donc pas les entreprises qui sont représentées.

III. Le comité d'hygiène, de sécurité et des conditions de travail (CHSCT)

A. Composition du CHSCT

Selon l'art. L 4613-1 du Code du travail (anc. art. L 236-5), il comprend le chef d'établissement ou son représentant qui en assure la présidence et une délégation du personnel. Peuvent aussi siéger, avec voix consultative, le chef de service de la sécurité et des conditions de travail et le médecin du travail. Par ailleurs, dans les entreprises de plus de 300 salariés, les syndicats représentatifs peuvent désigner un représentant syndical.

B. Désignation du CHSCT

C'est un mode de désignation électoral mais à la différence des autres institutions représentatives, la loi est silencieuse sur les modalités précises de ces élections. La Cour de cassation applique donc le droit commun des élections professionnelles dans l'entreprise (pour un exemple : Cass. soc. 16 avril 2008, 07-6048, *JCP soc.* 1/7/2008, 1379). Elle exige un scrutin proportionnel et exclut le monopole syndical au 1er tour. Depuis 1982, l'employeur doit établir un protocole préélectoral en invitant toutes les organisations syndicales représentatives implantées dans l'entreprise. Par ailleurs, la délégation de personnel n'est pas élue directement par les salariés de l'entreprise mais par un collège unique, formé des membres élus du comité d'entreprise et des délégués du personnel, et sans siège réservé aux cadres. Seuls les titulaires peuvent voter selon la Cour de cassation. Tout salarié de l'établissement peut être choisi comme membre du CHSCT, sans qu'une condition de capacité électorale ne soit exigée (Cass. soc. 95-60797, 9 juillet 1996, *RJS* 1996, n° 931).

À retenir

- **Protocole d'accord préélectoral, scrutin à deux tours avec monopole de désignation au 1er tour par les organisations syndicales représentatives ou celles ayant plus de 2 ans d'ancienneté et satisfaisant aux critères de respect des valeurs républicaines et d'indépendance, nombre de collèges.**

	DP	CE	CHSCT
Seuil des effectifs	Obligatoire à partir de 11 salariés.	Obligatoire à partir de 50 salariés.	
Mode de désignation	Élection directe par les salariés.		Élection indirecte par les membres élus.
Durée du mandat	4 ans (art. L 2314-26, anc. art. L 423-16).	4 ans (art. L 2324-24, anc. art. L 433-12).	2 ans (art. R 4613-5, anc. art. R 236-7).
Composition		– Chef d'entreprise – Un représentant syndical qui est de droit le délégué syndical dans les entreprises de moins de 300 salariés. – Délégation du personnel élue. Si l'entreprise a moins de 200 salariés, l'employeur peut décider une mise en place **d'une délégation unique de personnel**, les DP constituant cette délégation élue.	– Chef d'établissement. – Une délégation du personnel. – Représentant syndical possible pour chaque syndicat représentatif au-delà de 300 salariés.

Conditions pour être titulaire du mandat	Salarié de l'entreprise de plus de 18 ans, travaillant depuis au moins 1 an, sans privation du droit de vote et sans exercer des fonctions patronales en vertu d'une délégation et sans être un proche parent du chef d'entreprise.	Tout salarié de l'entreprise peut être élu sans condition de capacité électorale.

Pour en savoir plus

- CH. Barberot, « Le protocole d'accord préélectoral », *RJS* 12/97, p. 815 ;
- J.M. Béraud, « L'influence de la suspension du contrat de travail sur les relations institutionnelles dans l'entreprise », *DS* 1980, p. 151 ;
- G. Borenfreund, « Négociation préélectorale et droit commun de la négociation collective », *in Études offertes à J. Pélissier*, p. 1993 ;
- A. Brice, « Les opérations électorales après la loi du 20 août 2008 », *JCP soc.* 16/12/2008, 1658 ;
- M. Del Sol, « La délégation unique du personnel : portée d'une réforme », *DS* 1995, p. 153 ;
- A. Cœuret « La négociation préélectorale entre unanimité et majorité », *RJS* 3/2007, p. 211 ;
- F. Duquesne, « Seuils d'effectif, électorat et éligibilité, quelques précisions », *DS* 2002, p. 1080 ;
- F. Petit, « L'influence du droit électoral politique sur les élections professionnelles dans l'entreprise », *DS* 2000, p. 603 ;
- F. Petit, « Les principes généraux du droit électoral dans la jurisprudence de la Chambre sociale de la Cour de cassation », D. 2005, p. 1815 ;
- F. Petit, « La campagne électorale dans l'entreprise », *JCP soc.* 19/5/2009, 1222 ;
- J. Savatier, « La mise en place de la délégation unique du personnel dans les entreprises de moins de 200 salariés », *RJS* 2/96, 63 ;
- A. Supiot, « Les accords préélectoraux », *DS* 1988, p. 115 ;
- P.-Y, Verkindt, « Le comité d'hygiène, de sécurité et des conditions de travail, Quelques développements jurisprudentiels récents », *DS* 2007, p. 1253.

Pour s'entraîner

Résoudre le cas pratique suivant :

L'entreprise Dupain doit procéder au renouvellement de ses institutions représentatives du personnel, sachant qu'elle a 160 salariés. M. Dupain invite donc toutes les organisations syndicales représentatives dans l'entreprise à négocier un protocole d'accord qui est signé. Il prévoit deux collèges mais sans indiquer la répartition des sièges entre ces collèges. Les élections du comité d'entreprise auront lieu 15 jours plus tard, entre 12 h et 18 h dans la salle de réunion de l'entreprise. Se présentent au 1er tour un candidat libre, Franck, et ont été désignés par FO Julien qui est un apprenti de 16 ans, Jeanne qui est en congé maternité, et Jean, embauché en CDI depuis 10 ans. M. Dupain se demande si cette élection est régulière.

Réponse

Plusieurs irrégularités peuvent être constatées.

Il aurait dû également inviter à la négociation du protocole d'accord les organisations syndicales qui bien que n'étant pas représentatives dans l'entreprise ont plus de 2 ans d'ancienneté et satisfont aux critères d'indépendance et de respect des valeurs républicaines. Vu l'énoncé, on ne sait pas si elles existent.

Le protocole préélectoral n'est pas complet : il n'indique pas la répartition des sièges entre les collèges, ni celle des électeurs par collèges. De plus, il faut prévoir des isoloirs pour faire ces élections.

L'employeur, *a priori*, **n'a pas établi ni affiché** les listes électorales.

Certaines candidatures sont irrégulières. Seuls les syndicats représentatifs ou celles ayant plus de 2 ans d'ancienneté satisfaisant les critères d'indépendance et de respect des valeurs républicaines peuvent désigner des candidats au 1er tour. La candidature de Franck est donc irrégulière. En revanche, il est possible de prévoir des listes incomplètes, mais non pas plus de candidats que de postes. En l'espèce, il faut désigner 5 titulaires et 5 suppléants. Un 2e tour devra donc être organisé au plus tard dans les 15 jours. Quant aux autres candidats, il faut respecter les conditions de l'art. L 2324-15 du Code du travail (anc. art. L 433-5) et notamment avoir 18 ans accomplis. La candidature de Julien est donc irrégulière. Celle de Jean ne pose aucune difficulté. Quant à Jeanne, le fait que son contrat soit suspendu peut créer un problème, même si les arrêts les plus récents considèrent que le salarié conserve sa qualité d'éligible. L'ordonnance du 1er décembre 2005 supprime cette condition « sans interruption ». M. Dupain peut saisir le juge d'instance qui a une compétence exclusive. Il faut également souligner que l'employeur aurait dû organiser les élections des délégués du personnel et du comité d'entreprise, le même jour. Or, il semble n'avoir envisagé que celle du comité.

Fiche

28

Les fonctions des institutions représentatives du personnel élues

Définition

Consultation : il s'agit de demander un avis à une institution représentative du personnel qu'elle rendra en toute connaissance de cause, c'est-à-dire après avoir été informée sur le projet soumis à l'avis.

I. Les missions du délégué du personnel

A. Missions spécifiques

Selon l'art. L 2313-1 du Code du travail (anc. art. L 422-1), sa mission générale consiste à veiller à l'application du droit du travail dans l'entreprise et en réclamer l'application. Il ne dispose pas, en principe, d'un pouvoir de revendication, consistant à transformer la règle, comme le ferait un délégué syndical, sauf en matière de salaire. Ce pouvoir de revendication lui a été reconnu depuis la loi du 28 octobre 1982. Par ailleurs, il peut sous certaines conditions négocier les accords collectifs à défaut de délégué syndical dans l'entreprise depuis la loi du 4 mai 2004 (voir Fiche n° 33). Par conséquent, il peut saisir l'inspection du travail de toutes les plaintes et observations sur l'application des règles. Il dispose aussi un droit d'alerte lorsqu'il constate une atteinte aux droits fondamentaux et aux libertés individuelles dans l'entreprise ou une atteinte à la santé physique ou mentale des salariés (Voir Fiche n° 29). Il a également une fonction de conseil et il est amené à donner ses avis consultatifs dans plusieurs domaines. Ainsi, il est consulté pour la date des congés payés, l'ordre des départs des salariés en congés payés, pour le reclassement d'un salarié malade. Enfin, il vote avec les membres du comité d'entreprise pour désigner les membres du CHSCT.

Selon une jurisprudence bien établie de la chambre sociale, la mission des délégués du personnel ne peut concerner que les problèmes intéressant directement les salariés qui les ont élus (Cass. soc. 23 janvier 1990, 86-43815 et 86-43817, *Bull. civ.* V, n° 21). Ainsi ils ne peuvent défendre les intérêts généraux d'une profession ou avoir des actions de caractère syndical.

B. Missions supplétives

En cas de carence des autres institutions représentatives du personnel, le Code du travail permet au délégué du personnel d'exercer certaines fonctions relevant des autres organes.

Ainsi, il exerce les fonctions du CHSCT, en son absence et cela quel que soit l'effectif de l'entreprise par un renvoi général prévu aux articles L 4611-2 et L 4611-3 (anc. art. L 236-1 alinéa 4 et 2). De même, il supplée la carence du comité d'entreprise dans sa fonction de conseil dans la plupart de ses attributions économiques : il doit donc être informé et consulté pour les contrats précaires, la marche générale de l'entreprise, les modes de recrutement, la formation professionnelle, les conditions de travail, la procédure de licenciement économique, les congés spécifiques, la durée du travail. Le Code du travail prévoit cette mission supplétive de manière expresse uniquement en cas de carence de comité d'entreprise dans les entreprises de plus de 50 salariés (art. L 2313-13, anc. art. L 431-3). Aucun renvoi général n'existe pour les établissements dont l'effectif est moindre. Ce sont les dispositions ponctuelles qui donnent alors cette compétence aux délégués du personnel. En revanche, il ne pourra pas gérer seul les activités sociales et culturelles, qui restent de la compétence de l'employeur. Enfin, dans les entreprises de moins de 50 salariés, il peut être désigné comme délégué syndical par une organisation syndicale.

C. Le fonctionnement

Tous les mois, les délégués du personnel doivent avoir une réunion avec le chef d'entreprise (C. trav., art. L 2315-8, anc. art. L 424-4). Les délégués peuvent faire des demandes écrites, qui sont présentées à l'employeur au moins deux jours ouvrables avant la date de cette réunion. L'employeur doit également y répondre par écrit au plus tard dans les 6 jours ouvrables suivant cette réunion mensuelle. Cet échange est inscrit dans un registre spécial mis à disposition des salariés, mais aussi de l'inspection du travail, ce qui peut constituer un moyen de pression sur l'employeur en cas de non-respect des règles. Le temps passé aux réunions est considéré comme du temps de travail effectif et n'est pas décompté des heures de délégation (Voir Fiche n° 29).

II. Les attributions du comité d'entreprise

A. Attributions économiques

Le comité d'entreprise représente l'intérêt des salariés dans les décisions patronales relatives à la gestion, à l'évolution économique et financière, à l'organisation du travail, à la formation professionnelle (C. trav., art. L 2323-1 et s., anc. art. L 432-1 et s.). Cette notion est interprétée largement par la Cour de cassation, puisqu'elle a admis par exemple que le comité d'entreprise devait être consulté en cas de cession d'actions entraînant une cession de contrôle de l'entreprise, alors même que ce sont les actionnaires et non la société elle-même qui cèdent leurs actions (Cass. crim. 2 mars 1978, 76-92008, *JCP* 1979, II, 19052). Il n'a aucun véritable pouvoir de négociation, sauf en cas d'absence de délégués syndicaux (Voir Fiche n° 26), mais seulement un droit d'être informé et consulté sur un nombre de projets économiques. Dans ce cas, il doit donner son avis avant que le chef d'entreprise ne prenne une décision définitive. Le comité d'entreprise doit avoir toutes les informations nécessaires pour rendre un avis éclairé (Voir par exemple pour une opération de LBO : Cass. soc. 23 septembre 2008, 07-18879, *RDT* décembre 2008, p. 755) et sa consultation doit avoir lieu en temps utile, sans que le Code n'indique de délai. Cela doit permettre une deuxième consultation éventuelle du comité sur la réponse de l'employeur et cela avant la décision définitive du chef d'entreprise ou de l'organe compétent. Le fait pour le comité d'entreprise de refuser de siéger ne permet pas de bloquer la décision de l'employeur qui a convoqué régulièrement cet organe (TGI Paris, ord. 18 septembre 2008, *JCP soc.* 2/12/2008, 1632).

Cette consultation, qui consiste donc dans une information et une demande d'avis, peut être régulière ou ponctuelle.

Consultations annuelles	– Sur la durée et l'aménagement du temps de travail, la formation. – Sur les conditions d'emploi des handicapés. – Sur l'affectation de la taxe d'apprentissage. – Sur les modalités d'exercice du droit d'expression des salariés. – Sur la politique de recherche. – Sur les orientations de la formation professionnelle.
Consultations ponctuelles	– Sur le projet d'introduction de nouvelles technologies. – Sur le recours au chômage partiel. – Sur le licenciement de salariés protégés. – Sur les projets de restructurations et de compression des effectifs. – Sur un projet de licenciement économique collectif. – Sur le projet de règlement intérieur. – Sur les projets permettant de contrôler l'activité du salarié. - Sur les aides publiques directes en faveur des entreprises (décret du 30 mars 2009).

Informations régulières	Informations annuelles.	– Sur l'activité de l'entreprise présente et les perspectives pour l'année à venir, le chiffre d'affaires. – Sur l'évolution de l'emploi. – Sur la participation. – Sur l'hygiène, la sécurité et les conditions de travail.
	Informations trimestrielles.	– Sur l'évolution générale des commandes, de la situation financière de l'entreprise tous les trimestres. – Sur la situation de l'emploi (effectifs, CDD, contrats précaires, égalité hommes-femmes, etc.) tous les trimestres dans les entreprises de plus de 300 salariés et tous les semestres dans les autres.
Informations ponctuelles	En cas d'offre publique d'achat.	

Lorsque le comité d'entreprise a connaissance de faits de nature à affecter de manière préoccupante la situation économique de l'entreprise, il peut demander à l'employeur des explications. Si la réponse n'est pas satisfaisante, le comité établit un rapport qui est transmis à l'employeur mais aussi au commissaire aux comptes. Il peut aussi décider de saisir les organes dirigeant la société. Il s'agit d'un droit d'alerte économique (C. trav., art. L 2323-78, anc. art. L 432-5).

B. Attributions sociales et culturelles

Il peut revendiquer la gestion des activités sociales et culturelles de l'entreprise (C. trav., art. L 2323-83 à 85, anc. art. L 432-8). Cette mission a été confiée dès 1945 lors de la création du comité d'entreprise et repose sur l'idée que l'action sociale doit être gérée par les travailleurs eux-mêmes.

Illustration des activités sociales et culturelles du comité d'entreprise :

> *L'art. R 2323-20 (anc. art. R 432-2) fixe une liste de ces actions, comme les cantines, les crèches, les bibliothèques, des institutions de prévoyance, les loisirs, le sport. Cette liste a été jugée non limitative par la Cour de cassation : elle regroupe toutes les activités « qui tendent directement nécessairement à l'amélioration des conditions collectives de travail du personnel ou de leur vie, sans aucune discrimination » (Cass. soc. 13 novembre 1975, 73-14848,* Bull. civ. *V, n° 533). Elles peuvent donc bénéficier aux salariés mais aussi aux membres de leur famille ou bien encore aux anciens salariés de l'entreprise. Ainsi, la Cour a admis que relevait bien de ces activités l'aide financière accordée par un comité d'entreprise pour permettre à des salariés licenciés pour motif économique d'agir en justice pour contraindre l'employeur à respecter ces engagements pris dans le plan social (Cass. soc. 26 janvier 1999, 97-10522,* Bull. civ. *V, n° 41). De même, le comité d'entreprise peut gérer une mutuelle ou un*

contrat d'assurance groupe, le négocier, le conclure, le financer et le proposer aux salariés de l'entreprise. En revanche, ne rentre pas dans cette catégorie et ne relève donc pas de la compétence du CE le fait d'accorder un voyage à des commerciaux qui ont gagné un challenge et qui est analysé comme une contrepartie du travail fait (Cass. soc. 2 décembre 2008, 07-16818, JCP soc. *10/2/200, 1071).*

Cette notion apparemment simple pose deux difficultés essentielles. D'abord, le comité d'entreprise peut-il revendiquer des actions imposées par un engagement unilatéral ou par un accord collectif et si oui, le comité est-il tenu par ces dispositions ? La réponse ne fait pas l'unanimité ni en doctrine ni en jurisprudence. Ensuite, le comité doit-il être neutre vis-à-vis de l'employeur ? Peut-il gérer des activités qui pourraient porter atteinte aux intérêts de l'employeur ? Jusqu'en 1982, le comité d'entreprise devait agir en coopération avec la direction. Depuis 1982, le rôle du comité a changé puisqu'il est chargé de l'expression collective des salariés. Par conséquent, certaines de ces œuvres peuvent porter atteinte aux intérêts de l'employeur et les juges ont autorisé, par exemple, l'attribution de sommes aux salariés lorsqu'ils intentent une action contre leur employeur (Cass. soc. 26 janvier 1999, 97-10522, *Bull. civ.* V, n° 41). En revanche, le comité doit garder sa neutralité vis-à-vis des syndicats et ne peut donc accorder des fonds pour soutenir un mouvement de grève par exemple. Il ne peut être autorisé qu'à verser des secours individualisés aux salariés qui justifieraient d'une situation particulière (Cass. soc. 11 juin 1996, 94-14988, *RJS* 1996, 804). Selon la Halde, le comité, tout en bénéficiant d'une liberté dans la gestion de ces œuvres, doit respecter les libertés individuelles et les interdictions de discrimination inscrites dans le Code du travail (Halde, délib. du 2 mars 2009, n° 2009-118, *JCP soc.* 12/5/2009, 253).

C. Attributions du comité central d'entreprise, des comités d'établissement et du comité de groupe

Ce sont les comités d'établissement qui remplissent véritablement les missions du comité d'entreprise, de manière autonome, car ils sont dotés de la personnalité juridique (C. trav., art. L 2327-15 et L 2327-16, anc. art. L 435-2). Cependant deux limites doivent être apportées :

- Les comités d'établissement peuvent donner au comité central une délégation de gérer les œuvres communes en matière sociale et culturelle.
- En matière économique, les attributions économiques sont attribuées aux comités d'établissement dans la limite des pouvoirs confiés au chef d'établissement, comme par exemple l'examen annuel des comptes de l'établissement lui permettant de recourir à un expert comptable (Cass. soc. 27 mai 2008, 07-12582, *JCP soc.* 23/9/2008, 1496). Le comité central reste compétent pour les questions concernant la marche générale de l'en-

treprise et qui excèdent les pouvoirs de ces chefs d'établissement. Cela peut être le cas par exemple pour la consultation en matière de licenciement pour motif économique intéressant plusieurs établissements, sur les OPA.

Le comité central se réunit une fois tous les 6 mois au siège de l'entreprise sur convocation du chef d'entreprise, qui établit l'ordre du jour conjointement avec le secrétaire. Il peut tenir des réunions exceptionnelles à la demande de la majorité de ses membres.

Le comité de groupe est seulement informé des questions en matière économique et non consulté. Il n'a aucune compétence en matière sociale. Cette information est donnée au cours d'une réunion annuelle portant sur l'activité et la situation financière de l'ensemble du groupe et de chaque entreprise le composant. Il se fait communiquer les bilans, le rapport du commissaire aux comptes, et un bilan prévisionnel des emplois. Il est présidé par le chef d'entreprise de l'entreprise dominante ou son représentant.

D. Le fonctionnement du comité d'entreprise

Une fois élu, le comité d'entreprise doit se réunir pour désigner son bureau comprenant au moins le président qui est le chef d'entreprise ainsi que le secrétaire et bien souvent, également, un trésorier. Il adopte aussi un règlement intérieur. Il doit mettre en place plusieurs commissions en fonction des effectifs de l'entreprise (Voir Fiche n° 25) :

- la commission économique quand l'entreprise a plus de 1 000 salariés ;
- la commission de l'information et d'aide au logement pour les entreprises d'au moins 300 salariés ;
- la commission de la formation et celle de l'égalité professionnelle quand les effectifs sont supérieurs à 200 salariés.

Ces commissions sont chargées de préparer les réunions du comité d'entreprise.

Le comité d'entreprise se réunit au moins une fois par mois quand l'entreprise a au moins 150 salariés. Lorsque son effectif est inférieur, la réunion a lieu une fois tous les deux mois. L'ordre du jour est fixé conjointement par l'employeur et le secrétaire. Mais pour éviter les blocages, la loi du 18 janvier 2005 a permis d'inscrire de plein droit les consultations obligatoires du comité. Cet ordre du jour est communiqué aux membres du comité au moins trois jours avant la réunion.

Les décisions du comité d'entreprise sont prises en principe par un vote, à la majorité des présents. Mais tous les membres présents au sein du comité d'entreprise ne participent pas nécessairement au vote. Ainsi ne votent pas les suppléants en présence des titulaires. Il en est de même des représentants syndicaux, qui n'ont qu'une voix délibérative. La question est plus difficile à résoudre pour le président du comité d'entreprise, c'est-à-dire le chef d'entreprise. L'art. L 2325-48 al. 2 du Code du travail (anc. art. L 434-3) indique que « *le président du comité ne participe pas au vote lorsqu'il consulte les membres élus du comité en tant que délégation du personnel* ». Cela dépend en réalité de la nature de la décision à prendre. Ainsi, selon la jurisprudence, le chef d'entreprise ne vote pas lorsque le comité d'entreprise doit donner son avis, comme sur un projet de licenciement économique ou pour celui d'un représentant du personnel (Cass. soc. 22 novembre 1988, 85-42007, *Bull. civ.* V, n° 617, *DS* 1989, 211) ou quand il doit prendre une décision, comme la désignation d'un expert-comptable (Cass. soc. 26 novembre 1987, 86-14530, *Bull. civ.* V, n° 679). En revanche, pour toutes les questions relatives au fonctionnement du comité, le chef d'entreprise participe au vote, comme la désignation du secrétaire (Cass. soc. 5 janvier 2005, 02-19080, *RJS* 4/05, n° 402). En cas de vote irrégulier du chef d'entreprise, la décision du comité est nulle. Certains arrêts exigent cependant que cette participation ait influencé le résultat.

III. Le rôle du CHSCT

Sa mission est fixée par les art. L 4612-1 et s. du Code du travail (anc. art. L 236-2). Il contribue ainsi à la protection de la santé physique et mentale et à la sécurité des salariés. Il vise aussi à améliorer les conditions de travail et à veiller à l'application des normes dans ces matières.

A. Un rôle de conseil

À ce titre, il doit être informé et consulté au moins une fois par an par l'employeur qui établit un rapport écrit décrivant la situation générale de l'entreprise. L'employeur doit aussi informer et consulter le CHSCT, de manière ponctuelle, en cas de projet soulevant une question relevant de sa compétence. Il en est ainsi, par exemple, pour les questions concernant la durée du travail, la modification de l'outil de travail, du règlement intérieur, l'introduction de nouvelles technologies ou de travaux d'aménagement des locaux ou encore de mesures concernant des salariés victimes d'accident du travail.

Lors de ces consultations, le CHSCT peut ainsi donner son avis, que l'employeur n'est pas tenu de suivre.

B. Un rôle de contrôle et de prévention des risques

Quatre fois par an, il procède à l'inspection des locaux. Il peut effectuer des enquêtes notamment en cas d'accident du travail. S'il constate un risque grave, il doit déclencher une procédure d'alerte dans les mêmes conditions que le comité d'entreprise. L'employeur doit également fournir un programme annuel de prévention des risques professionnels. Le CHSCT doit alors procéder à une analyse des risques professionnels et des conditions de travail.

À retenir

Tableau récapitulatif des attributions des principales institutions représentatives du personnel

	Attributions
DS	Revendication auprès de l'employeur : négocie en principe les accords collectifs. Représentation du syndicat qui l'a désigné auprès de l'employeur et des salariés. Animation de la section syndicale dans l'entreprise.
DP	Veille au respect du droit du travail dans l'entreprise. Saisine de l'inspection du travail en cas de plainte ou de constatation de l'inapplication des règles. Consultation sur la date des congés payés, le reclassement d'un salarié malade. Désigne les membres du CHSCT. Supplée le CHSCT et le CE dans sa mission économique dans les entreprises de moins de 50 salariés.
CE	Attributions économiques : consultations pour les décisions concernant la gestion, l'évolution économique et financière, l'organisation du travail, la formation professionnelle... Gestion des activités sociales et culturelles de l'entreprise.
CHSCT	Consultations annuelles et ponctuelles sur toute décision relative à l'hygiène, aux conditions de travail ou qui aurait des conséquences dans ce domaine (temps de travail, outil de production, aménagement des locaux, introduction de nouvelles technologies...). Inspection des locaux trimestrielle et enquêtes en cas d'accident du travail.

Pour en savoir plus

- « Le CHSCT », numéro spécial, *RPDS* 2005, n° 728 ;
- « Le CHSCT », numéro spécial, *JCP soc* 5/6/2007 ;
- R. Chiss et F. Froment-Meurice, « Les attributions du comité d'entreprise à l'occasion d'opérations de cessions de parts ou d'actions », *JCP soc*. 3/2/2009, 1051 ;
- M. Cohen, « Les nouvelles attributions des comités d'entreprise depuis la loi de modernisation sociale », *DS* 2002, p. 298 ;
- M. Cohen, « Les deux procédures de consultation du comité d'entreprise en cas de restructurations avec licenciements », *DS* 1999, p. 591 ;
- F. Kessler, « Comité d'entreprise et protection sociale complémentaire : retour sur un vieux couple », *DS* 2008, p. 174 ;

- L. Milet, « Fonctions et prérogatives du CE après la loi de cohésion sociale », *RPDS* 2005, n° 719, p. 81 ;
- P. Rozec, « Le CHSCT et la prévention des risques professionnels », *JCP soc.* 12/12/06, 1981 ;
- J. Savatier, « Vote du président et pouvoirs de la majorité dans les délibérations du comité d'entreprise », *DS* 1989, p. 206 ;
- R. Vatinet, « De la loi sur les régulations économiques à la loi de modernisation sociale : une montée en puissance du comité d'entreprise ? », *DS* 2002, p. 297.

Pour s'entraîner

Résoudre le cas pratique suivant :

L'entreprise Dupain, employant 150 salariés, souhaite introduire une nouvelle chaîne de montage dans tous ses ateliers impliquant notamment une nouvelle répartition des tâches entre les salariés. Le chef d'entreprise vient vous consulter pour savoir quelles sont les institutions représentatives du personnel qui doivent être consultées ou informées de ce projet.

Réponse

Il s'agit d'un **projet d'introduction de nouvelles technologies** dans l'entreprise. Cette décision, si elle aboutit, risque d'avoir des répercussions importantes sur le travail des salariés, leurs fonctions, leurs conditions de travail. Par ailleurs, cette entreprise employant 150 salariés, a procédé en principe à la mise en place de délégués du personnel, d'un comité d'entreprise et d'un CHSCT.

Selon l'art. L 2323-13 du Code du travail (anc. art. L 432-2), **le comité d'entreprise** doit être informé et consulté sur tout projet important d'introduction de nouvelles technologies, susceptibles d'avoir des conséquences sur l'emploi, les conditions de travail, la formation. La Cour de cassation considère que ces conditions sont cumulatives (Cass. soc. 15 octobre 1987,85-16558, *Bull. civ.* V, n° 569). Ces conditions semblent réunies en l'espèce car le projet concerne tous les ateliers et cet aménagement va modifier la répartition des fonctions. L'employeur doit communiquer un mois avant la réunion tous les éléments d'information nécessaires ainsi qu'un plan d'adaptation du personnel le cas échéant.

Mais l'employeur doit aussi consulter le **CHSCT** conformément à l'art. L 4612-9 (anc. art. L 236-2), qui impose cette consultation préalable pour toute décision d'aménagement important modifiant les conditions de travail, notamment en cas de modification de l'outillage. Il devra l'être aussi sur le plan d'adaptation du personnel.

À défaut de la désignation d'un comité d'entreprise et du CHSCT, ce sont les délégués du personnel qui exerceront leurs fonctions de manière supplétive.

Les moyens d'action des institutions représentatives du personnel

Fiche **29**

Définitions

Crédit d'heures ou heures de délégation : nombre d'heures accordées aux salariés titulaires d'un mandat représentatif pour exercer leur mission pendant leur temps de travail.

Droit d'alerte : droit accordé à certaines institutions représentatives du personnel permettant en cas de danger en matière de sécurité, de situation économique préoccupante ou d'atteinte aux droits et libertés des salariés, de demander des explications à l'employeur, de procéder éventuellement à une enquête, et de prendre toute mesure pour mettre fin à cette situation.

I. Les moyens d'action des organes représentatifs du personnel

A. L'attribution de la personnalité juridique

Tous les organes n'ont pas nécessairement la personnalité juridique. Le Code du travail l'attribue au comité d'entreprise (C. trav., art. L 2325-1 et R 2323-39, anc. art. L 431-6 et R. 432-16), ainsi qu'au comité d'établissement et central, ce qui leur permettent d'agir en justice, de disposer d'un patrimoine, mais aussi d'engager leur responsabilité civile ou pénale.

La loi de 1982 n'a pas octroyé cette personnalité au CHSCT, mais c'est la jurisprudence, sur le fondement de la théorie de réalité, qui lui a donné cette qualité (Cass. soc. 17 avril 1991, 89-17993, 89-43770 et 89-43767, *DS* 1991, p. 516). Il en est de même pour le comité de groupe, les juges estimant qu'il est un organe d'expression collective pour la défense des intérêts dont il a la charge (Cass. soc. 23 janvier 1990, 86-14947, *DS* 1990, 322, note J. Savatier, *RJS* 2/90, 64 Concl. G. Picca).

Enfin, est dépourvue de la personnalité juridique, la section syndicale (Voir Fiche n° 27).

B. L'attribution d'un budget de fonctionnement

Le comité d'entreprise est doté d'un budget de fonctionnement d'un montant minimum de 0,2 % de la masse salariale brute. La loi a prévu l'attribution d'un budget particulier pour les œuvres sociales et culturelles (C. trav., art. L 2323-86, anc. art. L 432-9), mais seulement pour les comités qui ont repris cette gestion auparavant prise en charge par l'employeur. L'objectif était de transmettre au comité d'entreprise les fonds que l'employeur utilisait sans demander de contribution supplémentaire. Le Code prévoit deux plafonds. D'abord, cette contribution est fixée en fonction des activités exercées au cours des 3 années précédant la revendication par le comité de la gestion de ces œuvres. L'idée est d'éviter que l'employeur n'annule toutes ces fonctions, juste avant leur éventuel transfert au comité. L'employeur devra donc verser tous les ans la somme correspondant à cette meilleure année. De plus, il faut calculer le pourcentage du total des sommes versées au cours de l'année la plus fructueuse sur cette période de 3 ans sur la masse salariale de cette année. Ce deuxième seuil permet de tenir compte des effectifs de l'entreprise. Cette règle, datant de 1945 et non modifiée depuis, exclut donc les entreprises nouvelles et crée des inégalités entre les comités d'entreprise. Pour ces comités d'entreprise, il faut soit un accord d'entreprise soit un usage soit un engagement unilatéral pour octroyer un budget sans qu'aucun montant minimum ne soit imposé par la loi.

Le CHSCT et le comité de groupe n'ont pas de budget de fonctionnement fixé par la loi, à la différence du comité d'entreprise. Une dotation est possible seulement si un accord d'entreprise ou un usage va dans ce sens. Il en est de même pour les délégués du personnel.

C. La mise à disposition d'un local

Elle est imposée à l'employeur pour le comité d'entreprise (C. trav., art. L 2325-12, anc. art. L 434-8), pour les délégués du personnel (C. trav., art. L 2315-6, anc. art. L 424-2) et le CHSCT. Cela suppose la mise à disposition aussi du matériel nécessaire à l'exercice de leurs fonctions. À ce titre, la Cour de cassation impose, par exemple, la mise en place d'une ligne téléphonique avec un matériel excluant l'interception des communications pour préserver la confidentialité de ses membres (Cass. soc. 6 avril 2004, 02-40498, *Bull. civ.* V, n° 104). L'administration impose, quant à elle, que le local soit chauffé, éclairé et meublé. Pour le comité central ou celui de groupe, cela suppose un accord le prévoyant expressément. Pour le délégué syndical, la loi distingue selon les effectifs de l'entreprise puisque cette mise à disposition est facultative quand l'entreprise a moins de 200 salariés. Elle devient obligatoire à partir de 200 salariés, mais elle reste commune à toutes les sections syndicales quand l'effectif est inférieur à 1 000 (C. trav., art. L 2142-8, anc. art. L 412-9). Les locaux du comité d'entreprise et des délégués du personnel peuvent être communs, mais ils doivent rester distincts du local syndical (Cass. crim. 23 janvier 1979, 78-92407, *Bull. crim.* n° 33). La mise à disposition d'un local dans les entreprises de plus de 1000 salariés pour la section syndicale est réservée aux organisations syndicales représentatives dans l'entreprise ayant déjà ouvert une section. La loi du 20 août 2008 a exclu ce droit aux syndicats non représentatifs qui peuvent ouvrir une section à certaines conditions (Voir Fiche n° 26).

D. Le recours à expert

Le recours à un expert, le plus souvent rémunéré par l'employeur, permet à l'institution représentative du personnel de rendre un avis de manière éclairée et en toute connaissance de cause. Il est prévu par plusieurs dispositions.

L'art. L 2325-35 du Code du travail (anc. art. L 434-6) autorise le comité d'entreprise de se faire assister lors de l'examen annuel des comptes, de l'étude d'un projet de licenciement économique ou le droit d'alerte, d'un expert-comptable rémunéré en principe par l'employeur (Cass. soc. 28 janvier 2009, 07-18284, *JCP soc.* 28/4/2009, 1192) et qui bénéficie d'une liberté de circulation dans l'entreprise.

L'art. L 2325-38 (anc. art. L 434-6) accorde quant à lui, lors de l'examen d'un projet portant sur l'introduction de nouvelles technologies et seulement dans les entreprises de plus de 300 salariés, la possibilité de demander l'assistance d'un expert en nouvelle technologie, avec l'accord du chef d'entreprise qui le rémunère (Cass. soc. 9 juillet 1997, 95-20294, inédit titré).

L'art. L 4614-12 du Code du travail (anc. art. L 236-9) permet au CHSCT de recourir à une expertise dans deux hypothèses :

- Quand le CHSCT constate un risque grave sans qu'il soit nécessaire qu'un accident du travail existe.
- Quand un projet important modifie les conditions d'hygiène, de sécurité ou les conditions de travail.

Si l'employeur veut contester la nécessité, la désignation ou le coût de l'expertise, il peut saisir le TGI qui statue en référé, tout en supportant aussi les frais de procédure (Cass. soc. 6 avril 2005, 02-19414, *Bull. civ.* V, n° 129).

E. Le droit d'alerte

Le Code du travail prévoit plusieurs droits d'alerte aux différentes institutions représentatives en fonction de leurs compétences respectives.

Ainsi, le délégué du personnel peut, lorsqu'il constate une atteinte aux droits des personnes, à leur santé physique ou mentale ou aux libertés individuelles, demander à l'employeur de procéder à une enquête et de prendre toute mesure nécessaire pour remédier à cette situation. En cas de contestation, ce délégué peut saisir le juge prud'homal en référé (C. trav., art. L 2313-2, anc. art. L 422-1-1).

Lorsque le comité d'entreprise a connaissance de faits de nature à affecter de manière préoccupante la situation économique de l'entreprise, il peut demander à l'employeur des explications. Si la réponse n'est pas satisfaisante, le comité établit un rapport transmis à l'employeur mais aussi au commissaire aux comptes. Il peut aussi décider de saisir les organes dirigeants de la société (C. trav., art. L 2323-78, anc. art. L 432-5).

En cas de danger grave et imminent, l'art. L 4132-2 (anc. art. L 231-9) permet à un membre du CHSCT d'en informer l'employeur qui doit alors procéder à une enquête avec ce représentant et doit prendre toutes les mesures nécessaires pour y remédier. En cas de divergence, le CHSCT doit alors se réunir dans l'urgence et en tout cas au plus tard dans les 24 heures. L'employeur doit prévenir l'inspecteur du travail et l'agent du service de prévention de la Caisse régionale d'assurance-maladie qui peuvent assister à cette réunion.

II. Les moyens d'action des salariés titulaires d'un mandat représentatif

A. Les libertés de circulation et d'expression

Les représentants du personnel peuvent librement circuler dans l'entreprise pour exercer leur mission et prendre contact avec le personnel sous réserve de ne pas apporter de gêne importante à l'accomplissement du travail des salariés (C. trav., art. L 2143-20, anc. art. L 412-17 pour les délégués syndicaux ainsi que les représentants des sections syndicales ; art. L 2315-5, anc. art. L 424-3 pour les délégués du personnel ; art. L 2325-11, anc. art. L 434-1 pour les membres du comité d'entreprise). Deux conditions sont donc requises : d'une part, la conformité à leur mission et d'autre part, l'absence de gêne importante au travail des salariés. Ils peuvent aussi utiliser des panneaux d'affichage mis à leur disposition par l'employeur pour diffuser leurs informations (C. trav., art. L 2133-3, anc. art. L 412-8 pour les délégués syndicaux ; art. L 2315-7, anc. art. L 424-2 pour les délégués du personnel). La loi n'a pas prévu ce moyen pour le comité central, de groupe ou le CHSCT. Quant à la liberté d'expression, il faut respecter les règles relatives à la presse, comme l'interdiction de l'injure ou de la diffamation ainsi que l'obligation de confidentialité.

B. L'attribution de crédits d'heures

Cette attribution dépend du nombre de salariés dans l'entreprise :

	Crédits d'heures octroyés	Texte
DS	10 h par mois pour les entreprises comprenant entre 50 et 150 salariés. 15 h par mois pour les entreprises comprenant entre 151 et 500 salariés. 20 h par mois au-delà de 500 salariés.	art. L 2134-13, anc. art. L 412-20
RSS	4 h par mois	
DP	10 h par mois dans des entreprises de moins de 50 salariés. 15 h par mois à partir de 50 salariés.	art. L 2315-1 et s., anc. art. L 424-1
CE	20 h par mois à partir de 50 salariés. 20 h également en cas de délégation unique du personnel.	art. L 2325-65, anc. art. L 434-1
CHSCT	2 h par mois jusqu'à 99 salariés. 5 h par mois entre 100 et 299 salariés. 10 h par mois entre 300 et 499 salariés. 15 h par mois entre 500 et 1 499 salariés. 20 h à partir de 1 500 salariés.	art. L 4614-3 et s., anc. art. L 236-7

En cas de cumul de mandats, les heures de délégation peuvent s'ajouter. Par exception, lorsque l'employeur a mis en place la délégation unique du personnel dans une entreprise de moins de 200 salariés, les délégués du personnel, constituant la délégation du personnel au comité d'entreprise (C. trav., art. L 2323-56, anc. art. L 431-1-1), ne bénéficient que d'un crédit global de 20 heures par mois.

Lorsqu'un salarié titulaire d'un mandat n'épuise pas toutes ses heures, il ne peut les reporter sur le mois suivant. Leur régime juridique est particulier puisque ces heures sont de plein droit considérées comme du temps de travail et sont payées à échéance normale. Il existe une présomption de conformité de leur utilisation à leur mission. Si l'employeur souhaite contester leur utilisation, il doit d'abord les payer, ensuite demander au représentant du personnel de lui indiquer les activités pour lesquelles les heures de délégation ont été utilisées et enfin, demander le remboursement si les informations sont inexactes ou que leur utilisation ne correspond pas à leur mission. Certains considèrent qu'aucune contestation ne devrait être possible, car il s'agirait, selon eux, d'une atteinte à la liberté syndicale et à l'activité des institutions représentatives du personnel. Par ailleurs, le représentant du personnel est libre d'utiliser ses heures pendant son temps de travail, mais aussi en dehors et en sus de son temps de travail habituel. Mais la Cour de cassation indique que les nécessités du mandat doivent justifier cette utilisation, comme par exemple un salarié travaillant habituellement de nuit peut exercer son mandat en dehors de son temps de travail habituel de jour. Ces heures sont alors soumises au régime des heures supplémentaires, tout en respectant les temps de repos (Cass. soc. 25 juin 2008, 06-46223, *JCP soc.* 30/9/2008, 1511). L'employeur ne peut pas imposer au salarié d'utiliser son crédit d'heures à certains moments de la journée (Cass. soc. 11 juin 2008, 07-40823, *RDT* septembre 2008, 538, *JCP soc.* 23/9/2008, 1497). Enfin, cette utilisation du crédit d'heures pour le salarié ne doit pas lui faire perdre de salaire (Cass. soc. 28 octobre 2008, 07-40524, *JCP soc.* 17/2/2009, 1086 : le salarié doit conserver ses majorations de salaire).

La pratique a créé les bons de délégations permettant à l'employeur d'être informé que le salarié utilise son crédit d'heures. Deux enjeux sont à concilier : d'une part, la liberté syndicale et d'action des institutions représentatives du personnel et d'autre part, l'intérêt de l'employeur qui paye ces heures, alors que le salarié n'effectue pas sa prestation de travail. La Cour de cassation a donc posé des limites. Ils ne peuvent être mis en place que par un accord collectif et ils ne peuvent pas porter atteinte à leur liberté d'action (Cass. crim. 12 avril 1988, 87-84148, *JCP* 1989, II, 21206, note O. Godard). En aucun cas, il ne s'agit d'un moyen pour l'employeur d'autoriser l'absence, ni même de contrôler l'activité du salarié pendant cette absence mais seulement de l'informer de cette absence à son poste de travail. Le salarié commettrait une faute en cas de non-utilisation de ces bons légalement mis en place.

Plusieurs techniques permettent de dépasser ce contingent qui est parfois insuffisant pour l'accomplissement de leurs missions. Tout d'abord, un accord collectif peut accorder des heures supplémentaires, qui sont alors assimilées aux heures légales de délégation. Ensuite, le salarié protégé peut invoquer l'existence de circonstances exceptionnelles qui justifient eu égard à ses fonctions de dépasser son crédit d'heures.

Illustrations de circonstances exceptionnelles justifiant le dépassement du crédit d'heures :

> *La Cour de cassation a admis, pour justifier ce dépassement, l'existence d'un conflit collectif important (Cass. soc. 27 juin 1979, 78-40229,* Bull. civ. *V, n° 587) ou l'examen d'un important projet de restructuration (Cass. soc. 6 juillet 1994, 93-41705,* Bull. civ. *V, n° 228,* DS *1994, 899, obs. Cohen). En revanche, n'a pas été considérée comme des circonstances exceptionnelles justifiant le dépassement la mise en place d'un arbre de Noël (Cass. soc. 22 avril 1964,* Bull. civ. *IV, n° 307).*

Dans ce cas, le régime juridique diffère des heures de délégation légales puisque c'est au salarié, qui en réclame le paiement, d'établir, avant ce paiement, l'épuisement de ces heures légales, l'existence de telles circonstances, circonstances qui supposent une action supplémentaire du salarié conforme à sa mission. Le dépassement non justifié par de telles circonstances pourrait être constitutif d'une faute grave.

Attention

Les heures passées aux réunions sont payées comme du temps de travail et ne sont pas déduites du crédit d'heures (C. trav., art. L 2325-9, anc. art. L 434-1 al. 5, pour les membres du comité d'entreprise ; art. L 4614-6, anc. art. L 236-7 pour le CHSCT). Cela vaut aussi pour les délégués du personnel lorsqu'ils sont reçus par le chef d'entreprise pour les questions relevant de leurs fonctions (C. trav., art. L 2315-11, anc. art. L 424-4). Il en est de même pour le temps passé aux enquêtes par les membres du CHSCT après un accident du travail notamment (Cass. soc. 10 décembre 2006, 05-42507, JCP soc. *31/7/2007, 1610).*

À retenir

Tableau récapitulatif des attributions des principales institutions représentatives du personnel

	Budget de fonctionnement	Attribution d'un local	Droit d'alerte	Crédits d'heures	
				Effectifs	Nombre d'heures mensuel
DS	Non.	Facultatif quand l'entreprise a moins de 200 salariés. À partir de 200, un local obligatoire pour toutes les sections. À partir de 1 000 salariés, un local par section.	Non.	Entre 50 et 150. Entre 151 et 500. Au-delà de 500.	10 h. 15 h. 20 h.

DP	Non.	Oui.	Oui en cas d'atteinte aux droits des salariés et aux libertés.	Moins de 50. À partir de 50.	10 h. 15 h.
Comité d'entreprise et d'établissement	Oui.	Oui.	Oui en cas de situation économique préoccupante.	À partir de 50.	20 h.
Comité central	Dotation sur le budget des comités d'établissement.	Seulement en cas d'accord.	Non.	Aucun crédit d'heures légal.	
Comité de groupe	Dotation sur le budget des CE.	Seulement en cas d'accord.	Non.	Aucun crédit d'heures légal.	
CHSCT	Non.	Oui.	Oui, en cas de danger grave et imminent sur la santé, la sécurité.	Moins de 100. Entre 100 et 299. Entre 300 et 499. Entre 500 et 1 499. À partir de 1 500.	2 h. 5 h. 10 h. 15 h. 20 h.

Pour en savoir plus

- M. Cohen, « La personnalité civile du comité de groupe », *DS* 1983, p. 670 ;
- M. Cohen, « Désignation et investigations de l'expert-comptable du comité d'entreprise », *DS* 1993, p. 286 ;
- M. Cohen, « Le financement des activités sociales et culturelles des comités d'entreprise », *DS* 1999, p. 490 ;
- B. Teyssié, « L'expert en technologie du comité d'entreprise », *JCP* 1998, éd. G, I, 3314.

Pour s'entraîner

Questions

1) ***Un délégué du personnel peut-il distribuer des tracts pendant le temps de travail et sur le lieu du travail ?***

2) ***Un délégué du personnel peut-il agir en justice pour demander la nullité d'un licenciement en raison d'une atteinte aux libertés fondamentales sur le fondement de son droit d'alerte ?***

3) ***Un comité d'entreprise peut-il utiliser son budget de fonctionnement pour ses œuvres sociales ?***

4) ***Le CHSCT peut-il agir en justice pour défendre ses intérêts ?***

Réponses

1) La diffusion de tracts n'est prévue que pour les délégués syndicaux (art. L 2142-4 et s., anc. art. L 412-8). Par conséquent, un délégué du personnel ne peut pas diffuser des tracts syndicaux sauf s'il est aussi délégué syndical. Cependant un doute est permis quant à la possibilité de diffuser des tracts non syndicaux, comportant par exemple des réponses de l'employeur à des questions posées ou des réclamations. Aucune jurisprudence n'a apporté de solution à ce problème. Si elle est autorisée dans ce cadre, elle ne peut avoir lieu qu'aux heures d'entrée et de sortie des bureaux. Elle ne peut donc pas avoir lieu pendant le temps de travail, sauf si un usage ou un accord d'entreprise le prévoit expressément.

2) Non, car ce droit d'alerte permet seulement de demander un retrait des éléments de preuve qui pourraient porter atteinte à ces libertés, mais en aucun cas, de demander la nullité du licenciement, demande qui ne peut être faite que par le salarié victime de ce licenciement (Cass. soc. 10 décembre 1997, 95-42661, *DS* 1998, p. 130).

3) Non, la Cour de cassation refuse cette utilisation du budget de fonctionnement pour les œuvres sociales y compris quand il est excédentaire (Cass. soc. 4 avril 1990, 88-13215, *Bull. civ.* V, n° 171, *DS* 1990, 205 note J. Savatier ; Cass. soc. 10 juillet 2001, 99-19588, *Bull. civ.* V, n° 259, *RJS* 10/01, n° 1155.

4) Oui, car il a la personnalité juridique qui lui donne donc la possibilité de saisir le juge en cas d'atteinte à ses intérêts. Cette personnalité lui a été attribuée par la jurisprudence (Cass. soc. 17 avril 1991, 89-17993, *DS* 1991, p. 916).

Fiche 30 Le statut protecteur des représentants du personnel

Définition

Délit d'entrave : délit pénal punissant les agissements ayant pour effet d'empêcher la désignation ou l'exercice des fonctions des institutions représentatives du personnel.

Chaque représentant du personnel bénéficie d'un statut protecteur afin d'éviter d'éventuelles mesures de rétorsion.

I. La protection en cas de rupture du contrat de travail

Cette protection est relativement étendue pour éviter les fraudes éventuelles.

A. Les salariés concernés

Tous les titulaires d'un mandat bénéficient de la protection, quel que soit ce mandat. Il en est ainsi pour les délégués syndicaux (C. trav., art. L 2421-1, anc. art. L 412-18), les membres du CHSCT (anc. art. L 236-11), les délégués du personnel (anc. art. L 425-1), les membres du comité d'entreprise (anc. art. L 436-1, les trois articles sont réunis au sein de l'article L 2421-3 du Nouveau Code du travail), les conseillers prud'homaux, le représentant des salariés désigné dans les procédures collectives, le conseiller des salariés assistant les salariés lors des entretiens de licenciement et le représentant de la section syndicale mis en place par la loi du 20 août 2008. Elle s'applique aussi bien aux titulaires qu'aux suppléants. Pour que cette protection joue, l'employeur doit être informé de la désignation du salarié comme représentant du personnel avant le début de la procédure, c'est-à-dire avant la convocation à l'entretien (Cass. soc. 1er mars 2005, 03-40048, *Bull. civ.* V, n° 75 ; Cass. soc. 24 septembre 2008, 07-40436, *JCP soc.* 2/12/2008, 1635 ; Cass. soc. 3 décembre 2008, 07-45540, *JCP soc.* 3/2/2009, 1057). Si l'élection ou la désignation sont annulées, la protection reste applicable, l'annulation n'ayant pas d'effet rétroactif (Versailles, 7 novembre 2006,

JCP soc. 11/9/2007, 1676). En revanche, si la désignation n'est pas contestée dans les délais, le représentant désigné ou élu même irrégulièrement bénéficiera de cette protection (Cass. soc. 12 février 2008, 06-44121, *JCP soc.* 29/7/2008, 1440 ; Voir Fiche n° 27).

Cette protection est étendue :

- aux salariés qui demanderaient la mise en place de ces institutions (Cass. soc. 24 mai 2006, 04-43947, *JCP soc.* 2/8/2006, n° 1647) ;
- aux titulaires de mandat en vertu d'un accord collectif sous réserve que ces institutions représentatives soient de même nature que celle prévues par la loi, comme à un délégué syndical suppléant du groupe (Cass. soc. 23 octobre 2007, 06-44438, *DS* 2008, p. 256) ;
- ainsi qu'aux représentants du personnel qui n'exercent pas effectivement leur mandat (Cass. soc. 15 novembre 1994, 91-43976, inédit) ;
- aux candidats effectifs aux élections pendant les 6 mois qui suivent l'envoi à l'employeur des listes de candidatures ainsi qu'aux salariés qui envisagent de se présenter dès lors que l'employeur a eu connaissance imminente de cette nomination au moment de l'envoi de la convocation à l'entretien (Cass. soc. 28 janvier 2009, 08-41633, *JCP soc.* 28/4/2009, 1193, *RDT* avril 2009, p. 248). La protection joue alors jusqu'à leur candidature officielle ;
- aux anciens représentants du personnel pendant les 6 mois qui suivent l'expiration de leur mandat, délai porté à 12 mois pour les délégués syndicaux et les représentants des sections syndicales s'ils ont exercé leurs fonctions pendant au moins 1 an. Il en est de même lorsque le jugement reconnaissant l'existence d'une UES est annulé, entraînant la caducité des mandats des institutions nommées dans ce cadre. Le délai de protection pour fin de mandat commence à courir au jour de l'annulation du jugement (Cass. soc. 2 décembre 2008, 07-41832, *JCP soc.* 3/3/2009, 1099).

Illustration d'un domaine de protection étendu :
Cass. soc. 23 novembre 2004, 01-46234, Bull. civ. *V, n° 295.*

> *Lorsque le mandat et la période de protection sont terminés, le salarié peut être licencié selon le droit commun. Cependant, l'employeur ne peut pas invoquer des faits ayant donné lieu à un refus d'autorisation pendant la période de protection, en l'occurrence des faits d'entrave à la liberté du travail pendant un mouvement de grève (Cass. soc. 26 janvier 1994, 92-41978,* Bull. civ. *V, n° 27). La solution contraire permettrait en réalité de détourner la procédure prévue. Dans la décision du 23 novembre 2004, la Cour de cassation étend cette solution à tout fait qui se serait produit pendant la période de protection et pour lesquels l'autorisation n'a pas été demandée. Elle veut mettre fin à une pratique qui consiste à attendre la fin de cette période de protection pour licencier un salarié sans avoir à respecter cette procédure. Pour ces faits commis pendant la*

période de protection, il faut donc à nouveau demander l'autorisation à l'inspection du travail, même si la période de protection est écoulée. Dans le second pourvoi formé dans cette affaire, la Cour de cassation a cependant précisé que pour les faits commis après la période de protection, en revanche, il n'était plus nécessaire de respecter ce statut protecteur (Cass. soc. 31 janvier 2007, 06-41087, JCP soc. *3 avril 2007, 1222).*

En revanche, cette protection suppose l'existence d'un mandat représentatif du personnel. La question s'est posée pour le secrétaire du CHSCT, qui est désigné par l'employeur et qui n'a pas de véritable mandat. La Cour de cassation estime que la protection contre le licenciement ne s'applique pas car il ne fait pas partie de la délégation de personnel (Cass. soc. 18 mai 2005, 02-47335, *Bull. civ.* V, n° 173).

B. La mise en place d'une procédure particulière

Elle consiste en une consultation préalable du comité d'entreprise et en une autorisation administrative auprès de l'inspection du travail. La consultation préalable des représentants du personnel ne vaut ni pour les délégués syndicaux, ni pour les représentants de la section syndicale. À défaut de comité d'entreprise, l'inspecteur du travail est saisi directement. Enfin, l'art. R 2421-8 (anc. art. R 436-1) précise que la consultation des représentants du personnel doit avoir lieu après l'entretien individuel du salarié. La Cour de cassation a donc estimé que l'entretien individuel devait toujours avoir lieu, y compris dans un licenciement collectif de plus de 10 salariés pour motif économique (Cass. soc. 10 mai 1999, 97-40510, *RJS* 1999, n° 831, *Bull. civ.* V, n° 207). L'inspecteur du travail contrôle l'existence des faits invoqués, la régularité de la procédure, l'absence de lien avec les fonctions, le cas échéant les efforts de reclassement ainsi que les garanties conventionnelles (revirement de jurisprudence du Conseil d'état qui depuis un arrêt du 21 mai 2008 adopte la même position que la Cour de cassation : CE, 21 mai 2008, *RDT* octobre 2008, p. 613). Il peut refuser d'autoriser le licenciement s'il estime que ces faits n'existent pas ou que la rupture est en lien avec les fonctions du représentant du personnel, mais aussi pour un motif d'intérêt général, la rupture du contrat pouvant porter atteinte à l'intérêt des salariés représentés.

Attention

La consultation du comité d'entreprise n'est pas requise pour licencier un délégué syndical ou un représentant de la section syndicale.

C. Les modes de rupture concernés

Cette procédure s'ajoute à celle de droit commun et en aucun cas, elle ne s'y substitue. Par conséquent, elle s'applique quel que soit le motif du licenciement. Ainsi, elle vaut lorsque le salarié est déclaré inapte par le médecin du travail à son retour de congé maladie (Cass. soc. 4 mai 1994, 92-40738, *Bull. civ.* V, n° 165), en cas de licenciement pour motif économique, y compris en cas de redressement ou de liquidation judiciaire.

La Cour de cassation fait une interprétation très large de ces dispositions, qui ne visent expressément que le licenciement. En se fondant sur un raisonnement par analogie, elle exige que cette procédure soit applicable à d'autres modes de rupture que le licenciement. Elle a abandonné son interprétation a contrario suite à un arrêt du Conseil d'État du 13 février 1987 (n° 48832). L'idée sous-tendant cette jurisprudence réside dans l'interdiction de poursuivre la rupture du contrat de travail par d'autres moyens que le licenciement et la procédure spéciale. Ainsi, cette procédure spécifique s'applique lorsque l'employeur décide de modifier le contrat de travail (Cass. soc. 10 octobre 1989, 87-41768, *Bull. civ.* n° 575) ou lorsqu'il met à la retraite ce salarié (Cass. soc. 5 mars 1996, 92-42490, *Bull. civ.* V, n° 84, JCP 1996, II, 22631, note D. Corrignan-Carsin), ou à l'arrivée à terme d'un contrat à durée déterminée (Cass. soc. 11 décembre 2001, 99-43799, *Bull. civ.* V, n° 375), ainsi qu'à la rupture de la période d'essai à l'initiative de l'employeur (revirement : Cass. soc. 26 octobre 2005, 03-44751 et 03-44585, *Petites Affiches* 5 mai 2006, p. 12, note J.Y. Rodière-Granger). Conformément à l'article L 1237-15, la rupture conventionnelle mise en place par la loi du 25 juin 2008 est également soumise à cette protection exorbitante, mais uniquement pour les représentants du personnel visés aux articles L 2411-1 et L 2411-2 du Code du travail.

La question qui se pose concerne la rupture du contrat à l'initiative du salarié protégé : doit-il respecter cette procédure ? Peut-il par exemple demander la résiliation judiciaire du contrat ? Deux logiques et deux interprétations s'opposent. La première consiste à faire primer le statut de ce salarié protégé, en considérant que cette procédure particulière relève de l'ordre public absolu, et se justifie par l'intérêt exclusif de son mandat de représentation de la collectivité des travailleurs. Cette analyse impose donc au salarié protégé de respecter ce statut. La seconde considère que ce statut protecteur ne doit pas défavoriser ce salarié et est considéré comme un complément du droit commun. Par conséquent, lorsque le salarié veut rompre le contrat, il n'aurait pas à respecter cette procédure. L'arrêt Carcoop France du 16 mars 2005 (03-40251, *D.* 2005, p. 1613) opère un revirement de jurisprudence : un salarié protégé avait demandé la résiliation judiciaire de son contrat pour harcèlement moral sans demander au préalable l'autorisation à l'administration. La Cour de cassation accepte cette demande, alors que depuis un arrêt du 18 juin 1996, elle l'a refusée. La question se pose aussi pour la prise d'acte par un tel salarié. La Cour de cassation l'admet dans un arrêt du 25 janvier 2006 (04-40789, *Bull. civ.* V, n° 28, *JCP soc.* 27/4/2006, n° 1674) et a précisé dans une décision du 5 juillet 2006 (04-46009, *DS* 9/10 2006, p. 815) que « cette rupture produit soit les effets d'un licenciement nul pour violation du statut protecteur lorsque les faits invoqués par le salarié la justifiaient, soit, dans le cas contraire, les effets d'une démission ». Le Conseil d'état admet la même solution (CE, 17 décembre 2008, *JCP soc.* 6/1/2009, act. 15).

D. La sanction en cas de non-respect de cette procédure

En vertu des dispositions expresses du Code du travail, le salarié protégé peut demander la nullité de la rupture de son contrat et sa réintégration immédiate dans l'entreprise depuis la loi du 28 octobre 1982 lorsque l'employeur ne demande pas l'autorisation préalable à l'inspection du travail. L'arrêt Revet Sol du 14 juin 1972 (71-12508, *Bull. civ.* V, n° 425, *JCP* 1972, II, 17275, note G. Lyon-Caen) avait déjà admis cette réintégration, qui n'était pas prévue à l'époque par la loi. Il faut que le salarié demande sa réintégration, en principe avant la fin de la période de protection. Il peut aussi obtenir une indemnité correspondant aux salaires qu'il aurait perçus entre son éviction et sa réintégration effective. Il existe deux exceptions à cette réintégration : lorsque l'employeur démontre une impossibilité absolue de réintégrer ou quand le salarié ne la demande pas. En effet, il peut préférer obtenir des indemnités calculées de la manière suivante : des indemnités au titre de la méconnaissance du statut protecteur correspondant à la rémunération qu'il aurait dû percevoir entre son éviction et la fin de la période de protection, les indemnités de rupture de droit commun et une indemnité pour caractère illicite du licenciement, soit 6 mois de salaires (Cass. soc. 12 juin 2001, Arrêt Peccoud, 99-41695, *DS* 2001, p. 899, note J. Savatier). Ces indemnités sont dues de plein droit, sans que le juge vérifie les conditions.

Lorsque l'autorisation est annulée, le salarié peut également demander sa réintégration dans les 2 mois qui suivent la notification de cette décision et une indemnisation pour le préjudice subi, correspondant à la perte de salaire qu'il aurait dû percevoir entre son licenciement et sa réintégration, ou à défaut l'expiration du délai de 2 mois. Au-delà de ce délai de 2 mois, la demande est jugée tardive et donc irrecevable (Cass. soc. 23 juin 1999, 97-41825, *Bull. civ.* V, n° 295). Lorsqu'il ne demande pas sa réintégration, il a droit en plus et automatiquement aux indemnités de rupture de droit commun et à une indemnité. Mais dans ce cas, le juge vérifie les conditions requises selon le droit commun pour obtenir ces indemnités (Cass. soc. 5 février 2002, 99-43896, *Bull. civ.* V, n° 53, *D.* 2002, p. 1298 ; Cass. soc. 13 novembre 2008, 07-41331, *JCP soc.* 17/2/2009,

1087). La Cour de cassation, par une interprétation par analogie, applique les mêmes sanctions en cas de retrait par l'inspection du travail de son autorisation (Cass. soc. 30 avril 2002, Zapata, 99-44995, *DS* 2002, p. 724).

En cas de réintégration, le salarié est également réintégré dans son mandat, à condition que l'institution à laquelle il appartenait n'a pas été renouvelée depuis son départ. En cas de renouvellement, il est assimilé à un ancien représentant du personnel et il est encore protégé à ce titre pendant les 6 mois qui suivent sa réintégration dans l'entreprise.

Quel est alors le juge compétent ? La question se pose nécessairement puisque la procédure spécifique permet à l'inspecteur de contrôler la cause réelle et sérieuse du licenciement et les éventuelles mesures de reclassement. Or en vertu du principe de séparation des pouvoirs, un des principes fondamentaux reconnus par les lois de la République par le Conseil constitutionnel (86-224, DC, 23 janvier 1987), le juge judiciaire n'est pas compétent. La décision de l'inspection du travail peut faire l'objet d'un recours hiérarchique ou contentieux devant les juridictions administratives. La Cour de cassation a donc refusé cette compétence pour le juge judiciaire qui ne peut apprécier la cause réelle et sérieuse du licenciement, ni la légalité de la décision administrative individuelle. En cas de doute, il peut surseoir à statuer et renvoyer les parties devant le juge administratif (Cass. soc. 18 mars 1982, 80-40198, *Bull. civ.* V, n° 190, *JCP* 1982, IV, p. 196). Si le juge administratif remet en cause la validité de cette décision, le juge judiciaire peut éventuellement condamner l'employeur à verser des dommages-intérêts. Le juge judiciaire retrouve également ses pouvoirs lorsque la décision administrative est annulée sur recours hiérarchique ou contentieux (pour un rappel de ces solutions : Voir Cass. soc. 14 février 2007, 05-40213, *JCP soc.* 2/5/2007, 1319).

II. Le délit d'entrave

Il est prévu par plusieurs textes. Ainsi, l'art. L 2146-1 du Code du travail (anc. art. L 481-2) punit toute personne qui porte atteinte à l'exercice du droit syndical dans l'entreprise. L'art. L 2316-1 (anc. art. L 482-1) le prévoit en cas d'atteinte aux règles de désignation des délégués du personnel et à l'exercice régulier de leurs fonctions. Enfin, l'entrave aux consultations et au fonctionnement régulier du comité d'entreprise (C. trav., art. L 2328-1, anc. art. L 483-1) et du CHSCT (C. trav., art. L 4742-1, anc. art. 263-2-2) est également sanctionnée. Dans tous les cas, l'employeur ou toute personne, comme un directeur des ressources humaines, qui aura porté ou tenté de porter atteinte à ces règles encourt une peine d'amende de 3 750 euros et/ou d'un an de prison, ces sanctions étant doublées en cas de récidive. C'est une infraction intentionnelle, mais le caractère volontaire suffit (Ass. Plén. 28 janvier 1983, 80-93511, *D.* 1983, 269, concl. Cabannes).

Illustrations du délit d'entrave :

> *Ont été jugés comme tels le non-paiement à échéance des heures de délégation, le non-remboursement de frais de déplacement entre le siège et le lieu de travail pour assister à une réunion demandée par l'employeur (Cass. crim. 22 novembre 2005, 04-87451), le fait pour un employeur de demander la résiliation judiciaire d'un contrat de travail d'un représentant du personnel (Ass. Plén. 28 janvier 1983,* D. *1983, 269, concl. Cabannes) ou d'écarter la procédure spécifique de licenciement, ou le refus de réintégrer un salarié licencié de manière irrégulière (Cass. crim. 9 décembre 1986,* Bull. crim., *n° 368), le refus d'organiser les élections (Cass. crim. 26 avril 1986,* Bull. crim. *n° 147), la non-convocation des délégués aux réunions mensuelles (Cass. crim. 17 décembre 1996,* Bull. crim. *n° 472), le refus de mettre à disposition un local (Cass. crim. 7 janvier 1981,* Bull. crim. *n° 5), le refus de consulter le comité d'entreprise sur des mesures relevant de sa compétence comme en cas de chômage technique (Cass. crim. 30 octobre 1984,* Bull. crim. *n° 330), ou de ne pas donner aux représentants du personnel toute l'information nécessaire pour donner un avis éclairé (Cass. crim. 17 juin 1986,* DO *1987, p. 273). La Cour de cassation rejette cependant le délit d'entrave lorsqu'il existe un fait justificatif comme un cas de force majeure (Cass. crim. 30 octobre 1984,* Bull. crim. *n° 330).*

À retenir

- **Arrêt Carcoop France du 16 mars 2005.**

Schéma du licenciement pour motif personnel ou individuel pour motif économique d'un délégué du personnel, membre du comité d'entreprise ou du CHSCT

Convocation à l'entretien individuel	Entretien individuel	Consultation spéciale du CE	Demande d'autorisation à l'inspection du travail	Notification de la lettre de licenciement

- **Délit d'entrave : définition et hypothèses.**

Pour en savoir plus

- N. Dauxerre, « Reconnaissance du statut protecteur aux représentants conventionnels du personnel », *JCP soc.* 12/2/2008, 1095 ;
- J.-Y. Frouin, « L'indemnisation des salariés protégés licenciés sans autorisation », *RJS* nov. 2001, chron. p. 842 ;
- A. Louvet, « La rupture conventionnelle du contrat à durée indéterminée d'un salarié protégé », *JCP soc.* 9/12/2008, 1645 ;
- L. Milet, « Les indemnités dues aux représentants du personnel licenciés sans autorisation », *DS* 2001, p. 1053 ;
- J. Mouly, « Coup de vent sur le statut des salariés protégés », *DS* 2005, p. 861 ;
- P. Ortscheidt, « Pour un renforcement de la protection des représentants conventionnels », *Mélanges H. Sinay*, 1994, p. 247 ;

- Y. Struillou, « Licenciement d'un salarié protégé : les exigences de l'enquête de l'inspecteur du travail », *DS* janv. 2007, p. 25 ;
- P. Waquet, « Coup de vent sur la jurisprudence Perrier », *RJS* 6/05, chron. p. 419.

Pour s'entraîner

Indiquez si la proposition faite est Vraie ou Fausse :

1) ***Un salarié qui demande la mise en place des élections des représentants du personnel est protégé contre le licenciement comme un de ces représentants.***

❒ *Vrai* ❒ *Faux*

2) ***Un représentant du personnel ne peut demander la résiliation judiciaire de son contrat de travail***

❒ *Vrai* ❒ *Faux*

3) ***Un employeur qui ne respecterait pas la procédure spécifique de licenciement d'un représentant du personnel peut être condamné pour délit d'entrave***

❒ *Vrai* ❒ *Faux*

4) ***Un représentant du personnel irrégulièrement licencié peut demander sa réintégration en raison de la nullité de son licenciement.***

❒ *Vrai* ❒ *Faux*

Réponses

1) Vrai ;

2) Faux depuis le revirement du 16 mars 2005, arrêt Carcoop France ;

3) Vrai ;

4) Vrai.

Fiche 31 L'élaboration du statut conventionnel

Définitions

Accord collectif : texte négocié avec des syndicats représentatifs et portant sur un point particulier.

Convention collective : texte négocié avec des syndicats représentatifs et portant sur l'ensemble des conditions de travail d'un milieu professionnel, d'une entreprise.

Ordre public absolu : normes impératives auxquelles un accord collectif ne peut déroger, y compris dans un sens favorable.

Ordre public social : normes impératives auxquelles un accord collectif peut déroger mais uniquement dans un sens favorable aux salariés.

I. Les niveaux de négociation

A. La négociation collective nationale et interprofessionnelle

Les partenaires sociaux peuvent négocier sur le plan national sur des sujets d'intérêt commun concernant tous les secteurs d'activité, comme le travail temporaire, la mensualisation, la formation. Ces accords nationaux interprofessionnels dits ANI servent souvent de modèle, de laboratoire et sont ensuite repris par une loi qui consacre la plupart voir l'intégralité des dispositions négociées par les partenaires sociaux. L'avantage de cette technique législative réside dans l'adhésion des partenaires, facteur d'efficacité et d'application de la loi. Il en est ainsi, par exemple, de l'ANI du 24 mars 1990 sur le travail temporaire repris par la loi du 12 juillet 1990. Le 11 janvier 2008 a été négocié et signé un ANI portant sur « la modernisation du marché de l'emploi » et porteur de réformes importantes pour le droit du travail. Son entrée en vigueur suppose cependant une consécration par le parlement, ce qu'il a fait en adoptant la loi du 25 juin 2008 (n° 2008-596, *JO* 26/6/2008), qui reprend l'essentiel du dispositif négocié.

Ils sont négociés par les syndicats représentatifs sur le plan national : du côté employeur, il s'agit pour l'instant du MEDEF (Mouvement des entreprises de France), de la CGPME (Confédération générale des petites et moyennes entreprises) et éventuellement l'UPA (Union professionnelle artisanale) et du côté salarié, par les 5 centrales bénéficiant de la représentativité présumée de manière irréfragable que sont la CGT, la CGT-FO, la CFDT, la CFTC et CGC-CFE. Cette liste sera modifiée avec l'entrée en vigueur de la loi portant rénovation de la démocratie sociale du 20 août 2008, et au plus tard le 21 août 2013 (Voir Fiche n° 26).

B. La négociation collective de branche

Ces accords jouent un rôle de régulation économique et sociale d'une profession particulière ou d'un secteur particulier, comme la chimie, la sidérurgie, les transports routiers, le commerce de détail, etc. Ils sont négociés par les partenaires sociaux représentatifs dans la branche tant du côté employeur que salarié. Son rôle a cependant évolué au fur et à mesure des réformes. Conçue à l'origine comme un acte normatif d'un secteur, elle devient davantage aujourd'hui un moyen d'encadrer les négociations décentralisées au niveau du groupe ou de l'entreprise (Voir Fiche n° 33).

C. La négociation collective au sein du groupe

La loi du 13 novembre 1982 avait gardé le silence sur ce niveau de négociation et avait même rejeté un amendement qui le consacrait. Pourtant, la pratique a multiplié ces accords en invoquant l'ancien art. L 132-2 (art. L 2231-1) qui autorise plusieurs employeurs à négocier un accord. La Cour de cassation les a considérés comme des accords d'entreprise, seul niveau expressément autorisé par le Code du travail. Puis opérant un revirement de jurisprudence, elle les a consacrés en tant que tels sans donner de fondement exprès à sa solution (Cass. soc. 30 avril 2003, 01-10027, *Bull. civ.* V, n° 155). Elle autorise les différentes organisations syndicales à créer par un accord, une représentation syndicale de groupe, composée de délégués choisis par ces organisations. Cette représentation peut ensuite négocier sur des sujets d'intérêt commun aux personnels des entreprises composant le groupe, sans pour autant porter atteinte à la négociation d'entreprise. Il s'agit donc d'un nouveau niveau de négociation qui ne se substitue pas à celui de l'entreprise. Les articles L 2232-30 et suivants (anc. art. L 132-19-1 issu de la loi Fillon I) consacrent cette jurisprudence et leur donnent désormais une existence légale. Cette négociation permet de donner un statut conventionnel commun aux différentes entreprises du groupe, en évitant les disparités.

D. La négociation collective d'entreprise

La loi a d'abord favorisé la négociation collective au niveau de la branche. Cependant, certaines entreprises et notamment Renault ont initialisé ce type d'accord depuis le milieu du XXe siècle et le législateur n'a reconnu ce niveau de négociation qu'en 1971. Les lois Auroux de 1982 ont créé une obligation de négocier au sein des entreprises tous les ans sur un certain nombre de matières dont les salaires, la durée effective du travail et l'égalité entre les hommes et les femmes, donnant un nouveau souffle à ces accords. La loi du 4 mai 2004 étend encore le domaine de cette négociation, en permettant à ce type d'accord d'intervenir dans des domaines qui, auparavant, relevaient de la négociation de branche et cela même dans un sens défavorable aux salariés. La loi du 20 août 2008 va encore plus loin, notamment en matière de temps de travail, puisque priorité est désormais donnée aux accords d'entreprise sur le niveau de la branche, qui n'intervient qu'à titre supplétif (Voir Fiches n° 33 et 38).

II. Les conditions de validité

Les textes conventionnels sont des contrats particuliers, puisque outre leur effet obligatoire entre les parties, ils ont aussi un effet normatif. Mais en tant que contrat, ils sont soumis pour leur validité aux articles 1108 du Code civil et suivants et notamment peuvent être annulés pour vice du consentement. À côté de ces règles de droit commun, il existe des conditions spécifiques liées aux parties, au contenu et à la forme, étant des contrats solennels. La loi du 20 août 2008, reprenant l'essentiel d'une position commune adoptée le 9 avril 2008, modifie les règles de négociation, notamment le principe majoritaire et les parties signataires en bouleversant la notion de syndicat représentatif (Voir Fiche n° 26).

A. Les signataires

Les textes conventionnels sont négociés et signés entre les employeurs pris isolément ou regroupés au sein de syndicats ou d'associations et les syndicats représentatifs des salariés au niveau duquel a lieu la négociation du texte (Voir Fiche n° 26). La représentativité n'étant plus une donnée acquise de manière permanente, la loi a prévu les conséquences de la perte de cette qualité sur les accords collectifs conclus. Ainsi, elle complète l'art. L 2261-10 et crée un nouveau cas de dénonciation des accords lorsque l'un des signataires perd la qualité de représentatif. La dénonciation ne produira des effets que si elle émane d'une ou plusieurs organisations représentatives ayant recueilli la majorité des suffrages exprimés. La loi précise également que la perte de cette qualité de tous les signataires n'est pas un cas de mise en cause de l'accord. Il existe donc une inégalité entre le côté employeur qui n'est pas nécessairement représenté par une organisation syndicale et le côté salarié avec un monopole donné aux syndicats représentatifs. Ce monopole a été remis en cause par la loi du 4 mai 2004 au niveau de l'entreprise. Tenant compte de la carence éventuelle des délégués syndicaux dans l'entreprise, les représentants élus voire des salariés mandatés par des syndicats peuvent négocier de tels accords sous certaines conditions. La loi du 20 août 2008 donne enfin ce pouvoir, dans des conditions très strictes, au représentant de la section syndicale (Voir Fiche n° 33).

Attention

Syndicat représentatif ne veut pas dire majoritaire, car les effectifs d'un syndicat ne sont qu'un des critères de la représentativité et ils dépendent du nombre de syndiqués.

Le fait qu'un syndicat représentatif puisse signer seul un accord collectif a eu pour conséquence qu'un syndicat même minoritaire pouvait conclure un tel accord applicable à toute une profession pour les textes conventionnels de branche ou à toute une entreprise pour la négociation collective d'entreprise. La validité d'un tel texte n'était pas subordonnée à sa signature par une majorité syndicale. Deux exceptions avaient été mises en place de manière progressive : en 1982, les syndicats majoritaires non signataires d'un accord dérogatoire, c'est-à-dire d'un accord dérogeant à la loi dans un sens défavorable aux salariés, pouvaient exercer un droit d'opposition et s'opposer à l'entrée en vigueur d'un tel texte. La loi de 1992 avait également prévu ce droit d'opposition en cas de révision d'un accord collectif, pour empêcher la mise en place d'un avenant. La loi Fillon du 4 mai 2004 va généraliser ce droit d'opposition et consacrer ainsi le principe majoritaire à tous les textes conventionnels même s'ils ne sont pas dérogatoires. Elle consacre deux modalités différentes : le droit d'opposition et la majorité d'engagement.

Le droit d'opposition doit être exercé dans les 15 jours à compter de la date de notification de l'accord, délai ramené à 8 jours pour les accords d'entreprise. Il doit être écrit, motivé et signifié aux signataires. L'effet d'un tel droit consiste à faire échec à l'entrée en vigueur du texte dans sa globalité sans qu'aucune nouvelle négociation ne soit imposée. Son exercice peut donc aboutir à priver les salariés de dispositions qui peuvent aussi leur être favorables, puisque l'intégralité de l'accord est réputée non écrite. Un accord signé par un syndicat minoritaire est alors valable, sous réserve de l'absence du droit d'opposition des syndicats majoritaires.

La majorité d'engagement consiste à exiger pour la validité de l'accord la signature d'un ou plusieurs syndicats représentant la majorité des salariés. Ce n'est pas le principe : cette modalité du principe majoritaire doit être prévue et est impossible pour les accords interprofessionnels.

Un accord interprofessionnel est valable si la majorité des organisations syndicales de salariés représentatives dans le champ d'application de l'accord n'a pas exercé un droit d'opposition. C'est également cette modalité qui est retenue pour les accords de branche, mais un accord de méthode étendu peut prévoir la majorité d'engagement. Pour les accords d'entreprise, la convention de branche peut prévoir la majorité d'engagement ou le droit d'opposition. À défaut de précision, c'est le droit d'opposition qui s'applique. Fin 2007, il apparaissait que seule la branche de la batellerie concernant 450 salariés exigeait cette majorité d'engagement.

Il faut cependant préciser que le calcul de la majorité se fait de différentes manières selon le niveau de négociation.

- **au niveau interprofessionnel et de la branche, il faut une majorité en nombre de syndicats représentatifs**. Ainsi, si seuls les 5 syndicats présumés représentatifs participent à la négociation, l'accord ne sera valable que si 3 syndicats sur 5 n'exercent pas leur droit d'opposition. Cela ne signifie pas qu'ils représentent la majorité des salariés de la branche. Il existe donc une possibilité de déroger à cette règle de calcul et d'exiger que l'accord doit être signé par une organisation syndicale représentant une majorité de salariés de la branche, constatée lors d'une consultation spéciale ou lors des dernières élections professionnelles ;
- **au niveau de l'entreprise ou de l'établissement, il s'agit d'une majorité exprimée en voix**, c'est-à-dire qu'est majoritaire l'organisation syndicale qui a obtenu la moitié des suffrages exprimés au premier tour des dernières élections du comité d'entreprise ou des délégués du personnel. Seuls les résultats du 1er tour sont pris en compte puisqu'au second tour, les candidatures sont libres. Il s'agit d'un enjeu important désormais pour mesurer la majorité des organisations syndicales. En cas de carence des élections professionnelles, la validité de l'accord signé par un délégué syndical est subordonnée à l'approbation de la majorité des suffrages exprimés par les salariés de l'entreprise. Ce référendum mis en place dans l'entreprise concrétise une forme de démocratie directe. Il en est de même lorsque l'accord d'entreprise est signé par un syndicat minoritaire alors que sa validité supposait la majorité d'engagement. Enfin, la jurisprudence, dans l'arrêt **Adecco du 20 décembre 2006**, (Cass. soc. 20 décembre 2006, 05-60345, D. 2007, 1180) a étendu cette solution lorsque le quorum prévu pour les élections n'a pas été atteint au premier tour. La Cour de cassation a adopté une position contraire à celle de l'administration qui, dans sa circulaire du 22 septembre 2004, avait estimé qu'il fallait au contraire regarder les suffrages exprimés. Cette solution risque d'être dangereuse en pratique car très souvent le quorum n'est pas atteint, ce qui peut remettre en cause la validité de nombreux accords signés par des syndicats représentatifs qui pensaient être majoritaires. Ces accords peuvent se transformer en engagement unilatéral mais seulement pour les avantages individuels. Dans ces cas, on ne mesure pas l'audience électorale recueillie par chaque organisation syndicale. Par ailleurs, il faut organiser un référendum auprès

des salariés. La signature par l'ensemble des syndicats représentatifs dans l'entreprise ne suffit pas pour lui donner une telle validité.

Cette loi reste applicable tant que la loi du 20 août 2008 portant rénovation de la démocratie sociale qui vise à améliorer la loi Fillon IV entre en vigueur (Voir Fiches suivantes pour les précisions). Cette nouvelle loi modifie le principe majoritaire en subordonnant la validité des accords collectifs à une double condition : la signature par un ou plusieurs syndicats représentatifs ayant obtenu au moins 30 % des suffrages exprimés au 1er tour des élections professionnelles, quel que soit le nombre de votants et l'absence d'opposition des syndicats représentatifs ayant obtenu la majorité des suffrages exprimés. Ces résultats seront additionnés au niveau national pour les ANI et au niveau de la branche pour la négociation collective de branche. Les modalités du principe majoritaire sont les mêmes quel que soit le niveau envisagé. Par ailleurs, le principe majoritaire n'est plus calculé en nombre de syndicats, mais en fonction des résultats obtenus. Cette loi met un terme à la jurisprudence Adecco puisque n'est plus pris en compte le nombre de votants au 1er tour des élections.

B. Le contenu de l'accord et le principe de faveur

La négociation peut porter sur un point particulier et aboutir alors à un accord collectif ou concerner l'ensemble des conditions de travail ou d'emploi d'une branche ou d'une entreprise. Le terme employé est alors celui de convention collective.

Au niveau de la branche comme de l'entreprise, certains points doivent être régulièrement négociés, selon un calendrier précis (Voir Fiches n° 32 et 33). En revanche, la négociation peut aussi être facultative à ces deux niveaux et c'est ce principe également pour les accords interprofessionnels et de groupe. Une grande liberté contractuelle existe donc au profit des partenaires sociaux.

Un accord collectif peut ainsi porter sur les critères d'ordre en matière de licenciement économique, l'indemnité de licenciement ou de précarité en matière de contrat à durée déterminée, sur l'aménagement du temps de travail, sur l'existence et la durée d'une période d'essai, sur le régime en cas de suspension du contrat de travail, sur des garanties procédurales en matière disciplinaire, etc.

Il existe cependant des limites importantes à cette liberté de négociation des partenaires :

- **L'ordre public absolu :** ce sont des dispositions auxquelles les partenaires ne peuvent apporter aucune dérogation, y compris dans un sens plus favorable aux salariés. Selon un avis du Conseil d'État du 22 mars 1973 (DO 1973, p. 190), il s'agit des matières qui débordent le domaine du droit du travail comme la prohibition des indexations des salaires sur le SMIC ou le niveau général des prix, la compétence des agents publics (inspection du travail et juridiction) et les incriminations pénales.

- **L'ordre public social :** les accords collectifs peuvent déroger à la loi dans un sens plus favorable en accordant des droits et avantages supplémentaires aux salariés tant au niveau des relations individuelles (rémunération plus importante par exemple) que collectives (augmentation du nombre de délégués du personnel). Cet ordre public caractérise le principe de faveur.

Le principe de faveur a été remis en cause par la loi du 4 mai 2004 qui consacre une nouvelle conception des accords collectifs. Considérés auparavant comme un instrument de progrès social, d'amélioration au profit des salariés, les accords collectifs pouvaient déroger dans un sens plus favorable à la loi mais aussi aux accords qui étaient d'un champ d'application plus large. La loi avait cependant admis la possibilité d'accords dérogatoires : l'accord pouvait déroger dans un sens défavorable à la loi mais seulement dans des matières très limitées et fixées expressément par le législateur. Cependant, pour le Conseil constitutionnel, même s'il s'agit d'un principe fondamental du droit du travail, le principe de faveur n'a pas valeur constitutionnelle (C. const. 20 mars 1997, 97-388, DC, *DS* 1997, 476, note X. Prétot). La loi de mai 2004 consacre une nouvelle conception de ces accords : la négociation collective constitue un instrument d'adaptation, de perfectionnement de la loi et d'autoréglementation et non plus nécessairement un instrument permettant de créer des droits supplémentaires au profit des salariés. La loi Fillon développe ainsi la liberté contractuelle en autorisant les accords dérogatoires. Ainsi un accord de branche peut déroger dans un sens défavorable à un ANI sauf si ce dernier l'interdit expressément (C. trav., art. L 2252-1, anc. art. L 132-13). Les négociateurs de l'ANI doivent désormais déterminer clause par clause quelle est leur portée. De même, un accord d'entreprise peut déroger dans un sens défavorable aux salariés à des règles prévues dans un accord de branche ou un ANI, sauf si ces derniers l'interdisent expressément. De plus, les art. L 2253-1 et s. (anc. art. L 132-23) interdisent aux accords d'entreprise de déroger dans un sens défavorable en matière de salaires minima, de classifications, de garanties collectives et de prévoyance. Le principe de faveur continue cependant d'exister. Un accord collectif, quel que soit son niveau ne peut déroger dans un sens défavorable à la loi sauf, les cas expressément prévus par le législateur (C. trav., art. L 2251-1, anc. art. L. 132-4). La Cour de cassation a précisé cependant la portée d'accords dérogatoires à la loi. Elle a indiqué que ces accords ne pouvaient pas priver les salariés de leurs droits qu'ils tiennent de la loi pour la période antérieure à la signature de l'accord dérogatoire, qui ne peut donc pas avoir d'effet rétroactif. Une clause dans un tel accord par laquelle les signataires s'engagent à ne pas réclamer ces droits pour la période antérieure n'engage que les signataires et non les salariés qui peuvent agir en justice. L'accord ne vaut que pour l'avenir (Cass. soc. 24 janvier 2007, 04-45585, *RJS* 2007, n° 442 ; Cass. soc. 12 septembre 2007, 06-42496). Enfin, un contrat de travail ne peut pas déroger dans un sens défavorable à un accord collectif quel que soit là encore son niveau (C. trav., art. L 2254-1, anc. art. L 135-2 ; Pour un exemple : Cass. soc. 25 mars 2009, 07-42670, *JCP soc.* 9/6/2009, 1257).

La loi Fillon 4 ans après : une loi inappliquée ?

> *La loi Fillon semble rester lettre morte. En effet, seule une branche très limitée (la batellerie) exige la majorité d'engagement pour les accords d'entreprise. Et le droit d'opposition n'est pas utilisé dans les autres domaines, sauf de manière préventive pour peser sur les négociations. Quant à la possibilité de faire des accords dérogatoires, là encore, cette nouvelle liberté n'est pas utilisée par méconnaissance ou par crainte. Les verrous mis en place pour encadrer la négociation d'entreprise avec les élus ont tellement fonctionné, que sur ce point aussi, la réforme n'a produit aucun effet. Cela explique sans doute pourquoi le législateur est intervenu le 20 août 2008 pour assouplir le dialogue social. Cette nouvelle loi fait reculer l'importance de la loi au profit de la négociation collective, mais aussi la place des accords de branche en faveur du niveau entreprise voire de l'établissement.*

C. Les conditions de forme et de publicité

Selon l'art. L 2231-3 du Code du travail (anc. art. L 132-2), l'accord ou la convention est nécessairement un acte solennel écrit, comportant la signature des partenaires sociaux et cela à peine de nullité (Cass. soc. 8 janvier 2002, 00-10886, *Bull. civ.* V, n° 5). Par ailleurs, l'accord doit être déposé au service départemental du travail et de l'emploi, et remis au secrétariat-greffe du conseil des prud'hommes et enfin être affiché dans l'établissement (C. trav., art. L 2231-5 et s., R 2231-2 et s., R 2262-1 et s., anc. art. L 132-10, L 135-7, R. 132-1 et R 135-1).

III. L'exécution des accords collectifs

Une fois les accords collectifs valablement conclus, ils doivent être respectés par les parties signataires notamment en raison du principe de la force obligatoire des contrats de l'article 1134 du Code civil. Cependant l'accord n'a d'effet contraignant que s'il se suffit à lui-même, c'est-à-dire qu'il ne doit pas nécessiter de précisions ultérieures pour son exécution. Dans le cas contraire, il s'agirait seulement d'un accord de principe (Cass. soc. 28 mai 2008, 06-46009, *RDT* janvier 2009, p. 49).

Leur exécution doit être de bonne foi, ce qui implique notamment aussi de respecter le préambule de l'accord (Cass. soc. 7 mai 2008, 06-43989, *JCP soc.* 9/9/2008, 1470). Pour garantir cette exécution, les syndicats, ayant la personnalité morale peuvent exercer une action en justice, sur le fondement de l'article L 2132-3 du Code du travail (anc. art. L 411-17). Il s'agit de demander la réparation d'un préjudice direct ou indirect causé à la profession (Cass. soc. 3 mai 2007, *D.* 2007, 536). Dans ce cas, le syndicat n'est pas nécessairement représentatif, ni même signataire de la convention. Mais *a fortiori*, s'il est signataire il a un intérêt à agir pour demander l'exécution de cet accord.

Enfin, les salariés peuvent demander l'application des accords collectifs qui leur sont applicables. Lorsque plusieurs accords sont susceptibles de s'appliquer, les avantages ayant le même objet et la même cause ne peuvent se cumuler. Seule la disposition la plus favorable devra être respectée (Cass. soc. 9 juillet 2008, 07-40226, *JCP soc.* 9/12/2008, 1652 ; Ass. Plén. 24 octobre 2008, 07-42799, *JCP soc.* 18/11/2008, 1601 ; Voir aussi Cass. soc. 23 février 2005, *TPS* 2005, comm. 120).

Enfin, à l'occasion d'un litige, le juge est compétent pour interpréter l'accord collectif en cas de doute (Cass. soc. 13 novembre 2008, 06-40060, *JCP soc.* 2/12/2008, act. 624).

À retenir

- **Principe de faveur**

  Loi du 4 mai 2004 : principe majoritaire, arrêt Addeco du 20 décembre 2006

  Loi du 20 août 2008 : modification de la notion de syndicat représentatif, du principe majoritaire et des négociateurs dans l'entreprise

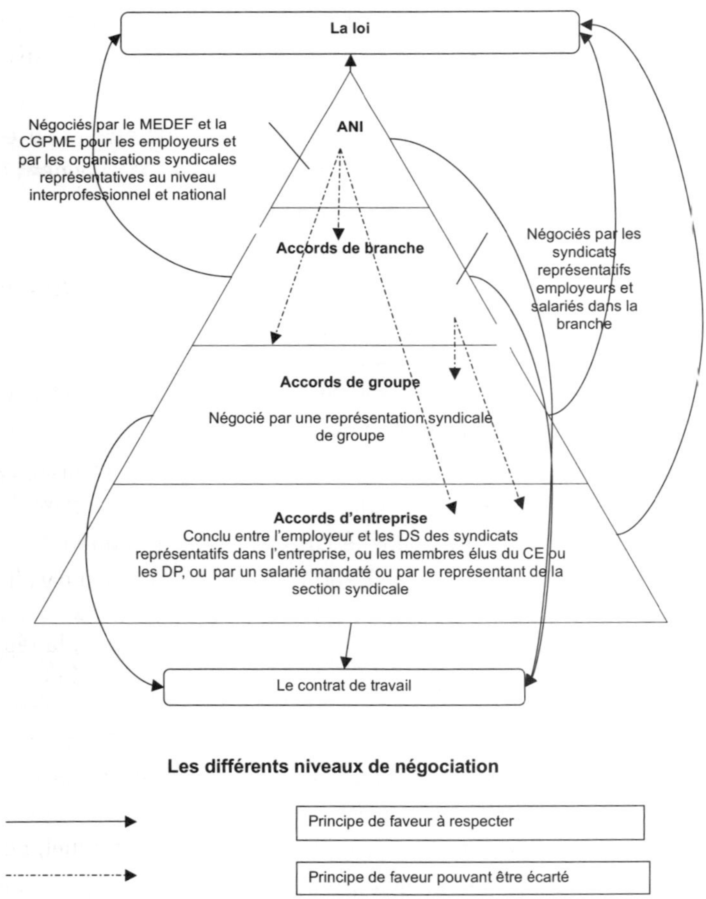

Pour en savoir plus

- « Quel droit pour la négociation collective de demain ? », *DS* janvier 2008, p. 1 et s. ;
- P.H. Antonmattéi, « La consécration législative de la convention et de l'accord de groupe : satisfaction et interrogations », *DS* 2004, p. 601 ;
- F. Bocquillon, « Que reste-t-il du principe de faveur ? », *DS* 2001, p. 255 ;
- B. Gauriau, « La consécration jurisprudentielle de la représentation syndicale et de l'accord de groupe », *DS* 2003, p. 732 ;
- S. Laulom et N. Merley, « La fabrication du principe de faveur », *RDT* avril 2009, p. 219 ;
- J. Pélissier, « Droit des conventions collectives : évolution ou transformation », *Mélanges Verdier*, Dalloz, 2001, p. 95 ;
- J. E. Ray, « Les curieux accords dits majoritaires de la loi du 4 mai 2004 », *DS* 2004, p. 509 ;
- M. A. Souriac, « L'articulation des niveaux de négociation », *DS* 2004, p. 579 ;
- M. A. Souriac, « Les réformes de la négociation collective », *RDT* janvier 2009, p. 14 ;
- B. Teyssié, « Variations sur les conventions et accords collectifs de groupe », *DS* 2005, p. 643.

Pour s'entraîner

Indiquez si la proposition faite est Vraie ou Fausse :

1) ***Un accord d'entreprise peut contenir des dispositions dérogatoires à un accord de branche et défavorables aux salariés.***

❒ *Vrai* ❒ *Faux*

2) ***Un syndicat minoritaire représentatif peut signer valablement un accord collectif.***

❒ *Vrai* ❒ *Faux*

3) ***Plusieurs accords collectifs peuvent s'appliquer cumulativement à un même salarié.***

❒ *Vrai* ❒ *Faux*

Réponses

1) Vrai, sauf en matière de salaires minima, de garanties collectives et de classifications et sous réserve que l'accord de branche ne l'interdise pas ;

2) Vrai sous la loi de mai 2004, mais sous réserve qu'il n'y ait pas d'opposition de la part d'un majoritaire et sauf si un accord d'étendue plus large exige une majorité d'engagement. Avec la réforme de 2008, la réponse doit être plus nuancée dans la mesure où le syndicat signataire doit seul ou avec d'autres représenter 30 % des suffrages exprimés lors du 1er tour des élections professionnelles. Par ailleurs, cette condition ne suffit pas puisqu'il faut l'absence d'opposition des syndicats ayant obtenu plus de 50 % des suffrages. La notion de majoritaire change donc avec cette réforme ;

3) Vrai, car il existe plusieurs niveaux : interprofessionnel, de branche, de groupe et d'entreprise, voire même d'établissement.

Fiche 32

La négociation collective de branche

Définitions

Accord ou convention collective de branche : texte conventionnel négocié par les syndicats représentatifs au niveau d'une branche professionnelle et s'appliquant à toutes les entreprises adhérentes ou affiliées à un syndicat patronal signataire et dont l'activité réelle et principale entre dans le champ d'application professionnel du texte.

Élargissement : arrêté ministériel permettant d'appliquer un texte conventionnel de branche à des entreprises ne relevant pas en principe du secteur territorial ou professionnel du texte négocié.

Extension : arrêté ministériel permettant d'appliquer un texte conventionnel de branche à toutes les entreprises du secteur professionnel, y compris celles qui ne sont ni adhérentes ni affiliées à un syndicat signataire.

I. Le domaine de la négociation collective de branche

Les art. L 2241-1 et s. (anc. art. L 132-12) du Code du travail fixent les domaines dans lesquels la négociation collective de branche est obligatoire ainsi que leur périodicité.

Une négociation de branche facultative est également possible dans de nombreux domaines puisque les articles L 2221-2 et L 2221-1 (anc. art. L 132-1 et L 131-1) visent les conditions d'emploi, de travail, les garanties sociales. À titre d'exemple, peuvent être cités la durée du temps de travail, le montant de l'indemnité de précarité dans un contrat à durée déterminée (C. trav., art. L 1243-9, anc. art. L 122-3-4), la procédure de licenciement pour motif économique de plus de 10 salariés (C. trav., art. L 1233-21 et s., anc. art. L 320-3), la durée d'une période d'essai (Voir Fiche n° 7 sur la portée de la réforme du 25 juin 2008) ou d'un délai de préavis (C. trav., art. L 1237-1, anc. art. L 122-5), indemnité de licenciement, maintien des rémunérations en cas de suspension du contrat de travail, etc.

Négociation annuelle obligatoire (C. trav., art. L 2241-1)	**Négociation tous les 3 ans obligatoire (C. trav., art. L 2241-3 et s.)**	**Négociation tous les 5 ans obligatoire (C. trav., art. L 2241-7 et s.)**
Les salaires.	Pour assurer l'égalité professionnelle entre les hommes et les femmes. Sur les conditions de travail et la gestion prévisionnelle des emplois et des compétences des salariés âgés. Pour l'insertion professionnelle des travailleurs handicapés, leurs conditions de travail, leur formation. Sur la gestion prévisionnelle des emplois, des compétences, des mesures d'accompagnement éventuelles en termes de formation, de validation d'acquis et de mobilité.	Les classifications. Sur la mise en place d'un plan d'épargne interentreprises ou plan d'épargne pour la retraite.

Ces textes conventionnels sont négociés par les syndicats représentatifs dans la branche du point de vue employeur et salarié, condition modifiée avec la loi du 20 août 2008 (Voir Fiche n° 26). Ils sont soumis au principe majoritaire dont les modalités ont été changées avec cette loi du 20 août. Sous l'empire de la loi du 4 mai 2004, leur validité était en principe subordonnée à l'absence de droit d'opposition de la majorité des organisations syndicales représentatives, sauf accord de méthode étendu prévoyant la majorité d'engagement. Le délai pour faire opposition était de 15 jours. Enfin, la majorité était calculée en nombre de syndicats signataires (Voir Fiche n° 31). La loi portant rénovation de la démocratie sociale prévoit désormais qu'il sera valable si l'accord est conclu par les syndicats représentatifs ayant obtenu au moins 30 % des suffrages exprimés au 1er tour des dernières élections professionnelles, quel que soit le nombre de votants, additionnés au niveau de la branche et à défaut d'opposition des syndicats ayant recueilli la moitié des suffrages (art. L 2232-6). Cette loi ne s'appliquera que lorsque les audiences aux élections auront pu être mesurées. Dans l'attente de ce résultat, le droit antérieur est maintenu.

II. La détermination de la convention collective de branche applicable à une entreprise

A. Les trois critères cumulatifs

Pour qu'une convention ou un accord de branche s'applique à une entreprise, trois conditions cumulatives doivent être remplies. D'abord, l'employeur doit être affilié à un syndicat signataire.

Illustration de la nécessité d'une signature ou d'une affiliation à une partie signataire :

> *Quand une société fait partie d'un groupe et que seule la société mère est affiliée à un syndicat signataire d'une convention collective, la Cour de cassation a estimé que la filiale n'était pas soumise à la convention collective en raison de l'absence de signature ou d'affiliation à un syndicat signataire et cela même si le pouvoir réel de direction est assumé par la société mère. La Cour de cassation applique de manière stricte cette condition et ne regarde pas si derrière l'autonomie juridique des personnes morales, il n'y aurait pas immixtion dans la gestion du personnel et une volonté de créer des sociétés écrans pour échapper à certaines conventions collectives (Cass. soc. 30 avril 2002, 00-42110,* Bull. civ. *V, n° 140 ;* DS *2002, 791, note G. Couturier).*

À défaut d'affiliation à un syndicat signataire, l'employeur peut préférer **adhérer à la convention elle-même**. Cette adhésion à une convention, sans affiliation à un syndicat signataire, rend la convention applicable dans l'entreprise. L'adhésion doit être notifiée aux signataires, ainsi que déposée à la direction départementale du travail et au greffe du conseil de prud'hommes (C. trav., art. L 2261-3, anc. art. L 132-9).

Ensuite, la convention peut prévoir **un champ d'application territorial**, local, régional ou national. Enfin, il faut que **l'activité réelle et principale de l'entreprise corresponde au secteur professionnel** de la convention ou de l'accord de branche, et cela peu importe l'activité des salariés (C. trav., art. L 2222-1, anc. art. L 132-5).

Illustrations de la détermination de la convention collective de branche applicable à une entreprise :

> *La convention nationale du notariat s'applique à tous les salariés d'un office notarial, y compris aux femmes de ménages (Cass. soc. 4 mai 1999, 96-44778,* Bull. civ. *V, n° 190). De même, la convention collective de la restauration s'applique aux salariés de la Sodexho, y compris à ceux qui ont pour activité le nettoyage de locaux industriels, car cela correspond à l'activité principale de l'entreprise (Cass. soc. 26 janvier 2000, 97-40550, Inédit titré). Il faut également préciser que le code APE donné aux entreprises selon une nomenclature établie par l'INSEE et indiquant le secteur économique de l'entreprise n'est qu'un*

indice pour déterminer la convention collective applicable (Cass. soc. 18 juillet 2000, 97-44897, Bull. civ. *V, n° 295,* DS *2000, p. 921 J. Y. Frouin et p. 1024, J. Ph. Lhernould). Depuis le 1*er *janvier 2008, les entreprises ont un nouveau code APE suite à une harmonisation communautaire.*

Attention

Ce sont les seuls critères pris en compte pour déterminer la convention collective de branche applicable à une entreprise et tous les salariés de cette entreprise y sont soumis, quelle que soit leur activité et même s'ils ne sont pas syndiqués. Ni le critère d'affiliation des salariés à un syndicat signataire ni celui relatif à leur activité n'interviennent dans cette détermination de la convention applicable.

B. Les aménagements

Plusieurs dérogations existent.

• La clause d'option dans la convention collective

Cette clause permet aux entreprises de choisir entre plusieurs conventions collectives soit parce qu'elles ont des activités qui peuvent relever de plusieurs conventions soit parce l'accord collectif change et autorise les entreprises à continuer d'appliquer l'ancienne version. La clause d'option porte alors le nom de clause de *statu quo*. La loi du 4 mai 2004 a délibérément mis fin à une jurisprudence qui considérait que ces clauses n'étaient pas valables, car le critère de l'activité économique prévu par l'art. L 132-5 était d'ordre public (Cass. soc. 26 novembre 2002, 00-46873, *Bull. civ.* V, n° 359). La Cour de cassation voulait empêcher que les employeurs recherchent et choisissent la convention qui serait la moins favorable pour les salariés. Désormais, l'art. L 2261-5-1 (anc. art. L 132-5-1) prévoit la validité expresse de ces clauses appelées aussi clauses de départage, de répartition ou d'attribution mais à certaines conditions. Si plusieurs conventions sont concernées, toutes doivent la prévoir et cela dans les mêmes conditions. Elles doivent donc contenir des clauses réciproques et identiques.

• L'existence d'une activité nettement différenciée dans un centre autonome

C'est une exception jurisprudentielle relativement ancienne qui permet d'appliquer la convention collective la plus adaptée à la réalité de l'emploi, mais en créant une diversité des statuts conventionnels applicables dans l'entreprise (Cass. soc. 21 mars 1990, 86-45490, *D.* 1992, somm. 296). Les conditions s'avèrent difficiles à remplir. En effet, les salariés doivent avoir une activité différente des autres salariés de l'entreprise. De plus, ils doivent l'exercer dans un centre autonome, ce qui implique des organes de direction et le simple fait d'avoir des activités différentes ne suffit pas (Cass. soc. 26 janvier 2000, 97-40550, inédit titré).

Illustration jurisprudentielle :

> *La Cour de cassation a refusé cette exception lorsque suite à une fusion absorption, des salariés d'une imprimerie ont été soumis à la convention collective de la métallurgie, correspondant à l'activité principale de la nouvelle entité. En effet, les juges ont considéré que l'existence d'un centre autonome n'était pas caractérisée alors que les salariés invoquaient l'existence de problèmes particuliers de l'atelier, une formation et des capacités professionnelles différentes et des mentions dans le contrat de travail non identiques (Cass. soc. 5 octobre 1999, 97-16995,* Bull. civ. *V, n° 369).*

• L'application volontaire d'une autre convention collective

L'employeur peut décider de faire une application volontaire d'une convention collective qui n'est pas en principe applicable à l'entreprise (par exemple : Cass. soc. 11 février 2009, 07-17863, *JCP soc.* 9/6/2009, 1256). Cette volonté peut résulter, par exemple, d'une mention dans le contrat de travail ou dans le bulletin de paye. Cette application peut n'être que partielle (Cass. soc. 27 avril 1988, 85-44768, *Bull. civ.* V, n° 252). Mais cette mention au contrat de travail incorpore les éléments individuels au contrat de travail, éléments qui sont alors soumis au régime de la modification du contrat et non pas de la dénonciation d'un accord collectif. Si cette application volontaire se cumule avec une application déterminée par le secteur d'activité, le salarié peut exiger l'application des dispositions les plus favorables, en vertu du principe de faveur, mais en aucun cas un cumul des deux (Cass. soc. 18 juillet 2000, 98-42949, *Bull. civ.* V, n° 297). La mention dans le bulletin de paye équivaut à un engagement unilatéral de l'employeur (Cass. soc. 23 février 2005, 02-47557). La Cour de cassation a opéré un revirement de jurisprudence sur la portée de la mention de la convention collective de branche sur le bulletin de paye. Dans une décision du 18 novembre 1998 (Cass. soc. 18 novembre 1998, 96-42991, *DS* 1999, p. 101), elle avait affirmé que cette mention constituait une présomption irréfragable de la volonté de l'employeur d'appliquer cette convention dans l'entreprise en ce qui concerne les relations individuelles. Le 15 novembre 2007, elle a admis la preuve contraire, réduisant la portée de cette mention à une présomption simple (Cass. soc. 15 novembre 2007, 06-44008, 06-43383, *JCP soc.* 2007, 1945).

III. L'extension et l'élargissement d'une convention collective

Ce sont des mécanismes dérogatoires à l'effet relatif des contrats instaurés par la loi du 24 juin 1936 (C. trav., art. L 2261-15 et s., anc. art. L 133-1 et s.). L'objectif consiste à unifier les conditions de travail dans une branche professionnelle et éviter ainsi d'éventuelles distorsions de concurrence.

A. L'extension

Les conditions d'extension

Pour être étendue, la convention collective doit avoir été conclue à des conditions très spécifiques. La négociation et la conclusion **doivent avoir eu lieu au sein d'une commission paritaire** composée nécessairement des représentants des organisations syndicales représentatives d'employeurs et de salariés. Ensuite, les **organisations syndicales patronales doivent être représentatives** au niveau où la convention est étendue, contrairement au droit commun de la négociation collective. Enfin, la convention doit comporter un certain nombre de clauses obligatoires concernant aussi bien les relations individuelles que collectives (C. trav., art. L 2261-22 et L 2261-23, anc. art. L 133-5 et L 133-6).

La procédure d'extension

Le ministre du Travail ou de l'Emploi dispose d'un pouvoir souverain d'appréciation pour décider ou non d'étendre une convention ou une partie seulement de celle-ci. Avant de prendre sa décision, il doit consulter la commission nationale de négociation collective et publier cet avis au *Journal officiel* permettant aux personnes intéressées de faire connaître leur point de vue dans les 15 jours qui suivent. Puis, il rend un arrêté d'extension qui est publié ainsi que la convention au *Journal officiel.*

Les effets de l'extension

L'extension a pour effet de soumettre tous les employeurs du secteur géographique et professionnel de la convention, même s'ils ne sont pas membres d'une organisation patronale signataire. Si la convention a été irrégulièrement conclue, l'arrêté d'extension ne valide pas cette convention. Le ministre peut retirer son arrêté : la convention reste alors valable mais elle n'est plus étendue aux employeurs non-membres d'une organisation signataire. Il faut signaler que depuis de nombreuses années, les ministres successifs ont opéré une politique générale d'extension des accords de branche.

B. L'élargissement

Les conditions de l'élargissement

La convention doit avoir été au préalable étendue. Par ailleurs, il faut constater une carence prolongée des organisations syndicales dans le secteur géographique ou professionnel. Enfin, les secteurs bénéficiaires de l'élargissement doivent présenter des conditions économiques analogues. La procédure de l'élargissement est identique à celle de l'extension.

Les effets de l'élargissement

L'élargissement rend applicable une convention dans une région ou un secteur d'activité non soumis en principe à la convention. Si après l'arrêté d'élargissement, les partenaires sociaux négocient un accord, ce dernier met fin, pour ces signataires, à l'arrêté d'élargissement.

À retenir

Le champ d'application des conventions collectives de branche			
Domaine matériel		**Entreprises concernées**	
Obligatoire	**Facultative**	**Principe**	**Exceptions**
Annuelle : Sur les salaires Tous les 3 ans : Égalité homme femmes Conditions de travail des personnes âgées. Insertion professionnelle des salariés handicapés. Gestion provisionnelle des emplois. Tous les 5 ans : La classification. Les plans d'épargne interentreprises.	Durée de la période d'essai Indemnité de licenciement Durée du préavis Aménagement du temps de travail Maintien des rémunérations en cas de suspension des contrats de travail, etc.	3 critères cumulatifs à remplir : – L'employeur doit être affilié à un syndicat signataire ou adhérent de la convention. – Critère de l'activité principale et réelle de l'entreprise sans prise en compte de l'activité des salariés. – Critère territorial.	– Arrêté **d'extension** qui permet d'appliquer la convention à toutes les entreprises du secteur d'activité même non affiliées. – L'existence **d'une activité nettement différenciée** dans un centre autonome. – Clause d'option dans la convention collective. – **Arrêté d'élargissement** qui permet d'appliquer une convention collective en dehors de son domaine professionnel et/ou territorial. – Application volontaire par l'employeur.

Pour en savoir plus

- B. Teyssié, « À propos d'une négociation triennale : commentaire de l'article L 320-2 du Code du travail », *DS* avril 2005, p. 377.

Pour s'entraîner

Indiquez si la proposition faite est Vraie ou Fausse :

1) ***La convention collective de branche s'applique à tous les salariés d'une entreprise dont l'activité réelle et principale relève de la convention et cela quelles que soient leurs fonctions.***

❐ ***Vrai*** ❐ ***Faux***

2) ***Le contrat de travail peut déroger dans un sens défavorable à la convention collective de branche applicable à l'entreprise.***

❐ ***Vrai*** ❐ ***Faux***

3) ***L'extension est une exception à l'effet relatif des contrats.***

❐ ***Vrai*** ❐ ***Faux***

Réponses

1) Vrai, seule l'activité de l'entreprise est prise en compte ;

2) Faux, le principe de faveur continue de s'appliquer ici, même depuis la réforme de 2004 (C. trav., art. L 2254-1, anc. art. L 135-2) ;

3) Vrai, car elle permet l'application de la convention à des employeurs non adhérents ou non affiliés à un syndicat signataire.

Fiche 33

La négociation collective d'entreprise

Définition

Principe de faveur : principe consacré par le Conseil constitutionnel comme étant un principe fondamental du droit du travail et permettant à une norme de niveau inférieur de déroger à une norme de niveau supérieur dans un sens plus favorable au salarié.

I. Les conditions de la négociation collective d'entreprise

A. Les négociateurs

D'un côté des négociateurs, se trouve l'employeur ou celui qui a reçu une délégation de pouvoir de négocier en son nom valable (Cass. soc. 13 mai 2008, 07-40002, *RDT* novembre 2008, p. 673 : aucune conséquence du changement de la personne du délégant, à savoir le président du conseil d'administration).

De l'autre côté, l'employeur doit inviter toutes les organisations syndicales représentatives dans l'entreprise à négocier l'accord (Voir Fiche n° 26). En pratique l'employeur convoque les délégués syndicaux, accompagnés éventuellement d'un ou plusieurs salariés de l'entreprise, mais en aucun cas, il ne peut s'agir de personnes extérieures à l'entreprise (C. trav., art. L 2232-17, anc. art. L 132-20). Les délégués syndicaux ont en principe un monopole de négociation, qui a pourtant été remis en cause par la loi Fillon du 4 mai 2004 pour favoriser cette négociation d'entreprise. Un accord national interprofessionnel du 31 octobre 1995 avait préconisé la conclusion des accords par des représentants élus ou des salariés mandatés en l'absence de délégué syndical dans une entreprise. Une loi du 12 novembre 1996 avait repris cette possibilité mais à titre expérimental. Cependant, la loi n'a pas répondu aux attentes dans la mesure où elle exigeait qu'un accord de branche étendu prévît expressément cette faculté. Les lois Aubry, relatives au passage aux 35 heures ont supprimé cette condition pour favoriser la conclusion des accords de réduction du temps de travail. La loi

Fillon consacre de manière générale cette faculté inscrite aux art. L 2232-21 et s. (anc. art. L 132-26). Plusieurs conditions étaient requises : l'accord de branche étendu devait prévoir cette hypothèse, fixer les thèmes ouverts à cette forme de négociation et déterminer les conditions du mandat. De plus, une hiérarchie était mise en place.

Si aucun délégué syndical n'avait été désigné (absence de désignation syndicale, seuil des effectifs insuffisant, etc.), **c'étaient les représentants élus du comité d'entreprise ou les délégués du personnel** qui pouvaient le signer. L'accord devait ensuite être soumis à l'approbation d'une commission paritaire nationale de branche et déposé auprès de l'autorité administrative. À défaut de représentants élus, un salarié mandaté par un syndicat représentatif pouvait signer un tel accord, accord qui devait ensuite être approuvé à la majorité des suffrages exprimés par les salariés de l'entreprise puis déposé auprès de l'autorité administrative. Le mandat devait être précis.

Lorsque les conditions n'étaient pas remplies, il s'agissait **d'un accord atypique** qui équivaut à un engagement unilatéral de l'employeur (Voir Fiche n° 35).

La loi portant rénovation de la démocratie sociale du 20 août 2008 entrant en vigueur sur ce point au 31 décembre 2009 permet aux représentants élus de négocier les accords, à défaut de délégué syndical, sans que cela soit prévu par l'accord de branche. Elle abandonne une condition qui empêchait la mise en œuvre pratique de cette forme de négociation. Celle-ci est possible pour les accords portant sur des mesures dont la mise en œuvre est subordonnée par la loi à la conclusion de ces accords, excepté les accords de méthode aménageant la procédure du grand licenciement économique. Par ailleurs, cette négociation par les représentants élus n'est possible que dans les entreprises de moins de 200 salariés. Les membres élus doivent être des titulaires ayant obtenu la majorité des suffrages valablement exprimés lors des dernières élections. Un crédit d'heures supplémentaires de 10 heures leur est attribué par mois. L'employeur doit informer les organisations syndicales représentatives de la branche de la mise en œuvre de ces négociations. Ensuite, l'accord doit être approuvé par la commission paritaire qui va contrôler la légalité de la convention. Cette commission a 4 mois pour donner son accord et son silence vaut approbation. S'il manque une des conditions, l'accord sera désormais réputé non écrit, effet automatique sans recours au juge.

À défaut de représentants élus, des salariés mandatés pourront négocier l'accord, qui devra être approuvé par la majorité des salariés. Un accord de branche prévoyant cette modalité n'est plus nécessaire. La loi prévoit une condition : le salarié mandaté ne doit pas avoir un lien de parenté avec l'employeur ou exerçait des fonctions lui permettant d'être assimilé au chef d'entreprise. Là encore, les salariés mandatés disposent d'un crédit d'heures de 10 heures par mois pour exercer cette mission. Cette forme de négociation n'est possible que pour les accords portant sur des mesures dont la mise en œuvre est subordonnée par la loi à la conclusion de ces accords, excepté les accords de méthode aménageant la procédure du grand licenciement économique. L'employeur doit informer les syndicats représentatifs de la branche de la mise en œuvre de cette forme de négociation.

Enfin, la loi donne la possibilité de négocier ces accords au représentant de la section syndicale (Voir Fiche n° 26). Il peut être amené à négocier cet accord au nom du syndicat qui l'a désigné si plusieurs conditions sont réunies :

- uniquement dans les entreprises de plus de 200 salariés, en présence de représentants élus qui ne peuvent pas négocier l'accord collectif en raison d'un seuil d'effectif supérieur à 200 salariés ;
- une carence au 1er tour des élections professionnelles, les représentants du personnel étant élus au 2nd tour ;
- une désignation par un syndicat affilié à un syndicat représentatif au niveau interprofessionnel et national ;
- un mandatement spécifique de cette organisation.

Plusieurs remarques sont à faire sur cette négociation particulière. Tout d'abord, un doute existe sur la portée du mandat pour savoir s'il vise un accord spécifique ou non. Ce mandat prend fin en cas de révocation, d'expiration du statut de représentant de la section ou en cas de désignation d'un délégué syndical. Ensuite, la loi donne ce pouvoir pour tous les accords collectifs, sans le limiter aux seuls accords portant sur des mesures dont la mise en œuvre est subordonnée par la loi à la conclusion de ces accords. Enfin, une discussion existe pour savoir si les syndicats ne peuvent pas désigner un salarié mandaté pour négocier à la place du représentant de la section syndicale.

Ces différentes modalités prévues par la loi ne s'appliquent qu'à défaut d'accord de branche prévoyant des modalités différentes de négociation en l'absence de délégués syndicaux dans l'entreprise et conclus sous l'empire de la loi du 4 mai 2004.

B. Le principe majoritaire

Jusqu'à la loi du 20 août 2008, les accords d'entreprise devaient être conclus selon les modalités de l'accord de branche qui pouvait prévoir :

- Soit l'absence d'opposition, dans un délai de 8 jours, par une ou plusieurs organisations syndicales ayant recueilli la majorité des suffrages exprimés lors des résultats au 1er tour des dernières élections professionnelles.
- Soit la majorité d'engagement de ces mêmes organisations syndicales. Dans ce cas, un syndicat minoritaire ne pouvait signer seul un accord,

sauf si cet accord était ensuite ratifié par la majorité des salariés de l'entreprise. Il s'agissait alors d'une forme de démocratie directe, qui pouvait être un leurre si l'employeur faisait pression sur les salariés.

Dans le silence de la convention de branche, le principe majoritaire prenait la forme du droit d'opposition (C. trav., art. L 2232-12 et L 2232-13, anc. art. L 132-2-2 ; Voir Fiche n° 32).

En cas de carence des élections professionnelles, quelles que soient les organisations signataires, il fallait organiser un référendum dans l'entreprise pour ratifier l'accord. Il en aurait été de même, **depuis l'arrêt Adecco du 20 décembre 2006** (05-60345, *DS* 2007, p. 459), en l'absence de quorum au premier des élections professionnelles.

La loi portant rénovation de la démocratie sociale modifie les modalités du principe majoritaire.

Lorsque l'accord est signé par les délégués syndicaux, elle impose, depuis le 1er janvier 2009, à la fois l'absence d'opposition des syndicats représentatifs ayant obtenu la moitié des suffrages dans les 8 jours qui suivent la notification de l'accord et la signature par des syndicats ayant recueilli au moins 30 % des suffrages exprimés au 1er tour des dernières élections des titulaires au CE ou des délégués du personnel, quel que soit le nombre de votants. Cela met fin à la jurisprudence Adecco. Il faut préciser que seuls les résultats du 1er tour sont pris en compte et qu'en raison d'un seuil important, les alliances seront souvent nécessaires pour valider l'accord.

Lorsque l'accord est négocié par le représentant de la section syndicale ou par un salarié mandaté, il doit ensuite être approuvé par les salariés à la majorité des suffrages exprimés dans des conditions qui seront précisées par décret. À défaut de cette ratification, l'accord est réputé non écrit.

Lorsque l'accord est négocié par les représentants élus, il doit être conclu par les représentants élus titulaires, représentant la majorité des suffrages exprimés lors des dernières élections professionnelles. Il doit ensuite être approuvé par une commission paritaire de branche qui va vérifier l'absence de contradictions aux différentes sources de droit. À défaut de l'une ou l'autre de ces conditions, l'accord est réputé non écrit. Ces dispositions n'entrent en vigueur qu'au 31 décembre 2009.

C. Les règles de forme

Ces accords doivent évidemment être écrits et déposés au service départemental du travail et de l'emploi et remis au secrétariat-greffe du conseil des prud'hommes comme n'importe quel accord collectif (Voir Fiche n° 31). Parfois, les institutions représentatives du personnel doivent être consultées du projet d'accord. Le défaut de consultation préalable ne rend pas l'accord nul, mais l'employeur peut être sanctionné par un délit d'entrave (Cass. soc. 5 mai 1998, arrêt EDF, *DS* 1998, 585 ; Cass. soc. 19 mars 2003, 01-12094, *Bull. civ.* V, n° 105).

D. Le principe de faveur

Selon l'art. L 2252-1 issu de la réforme Fillon de 2004 (anc. art. L 132-13), les signataires de l'accord de branche ou interprofessionnel déterminent la portée des dispositions de cet accord pour savoir si le niveau inférieur, et donc la négociation d'entreprise peut déroger dans un sens défavorable. Ils peuvent ainsi faire de leur texte conventionnel une norme impérative. Par ailleurs, selon les art. L 2253-1 et s. (anc. art. L 132-23), il est interdit de déroger dans un sens défavorable en matière de salaires minima, de classification, de garanties collectives en matière de prévoyance et de mutualisation des fonds de la formation professionnelle. Enfin, l'accord d'entreprise doit respecter le principe de faveur quand il transpose directement une règle législative sauf si la loi autorise cette dérogation dans un sens défavorable (C. trav., art. L 2251-1, anc. art. L 132-4). L'article 43 de la loi Fillon de 2004 a cependant étendu la liste des dispositions auxquelles un accord d'entreprise peut déroger dans un sens défavorable, dérogations auparavant réservées aux accords de branche. Cela concerne principalement l'aménagement du temps de travail, la répartition des horaires, la récupération des heures, les indemnités de précarité ou la réglementation des emplois précaires.

Domaine	Dérogations autorisées par la loi
CDD	– Limitation de l'indemnité de précarité de fin de contrat à 6 % moyennant des actions de formation spécifique
Travail temporaire	– Fixation de la période d'essai – Suppression de l'indemnité de précarité pour les contrats saisonniers ou les contrats d'usage
Contrat à temps partiel	– Délai de prévenance pour faire des heures complémentaires réduit de 7 à 3 jours – Augmentation possible du nombre d'heures complémentaires moyennant des contreparties porté de 10 à 33 % de la durée du temps de travail prévue au contrat – Autorisation de prévoir une coupure de plus de 2 heures dans une journée moyennant des contreparties
Durée du travail	– Taux de majoration des heures supplémentaires fixé à 10 % – Fixation du contingent annuel d'heures supplémentaires – Dérogations aux durées maximales hebdomadaires et quotidiennes – Dérogations à la durée minimale de repos - Simplification des accords dérogatoires avec la loi du 20 août 2008 : Voir Fiches n° 37 et 38

II. Le domaine de la négociation collective d'entreprise

Pour donner un souffle nouveau à ce niveau de négociation, les lois Auroux de 1982 ont mis en place une négociation collective annuelle obligatoire au sein de l'entreprise dès lors qu'au moins une section syndicale est présente dans l'entreprise. Elle s'impose donc même si aucun délégué syndical n'a été désigné (C. trav., art. L 2242-1, anc. art. L 132-27). Elle porte par exemple sur les salaires, l'égalité hommes femmes ou la durée effective de travail. Parfois, la négociation doit avoir lieu non pas tous les ans, mais tous les 3 ans, comme pour la GPEC, la 1re devant être engagée avant le 19 janvier 2008 (Cass. soc. 24 juin 2008, 07-11411, *JCP soc.* 2/12/2008, 1634). À défaut de respecter cette négociation obligatoire, des sanctions pénales sont encourues (C. trav., art. L 2243-1, anc. art. L 153-2). L'employeur doit prendre l'initiative de cette négociation au cours de l'année civile et ce n'est donc pas nécessairement à la date anniversaire des négociations antérieures. Ainsi, par exemple, il peut négocier en février 2007 et attendre novembre 2008 pour entamer les négociations suivantes. Mais s'il dépasse un délai de 12 mois, un syndicat représentatif peut demander l'ouverture de telles négociations et l'employeur a alors 8 jours pour informer les autres organisations et 15 jours pour les convoquer à la première réunion. De plus, tant que la négociation est en cours, l'employeur ne peut pas prendre de décisions unilatérales sur ce thème, sauf en cas d'urgence.

La loi du 4 mai 2004 a étendu de façon considérable la liste des domaines dans lesquels les accords d'entreprise peuvent être conclus de façon facultative. Tout ce qui relevait du domaine de la branche peut aujourd'hui faire l'objet d'un accord d'entreprise. La loi du 20 août 2008 va plus loin et renverse la hiérarchie qui existait auparavant entre le niveau de la branche et celui de l'entreprise en matière de temps de travail, puisque désormais c'est la négociation d'entreprise qui prime sur celui de la branche (Voir Fiches n° 37 et 38). Cette volonté de trouver un niveau de négociation le plus adapté à l'application de la règle peut cependant provoquer un éclatement du droit et une rupture d'égalité des salariés devant la loi dans une même branche professionnelle.

<table>
<tr><th>Négociation obligatoire (C. trav., art. L 2242-1, anc. art. L 132-27)</th><th>Négociation facultative</th></tr>
<tr><td>Tous les trois ans
– Dans les entreprises de plus de 300 salariés pour la gestion prévisionnelle des emplois.
– En matière d'accès et du maintien dans l'emploi des salariés âgés.</td><td rowspan="2">– Sur la procédure de licenciement économique : accords de méthode
– Le temps de travail, l'aménagement du temps de travail.
– Indemnité de précarité des CDD et des intérimaires.
– Durée de la période d'essai.
– Durée du préavis.</td></tr>
<tr><td>Tous les ans
– Sur les salaires effectifs.
– La durée effective du temps de travail et son organisation.
– Sur l'insertion professionnelle et au maintien dans l'emploi des travailleurs handicapés
– Sur l'égalité professionnelle hommes femmes.
– Sur la prévoyance et les systèmes d'intéressement, de participation financière à défaut d'accord de branche sur ce thème.</td></tr>
</table>

Par ailleurs, un accord d'entreprise peut mettre fin à un usage d'entreprise car l'usage est parfois analysé comme un accord implicite entre l'employeur et les salariés. C'est une solution jurisprudentielle qui prévoit cependant une exception lorsque l'usage a été contractualisé (Cass. soc. 26 janvier 2005, 02-47507, *Bull. civ.* V, n° 31 ; Cass. soc. 8 janvier 2002, 00-12252, *Bull. civ.* V, n° 4 ; Voir Fiche n° 35).

À retenir

	Tableau récapitulatif sur la négociation d'entreprise
Négociateurs	**Principe** : Régime de la loi du 4 mai 2004 : Entre l'employeur et les délégués syndicaux des syndicats représentatifs dans l'entreprise, l'accord devant être conclu en respectant soit l'absence du droit d'opposition soit la majorité d'engagement selon les dispositions de l'accord de branche. Régime de la loi du 20 août 2008 : Entre l'employeur et les délégués syndicaux des syndicats représentatifs dans l'entreprise. Une **double majorité** est requise : - l'accord doit être signé par les **syndicats ayant obtenu au moins 30 % des suffrages exprimés au 1er tour** des dernières élections des titulaires au CE ou DP, quel que soit le nombre de votants - **absence d'opposition des syndicats représentatifs ayant obtenu la moitié des suffrages** dans les 8 jours
	Exceptions : Régime de la loi du 4 mai 2004 : À défaut de délégués syndicaux dans l'entreprise : **conclusion avec les délégués du personnel ou les membres élus du CE**, et approbation par la commission paritaire nationale de branche. À défaut de représentants élus, possibilité pour les syndicats de désigner un **salarié mandaté** pour négocier l'accord qui doit ensuite être **approuvé par la majorité des salariés** de l'entreprise. Régime de la loi du 20 août 2008 : À défaut de délégués syndicaux dans l'entreprise : **conclusion avec les délégués du personnel ou les membres élus du CE**, représentant la majorité des suffrages exprimés lors des dernières élections et approbation par la commission paritaire nationale de branche dans les 4 mois qui suivent. À défaut, l'accord est réputé non écrit. Cela n'est possible que dans les entreprises de moins de 200 salariés. À défaut de représentants élus, possibilité pour les syndicats de désigner un **salarié mandaté** pour négocier l'accord qui doit ensuite être **approuvé par la majorité des salariés** de l'entreprise. **Dans les entreprises de plus de 200 salariés,** l'accord peut être conclu par le représentant de la section syndicale désigné par un syndicat affilié à un syndicat représentatif au niveau interprofessionnel et national. Il faut un mandatement spécifique, une carence au 1er tour des élections professionnelles et même si des représentants élus existent.

Domaine	**Négociation obligatoire** : **Tous les ans** : sur les salaires effectifs, la durée effective du temps de travail et son organisation, sur l'insertion professionnelle et au maintien dans l'emploi des travailleurs handicapés, sur l'égalité professionnelle hommes femmes, sur la prévoyance et les systèmes d'intéressement, de participation financière à défaut d'accord de branche sur ce thème. **Tous les trois ans** : dans les entreprises de plus de 300 salariés pour la gestion prévisionnelle des emplois et dans les toutes les entreprises en matière d'accès et du maintien dans l'emploi des salariés âgés.
	Négociation facultative : – Sur la procédure de licenciement économique : accords de méthode – Le temps de travail, et l'aménagement du temps de travail. – L'indemnité de précarité des CDD et des intérimaires. – Durée de la période d'essai. – Durée du préavis.
Articulation des niveaux de négociation	**Articulation entre l'accord d'entreprise et la loi** : Respect du principe de faveur sauf les cas où la loi autorise expressément les dérogations défavorables comme en matière d'aménagement du temps de travail ou les contrats précaires.
	Articulation entre l'accord d'entreprise et l'accord de branche ou interprofessionnel : Dérogations défavorables impossibles en matière de salaires minima, de classification et de garanties collectives en matière de prévoyance. Dérogations possibles dans un sens défavorable dans les autres matières mais seulement si l'accord de branche n'a en pas fait une disposition impérative.

Pour en savoir plus

- G. Borenfreund, « La négociation collective dans les entreprises dépourvues de délégués syndicaux », *DS* 2004, p. 606 ;
- L Flament, « 2009 : année noire de la négociation collective ? », *JCP soc.* 23/12/2008, 1667 ;
- B. Gauriau, « La rénovation de la démocratie sociale : loi n° 2008-789 du 20 août 2008 », *JCP soc.* 2/9/2008, 1448 ;
- Y. Pagnerre, « Le représentant de la section syndicale », *JCP soc.* 7/4/2009, 1156 ;
- J.E. Ray, « La négociation d'entreprise : quel avenir ? », *Mélanges Despax*, PU Toulouse, 2002, 445.

Pour s'entraîner

Répondez aux questions de cours suivantes :

1) ***À quelles conditions un délégué du personnel peut-il conclure avec le chef d'entreprise un accord d'entreprise ? Précisez les conséquences en cas de non-respect de ces conditions.***

2) ***Définissez le principe de faveur.***

3) ***Un accord signé par quelques organisations syndicales de l'entreprise mais non par toutes s'applique-t-il à tous ces syndicats et à tous les salariés de l'entreprise ?***

Réponses

1) Les conditions dans lesquelles un délégué du personnel peut conclure un accord sont modifiées avec la loi du 20 août 2008. En effet, il n'est plus nécessaire qu'un accord de branche étendu prévoit ce pouvoir ni les thèmes qui sont ouverts à cette forme de négociation. Mais il est nécessaire qu'il n'y ait ni délégués syndicaux dans l'entreprise, ni comité d'entreprise. L'entreprise doit avoir moins de 200 salariés. L'accord doit ensuite être approuvé par la commission paritaire de branche qui contrôle la validité de l'accord. À défaut de remplir ces conditions, l'accord est désormais réputé non écrit et non plus analysé comme un accord atypique. Par ailleurs, le délit d'entrave aux fonctions du délégué syndical s'il existe peut être caractérisé.

2) Principe de faveur : principe consacré par le Conseil constitutionnel comme étant un principe fondamental du droit du travail et permettant à une norme de niveau inférieur de déroger dans un sens plus favorable au salarié à une norme de niveau supérieur.

3) Oui, dès lors qu'il a été valablement conclu notamment en respectant le principe majoritaire, dont les modalités ont été modifiées avec la loi du 20 août 2008. Si c'est le cas, il a un effet normatif : il s'applique donc à tous les syndicats et à tous les salariés de l'établissement qu'ils soient ou non adhérents d'un des syndicats signataires.

Fiche 34

L'évolution du statut conventionnel

Définitions

Avantage individuel acquis : avantage résultant d'un accord collectif dénoncé ou mis en cause qui accordait un droit ou une rémunération supplémentaire aux salariés et dont ils bénéficiaient effectivement à titre individuel, et qui leur reste acquis si aucun accord de substitution n'est conclu dans les 15 mois qui suivent cette dénonciation ou cette mise en cause.

Dénonciation d'un accord collectif : droit accordé à une partie signataire d'un texte conventionnel d'y mettre fin après un préavis de 3 mois en principe.

Mise en cause d'un accord collectif : moyen permettant de remettre en cause l'application d'un texte conventionnel en raison d'un événement indépendant de la volonté des parties signataires et qui produit les mêmes effets que la dénonciation.

Révision d'un accord collectif : moyen qui permet aux signataires d'un accord ou d'une convention collective de modifier, par la conclusion d'un avenant, une ou plusieurs dispositions du texte conventionnel.

I. La révision des accords collectifs

La révision permet de modifier un accord collectif sans y mettre fin, puisque l'accord révisé se substitue de plein droit à celui faisant l'objet de la révision.

A. L'évolution historique

Jusqu'en 1992, le législateur n'avait prévu aucune règle spécifique quant à la révision des accords collectifs. Il renvoyait aux accords eux-mêmes qui définissaient ainsi leurs propres conditions de révision. Mais la jurisprudence a fragilisé ces accords de révision, par l'arrêt **Basirico** (Ass. Plén. 20 mars 1992, 90-42196, *JCP* 1992, éd. E, II, 324, note G. Vachet). Les avenants pouvaient être conclus par tout ou partie des signataires, mais pour être opposables aux salariés, il fallait l'unanimité des signataires de l'accord original. Cette jurisprudence rendait peu efficace cette révision, qui ne pouvait se substituer à l'ancien qu'avec l'accord de tous les signataires initiaux.

Le législateur est intervenu pour mettre un terme à cette jurisprudence restrictive mais, finalement fondée sur le droit commun des contrats qui exige en principe l'accord de toutes les parties au contrat pour le modifier. Selon l'ancien article L 132-7 issu de la loi du 31 décembre 1992, toutes les organisations syndicales représentatives doivent être appelées à la négociation, mais seules les organisations signataires peuvent signer l'avenant. Si un seul signe cet avenant, le nouvel accord se substitue alors de plein droit à l'ancien et s'applique à tous les salariés. Cette loi a cependant voulu éviter qu'un syndicat minoritaire puisse imposer son accord et a accordé un droit d'opposition au profit des non-signataires majoritaires. La loi Fillon du 4 mai 2004 est venue apporter quelques modifications en soumettant ces révisions au droit commun de la conclusion des accords collectifs. De fait, elle va élargir le droit d'opposition qui existait depuis 1992.

B. Le droit actuel

L'art. L 2222-5 (anc. art. L 132-7) renvoie toujours aux accords collectifs pour préciser les modalités de leur révision et ce texte ne s'applique finalement qu'à défaut de dispositions expresses (C. trav., art. L 2261-7 et L 2261-8). La Cour de cassation exige un consentement unanime des signataires pour engager la procédure de révision, à défaut de clause dans l'accord (Cass. soc. 13 novembre 2008, 07-42481, *JCP soc.* 10/3/2009, 1116). Mais tous les syndicats représentatifs au niveau de la révision, qu'ils soient ou non signataires, ont le droit de participer à la négociation et doivent être appelés à la négociation. À défaut, l'employeur peut être poursuivi pour délit d'entrave à l'exercice du droit syndical dans l'entreprise en cas de révision d'un accord d'entreprise (Cass. crim. 28 octobre 2008, 07-82799, *RDT* avril 2009, p. 245). De plus l'avenant serait nul. Mais pour que l'avenant se substitue de plein droit à l'accord modifié, il ne peut être signé que par un signataire de l'accord initial. Cet accord est soumis au principe majoritaire tel qu'il existe pour n'importe quel accord collectif. En réalité, la loi de 2004 a élargi le droit d'opposition qui avait été mis en place en 1992. D'une part, il peut être exercé par un syndicat signataire ou non de l'accord initial. D'autre part, il concerne tous les avenants, qu'ils soient ou non plus défavorables que l'accord révisé. La loi de 1992 n'avait donné ce droit que lorsque l'avenant supprimait ou réduisait les avantages individuels ou collectifs. Il faut désormais appliquer la loi du 20 août 2008 qui modifie les modalités de conclusion des accords (Voir Fiches n°31, 32 et 33).

II. La dénonciation d'un accord collectif à durée indéterminée

Lorsque la révision n'a pu aboutir, notamment parce qu'aucun avenant n'a été signé, tout ou partie des signataires peut dénoncer l'accord collectif dans le but d'y mettre fin. Cette dénonciation est organisée par les art. L 2261-9 et s. du Code du travail (anc. art. L 132-8), modifiés avec la réforme du 20 août 2008. Il s'agit d'une dénonciation globale en principe : c'est tout l'accord qui est dénoncé et non pas quelques-unes de ces dispositions. L'accord peut cependant autoriser les dénonciations partielles. Cette dénonciation doit alors être notifiée aux autres parties signataires et déposée à la direction du travail et au greffe du conseil des prud'hommes. La Cour de cassation vient de préciser que lorsque l'accord dénoncé portait sur l'organisation, la gestion et la marche de l'entreprise, le comité d'entreprise devait être consulté avant la dénonciation de l'accord par l'employeur. À défaut, la dénonciation demeure sans effet jusqu'à l'organisation de cette consultation. La sanction est différente de celle du défaut de consultation parfois nécessaire pour la conclusion d'un accord puisque dans ce cas, l'accord reste valable et produit ses effets, seul le délit d'entrave pouvant être prononcé (Cass. soc. 5 mars 2008, 07-40273, *RDT* septembre 2008, 540 ; Voir Fiche n° 33).

A. Dénonciation de tous les signataires

Si tous les signataires salariés ou tous les signataires employeurs la dénoncent, un délai de préavis de 3 mois s'ouvre pendant lequel il faut entamer des négociations. Si un accord de substitution est conclu pendant le préavis, il ne prend effet qu'à son expiration, se substituant à l'accord dénoncé. À défaut, la convention collective dénoncée survit pendant un délai de 12 mois à compter de l'expiration de ce préavis, soit en réalité pendant 15 mois. Ce délai de survie peut être prorogé conventionnellement. À l'expiration de cette survie provisoire, si aucun accord de substitution n'a été conclu, les salariés conservent uniquement les droits individuels acquis et l'accord dénoncé disparaît. La Cour de cassation applique la même solution en cas d'annulation de l'accord de substitution (Cass. soc. 9 novembre 2005, 03-43290 ; Cass. soc. 17 avril 2008, 07-41401, *RDT* octobre 2008, 611 : imposant aux salariés de restituer les avantages reçus en application de l'accord de substitution annulé). Si, au contraire, un accord de substitution est conclu pendant cette durée, l'accord dénoncé disparaît et celui conclu s'y substitue. Sa conclusion est soumise au droit commun et il peut l'être par toutes les organisations syndicales représentatives, y compris non-signataires de l'accord dénoncé, car il ne s'agit pas d'un accord modificatif.

Ce régime juridique tente de concilier les intérêts des salariés qui ne doivent pas être lésés en raison d'une dénonciation d'un tel accord. Mais il faut également préciser que la disparition de la totalité de l'accord à la fin de cette période de survie peut être un moyen de faire aboutir les négociations. Cependant, il crée une inégalité de traitement non condamnable entre les salariés. Certains, en effet, vont conserver leurs droits individuels acquis ; d'autres perdront totalement le bénéfice de cet accord. Il en est ainsi notamment pour les salariés qui sont embauchés pendant la période de survie provisoire de l'accord : ils en profitent pendant cette période mais en aucun cas, ils ne peuvent réclamer le bénéfice de droits individuels acquis (Cass. soc. 15 mai 2001, 99-41669, *Bull. civ.* V, n° 170).

La Cour de cassation définit **les droits individuels acquis** comme étant « *une rémunération ou un droit dont le salarié bénéficiait à titre personnel et qui correspondait à un droit déjà ouvert et non simplement éventuel* » (Cass. soc. 18 janvier 2006, 04-40528). Ainsi, la Cour de cassation a refusé d'admettre qu'une indemnité de licenciement pouvait être maintenue dans la mesure où ce droit ne naît qu'au jour de la rupture du contrat et n'est donc qu'éventuel (Cass. soc. 23 juin 1999, 97-43162 et 97-43163, *Bull. civ.* V, n° 297, *DS* 1999, 973, B. Gauriau). De même, en sont exclus tous les avantages collectifs octroyés aux salariés, comme une heure quotidienne d'entraînement physique accordée à tous les agents de la RATP chargés de la sécurité (Cass. soc. 1er juin 2005, 04-16994, *DS* 2005, 1065, obs. Ch. Radé). Est considéré comme un avantage individuel par exemple la structure de la rémunération, comme l'octroi de primes (Cass. soc. 1er juillet 2008, 2 arrêts, 07-40799 et 06-44437, *JCP soc.* 21/10/2008, 1553). Ces avantages individuels s'incorporent au contrat de travail et deviennent ainsi des éléments contractuels. L'employeur devra par conséquent demander l'accord du salarié pour les modifier (Cass. soc. 6 novembre 1991, 87-44507, *Bull. civ.* V, n° 479). La Cour de cassation a admis l'action en justice d'un syndicat signataire de l'accord dénoncé en l'absence d'accord de substitution pour demander l'interprétation de l'étendue de ces droits individuels acquis, sur le fondement de l'article L 2132-3 (anc. art. L 411-11), alors que l'accord a disparu (Cass. soc. 2 décembre 2008, 07-44132, *JCP soc.* 16/12/2008, 663).

B. Dénonciation par une partie des signataires

Les effets de la dénonciation par une partie des signataires sont variables et ont été modifiés avec la loi du 20 août 2008. Dans certains cas, l'accord dénoncé continuera de produire ses effets malgré la dénonciation par certains, mais uniquement pour ceux qui n'ont pas dénoncé l'accord. Il en est ainsi :

- lorsque parmi les différents employeurs signataires, seuls certains dénoncent l'accord ;
- lorsque l'accord concernait plusieurs secteurs d'activité et que tous les syndicats d'un même domaine le dénoncent.

Dans d'autres cas, la dénonciation produira pleinement ses effets et l'accord dénoncé disparaîtra sous réserve des droits individuels acquis. Il s'agit de :

- la dénonciation par l'ensemble des syndicats salariés ;
- la dénonciation par l'ensemble de la partie patronale.

Une difficulté demeurait lorsque dans une entreprise, seuls certains syndicats signataires salariés dénonçaient l'accord et pas l'employeur. L'art. L 2261-11 indiquait que cette dénonciation ne faisait pas obstacle au maintien en vigueur de la convention entre les autres parties signataires. Donc, *a priori*, l'accord restait valable puisque l'employeur restait signataire de l'accord. Mais quid si le seul syndicat signataire salarié était minoritaire ? Le professeur Emmanuel Dockès estimait que les juges devraient relire ce texte à la lumière de la réforme de 2004 et considérer que la dénonciation par un syndicat majoritaire devrait produire les mêmes effets qu'une dénonciation par tous les signataires. Dans ce cas, l'accord tomberait sous réserve du maintien des droits individuels acquis. La loi du 20 août 2008 apporte désormais une réponse à cette question. Désormais, la dénonciation n'emporte d'effets que si elle émane d'une ou plusieurs organisations syndicales de salariés représentatives ayant recueilli la majorité des suffrages exprimés lors du 1er tour des élections.

III. La mise en cause d'un accord collectif

Il y a mise en cause d'un accord collectif quand une entité économique sort du champ d'application de la convention collective. La mise en cause vise notamment le cas du transfert d'une entité économique autonome dans les conditions de l'article L 1224-1 du Code du travail (anc. art. L 122-12 ; Voir Fiches n° 42 et 43 ; exemple : un établissement qui quitte une UES pour être reprise par une nouvelle entreprise : Cass. soc. 21 octobre 2008, 08-6008, *JCP soc.* 23/12/2008, 1674) ou en cas de disparition des organisations signataires. La question se pose désormais de savoir si la perte de la qualité de syndicat représentatif entraîne ou non la mise en cause de l'accord. Avec la réforme du 20 août 2008, la notion de syndicat représentatif n'est plus, en effet, une donnée permanente : elle va varier dans le temps (Voir Fiche n° 26). Pour éviter l'insécurité juridique, le nouvel article L 2261-14-1 indique que cette perte de la qualité de syndicat représentatif de tous les signataires n'entraîne pas la mise en cause de l'accord.

La mise en cause produit les mêmes effets que la dénonciation par l'ensemble des signataires (préavis pendant 3 mois, survie provisoire pendant 12 mois, maintien des droits individuels acquis). La seule différence réside dans le fait que les effets se produisent de manière automatique.

À retenir

- **Arrêt Basirico du 20 mars 1992 :**

	Révision (art. L 2261-7 et L 2261-8, anc. art. L 132-7)	**Dénonciation (art. L 2261-9 et s., anc. art. L 132-8)**
Conditions	Tous les syndicats représentatifs participent à la négociation, même les non signataires.	Un ou plusieurs syndicats signataires peut dénoncer l'accord, dénonciation qui, en principe ne peut être que totale. Un préavis de 3 mois s'ouvre à compter de la dénonciation, permettant d'entamer des négociations pendant 12 mois après cette durée de préavis. Pendant ces 15 mois, l'accord initial survit.
Conclusion de l'accord	Un avenant, ou accord modificatif peut être signé selon le droit commun (principe majoritaire) mais seulement par les signataires de l'accord modifié.	Un accord de substitution peut être signé selon le droit commun (principe majoritaire), y compris par les non signataires de l'accord dénoncé.
Effets en cas de succès	Substitution de plein droit de l'avenant conclu.	Substitution de plein droit de l'accord de substitution conclu.
Effets en cas d'échec	Maintien de l'accord initial.	Survie provisoire pendant 15 mois de l'accord dénoncé et à l'expiration du délai, l'accord dénoncé disparaît, les salariés ne conservant que les droits individuels acquis.

Pour en savoir plus

- E. Dockès, « L'avantage individuel acquis », *DS* 1993, p. 826 ;
- D. Jourdan, « Clauses de révision et de dénonciation d'un accord collectif conclu avec les représentants élus ou des salariés mandatés », *JCP soc.* 17/6/2008, 1350 ;
- H.-J. Legrand et M.-L. Morin, « La "mise en cause" d'une convention ou d'un accord collectif... en question », *RDT* janvier 2008, p. 10 ;
- J. Savatier, « L'accord de substitution d'un accord collectif ayant fait l'objet d'une dénonciation », *DS* 1995, 178 ;
- G. Vachet, « La révision des conventions et accords collectifs », *DS* 1993, p. 134.

Pour s'entraîner

Résoudre le cas pratique suivant :

Une convention collective de branche a été conclue en 1970. Tous les signataires employeurs dénoncent en 2002 les dispositions relatives à l'aménagement du temps de travail. Mais 18 mois après, les négociations n'aboutissent pas et aucun accord national sur ce point n'est conclu. Cependant, M. Dupain, qui était signataire et soumis à cette convention qui prévoyait la possibilité d'une dénonciation partielle, conclut un accord d'entreprise avec les syndicats représentatifs dans son entreprise. Il porte sur ces dispositions et notamment la rémunération des heures supplémentaires et prévoit des mesures moins favorables que les anciennes règles conventionnelles. Deux salariés viennent vous voir car ils se demandent si le nouvel accord leur est applicable, sachant que Mme Haboconte était comptable dans la société depuis plus de 10 ans et qu'elle avait déjà bénéficié des anciennes dispositions et M. Kyroul, a été recruté en 2003 comme chauffeur.

Réponse

Mme Haboconte était salariée avant la dénonciation de la convention collective et avait pu bénéficier des règles conventionnelles à titre individuel. Pendant les 15 mois qui ont suivi la dénonciation, la convention collective dénoncée était toujours applicable et elle a donc pu en bénéficier. À l'expiration de ce délai, aucun accord de substitution n'a été conclu (Cass. soc. 18 janvier 2006, 04-40528). L'accord d'entreprise semble ne pas constituer un tel accord pour deux raisons. D'abord, le délai de 15 mois est écoulé. De plus, la négociation a eu lieu à un autre niveau, celui de l'entreprise, et non à celui de la branche. Par conséquent, elle a droit au maintien des droits individuels acquis, ce qui semble être le cas vu la définition donnée par la Cour de cassation. Ces droits s'incorporent alors au contrat de travail et le nouvel accord d'entreprise sur ce point ne lui sera pas applicable, car selon l'art. L 2254-1 (anc. art. L 135-2) du Code du travail, le principe de faveur permet au contrat de déroger dans un sens plus favorable à l'accord d'entreprise.

Pour M. Kyroul, il a été recruté après la dénonciation mais pendant le délai de 15 mois. La Cour de cassation admet alors qu'il peut, pendant ces 15 mois, bénéficier de la convention collective dénoncée qui continue de s'appliquer. Mais à l'expiration du délai, il n'a aucun droit individuel acquis, dans la mesure où ces droits s'apprécient au jour de la dénonciation. L'accord d'entreprise, nouvellement conclu, lui sera donc applicable.

Les usages et engagements unilatéraux dans l'entreprise

Fiche **35**

Définitions

Accord atypique : accord portant sur un point particulier conclu par un employeur et les délégués du personnel ou le comité d'entreprise et valant engagement unilatéral de l'employeur et non pas accord collectif d'entreprise.

Engagement unilatéral : décision unilatérale de l'employeur d'accorder un avantage supplémentaire aux salariés de son entreprise sans exiger une contrepartie directe et nouvelle.

Usage : pratique de l'employeur, générale et constante accordant un avantage supplémentaire aux salariés selon des critères objectifs.

I. La mise en place des usages et des engagements unilatéraux

Ce sont des sources professionnelles et collectives qui ne résultent pas de la négociation collective ni de la volonté des parties contractantes : l'employeur s'engage à respecter un certain nombre d'obligations non prévues dans la loi ou les accords collectifs ou le contrat.

A. La mise en place d'un usage

Pour qu'un usage soit reconnu dans l'entreprise, il faut que l'employeur accorde un avantage supplémentaire aux salariés de manière **générale, constante et fixe.** Le caractère général signifie que l'employeur l'applique à l'ensemble de ses salariés ou à ceux d'un service, d'un atelier. La constance impose une régularité dans le respect de cette pratique et une certaine durée dans le temps. Enfin, la notion de fixité indique l'absence d'arbitraire dans la pratique. L'avantage doit être accordé selon des critères objectifs et précis. Il s'agit généralement de versement de primes, notamment de 13e mois, car il doit s'agir d'un droit supplémentaire.

B. La mise en place d'un engagement unilatéral

Il peut s'agir tout d'abord d'une **décision unilatérale de l'employeur** d'accorder un droit supplémentaire aux salariés, sans que leur accord ne soit exigé. Il faut une volonté explicite de l'employeur. Cet engagement ne peut que déroger dans un sens plus favorable à la loi ou aux accords collectifs et donc ne peut accorder qu'un avantage supplémentaire aux salariés.

La jurisprudence reconnaît également l'existence d'un tel engagement lorsque l'employeur a conclu un accord avec des partenaires qui n'ont pas la qualité requise pour conclure valablement un accord collectif (Voir Fiche n° 31). Ce sont souvent des accords signés avec un délégué du personnel ou le comité d'entreprise, désignés sous le nom **d'accords atypiques.** Le défaut de capacité d'une partie contractante devrait entraîner la nullité d'un tel accord, mais la Cour de cassation les requalifie en engagement unilatéral de l'employeur que les salariés peuvent donc revendiquer. Ces derniers ne sont pas tenus par le contenu de l'accord qui ne leur est pas opposable mais ils peuvent en tirer profit (Cass. soc. 15 juillet 1998, 96-41118, *Bull. civ.* V, n° 378).

II. La remise en cause des usages et des engagements unilatéraux

Que ce soit un usage ou un engagement unilatéral, en principe ils ne s'incorporent pas au contrat de travail (Cass. soc. 13 février 1996, 93-42309, *Bull. civ.* V, n° 53). Par conséquent, l'employeur pourra remettre en cause cet avantage sans respecter les règles qui gouvernent la modification du contrat de travail (Voir Fiche n° 11) ou celles relatives à la révision des accords collectifs (Voir Fiche n° 34). Le régime juridique est identique pour les usages et les engagements unilatéraux : il peut s'agir d'une dénonciation unilatérale ou la conclusion d'un accord d'entreprise.

A. La dénonciation unilatérale

Les conditions de la dénonciation

L'employeur, pour mettre fin à un usage, doit le dénoncer dans les conditions posées dans une décision du **25 février 1988 Deschamps** (Cass. soc. 25 février 1988, 85-40821, *Bull. civ.* V, n° 139 ; Cass. soc. 18 mars 1997, 93-43989, 93-44297 et 93-43991, *Bull. civ.* V, n° 53). **L'employeur peut dénoncer seul un usage ou un engagement unilatéral sous réserve cependant de prévenir, dans un délai raisonnable, les salariés concernés et les institutions représentatives du personnel** si elles existent. Ce délai de préavis doit permettre des négociations éventuelles dans l'entreprise, négociations qui ne sont cependant pas obligatoires. Si l'employeur n'a pas organisé les élections, la Cour de cassation estime que la dénonciation de l'usage est irrégulière (Cass. soc. 16 novembre 2005, 04-40339, *DS* février 2006, p. 233, note J. Savatier).

Attention

La dénonciation de l'usage ou de l'engagement unilatéral se fait sans l'accord des salariés et sans négociation obligatoire avec les partenaires sociaux.

La Cour de cassation est venue cependant apporter une limite importante : **l'abus.** Si la dénonciation se justifie par une intention de nuire ou par la volonté de prendre une mesure de rétorsion à l'encontre d'un salarié protégé (Cass. soc. 26 novembre 1996, 95-60987, *RJS* 1/97, n° 109) ou encore de porter atteinte au droit de grève, la Cour de cassation estime qu'elle est irrégulière. Cette jurisprudence pose cependant un problème de preuve dans la mesure où la Cour rappelle que la dénonciation d'un usage n'a pas à être motivée, mais elle est irrégulière si elle est abusive ce qui suppose de contrôler en réalité la motivation de l'employeur (Cass. soc. 13 février 1996, 92-42066, *Bull. civ.* V, n° 54).

Les effets de la dénonciation

Ils varient selon qu'elle est régulière ou non. Si elle est régulière, elle est opposable à tous les salariés, sauf volonté contraire de l'employeur. Les salariés vont donc perdre l'avantage dont ils bénéficiaient. Si elle est irrégulière, l'usage ou l'engagement unilatéral demeure et le salarié peut éventuellement agir en justice pour en demander le respect.

B. La remise en cause par la conclusion d'un accord collectif

Un accord d'entreprise conclu conformément au droit des accords collectifs, postérieurement à un usage ou un engagement unilatéral et portant sur le même objet, met fin à cette obligation patronale. La Cour de cassation a précisé que cet accord pouvait être moins favorable que l'usage ou l'engagement unilatéral. Une exception cependant doit être signalée lorsque l'engagement ou l'usage a été contractualisé.

Illustration d'une remise en cause d'un usage par la conclusion d'un accord d'entreprise : Cass. soc. 26 janvier 2005, 02-47505, Bull. civ. *V, n° 31*

> *Un employeur verse à ces salariés une prime de 13e mois selon un usage, sans condition d'ancienneté. Puis un accord d'entreprise est conclu prévoyant ce versement, mais uniquement au profit de salariés ayant 1 an d'ancienneté dans l'entreprise. La Cour de cassation a cassé le jugement du conseil des prud'hommes qui avait appliqué l'usage en précisant que l'accord collectif, dès lors qu'il porte sur le même objet que l'usage, met fin à cet usage, même s'il est moins favorable.*

À retenir

<table>
<tr><th></th><th>Usage</th><th>Engagement unilatéral</th></tr>
<tr><td>Mise en place</td><td>Pratique constante, générale et fixe accordant un droit supplémentaire aux salariés.</td><td>Soit une décision unilatérale explicite de l'employeur accordant un droit supplémentaire aux salariés.
Soit en cas de conclusion d'un accord atypique.</td></tr>
<tr><td rowspan="2">Remise en cause</td><td colspan="2">– Dénonciation unilatérale possible en informant dans un délai raisonnable les représentants du personnel et les salariés concernés, mais sans que leur accord soit nécessaire.</td></tr>
<tr><td colspan="2">– Conclusion d'un accord collectif postérieur selon les règles de formation habituelles et portant sur le même objet que l'usage ou l'engagement unilatéral et cela même si cet accord est moins favorable.</td></tr>
</table>

Pour en savoir plus

- E. Dockès, « L'engagement unilatéral de l'employeur », *DS* 1994, p. 127 ;
- Ph. Langlois, « Le sort des avantages résultant d'un usage dénoncé », *RJS* 12/98, n° 1448 ;
- P. Pochet, « À propos de la dénonciation des usages d'entreprise », *JCP soc.* 2/5/2006, n° 1352 ;
- G. Vachet, « Les accords atypiques », *DS* 1990, p. 624 ;
- Ph. Waquet, « La dénonciation des usages de l'entreprise et des engagements unilatéraux de l'employeur », *RJS* 6/94, p. 399.

Pour s'entraîner

Indiquez si la proposition faite est Vraie ou Fausse :

1) ***Un usage peut imposer une période d'essai à tous les salariés embauchés dans l'entreprise.***

❒ *Vrai* ❒ *Faux*

2) ***L'employeur ne peut pas se contenter de ne plus respecter un usage ou un engagement unilatéral pour en être libéré.***

❒ *Vrai* ❒ *Faux*

3) ***En cas de dénonciation d'un usage, le salarié a droit au maintien des droits individuels acquis.***

❒ *Vrai* ❒ *Faux*

Réponses

1) Faux, car un usage ne peut qu'accorder un droit supplémentaire aux salariés mais non imposer des obligations inexistantes. L'usage doit respecter le principe de faveur ;

2) Vrai, car il doit le dénoncer en respectant un délai de préavis et en informant les représentants du personnel et les salariés concernés ;

3) Faux, car la dénonciation d'un usage n'est pas soumise aux conditions de la dénonciation des accords collectifs prévues par les articles L 2261-9 et s. du Code du travail (anc. art. L 132-8).

Fiche 36

Présentation générale du temps de travail

I. Évolution historique

II. Présentation des principales notions

Définitions

Astreinte : temps pendant lequel le salarié est tenu de rester à son domicile ou à proximité de celui-ci et pendant lequel il doit se tenir prêt à répondre à un appel éventuel de son employeur.

Temps de repos : temps pendant lequel le salarié est totalement dispensé directement ou indirectement, sauf cas exceptionnels, d'accomplir pour son employeur une prestation de travail, même si elle n'est qu'éventuelle ou occasionnelle.

Temps de travail effectif : temps pendant lequel le salarié est à la disposition de l'employeur et doit se conformer à ses directives sans pouvoir vaquer librement à des occupations personnelles.

I. Évolution historique

Le temps de travail a suivi une longue évolution législative dont l'origine remonte à la loi du 22 mars 1841, votée suite au rapport du docteur Villermé et qui limitait à 10 h le travail quotidien des enfants de 12 à 16 ans. La finalité de ces premières dispositions consistait à **protéger la santé et la sécurité des travailleurs** en imposant un temps de repos. Les congés payés en 1936 poursuivaient un autre objectif : **protéger la vie privée et personnelle du salarié** en permettant des vacances en famille. Des raisons économiques peuvent également justifier l'évolution de la durée du travail. Ainsi, suite à la crise de 1929 et **pour lutter contre le chômage**, les lois de 1936 ont mis en place la semaine de 40 h. De même, les lois 13 juin 1998 (Loi Aubry I) et du 19 janvier 2000 (Loi Aubry II) voulaient réduire le temps de travail à 35 h pour créer des emplois. Des **raisons politiques** peuvent enfin expliquer l'évolution législative. Malgré cette diversité de raisons, ces lois se traduisent par une diminution constante de la durée du temps de travail effectif.

Mais cette réduction du temps de travail peut se traduire pour les salariés par une baisse du pouvoir d'achat et engendrer pour les entreprises des difficultés de produire et d'honorer leurs commandes. Par ailleurs, une réglementation uniforme, valable pour tous les secteurs d'activité, n'est pas nécessairement adaptée au système économique actuel. La loi Fillon du 17 janvier 2003 a donc aménagé cette réglementation et celle du 31 mars 2005 (2005-296, *JO* 1er avril 2005, p. 5858) portant réforme de l'organisation du temps de travail dans l'entreprise, a renforcé l'individualisation du temps de travail et a instauré des mesures propres aux petites entreprises de moins de 20 salariés. La loi du 20 août 2008 (n° 2008-789, *JO* 22 août 2008) vient assouplir les aménagements conventionnels sans pour autant abroger les 35 heures.

II. Présentation des principales notions

A. La notion de temps de travail effectif

L'ancien article L 212-4 du Code du travail datant de 1942 définissait le temps de travail comme étant « *le travail effectif à l'exclusion du temps nécessaire à l'habillage et au casse-croûte ainsi que des périodes d'inaction* ». Cette formule, désuète, a été modernisée par la Cour de cassation qui l'a défini comme étant le temps de présence du salarié au cours duquel la personne est en permanence à la disposition de l'employeur pour participer à l'activité de l'entreprise (Cass. soc. 15 février 1995, 91-41025, *Bull. civ.* V, n° 57 ; Cass. soc. 10 mars 1998, 95-43003, *Bull. civ.* V, n° 132 ; Cass. soc. 4 janvier 2000, 97-43026, *DS* 2000, p. 439). Le critère était donc la disposition permanente au profit de l'employeur, ce qui permettait d'inclure par exemple les temps de pause. Depuis la réforme Aubry, l'art. L 212-4 devenu l'art. L 3121-1 définit le temps de travail dans les termes suivants : « *temps pendant lequel le salarié est à la disposition de l'employeur et doit se conformer à ses directives sans pouvoir vaquer librement à des occupations personnelles* ». Cette définition permet d'inclure les temps d'inaction sur le lieu de travail.

Illustration : le temps de trajet et le temps de travail effectif.

> *La Cour de cassation a eu un rôle fondateur dans ce domaine. Elle a ainsi indiqué que le temps de trajet entre le domicile et le lieu de travail, effectué en dehors de l'horaire normal de travail, n'est pas du temps de travail effectif, sauf lorsque ce temps est inhabituel (Cass. soc. 5 novembre 2003, 01-43109,* RJS *1/04, n° 4). Pour celui entre le siège de l'entreprise et le lieu de travail, il s'agit du temps de travail effectif si le salarié est tenu de se rendre au siège pour l'embauche et la débauche (Cass. soc. 13 avril 2005, 03-42530, inédit). La loi Borloo du 18 janvier 2005, dite de cohésion sociale, met un terme à cette jurisprudence en ajoutant un nouvel alinéa à l'art. L 3121-4 (anc. art. L 212-4). Désormais, le temps de déplacement professionnel n'est plus du temps de travail effectif. Mais s'il dépasse le temps normal de trajet entre le domicile et lieu habituel de travail, il doit faire l'objet d'une contrepartie financière ou d'un repos, prévu par accord collectif ou par décision unilatérale de l'employeur après consultation des représentants du personnel. Ce texte opère une déqualification du temps de trajet (C. trav., art. L 3121-4). Cependant, cette règle pose plusieurs difficultés :*

– Qu'est-ce qu'un déplacement professionnel ? La loi n'en donne aucune définition, mais le Conseil constitutionnel (Décision du 23 janvier 2005) a estimé qu'il s'agissait du déplacement entre le domicile et un lieu d'exécution du travail différent du lieu habituel, en excluant a priori *les trajets entre le siège et le lieu d'exécution du travail.*

– Qu'est-ce qu'un temps normal ? Faut-il faire une appréciation in concreto *ou* in abstracto *? La Cour de cassation a indiqué que les juges du fond devaient expliquer en quoi ce temps est normal ou non au regard de la région concernée et adopte donc plutôt une appréciation in concreto (Cass. soc. 7 mai 2008, 07-42702, RJS 7/08, n°785)*

Par ailleurs, les temps de déplacement dans l'entreprise ne sont pas toujours non plus du temps de travail effectif. Il faut qu'ils remplissent aussi les critères posés par l'article L 3121-1 (anc. art. L 212-4 alinéa 1), à savoir, l'absence de liberté (Voir pour un exemple de refus de cette qualification : pour le déplacement entre les vestiaires et la pointeuse, alors même que le port d'une tenue était imposé aux salariés : Cass. soc. 31 octobre 2007, 06-43232, RJS *1/08, n° 33 ; pour une solution contraire : Voir Cass. soc. 13 janvier 2009, 07-40368, JCP soc. 17/3/2009, 1124).*

L'art. L 3121-3 (anc. art. L 212-4) précise également que les temps d'habillage et de déshabillage sur le lieu de travail, alors que le port d'une tenue est imposé aux salariés, doivent donner lieu à une contrepartie financière ou un repos compensateur. Un débat avait eu lieu pour savoir si les conditions étaient ou non cumulatives. La Cour de cassation vient de répondre par l'affirmative en exigeant non seulement l'obligation de porter une telle tenue et le fait que le changement ait lieu dans les locaux de l'entreprise (Cass. soc. 28 mars 2008, 05-41476, *RDT* juin 2008, p. 395). Les accords collectifs ou les usages ou le contrat de travail peuvent assimiler cette période à du temps de travail effectif.

B. La notion de temps de repos

Une décision du 10 juillet 2002 (00-18452, *Bull. civ.* V, n° 238) indique qu'il s'agit du temps pendant lequel « *le salarié est totalement dispensé directement ou indirectement, sauf cas exceptionnels, d'accomplir pour son employeur une prestation de travail, même si elle n'est qu'éventuelle ou occasionnelle* ». Cette définition permet de savoir si le temps de repos a été respecté. Son objectif principal est de protéger la santé et la sécurité du salarié en imposant des temps de repos obligatoires. Mais de plus en plus d'aménagements permettent de convertir ce repos en argent.

C. La notion d'astreinte

Une nouvelle catégorie de temps de travail est apparue, l'astreinte, qui a été définie par la jurisprudence dans les termes suivants : temps pendant lequel le salarié est tenu de rester à son domicile ou à proximité de celui-ci et pendant lequel il doit se tenir prêt à répondre à un appel éventuel de son employeur (Cass. soc. 4 mai 1999, *Dinoto*, 96-43037, *DS* 1999, p. 730). Le lien de subordination existe toujours mais sous une forme atténuée. Cette définition a été reprise par la loi Aubry II et est intégrée aux articles L 3121-5 et s. (anc. art. L 212-4 *bis*. La Cour de cassation a également précisé son régime juridique. Elle a indiqué qu'il ne s'agit ni de temps de travail effectif, ni du temps de repos, mais qu'il devait donner lieu à une contrepartie financière, sans préciser les modalités de calcul. Ainsi, un employeur utilisant ce système devait, après la fin d'une période d'astreinte, respecter les temps de repos, même si le salarié n'avait fait aucune intervention effective. C'est pourquoi la loi Fillon du 17 janvier 2003 a modifié ce régime juridique. La période d'astreinte est incluse dans la période de repos, sauf en cas d'intervention effective du salarié. La Cour de cassation vient de préciser que le temps de déplacement d'un salarié placé sous astreinte doit être considéré comme du temps de travail effectif, car ce déplacement fait partie intégrante de l'intervention (Cass. soc. 31 octobre 2007, 06-43834, *DS* 2008, p. 248).

La loi Aubry a également indiqué que ces astreintes devaient en principe être mises en place par un accord collectif de branche étendu, d'entreprise ou d'établissement, qui fixe aussi les modalités de la compensation. À défaut, c'est l'employeur qui en précise les modalités après consultation des représentants du personnel et information de l'inspection du travail. Chaque salarié doit en principe être informé au moins 15 jours avant de cette période d'astreinte et, à la fin de chaque mois, il doit recevoir un récapitulatif de ces périodes d'astreinte avec leur compensation.

À retenir

- **Notion de temps de travail effectif, de temps de repos et d'astreinte.**

Pour en savoir plus

- P.H. Antonmattéi, « Temps de trajet : il ne manquait plus qu'une intervention législative », *DS* 4/2005, p. 410 ;
- J. Barthélémy, « La notion de temps de travail, son évolution et sa déclinaison », *JCP soc.* 17-18/10/2005, 1276 ;
- O.-L. Bouvier, « La notion de temps de travail effectif : évolutions en droit interne et en droit communautaire », *RJS* 11/2005, chron. p. 751 ;
- M. Morand, « Les déplacements professionnels après la loi de cohésion sociale », *RJS* 4/05, p. 247 ;
- J.E. Ray, « Les astreintes, un temps du troisième type », *DS* 1999, p. 250 ;
- J.E. Ray, « Temps professionnel et temps personnels », *DS* 2004, p. 58 ;
- J. Savatier, « Durée du travail effectif et périodes d'inactivité au cours du travail », *DS* 1998, p. 15 ;
- P. Waquet, « Le temps de repos », *DS* 2000, p. 288.

Pour s'entraîner

Indiquez si la proposition faite est Vraie ou Fausse :

1) ***Le temps de pause est nécessairement exclu du temps de travail effectif.***

❒ *Vrai* ❒ *Faux*

2) ***Le temps de déplacement des salariés de la pointeuse à la salle de repos est du temps de travail effectif.***

❒ *Vrai* ❒ *Faux*

3) ***Un veilleur de nuit chargé de fermer les portes, de procéder à des rondes régulières et d'alerter les responsables en cas d'incident est en période d'astreinte.***

❒ *Vrai* ❒ *Faux*

Réponses

1) Faux, car il peut être inclus dans le temps de travail effectif s'il remplit les critères de mise à disposition de l'employeur, sans pouvoir vaquer librement à ses occupations personnelles (Cass. soc. 5 avril 2006, 05-43061, *JCP soc.* 23/5/2006, n° 1425) ;

2) Vrai : solution jurisprudentielle (Cass. soc. 13 juillet 2004, 02-15142, *Bull. civ.* V, n° 205) ;

3) Faux : car il est sur le lieu de travail, il effectue une prestation et est à la disposition de l'employeur : il s'agit de temps de travail effectif : cass. soc. 28 octobre 1997, 94-42054, *Bull. civ.* V, n° 340.

La réglementation légale du temps de travail

Fiche **37**

Définitions

Durée légale du temps de travail : temps de travail effectif fixé actuellement à 35 heures par semaine par la loi, que les salariés accomplissent dans le cadre d'un contrat de travail à temps complet. Cette durée ne correspond pas nécessairement au temps réellement effectué par le salarié.

Heures complémentaires : heures effectuées par un salarié recruté à temps partiel au-delà de la durée prévue à son contrat mais en dessous de la durée légale du temps de travail.

Heures supplémentaires : heures effectuées au-delà de la durée légale du temps de travail.

I. La durée légale du temps de travail

Les lois Aubry ont fixé **la durée légale** à 35 heures par semaine (C. trav., art. L 3121-10). Toutes les entreprises, depuis le 1er janvier 2002, quels que soient leur secteur d'activité et leur effectif, y sont soumises. Ce passage de 39 à 35 heures a été réalisé selon différentes modalités pratiques, issues de négociations. Ainsi, certains salariés travaillent effectivement 35 heures par semaine. D'autres travaillent plus mais, en contrepartie, bénéficient de jours de repos supplémentaires, appelés RTT. L'accord détermine alors le nombre de jours, la manière dont ils peuvent être pris. Par ailleurs, des heures supplémentaires et des aménagements conventionnels peuvent exister.

Il existe aussi des **durées maximales** fixées par le Code du travail. Ainsi, un salarié ne peut en principe travailler plus de 10 heures par jour, et 7 pour les moins de 18 ans (C. trav., art. L 3121-34, anc. art. L 212-1). Des accords collectifs dérogatoires, ainsi qu'en cas de surcroît d'activité et avec l'autorisation de l'inspection du travail (C. trav., art. D 3121-15 et s., anc. art. D 212-12 et s.), permettent de déroger à cette durée maximale quotidienne. La limite absolue est de 12 heures par jour, sous peine de poursuite pénale. Chaque infraction constatée constitue une contravention de 4e classe punie de 300 euros d'amendes. Ces 10 heures de travail doivent être réalisées dans une amplitude maximum de 13 heures (Cass. soc. 18 décembre 2001, 99-43351, *Bull. civ.* V, n° 392, *DS* 2002, 353, note Barthélémy).

Attention

Ne pas confondre durée légale et durée maximale de travail.

Des **durées maximales hebdomadaires** ont également été instaurées. Selon les articles L 3121-35 et L 3121-36 (anc. art. L 212-7), un salarié ne peut travailler plus de 44 heures sur une moyenne de 12 semaines et la durée maximale hebdomadaire, au cours d'une même semaine, est de 48 heures. Des dérogations existent là encore. Un projet de directive vise à modifier ce plafond en autorisant des dérogations pour porter cette durée maximale à 60 heures par semaine pour les salariés qui opteraient pour ce système (Comm. CE, 10 juin 2008, communiqué n°IP/08/912, *JCP soc.* 17/6/2008, act. 326).

II. Les temps de repos à respecter

A. Le repos quotidien

Selon l'art. L 3121-33, chaque salarié doit pouvoir, en principe, disposer d'un temps de repos quotidien de 11 heures consécutives et d'un temps de pause d'au moins 20 minutes après 6 heures de travail effectif (anc. art. L 220-1 et L 220-2). De nombreuses dérogations existent notamment par accord collectif dans des conditions fixées par décret, notamment pour des raisons de continuité du service, en cas d'urgence. L'ancien article L 220-3, non repris dans le nouveau code, prévoyait également des règles spécifiques en matière de transport.

B. Le repos hebdomadaire

Selon l'art. L 3132-2 (anc. art. L 221-4), chaque salarié doit disposer d'un repos hebdomadaire de 24 heures consécutives en plus des 11 heures du repos quotidien, c'est-à-dire un repos de **35 heures par semaine.** Un salarié ne peut pas travailler plus de 6 jours par semaine et son repos est en principe donné le dimanche (C. trav., art. L 3132-3, anc. art. L 221-5). **Ce repos dominical** s'explique pour des raisons historiques et religieuses. Mais de nombreuses exceptions existent :

- La loi admet un autre jour de repos dans certains secteurs d'activité dont la liste est établie aux articles L 3132-4 à L 3132-11 (anc. art. L 221-9) (hôtellerie, restauration, musées, transport, etc.).
- Par convention collective (art. L 3132-4).

- Par décision du préfet dans les lieux touristiques et d'animation culturelle permanente (C. trav., art. L 3132-20 à L 3132-25, anc. art. L 221-8-1) ou pour assurer le fonctionnement normal de l'entreprise (C. trav., art. L 3132-12, anc. art. L 221-6).
- Par arrêté municipal pour les établissements de commerce et seulement dans la limite de 5 dimanches par an (C. trav., art. L 3132-26 et L 3132-27, anc. art. L 221-19).

La loi n° 2009-974 du 10 août 2009 (JO 11/8/2009), p. 13313) transforme la dérogation temporaire existant dans les lieux touristiques en dérogation permanente. Elle crée une nouvelle exception en permettant au préfet d'autoriser pendant 5 ans l'ouverture de magasins dans des périmètres d'usage de consommation.

C. Les jours fériés

L'art. L 3133-1 (anc. art. L 222-1) fait la liste des jours fériés : le 1er janvier, le lundi de Pâques, le 1er mai, le 8 mai, l'Ascension, le lundi de Pentecôte, le 14 juillet, l'Assomption, la Toussaint, le 11 novembre et le jour de Noël. Ce ne sont pas des jours chômés : c'est-à-dire que si le salarié travaille ces jours-là, il n'a pas droit à une rémunération supplémentaire, sauf pour le 1er mai et sauf en cas de disposition contractuelle ou conventionnelle contraire (C. trav., art. L 3133-4, anc. art. L 222-7). Pendant les jours fériés, le salarié est en droit de ne pas travailler. Le 1er mai peut être travaillé mais seulement dans les établissements qui, en raison de la nature de leur activité, ne peuvent interrompre leur travail, ce qui n'est pas le cas des jardineries par exemple (Crim. cass. 30 septembre 2008, 07-87762, *JCP soc.* 9/12/2008, 1648).

Il est interdit de faire travailler des jeunes de moins de 18 ans ainsi que les apprentis de moins de 18 ans, en principe ces jours-là, sauf dans les secteurs fixés par décret ou par accord collectif (C. trav., art. L 3164-6, anc. art. L 222-2).

La loi n° 2004-626 du 30 juin 2004 relative à la solidarité pour l'autonomie des personnes âgées et des personnes handicapées prévoit la mise en place d'une journée de solidarité pour assurer le financement des actions en faveur de l'autonomie de ces personnes. Le choix de la date relevait en principe des partenaires sociaux dans le cadre de la négociation collective de branche ou d'entreprise. À défaut d'accord, c'était le lundi de Pentecôte. Les salariés doivent alors travailler ce jour-là, sans percevoir une rémunération supplémentaire et les employeurs doivent verser une contribution égale à 0,3 %, calculée sur les salaires et les revenus du patrimoine. La Chambre criminelle a précisé que le lundi de Pentecôte restait un jour férié, car la loi n'a pas modifié l'ancien article L 222-1 (Cass. crim. 10 mai 2006, 05-86744, *JCP soc.* 17/10/2006, 1813). Le Conseil d'État a jugé que cette disposition n'était pas contraire à l'interdiction du travail forcé garantie par l'article 4 de la Convention européenne de sauvegarde des droits de l'homme, mais faisait au contraire partie des obligations civiques normales (CE, 9 novembre 2007, 29387, *RJS* 1/08, n° 38). Face aux difficultés d'application de la réforme (Voir par exemple : Riom, 24 juin 2008, *JCP soc.* 29/7/2008, 1433), la loi n° 2008-351 du 16 avril 2008 (*JO*, 17 avril 2008, p. 6378) prévoit qu'à défaut d'accord, ce ne sera plus le lundi de Pentecôte qui sera travaillé, mais un jour fixé par l'employeur, après consultation du comité d'entreprise ou à défaut des délégués du personnel.

D. Les congés payés

Selon l'art. L 3141-3 du Code du travail (anc. art. L 223-2), chaque salarié a droit à 2 jours et demi ouvrables de congés payés par mois de travail, soit 30 jours pour une année. Les jours ouvrables s'entendent comme tous les jours de la semaine, sauf le jour de repos habituel et les jours fériés habituellement chômés dans l'entreprise. Le décompte se fait en principe en jours ouvrables, mais l'employeur peut préférer un décompte en jours ouvrés. Dans ce cas, il doit respecter l'égalité de traitement et ne doit pas réduire les droits des salariés en diminuant le nombre de jours de congés. Ainsi, 30 jours ouvrables correspondent à 25 jours ouvrés dans une entreprise ouverte 5 jours par semaine (Cass. soc. 13 novembre 2008, 07-43126, *JCP soc.* 24/3/2009, 1136). Par ailleurs, le salarié doit pouvoir justifier au cours de l'année de référence d'un minimum d'un mois de travail effectif dans la même entreprise, délai qui est désormais de 10 jours depuis la loi du 20 août 2008. Le code assimile à ce temps de travail effectif certaines périodes d'absence : en cas de congés maternité ou de maladie professionnelle ou d'accident du travail. La Cour de cassation refuse l'interprétation par analogie et d'appliquer cette solution à un congé pour maladie non professionnelle (Cass. soc. 8 juin 1994, 90-43014, Inédit titré).

Le salarié a droit au maximum à 30 jours ouvrables par an et il doit en principe prendre 12 jours ouvrables consécutifs minimum et 24 jours maximum entre le 1er mai et le 31 octobre. Cette période de prise des congés est fixée par convention collective ou, à défaut par l'employeur en fonction des usages et après consultation des représentants du personnel (C. trav., art. L 3141-14, anc. art. L 223-7). En théorie, c'est l'employeur qui fixe l'ordre des départs, en tenant compte de la situation familiale et de l'ancienneté du salarié. Il doit alors prévenir le personnel 2 mois avant la prise de congés payés et il doit communiquer, à chaque salarié, l'ordre des départs au moins 15 jours avant la date de prise d'effet. Mais en pratique, c'est souvent le salarié qui pose ces jours et l'employeur donne son accord. Ces dates ne peuvent plus être modifiées dans un délai d'un mois avant la date prévue, sauf en cas de circonstances exceptionnelles, comme le dépôt de bilan. Il est possible aussi de fractionner ces congés payés, c'est-à-dire de ne pas les prendre de manière continue. Dans ce cas, le salarié a droit à des jours de congés supplémentaires. Lorsque le salarié ne prend pas ses congés en raison d'une maladie, il a désormais droit de reporter la prise de ces congés (Cass. soc. 24 février 2009, 07-44488, *JCP soc.* 10/3/2009, act. 123, *RDT* avril 2009, p. 241).

Si le salarié ne prend pas ces congés, une indemnité compensatrice est due si le contrat est rompu (C. trav., art. L 3141-22 et s., anc. art. L 223-11 et s. ; pour des exemples de contentieux de son calcul : Cass. soc. 5 juin 2008, 06-46366, *JCP soc.* 22/7/2008, 1423 ; Cass. soc. 24 février 2009, 07-44749, *JCP soc.* 19/5/2009, 1230 : la cour tient compte des accords collectifs). Elle est égale à 10 % de la rémunération totale perçue par le salarié au cours de la période de référence, en tenant compte de l'intégralité des primes versées, des heures supplémentaires, etc. Par ailleurs, sont décomptés les jours de congés pris. En outre, cette indemnité ne peut pas être inférieure aux salaires que le salarié aurait perçus s'il avait travaillé. Cette indemnité n'est pas due en cas de rupture pour faute lourde (Voir Fiche n° 20).

L'assemblée plénière de la Cour de cassation dans une décision du 24 octobre 2008 a précisé que les jours de congés payés ne se confondaient pas avec les jours de RTT et peuvent donc se cumuler en cas de concours d'accords collectifs. Cette décision se justifie dans la mesure où selon le droit communautaire et international les congés payés se justifient par la protection de la santé des salariés (Ass. Plén. 24 octobre 2008, 07-42799, *RDT* janvier 2009, p. 43).

III. Le régime légal des heures supplémentaires

La loi encadre le régime des heures supplémentaires pour éviter de supprimer toute portée à la durée légale de 35 heures par semaine. Mais depuis le passage aux 35 heures, différentes lois sont intervenues pour assouplir ces conditions. Notamment, la loi du 20 août 2008 précise que ce sont désormais les accords d'entreprise ou à défaut de branche qui fixent les modalités pour exécuter ces heures supplémentaires.

L'employeur doit tout d'abord **respecter les durées maximales et les temps de repos** précités. Ensuite, chaque salarié disposait d'un contingent annuel d'heures supplémentaires, fixé à 220 heures depuis un décret du 21 décembre 2004. Cette durée pouvait être augmentée ou diminuée par accord collectif de branche étendu ou d'entreprise. Au-delà de ce contingent, l'employeur devait demander à l'inspection du travail une autorisation pour faire faire des heures supplémentaires. La loi du 20 août 2008 supprime cette réglementation du contingent. En effet, il est désormais fixé par accord d'entreprise, à défaut par accord de branche et, à défaut par décret. Un décret du 4 novembre 2008 (n° 2008-1132, *JO* 7 novembre 2008) a maintenu le contingent de 220 heures à défaut d'accord collectif. Cet accord peut prévoir des conditions pour le dépasser et l'autorisation de l'inspection du travail est supprimée. Il faudra seulement une consultation du comité d'entreprise ou des délégués du personnel. Pour les heures effectuées dans la limite de ce contingent conventionnel, seule une information de ces institutions représentatives du personnel sera nécessaire.

Enfin, ces heures donnent lieu à une **majoration de salaire** en principe depuis la loi Fillon, la loi Aubry ayant privilégié le repos compensateur. Selon l'art. L 3121-22 (anc. art. L 212-5), ce taux est fixé par accord collectif de branche étendu ou par accord d'entreprise ou d'établissement, avec un minimum de 10 %. À défaut d'accord, la loi prévoit que les 8 premières heures, c'est-à-dire de 36 à 43 heures, donnent droit à une majoration de 25 % et les heures suivantes, à 50 %. L'accord collectif peut donc prévoir un taux inférieur au taux légal supplétif. Dans le régime légal antérieur à la loi du 20 août 2008, un repos compensateur de 50 % était octroyé au-delà de la 42e heure, si les heures supplémentaires étaient faites dans le contingent. Au-delà, ce repos était porté à 100 % dès la 36e heure de travail. La loi du 20 août 2008, applicable immédiatement supprime le repos compensateur qui était imposé pour les heures effectuées à l'intérieur du contingent dans les entreprises de plus de 20 salariés. Cela peut cependant encore être prévu par accord d'entreprise. Pour les heures faites au-delà du contingent, une contrepartie en repos obligatoire est prévue : elle est de 50 % pour les entreprises de 20 salariés au plus et de 100 % pour les autres. Le décret du 4 novembre 2008 précité fixe les modalités pratiques pour que le salarié puisse prendre ce repos (C. trav., art. D. 2121-7 et s.). Le dépassement du contingent fixé par décret est désormais possible sans autorisation préalable de l'inspection du travail, mais le comité d'entreprise ou à défaut les délégués du personnel devront être consultés une fois par an.

La loi du 21 août 2007 (2007-1223, *JCP soc.* 30/8/2007, 395) « travail, emploi, pouvoir d'achat », dite TEPA, a voulu favoriser le recours à ces heures supplémentaires par des mesures sociales et fiscales. Ainsi, le paiement de ces heures est exonéré d'une partie des cotisations sociales salariales, et les cotisations patronales sont réduites. Quant au salarié, elles ne sont pas intégrées dans l'assiette de l'impôt sur le revenu. La loi s'applique pour les heures effectuées depuis le 1er octobre 2007.

Si l'employeur ne respecte pas ces conditions, il encourt plusieurs sanctions :

- Contravention pénale.
- Possibilité pour le salarié de demander un rattrapage de salaire sur 5 ans.
- Risque d'être poursuivi pour travail dissimulé lorsque l'employeur mentionne sur le bulletin de paye un nombre d'heures de travail inférieur

à celui réellement effectué (C. trav., art. L 8221-3, anc. art. L 324-10 et s.). Le salarié peut demander une somme forfaitaire équivalent à 6 mois de salaire (C. trav. art. L 8223-1, anc. art. L 324-11-1).

Attention

Ne pas confondre ***heures supplémentaires****, heures effectuées au-delà de la durée légale et* ***heures complémentaires*** *demandées à un salarié titulaire d'un contrat à temps partiel au-delà de la durée prévue à son contrat, mais en dessous de la durée légale de travail. Les heures complémentaires ne donnent pas lieu à une rémunération supplémentaire et ne sont pas imputées sur le contingent annuel d'heures supplémentaires (Voir Fiche n° 24).*

Attention

Ne pas confondre ***heures supplémentaires*** *et* ***heures récupérées.*** *Quand l'employeur n'a pas pu faire faire les 35 heures hebdomadaires en raison d'une interruption collective de travail due à un cas de force majeure ou des raisons accidentelles, il peut organiser, dans les 12 mois précédant ou suivant cette réduction du temps de travail, la récupération des heures perdues en dessous de 35 heures après avoir consulté les représentants du personnel et informé l'inspection du travail (C. trav., art. L 3122-27, anc. art. L 212-2 et s.). Ces heures ne peuvent pas en principe augmenter la durée du travail de plus d'une heure par jour, ni de plus de 8 heures par semaine. Ces heures récupérées sont payées au taux normal, même si le salarié effectue plus d'heures que la durée légale hebdomadaire. Ce ne sont pas des heures supplémentaires.*

Les assouplissements qui existaient dans les entreprises de moins de 20 salariés ont été supprimés par la loi TEPA du 21 août 2007.

IV. Le travail de nuit

Avant la loi du 9 mai 2001, le principe était l'interdiction du travail de nuit pour les femmes depuis 1872, interdiction conforme à une convention internationale signée dans le cadre de l'OIT. Mais la CJCE a estimé que cette interdiction était contraire à la directive communautaire du 9 juillet 1976 relative à l'égalité de traitement et a condamné la France pour mauvaise transposition (CJCE 25 juillet 1991, Stoeckel, *DS* 1992, 174, note M.A. Moreau). La CJCE a affirmé que « *le souci de protection qui a inspiré à l'origine l'interdiction de principe du travail de nuit féminin n'apparaît plus fondé* ». La France a donc dénoncé la convention de l'OIT et a transposé cette directive dans la loi du 9 mai 2001. Le principe est donc que le travail de nuit est possible pour tout salarié, sauf pour les jeunes de moins de 18 ans. Mais des exceptions sont possibles dans certains secteurs fixés par décret et après conclusion d'un accord collectif en ce sens.

Ce travail de nuit ne peut être mis en place que suite à un accord de branche étendu, un accord d'entreprise ou d'établissement qui doit indiquer les raisons de cette mise en place et les catégories de salariés concernées.

Cette loi a également fixé un statut au travailleur de nuit intégré à l'article art. L 3122-29 du Code du travail (anc. art. L 213-1 et s.), statut qui n'existait pas auparavant dans la loi. Le travail de nuit est celui compris entre 21 heures et 6 heures pour toutes les entreprises, sauf en matière audiovisuelle et discothèque, entre 24 heures et 7 heures. L'accord collectif fixe le nombre d'heures minimal dans cette période pour considérer un salarié comme travailleur de nuit. Il ne peut faire plus de 8 heures par jour, sauf dérogation conventionnelle. Il a droit à une contrepartie, en principe sous forme de repos compensateur, mais qui peut aussi consister dans une compensation salariale. Un salarié peut refuser légitimement de travailler de nuit alors qu'il travaillait de jour lorsqu'il démontre que ce travail est incompatible avec des obligations familiales impérieuses, sans que ce refus constitue une faute. Enfin, il a une priorité d'embauche sur des postes équivalents, mais de jour.

À retenir

- **Réglementation des durées de travail, des congés payés, des heures supplémentaires, du travail de nuit.**
- **Ne pas confondre heures supplémentaires, heures complémentaires, heures récupérées.**

Tableau récapitulatif de l'aménagement légal du temps de travail

Durée légale	Durées maximales		Temps de repos			Heures supplémentaires
	Quotidien	Hebdo.	Quotidien	Hebdo.	Annuel	
35 h par semaine.	10 h	– 48 h – 44 h sur une moyenne de 12 semaines.	11 h consécutives et une pause de 20 minutes pour 6 h de travail.	35 h consécutives. Repos en principe dominical avec de nombreuses exceptions.	Droit à 2,5 jours de congés payés par mois de travail.	– Respect des durées maximales et des temps de repos. – Respect de la réglementation du contingent annuel et de l'accord d'entreprise ou de branche – Majoration du salaire pour ces heures supplémentaires.

Pour en savoir plus

- « La réduction du temps de travail, colloque du 5 juin 1998 », *DS* 1998, p. 744 et s. ;
- « Modalités de mise en œuvre de l'article 1er de la loi TEPA », *JCP soc.* 19/2/2008, 1115 ;
- J. Barthélémy, « Droit de la durée du travail : la tendance à la contractualisation », *DS* 2003, p. 25 ;
- J. Barthélémy, « Abroger les 35 heures : cris et chuchotements », *JCP soc.* 4/3/2008, act. 114 ;
- B. Bossu, « La réduction du temps de travail et la modification du contrat », *JCP soc.* 2/5/2006, n° 1355 ;
- J. B. Cottin, « Calcul des heures supplémentaires après la loi du 20 août 2008 », *JCP soc.* 6/1/2009, 1002 ;
- F. Favennec-Héry, « Les 35 heures : injonction ou incitation ? », *DS* 1997, p. 1073 ;
- F. Favennec-Héry, « Mutations dans le droit de la durée du travail », *DS* 2003, p. 33 ;
- F. Favennec-Héry, « Temps de travail : une réforme dans la continuité », *JCP soc.* 8/7/2008, 372 ;
- F. Favennec-Héry, « Réforme du temps de travail », *JCP soc.* 9/9/2008, 1461 ;
- D. Jourdan, « Clause relative au contingent d'heures supplémentaires », *JCP soc.* 17/2/2009, 1078 ;
- H. Masse-Dessen et M.A. Moreau, « À propos du travail de nuit des femmes : nouvelle contribution sur l'application des directives européennes », *DS* 1999, p. 391 ;
- L. Milet, « La durée du travail après la loi du 31 mars 2005 », *RPDS* n° 722 juin 2005, p. 199 ;
- Th. Tauran, « Le salarié et les congés payés : un contentieux intarissable », *DS* juin 2006, p. 642 ;
- M. Véricel, « La loi du 20 août 2008 relative au temps de travail : une loi de revanche ? », *RDT* octobre 2008, p. 574 ;
- M. Véricel, « Parution du décret d'application de la loi du 20 août 2008 relative au temps de travail », *RDT* janvier 2009, p. 44 ;
- M. Véricel et S. Lecocq, « Faut-il conserver le régime actuel du repos dominical ? », *RDT* novembre 2008, p. 462.

Pour s'entraîner

Résoudre le cas pratique suivant :

Suite au départ en congés payés d'un de ses salariés, M. Dupain, chef d'une petite entreprise de 7 salariés souhaite faire faire des heures supplémentaires à 2 salariés, M. Diniette et M. Indécis. Leur planning habituel est le suivant : du lundi au jeudi, ils travaillent de 8 h à 17 h, avec 1 h le midi pour déjeuner. Le vendredi, ils ne travaillent que de 9 h à 12 h. Il propose à deux salariés de modifier pendant trois semaines leur planning et leur propose de venir travailler le vendredi et le samedi de 8 h à 17 h avec 1 h pour déjeuner le midi.

M. Diniette refuse d'effectuer ces heures estimant qu'il s'agit d'une modification de son contrat de travail. Qu'en pensez-vous ?

M. Indécis refuse de travailler le samedi et propose 2 autres plannings à M. Dupain :

– Le 1er : de 8 h à 19 h du lundi au vendredi avec 1 h pour manger.

– Le 2^d^ : de 8 h à 22 h du lundi au jeudi avec 2 h pour déjeuner.

Que lui répond M. Dupain ?

Réponses

Pour M. Diniette : le fait de faire des heures supplémentaires de manière ponctuelle ne constitue pas une modification du contrat de travail que le salarié doit accepter, et cela même si la proposition consiste à travailler un jour de plus dans la semaine. En effet, si toutes les conditions légales sont respectées, cette possibilité relève du pouvoir de direction de l'employeur et le salarié commet, sauf cas particuliers, une faute de refuser d'exécuter de telles heures (Cass. soc. 9 mars 1999, 96-43718, *DS* 1999, 630, obs. P.H. Antonmattei ; Cass. soc. 26 novembre 2003, 01-43140, *RJS* 2/04, n° 214 ; Cass. soc. 5 novembre 2003, 01-42798, *RJS* 2/04, n° 214, 2e espèce : quand des heures précédemment faites n'ont pas donné lieu à un repos compensateur, le salarié peut refuser légitimement de les exécuter). En l'espèce, toutes les conditions légales semblent avoir été respectées, les temps de repos, les heures maximales, puisqu'il lui propose de faire 48 heures pendant 3 semaines. Il faudra cependant vérifier que sur une période de 12 semaines, le salarié ne dépasse pas une durée hebdomadaire moyenne de 44 h, ainsi que le contingent d'heures ne soit pas dépassé conformément aux dispositions de l'accord d'entreprise, ou à défaut de branche ou à défaut du décret du 4 novembre 2008. L'heure de pause est respectée ainsi que les repos quotidiens et hebdomadaires. L'employeur devra lui verser une rémunération supplémentaire de 10 % pour les 4 1res heures, à défaut d'accord, puis 25 % entre 4 et 8 h et 50 % pour les suivantes.

Pour M. Indécis, les plannings qu'il propose sont irréguliers. Dans le 1er, il dépassera la durée maximale hebdomadaire légale : il devrait faire 50 h au lieu des 48 h maximum autorisées, sous réserve de dispositions dérogatoires. Quant au 2nd, deux irrégularités peuvent être relevées. D'abord, il fait 12 heures de travail par jour au lieu des 10 h autorisées. De plus, le temps de repos quotidien n'est pas respecté : il n'a pas ces 11 heures consécutives. M. Dupain peut lui imposer son planning ou, éventuellement trouver une autre solution pour respecter toutes ces conditions sans travailler le samedi. Par exemple, il peut aussi lui proposer du lundi au jeudi 8 h à 19 h avec 1 h pour déjeuner et le vendredi de finir à 17 h pour respecter les 48 h maximales hebdomadaires.

Les aménagements du temps de travail

Fiche **38**

Définitions

Accords de modulation : accord collectif qui calcule la durée du temps de travail non pas semaine par semaine mais sur une année, un salarié devant faire 1607 heures de travail effectif dans l'année.

Forfaits : système qui permet de verser au salarié une rémunération intégrant le salaire de base et les heures supplémentaires et fixant un nombre d'heures annuel, mensuel ou hebdomadaire (forfaits en heures) ou un nombre de jours à travailler sur l'année (forfaits en jours).

Régime d'équivalence : système qui fixe une durée de temps de travail supérieure à la durée légale mais considérée comme équivalente à cette durée légale en raison des temps morts dans l'exercice de la profession.

I. Les aménagements qui s'imposent aux salariés

Ces aménagements ne peuvent pas être décidés unilatéralement par l'employeur, mais supposent soit la conclusion d'un accord collectif soit l'existence de sources réglementaires. Ils s'imposent alors aux salariés de l'entreprise concernée et apportent des dérogations à la durée légale ainsi qu'au régime des heures supplémentaires.

A. Le régime d'équivalence

Dans certaines professions, comme l'hôtellerie, la restauration, le personnel soignant, les gardes de nuit... les salariés peuvent connaître des temps morts dans leur activité. Un régime d'équivalence peut alors être instauré par décret après conclusion d'un accord collectif de branche ou par décret en Conseil d'État en l'absence d'un tel accord collectif. Il fixe une durée supérieure à la durée légale et cette durée de présence est considérée comme équivalente à la durée légale. Une conséquence majeure en découle : les heures faites au-delà de la durée légale comprises dans cette équivalence ne sont pas considérées comme des heures supplémentaires. Par conséquent, les heures supplémentaires seront celles effectuées au-delà de la durée d'équivalence fixée (C. trav., art. L 3121-9).

La jurisprudence avait considéré que ces régimes étaient nuls lorsqu'ils avaient été institués par d'autres sources que celles prévues par l'ancien art. L 212-4 du Code du travail. La loi Aubry II les a validés de manière rétroactive. Cette loi a été jugée conforme à la Convention européenne de sauvegarde des droits de l'homme et au droit à un procès équitable par la Cour de cassation (Ass. plén. 24 janvier 2003, 01-41757, *Bull. civ.* n° 3). Mais suite à une question préjudicielle posée par le Conseil d'État chargé de juger la légalité d'un décret instituant un tel régime, la CJCE a estimé que ces systèmes n'étaient pas conformes à la directive 93/104 du 23 novembre 1993 relative au temps de travail (CJCE 1er décembre 2005, aff. Dellas, C-14/04, *JCP* éd. E, 2006, 1082 ; *JCP* éd. E, 9 février 2006, n° 1260). Il faut également préciser que le Conseil d'état peut contrôler la légalité d'un tel décret et éventuellement l'annuler s'il estime qu'il n'est pas suffisamment précis (Voir dernièrement *CE*, 18 octobre 2006, n° 276359 dans le domaine hôtelier). La Cour européenne des droits de l'homme, le 9 janvier 2007, les a également jugés non conformes au droit à un procès équitable et au droit de propriété, garantis respectivement par l'article 6 de la Convention européenne de sauvegarde des droits de l'homme et l'article 1 du protocole additionnel n° 1 (CEDH, 9 janvier 2007, 20127/03 Arnolin contre France et 31501/03, Aubert contre France, *JCP soc* 24 avril 2007, 1302). La Cour de cassation, face à ces décisions, écarte désormais ces systèmes lorsqu'ils ont été mis en place avant l'entrée en vigueur de la loi du 19 janvier 2000 (Cass. soc. 13 juin 2007, 05-45694, 06-40823, *RJS* 8/9 2007, n° 959). L'avenir de cette dérogation semble donc compromis.

B. Les accords collectifs dérogatoires

La loi du 20 août 2008 n° 2008-789 portant rénovation de la démocratie sociale et réforme du temps de temps de travail, complétée par une circulaire du 13 novembre 2008 (Circ. DGT n° 2008/20 du 13 novembre 2008, *JCP soc.* 25/11/2008, 1623) modifie sensiblement le régime de ces accords en simplifiant le droit antérieur. Mais les accords conclus avant son entrée en vigueur restent valables, le Conseil Constitutionnel ayant déclaré inconstitutionnelle la disposition transitoire qui voulait maintenir ces accords seulement jusqu'au 31 décembre 2009. Il faut donc présenter le droit antérieur puis l'apport de cette loi nouvelle.

Le droit antérieur à la loi du 20 août 2008

Les lois Aubry ont autorisé la mise en place d'accords collectifs dérogatoires. Ces accords sont toujours valables aujourd'hui et étaient soumis au droit commun des accords collectifs pour leur conclusion (Voir Fiche n° 31). Il pouvait s'agir d'un accord de branche étendu, d'un accord d'entreprise ou d'établissement. Comme tout accord collectif, il s'applique aux salariés de l'entreprise sans que leur accord soit nécessaire.

L'accord signé pouvait prévoir **un cycle de travail** (C. trav., anc. art. L 212-7-1). La répartition de la durée du travail à l'intérieur d'un cycle se répétait à l'identique pour chaque cycle. La durée légale de 35 heures était alors calculée par référence à ce cycle et non semaine par semaine. Cela évitait aux entreprises de payer des heures supplémentaires pour les semaines où la durée effective est supérieure à la durée légale ou, à l'inverse, du chômage partiel quand ces heures ne sont pas effectuées. Ce système s'appliquait essentiellement aux entreprises ou aux secteurs d'activité dont la production variait dans l'année, mais selon un rythme prévisible et cyclique.

Il était possible aussi de prévoir un **accord de modulation sur l'année** (C.trav., anc. art. L 212-8). La période de référence était cette fois-ci l'année et non plus une semaine ou un cycle. La durée ne devait pas excéder un plafond de 1607 heures. L'accord collectif devait préciser les données économiques et sociales qui justifiaient ce recours. Il devait aussi indiquer le programme indicatif de répartition de la durée du travail, et toute modification faisait l'objet d'une consultation du comité d'entreprise et d'une information de chaque salarié concerné au moins 7 jours avant. L'accord de modulation devait respecter les durées maximales quotidiennes et hebdomadaires ainsi que les heures de repos. Mais l'intérêt de ce système était d'éviter de payer des heures supplémentaires pour les heures faites au-delà de 35 heures dès lors que sur l'année, le salarié n'avait pas dépassé 1607 heures. En général, le salaire était lissé sur l'année : tous les mois, il recevait la même somme, quelle que soit la durée effective du travail. Il fallait cependant une gestion rigoureuse du personnel, en raison notamment des absences qui ne sont pas toujours programmées. Un arrêt du 26 mai 2004 a précisé que les juges ne contrôlaient pas le sérieux des motifs invoqués dans l'accord. De plus, l'accord pouvait renvoyer à une négociation ultérieure pour fixer la répartition du temps de travail, dans la mesure où l'accord de modulation ne devait prévoir qu'un programme indicatif (Cass. soc. 26 mai 2004, 02-18756, *RJS* 8-9/04, n° 924).

Le droit issu de la loi du 20 août 2008

Cette loi complétée par la circulaire du 13 novembre 2008 précitée a pour objet de simplifier les accords dérogatoires et d'en unifier le régime. Par ailleurs, la priorité est donnée aux accords d'entreprise ou d'établissement, puis à défaut aux accords de branche et éventuellement à défaut à un décret (C. trav., art. D. 3122-7-1 et s.). Ces accords, conclus selon les modalités de droit commun (Voir Fiches n° 32 et 33) peuvent prévoir une répartition du temps de travail sur une période supérieure à la semaine et au plus égale à une année (C. trav., art.

L 3122-1 et s.). L'exigence de contrepartie ainsi que les justifications expliquant le recours à de tels accords a disparu, facilitant la conclusion de ces accords et donnant plus de liberté aux partenaires sociaux. L'accord doit seulement indiquer les conditions, les délais de prévenance des changements de durée et d'horaires, les limites pour le décompte des heures supplémentaires, la prise en compte des absences dans le salaire, l'éventuel lissage des salaires. Seules les heures faites au-delà de l'accord sont considérées comme des heures supplémentaires. Pour les entreprises travaillant en continu, la mise en place de cette répartition du temps de travail peut même être décidée par l'employeur seul, mais pour une période de 4 semaines au plus. Un programme indicatif devra alors être établi et soumis au comité d'entreprise ou à défaut aux délégués du personnel pour avis avant sa première mise en œuvre.

C. Le compte épargne-temps (CET)

Il a été instauré par la loi du 25 juillet 1994 et intégré au Code du travail aux art. L 3151-1 et s. (anc. art. L 227-1). Il a été réformé par la loi du 31 mars 2005 mais aussi par celle du 20 août 2008 dans un but d'assouplir ses conditions d'utilisation et pour lui donner un nouveau souffle. Il est mis en œuvre par un accord collectif. La loi de 2005 avait élargi les catégories d'accords pouvant en créer : non seulement, il peut s'agir d'un accord étendu de branche, d'entreprise et d'établissement, mais aussi, désormais, d'un accord de branche non étendu ou de groupe. Cet accord définit les apports réalisés par le salarié ou l'entreprise pour alimenter ce compte ainsi que son utilisation et ses objectifs. La loi est désormais très souple, puisqu'il peut être alimenté en jours de congés ou de repos non pris, en heures effectuées au-delà du forfait, en rémunération. Par ailleurs, le salarié a le choix d'utiliser ce temps capitalisé ou cette somme épargnée pour rémunérer un congé, pour se constituer une épargne ou pour obtenir une rémunération immédiate ou différée. Toutes les limites de temps d'utilisation qui existaient auparavant ont été supprimées en 2005. En cas de rupture du contrat, le salarié doit recevoir une indemnité correspondant à l'ensemble des droits acquis mais l'accord peut organiser le transfert du CET au nouvel employeur. La loi du 20 août 2008 accentue encore la liberté de négociation des accords créant ces CET, puisqu'elle supprime la liste des éléments qui pouvaient être affectés à ce compte, la seule limite étant de respecter le temps annuel de congés payés dans la limite de 24 jours ouvrables. Elle met également un terme à la prédétermination de l'utilisation de ce compte par le salarié. Enfin, il n'est plus nécessaire d'avoir un ANI ou un accord de branche étendu pour permettre le transfert des droits acquis à un autre employeur. C'est l'accord d'entreprise qui doit désormais tout prévoir, dans une liberté quasi-totale.

II. Les aménagements conventionnels qui supposent l'accord du salarié

Certains aménagements prévoient seulement des possibilités offertes aux employeurs de déroger à la durée légale du temps de travail mais ces employeurs doivent alors demander l'accord des salariés concernés.

A. Le régime des forfaits et la situation des cadres

La loi du 20 août 2008 vient là encore modifier le régime des forfaits qui avaient été mis en place par les lois Aubry. Il est donc indispensable de présenter le droit antérieur puis le droit issu de cette loi nouvelle.

Le droit antérieur à la loi du 20 août 2008

Les lois Aubry distinguaient trois catégories de cadres. Selon l'ancien art. L 212-15-1 du Code du travail (C. trav., art. L 3111-2), les **cadres dirigeants** étaient totalement exclus du système des 35 heures. Ils devaient remplir trois critères cumulatifs : disposer d'une grande indépendance dans l'organisation de leur travail, être habilités à prendre des décisions engageant l'entreprise et bénéficier d'une rémunération figurant parmi celles les plus élevées de l'entreprise (Cass. soc. 13 janvier 2009, 06-46208, *JCP soc.* 27/1/2009, act. 46).

Les **cadres intégrés** (C. trav., art. L 3121-39, anc. art. L 212-15-2) sont ceux qui faisaient partie d'une équipe de travail et qui suivaient le même rythme que cette équipe. Ils étaient alors intégralement soumis au régime légal ou au régime conventionnel applicable à l'équipe qu'il dirige.

Enfin, **les cadres intermédiaires** étaient ceux pour lesquels il est impossible de prédéterminer la durée de leur travail par rapport à leur niveau de responsabilité et qui disposent en général d'une grande autonomie pour accomplir leur mission. La loi ne donnait pas de définition précise, car c'est l'accord collectif qui déterminait les salariés concernés. Selon l'ancien article L 212-15-3 (C. trav., art. L 3121-38), un accord collectif de branche étendu, d'entreprise ou d'établissement pouvait prévoir deux systèmes : soit un forfait en heures, soit un forfait en jours. Le contrat de travail seul ne pouvait mettre en place un tel système dérogatoire à la durée légale du temps de travail (Cass. soc. 13 décembre 2006, *DS* 2007, p. 359). Le salarié devait alors donner son accord pour se voir appliquer l'un ou l'autre système, car il permet de déroger à la durée légale du temps de travail.

Le forfait en heures pouvait être calculé sur une base hebdomadaire, mensuelle ou annuelle, l'accord collectif n'étant obligatoire que pour le forfait annuel. Cette convention devait respecter les temps de repos, mais pouvait déroger aux durées maximales hebdomadaires et quotidiennes (Voir Fiche n° 38). Elle devait prévoir un système de contrôle et de décompte des heures effectuées. Ce n'était donc pas le système le plus pratique pour l'employeur. L'accord collectif pouvait prévoir **l'application de ce forfait aux salariés itinérants non-cadres** depuis la loi Fillon du 17 janvier 2003.

Le forfait en jours évitait ce décompte horaire et fixait un nombre de jours à travailler dans l'année. L'accord collectif devait fixer un plafond, dans la limite de 218 jours par an. Les salariés bénéficiaient cependant des temps de repos quotidiens et hebdomadaires, mais non des durées maximales de travail. C'était un avantage pour les employeurs qui n'ont pas à rémunérer les heures supplémentaires, qui en réalité n'existent pas. En raison de ce régime dérogatoire, la Cour de cassation contrôlait l'existence d'une réelle autonomie des salariés pouvant en bénéficier et considérait que les cadres dont les horaires sont fixés par leur supérieur et qui ne pouvaient choisir leur jour de repos ne pouvaient être soumis à un tel régime (Cass. soc. 31 octobre 2007, 06-43876, *RJS* 1/08, n° 36). Depuis la loi du 2 août 2005 prévoyant des mesures en faveur des PME, l'accord collectif pouvait prévoir cette possibilité pour les salariés non-cadres dont la durée de travail ne peut être prédéterminée et qui disposent d'une réelle autonomie dans l'organisation de leur emploi du temps pour l'exercice des responsabilités qui leur sont confiées. L'accord collectif indiquait plus précisément les catégories de salariés concernées. De plus, la loi exigeait l'accord exprès du salarié.

Le droit issu de la loi du 20 août 2008

Cette loi maintient la distinction entre les trois catégories de cadres. Mais elle va étendre les salariés concernés par les hypothèses de forfaits (C. trav., art. L 3121-39 à L 3121-48). La distinction principale réside entre les forfaits infra annuels et les forfaits annuels. Pour les premiers, un accord collectif n'est plus nécessaire et ils sont utilisables par tous les salariés de l'entreprise. La seule condition imposée réside dans l'accord écrit du salarié. Cette exigence consacre une solution jurisprudentielle rendue sous l'empire du droit antérieur (Cass. soc. 26 mars 2008, 06-45990, *RDT* juillet-août 2008, p. 462, *JCP soc.* 1/7/2008, 1375).

Pour les forfaits annuels, un accord d'entreprise, ou à défaut un accord de branche doit les instaurer et un accord écrit du salarié est nécessaire. Ces accords déterminent les catégories de salariés concernés par ces forfaits, réservés cependant aux cadres et les non-cadres qui ont une réelle autonomie dans l'organisation de leur emploi du temps. Les accords collectifs n'ont plus à prévoir les modalités précises, mais seulement les caractéristiques principales des conventions. Il reviendra donc à l'employeur d'en préciser, avec l'accord du salarié, les modalités concrètes. Mais le comité d'entreprise devra être consulté au moins une fois par an sur la mise en place de ces conventions et un entretien individuel annuel obligatoire avec les salariés devra être instauré. Pour les forfaits en heures, l'accord collectif fixe la durée annuelle, les règles de décompte des heures supplémentaires. Pour le forfait en jours, la loi fixe un maximum de 218 jours par an. Mais elle autorise, à certaines conditions, que le salarié renonce à une partie de ses jours de repos. Il faut pour cela l'accord écrit du salarié, le respect des temps de repos, la majoration de salaire d'un montant minimum de 10 % et le respect d'un plafond fixé à 235 jours par an travaillés.

B. Le système du travail à temps choisi

La loi du 31 mars 2005 a autorisé les dérogations au système des heures supplémentaires par le système du « travail à temps choisi », intégré aux art. L 3121-17 et L 3121-18 du Code du travail (anc. art. L 212-6-1). L'idée était de permettre à un salarié, qui le désirait, (mais pouvait-il vraiment le désirer ?), de travailler plus pour gagner plus. Au-delà du contingent d'heures supplémentaires applicable dans l'entreprise, le salarié pouvait demander, si l'accord collectif le prévoyait, de faire des heures en plus. L'employeur devait donner son accord. Les durées maximales hebdomadaires devaient être respectées et l'accord collectif devait fixer une rémunération supplémentaire, qui en principe doit être au moins égale à celle du taux de majoration des heures supplémentaires. Un repos pouvait également être attribué.

La loi du 31 mars 2005 permettait également aux cadres disposant d'un forfait en heures de faire des heures en plus de la durée annuelle fixée dans le forfait et à ceux bénéficiant d'un forfait en jours de renoncer à une partie de leurs jours de repos. Plusieurs conditions devaient cependant être réunies. L'accord collectif devait prévoir cette faculté de travail à temps choisi, il fallait une réelle demande du salarié et l'accord de l'employeur. Enfin, l'accord collectif devait prévoir une majoration de salaires.

La loi du 20 août 2008 a abrogé ce dispositif, mais les accords conclus avant son entrée en vigueur restent applicables.

À retenir

- **Les différentes catégories de cadres**

Tableau récapitulatif des principaux aménagements à la durée légale du temps de travail

	Conditions de mise en place	Bénéficiaires	Les mesures à respecter	Les mesures écartées
Régime d'équivalence.	Par décret après conclusion d'un accord collectif de branche ou décret en Conseil d'État.	Les salariés définis par le régime.	– Les temps de repos. – Les durées maximales.	Le régime des heures supplémentaires pour les heures faites dans la durée équivalente à la durée légale du temps de travail.

Accords dérogatoires **Simplification du régime avec la loi du 20 août 2008.**		Accords collectifs d'entreprise ou à défaut de branche	Les salariés précisés dans l'accord.	– Respect des temps de repos. – Respect des durées maximales de travail.	– Calcul des heures sur une période allant de 2 semaines à 1 an – Non-paiement d'heures supplémentaires en cas de variation dans la période de référence. Seules les heures faites au-delà de l'accord sont soumises au régime des heures supplémentaires
Forfaits.	**Infra annuels**	– mise en place sans accord collectif - exigence d'un accord écrit du salarié	– utilisable par tous les salariés de l'entreprise.	– Temps de repos. – Contrôle et décompte des heures effectuées.	– Durées maximales de travail.
	Annuels **En heures ou en jours**	– Prévu par un accord collectif d'entreprise, ou d'établissement ou à défaut de branche – Suppose l'accord écrit du salarié. – consultation annuelle du CE sur leur mise en place – entretien individuel annuel obligatoire avec les salariés	– Les cadres intermédiaires. – Les non-cadres dont la durée de travail ne peut être prédéterminée et qui disposent d'une réelle autonomie dans leur mission. – catégorie précisée dans l'accord	– temps de repos – pour le forfait en jours : maximum de 218 jours travaillés par an, avec possibilité de renoncer à une partie des congés dans la limite de 235 jours par an, majoration de salaire et accord écrit du salarié	– Les durées maximales de travail. – Le régime des heures supplémentaires.

Pour en savoir plus

- J. Barthélémy et Ph. Clément, « Étendre le rôle de la négociation d'entreprise en matière de durée du travail ? », *RDT* juillet-août 2008, p. 426 ;
- N. Dedessus-Le Moustier, « Les fonctions du CET », *DS* 1998, p. 547 ;
- Ch. Devys, « Le régime juridique des horaires d'équivalence », *DS* 2006, p. 1096 ;
- F. Favennec-Héry, « Vers l'autoréglementation du temps de travail dans l'entreprise », *DS* 7/2005, p. 794 ;
- F. Favennec-Héry, « Le forfait-jours pour tous ou la fin de la RTT », *DS* 12/05, p. 1126 ;
- F. Favennec-Héry, « Réforme du temps de travail – Loi n° 2008-789 du 20 août 2008 », *JCP soc.* 9/92008, 1461 ;
- A. Fernando et P-H. D'Ornano, « Le compte épargne-temps », *JCP soc.* 18/11/2008, 1592 ;
- N. Ismaïl et P.-H. D'Ornano, « La convention de forfait en jours sur l'année après la loi n° 2008-789 du 20 août 2008 », *JCP soc.* 23/9/2008, 1490 ;
- D. Jourdan, « Clause conventionnelle de répartition annuelle du temps de travail », *JCP soc.* 28/4/2009, 1183 ;
- D. Jourdan, « Clause conventionnelle relative au compte épargne-temps », *JCP soc.* 19/5/2009, 1223 ;
- A. Martinon, « Le forfait-jours : du cadre au non-cadre », *JCP soc.* 27/9/2005, 1202 ;
- M. Morand, « La face cachée du régime d'équivalence », *JCP soc.* 11/3/2008, 1162 ;
- F. Morel, « Repos ou argent ? un arbitrage variable dans le droit de la durée du travail », *DS* 6/2005, p. 625 ;
- C. Néau-Leduc, « Le compte épargne-temps : version 2005 », *JCP soc.* 19/7/2005, n° 1064 ;
- X. Prétot, « Le législateur peut-il s'opposer rétroactivement à la jurisprudence ? ou de la disparition des lois interprétatives », *RJS* 5/04, chron. p. 343 ;
- A. Teissier, « Réforme du droit de la durée du travail : un dispositif unique d'aménagement conventionnel du temps de travail », *JCP soc.* 25/11/2008, 1610.

Pour s'entraîner

Indiquez si la proposition faite est Vraie ou Fausse :

1) ***La durée légale du temps de travail est d'ordre public absolu.***

❒ ***Vrai*** ❒ ***Faux***

2) ***Seuls les cadres peuvent bénéficier d'un forfait en jours.***

❒ ***Vrai*** ❒ ***Faux***

3) ***La durée du temps de travail est uniformisée à l'intérieur d'une même entreprise.***

❒ ***Vrai*** ❒ ***Faux***

Réponses

1) Faux, de nombreuses dérogations existent passant en principe par la conclusion d'un accord collectif ;

2) Faux : c'était vrai avant la réforme du 2 août 2005. Désormais, les salariés non-cadres mais disposant d'une réelle autonomie dans leur travail et dont la durée ne peut être prédéterminée peuvent en bénéficier à condition que l'accord collectif le prévoit et que le salarié donne son accord par écrit ;

3) Faux, car les cadres ainsi que d'autres salariés autonomes ont un régime dérogatoire avec le système du forfait. De plus, des accords de modulation ou de cycles peuvent être conclus et ne concerner que certains salariés. La loi du 20 août 2008 permet aujourd'hui de répartir la durée du travail sur une période allant de plusieurs semaines à un an. Il en est de même du régime d'équivalence. Enfin, les salariés peuvent, s'ils le désirent, demander à faire plus d'heures (système du temps choisi, qui ne peut plus être prévu mais qui reste applicable si un accord collectif le prévoyant a été conclu avant la loi du 20 août 2008).

La rémunération

Fiche 39

Définition

Rémunération : somme versée au salarié en contrepartie de sa prestation de travail ou de son emploi ou de sa mise à disposition auprès de l'employeur.

I. La notion de rémunération

L'art. L 3221-3 du Code du travail (anc. art. L 140-2) définit la rémunération comme étant « *le salaire ou traitement ordinaire de base ou minimum et tous les autres avantages et accessoires payés, directement ou indirectement, en espèces ou en nature, par l'employeur au travailleur en raison de l'emploi de ce dernier* ». Selon ce texte, il s'agit de la **contrepartie de l'emploi du salarié**. La Cour de cassation propose une autre définition comme étant **la contrepartie de la prestation de travail fournie**. Enfin, la doctrine a mis en avant la **contrepartie de la mise à disposition** de l'employeur, permettant d'intégrer les sommes versées au salarié même si le salarié n'effectue pas sa prestation, comme en cas de suspension du contrat. En fonction des textes à appliquer, la conception du salaire varie.

La Cour de cassation a apporté plusieurs précisions. D'une part, elle a indiqué que peu importait la source : la somme peut être prévue par le contrat de travail, mais aussi par les accords collectifs, les usages. La source n'aura de conséquence que sur le régime juridique et notamment sur les modalités de la révision du salaire (Cass. soc. 4 juin 2002, 00-41140, *DS* 2002, p. 895).

D'autre part, elle a précisé que n'étaient pas du salaire :

- Les indemnités versées au salarié pour réparer un préjudice ou pour rembourser l'avance de sommes faites par le salarié, comme des frais professionnels.
- Les primes d'intéressement dans la mesure où elles sont liées aux résultats collectifs de l'entreprise et non pas directement à l'exécution de la prestation par le salarié (Voir Fiche n° 40).
- Les droits d'auteur.

La forme de la rémunération est très variable : il peut s'agir d'une rémunération au temps, à la tâche, à la pièce ou constituer une combinaison. Elle peut être fixe ou variable.

II. La fixation de la rémunération

Le principe est celui de la liberté contractuelle : les parties peuvent négocier la rémunération due au salarié. Cependant, de nombreuses limites existent.

L'employeur doit respecter **le minimum** légal qu'est le SMIC, fixé tous les ans au 1er juillet et qui à compter du 1er janvier 2010, le sera au 1er janvier en vertu de la loi n° 2008-1258 du 3 décembre 2008 en faveur des revenus du travail. Il a été fixé à 8,82 euros brut de l'heure au 1er juillet 2009. Il est automatiquement indexé sur l'indice des prix pour garantir aux salariés leur pouvoir d'achat, mais le gouvernement peut décider un « coup de pouce » et aller au-delà de cette évolution automatique. À côté de ce plancher légal, les accords collectifs de branche et d'entreprise peuvent également imposer des minima que l'employeur doit respecter. Au niveau de l'entreprise, une négociation annuelle est obligatoire. Elle ne peut avoir lieu au niveau de l'établissement que si les syndicats représentatifs, présents dans l'établissement, ne s'y opposent pas (Cass. soc. 21 mars 1990, 88-14794, *Bull. civ.* V, n° 139).

L'employeur doit également respecter **le principe de non-discrimination et d'égalité de traitement**. Il a d'abord été mis en place pour lutter contre les inégalités entre les hommes et les femmes dans les entreprises (C. trav., art. L 3221-2 et s., anc. art. L 140-2 et s.), inégalités se traduisant le plus souvent par une différence importante au niveau du salaire pour un poste comparable avec le même niveau de compétences. Si une différence objective existe entre les emplois, l'employeur peut donner des rémunérations différentes (Voir pour une application discutable : Cass. soc. 26 juin 2008, 06-46204, *RDT* décembre 2008, p. 747). Ce système a été généralisé dans l'art. L 1132-1 (anc. art. L 122-45) (Voir Fiche n° 8) qui interdit les discriminations au niveau du salaire, notamment, mais pour d'autres motifs que le sexe : l'origine ethnique, les opinions, l'apparence, etc. Allant encore plus loin dans la généralisation du principe, la Cour de cassation a posé un principe plus large qui se rapproche davantage de l'égalité de traitement : « **à travail égal, salaire égal** ». Il s'agit de l'**arrêt Ponsolle du 29 octobre 1996**, (92-43680, *Bull. civ.* V, n° 359) qui impose aux employeurs de respecter l'égalité des salaires quel que soit le sexe des salariés dès lors qu'ils sont placés dans une situation identique, donc y compris entre salariés masculins. La Cour ne fait aucune référence à un motif illégitime et donc consacre de manière expresse cet adage « à travail égal, salaire égal », qui sera formellement reconnu comme un principe dans un arrêt du 18 mai 1999

(98-40201, *RJS* 1999, n° 817). Il ne s'agit pas pour autant d'une égalité absolue dans la mesure où l'employeur peut prévoir des salaires différents entre les salariés, s'ils n'ont pas un travail équivalent. C'est à l'employeur de justifier par un motif objectif, la différence de situation permettant une différence de traitement. Ces raisons objectives et pertinentes sont contrôlées par le juge (Ass. Plén. 27 février 2009, 08-40059, *RDT* mai 2009, p. 316). Enfin, il faut préciser que cet adage s'applique au salaire *stricto sensu* mais aussi à d'autres avantages que pourraient percevoir les salariés, comme à des bons d'achat donnés à des salariés gagnants d'un concours organisé par un employeur (Cass. soc. 18 janvier 2000, 98-44745 et 98-44753, *Bull. civ.* V, n° 25).

Illustrations de différenciation légitime de salaire :

> *Tout d'abord le champ d'application de l'adage ne concerne que les salariés d'une même entreprise et non ceux d'une Unité économique et sociale qui, par hypothèse, suppose des entreprises distinctes juridiquement (Cass. soc. 1er juin 2005, 04-42143,* DS *2005, p. 1049). À l'intérieur d'une même entreprise, des différences de salaires sont également légitimes, lorsque les salariés travaillent dans des établissements différents, présentant des caractéristiques particulières (Cass. soc. 18 janvier 2006, 03-45422, arrêt Carrefour,* DS *2006, p. 449). La Cour, dans un arrêt Radio France, semble apporter une nuance voire amorcer un revirement de jurisprudence en exigeant que cette différence soit justifiée par des raisons objectives contrôlées par le juge (Cass. soc. 21 janvier 2009, 07-43452,* RDT *mai 2009, p. 321.) Enfin, même au sein du même établissement, des différenciations sont légitimes. Ainsi, un accord d'entreprise peut prévoir le versement d'une prime d'expatriation aux seuls salariés étrangers, car elle a pour objet de compenser les inconvénients d'une installation à l'étranger et pour faciliter l'embauche de ces salariés, chercheurs dotés d'une compétence rare (Cass. soc. 9 novembre 2005, 03-47750,* DS *2006, p. 221). De même, un accord d'entreprise peut prévoir le versement d'un complément différentiel, pour compenser la réduction du temps de travail dû au passage aux 35 heures, aux seuls salariés embauchés à la date de l'accord et en exclure les salariés recrutés ultérieurement (Cass. soc. 1er décembre 2005, 03-47197,* DS *2006, p. 224). La raison réside dans une comparaison objective entre les deux catégories de salariés qui ne se trouvent pas dans la même situation : les premiers ont connu une baisse de salaire, alors que les seconds, recrutés après le passage aux 35 heures n'ont pas connu une telle diminution de salaire. La Cour estime qu'il existe des raisons objectives et vérifiables justifiant une différence de traitement. Un autre élément de différenciation objective a été retenu par la Cour de cassation, à savoir le niveau du diplôme des salariés (Cass. soc. 16 décembre 2008, 07-42107,* JCP soc. *6/1/2009, 1005,* RDT *mars 2009, 173).*

De plus, il faut souligner que sous l'influence de la CJCE, cette règle peut impliquer la suppression d'avantages qui étaient réservés aux salariés féminins, dès lors qu'il n'est pas établi que les femmes se trouvent dans une situation différente de celle des hommes (Cass. soc. 8 octobre 1996, 92-42291, *Bull.*

civ. V, n° 311 : les primes de naissance réservées aux femmes devaient aussi être versées aux salariés masculins au nom de l'égalité de traitement ; Cass. soc. 18 décembre 2007, 06-45132, *DS* 2008, p. 246).

Malgré toutes ces dispositions, le parlement a adopté le 23 mars 2006 une nouvelle loi relative à l'égalité entre les femmes et les hommes visant à établir une telle égalité en 5 ans, montrant l'échec de ces dispositions. Elle permet notamment aux femmes partant en congé maternité de pouvoir bénéficier des augmentations de salaires qui ont lieu pendant leur absence, à défaut d'accord collectif. Par ailleurs, elle précise le contenu de la négociation obligatoire annuelle de branche et triennale d'entreprise portant sur l'égalité professionnelle, qui doit désormais traiter des écarts de rémunérations entre les femmes et les hommes.

III. La protection du salaire

A. Le paiement du salaire

Le salaire est payé en principe 1 fois par mois, même s'il existe des exceptions, comme pour les intérimaires. En l'absence d'accord de mensualisation, les ouvriers doivent être payés au moins deux fois par mois, à 16 jours au plus d'intervalle (C. trav., art. L 3242-3, anc. art. L 143-2). Lors du paiement, l'employeur doit remettre un bulletin de paie comportant un certain nombre de mentions obligatoires, notamment l'ensemble des charges sociales (C. trav., art. L 3243-1 et s., R 3243-1 et s., anc. art. L 143-3 et R. 143-2). Le défaut de remise de ce document peut caractériser le délit pénal de travail dissimulé en cas d'intention frauduleuse (Cass. crim. 17 juin 2008, 07-87518, *JCP soc.* 21/10/2008, 1552). En cas de procédure collective ouverte à l'encontre de l'employeur, l'association pour la gestion du régime d'assurances des créances salariales, dite AGS, intervient pour garantir le paiement d'une partie de ces sommes (C. trav., art. L 3253-6 et s., anc. art. L 143-11-2 et s.). Sont notamment prises en charge toutes les créances dues antérieurement au jugement d'ouverture en exécution d'un contrat de travail ainsi que les indemnités de rupture. Les créances postérieures sont garanties avec des limites de temps et en fonction de la nature de la créance. Par ailleurs, des plafonds viennent limiter cette garantie de paiement. Le salarié dispose d'un délai de prescription de 5 ans pour agir en paiement contre son employeur (C. trav., art. L 3245-1, anc. art. L 143-14). La Cour de cassation fait une interprétation large de ce texte puisqu'elle admet son application à une action tendant au paiement de sommes qui auraient dû être payées en raison de l'absence de prise du repos hebdomadaire (Cass. soc. 13 janvier 2004, 01-47128, *Bull. civ.* V, n° 2) ou à celui d'indemnités kilométriques ou de repas (Cass. soc. 12 juillet 2006, 04-48687, *JCP soc.* 12/9/2006, 1693).

B. La protection contre les créanciers

Le salaire bénéficie d'un superprivilège permettant aux salariés d'être payés en priorité sur la plupart des autres créanciers de l'entreprise. Par ailleurs, face aux créanciers du salarié, une partie des salaires est insaisissable en raison de son caractère alimentaire, permettant au salarié de conserver un minimum vital, calculé en fonction des personnes à charge dans le foyer (C. trav., art. R 3252-2, anc. art. R 145-2, réformé par un décret du 9 décembre 2008, n° 2008-1288, entré en vigueur au 1er janvier 2009).

À retenir

Régime général de la rémunération	
Fixation	**Paiement et protection**
Principe de liberté contractuelle mais plusieurs limites existent : – Minima légaux et conventionnels à respecter. – Principe de non-discrimination et adage « à travail égal, salaire égal » (arrêt Ponsolle du 29 octobre 1996). – Négociation collective obligatoire annuelle sur le salaire et sur l'égalité professionnelle entre les hommes et les femmes.	Paiement mensuel en principe, avec remise de fiche de paie obligatoire. Action en paiement prescrite en 5 ans. Garantie de paiement en cas de procédure collective de l'employeur grâce à l'AGS et un superprivilège. Partie du salaire insaisissable par les créanciers du salarié.

Pour en savoir plus

- T. Aubert-Monpeyssen, « Principe à travail égal, salaire égal et politiques de gestion des rémunérations », *DS* 2005, p. 18 ;
- T. Aubert-Monpeyssen, « Peut-on contourner le principe d'égalité de rémunération en jouant sur les sources ? », *JCP* 2006, éd. E, n° 1909 ;
- M.T. Lanquetin, « L'égalité des rémunérations entre les femmes et les hommes, réalisée en 5 ans ? », *DS* juin 2006, p. 624 ;
- J.Ph. Lhernould, « Nationalité et discrimination en matière salariale », *RJS* 2003/2, p. 207 ;
- J. Savatier, « Les salaires d'inactivité », *DS* 1984, p. 710.

Pour s'entraîner

Répondre aux questions de cours suivantes :

1) ***Est-il possible pour l'employeur d'individualiser les salaires ?***

2) ***Le régime du salaire est-il unique ?***

Réponses

1) Ce pouvoir d'individualisation a été remis en cause avec l'arrêt Ponsolle, que certains auteurs ont critiqué en invoquant précisément cette conséquence. Ce pouvoir reste possible sous réserve de trouver des éléments objectifs et non discriminants permettant d'opérer des différences de salaire entre les salariés d'une même entreprise. De plus, cette fixation du salaire doit respecter les minima et la négociation collective. Le contrat de travail peut déroger dans un sens plus favorable et permettre d'augmenter la rémunération de certains salariés. De plus, les compléments de salaire peuvent également intervenir pour opérer des différenciations, comme les avantages en nature ou l'intéressement.

2) Non, car le régime dépend de la source qui prévoit l'élément de la rémunération. S'il s'agit du contrat, toute modification supposera l'accord du salarié (Voir Fiche n° 11). En revanche, si une prime est accordée par un usage, elle pourra être dénoncée unilatéralement par l'employeur sous réserve d'informer suffisamment tôt le salarié concerné et les représentants du personnel (Voir Fiche n° 35). Enfin, un avantage collectif ne pourra être remis en cause qu'en respectant les règles de la révision des accords ou de la dénonciation (Voir Fiche n° 34).

Les compléments de salaires collectifs

Fiche 40

Définition

Intéressement : système facultatif permettant aux salariés de partager une partie des bénéfices de l'entreprise, sans blocage des fonds

Participation : système, obligatoire dans les entreprises des plus de 50 salariés, permettant aux salariés de se partager la réserve spéciale de participation, dont la somme est bloquée en principe pendant 5 ans

Plan d'épargne d'entreprise : constitution d'un portefeuille de valeurs mobilières avec l'aide de l'entreprise et dont les valeurs sont également bloquées pendant 5 ans.

I. Présentation générale

A. Les objectifs et l'historique

Le 7 janvier 1959, une première ordonnance a mis en place un système de participation des salariés aux résultats de l'entreprise de manière facultative avec un régime de cotisations sociales et fiscal dérogatoire. En 1968, une formule obligatoire a été imposée aux entreprises de plus de 100 salariés. Les réformes successives ont eu pour objet d'élargir les conditions pour faire participer de plus en plus de salariés aux bénéfices de leur entreprise, au-delà de leur performance individuelle (ordonnance du 21 octobre 1986, lois du 25 juillet 1994, du 19 février 2001, du 21 août 2003, 4 mai 2004, 30 décembre 2006, 3 décembre 2008). Par exemple, la loi du 3 décembre 2008 en faveur des revenus du travail, précisée par deux décrets du 30 mars 2009 (*JCP soc.* 7/4/2009, act. 177) permet désormais aussi aux groupements d'employeur d'utiliser les mécanismes de participation, d'intéressement et de PEE. De même, elle instaure un crédit d'impôt pour les entreprises qui n'ont pas d'intéressement et qui vont conclure un tel accord à compter du 4 décembre 2008 jusqu'au 31 décembre 2014. Ce même crédit est accordé lorsque l'entreprise conclut un nouvel accord plus avantageux pour les salariés.

Ces mécanismes, intéressement et participation, sont présentés comme un facteur de motivation collective, mais aussi également comme un moyen d'enrichir le dialogue social dans l'entreprise, de permettre aux salariés de participer, à côté des actionnaires, aux résultats et à l'accroissement de la valeur de l'entreprise, de bénéficier d'un complément de rémunération disponible à plus ou moins longue échéance, voire de participer au financement des entreprises par le biais de l'épargne. Les conséquences sont importantes aussi pour l'URSSAF qui peut voir échapper de ses caisses un certain nombre de cotisations. Il n'est donc pas rare que l'URSSAF demande à une entreprise de réintégrer certaines sommes dans l'assiette des cotisations quand elle estime que les conditions d'exonération ne sont pas remplies. Le contentieux relève alors d'une commission de recours amiable de l'URSSAF puis du TASS en première instance.

B. Les règles principales et communes à l'intéressement et à la participation

Ces règles ont été posées dès l'ordonnance du 7 janvier 1959.

Caractère collectif

Cela signifie que tous les salariés de l'entreprise doivent bénéficier de l'intéressement ou de la participation, sans que soient prises en compte leurs performances individuelles, ni leur présence effective dans l'entreprise. Des conditions d'ancienneté peuvent cependant être posées. L'art. L 3342-1 du Code du travail (anc. art. L 444-4), commun aux différents modes d'épargne salariale, autorise l'accord à poser une condition d'ancienneté limitée à 3 mois, qui se substitue de plein droit à des durées plus longues depuis la loi du 19 février 2001. Une fois l'ancienneté acquise, l'accord ne peut pas prendre en compte cette période de trois mois pour diminuer les droits du salarié. Les périodes de suspension ne sont pas décomptées dans le calcul de l'ancienneté quelle que soit la cause de suspension du contrat. Il est interdit de prévoir une condition de présence effective dans l'entreprise. Enfin, les clauses de renonciation individuelle à la participation ou à l'intéressement sont interdites.

Le caractère collectif signifie également que la mise en place de ces mécanismes suppose la négociation d'un accord collectif.

Principe de non-substitution aux salaires

L'objectif est d'éviter que l'employeur sous couvert de participation ou d'intéressement diminue les salaires qui ont un caractère certain pour les salariés et qui sont soumis aux cotisations et les remplace par des sommes exonérées de cotisations et qui par hypothèse ont une nature aléatoire. En cas de non-respect, l'URSSAF peut réintégrer les sommes versées au titre de l'intéressement dans l'assiette des cotisations, à condition qu'un délai inférieur à 12 mois se soit écoulé entre le dernier versement de l'élément de salaire supprimé et la date d'effet de l'accord.

Caractère aléatoire

Les sommes versées au titre de la participation ou de l'intéressement dépendent des résultats de l'entreprise et ont donc par nature un caractère aléatoire. Ni le versement des primes, ni leur montant ne peuvent être garantis. Les formules de calcul doivent être liées aux résultats collectifs de l'entreprise (comme le bénéfice fiscal ou comptable) ou à ses performances en fonction d'objectifs à atteindre par exemple et ne doivent pas dépendre des résultats individuels. Si aucun aléa n'existe, l'URSSAF peut demander la réintégration des sommes dans l'assiette de ses cotisations. Mais il suffit que cet aléa existe, même si son montant est faible (Cass. soc. 2 juillet 2003, 00-22101, *RJS* 10/03, n° 1199).

Elles se différencient donc du salaire qui représente la contrepartie de la prestation fournie ou de la mise à disposition du salarié auprès de l'employeur. Ces sommes versées au titre de l'intéressement et de la participation sont donc soumises à un régime spécial. Elles sont exonérées d'une partie des cotisations sociales et sont déductibles des résultats de l'entreprise pour le calcul de l'impôt sur les sociétés ou sur le revenu en fonction de son mode d'imposition. Par ailleurs, elles sont également déductibles du revenu imposable des salariés. Elles ne sont pas prises en compte pour le calcul du SMIC et des indemnités de rupture. En revanche, elles restent garanties par l'AGS en cas d'insolvabilité de l'employeur (Cass. soc. 30 septembre 2004, 02-16439, *Bull. civ.* V, n° 242).

La loi du 30 décembre 2006 déroge partiellement à ce caractère aléatoire dans la mesure où elle autorise, à l'issue de l'exercice clos et donc après avoir déterminé les résultats de l'entreprise, à verser **un supplément d'intéressement ou de participation** (C. trav., art. L 3314-10 et L 3324-9, anc. art. L 444-12). Un accord spécifique peut d'ailleurs être conclu pour déterminer son calcul et sa répartition, à défaut, c'est l'accord d'intéressement ou de participation qui s'applique.

C. La mise en place

Ces systèmes peuvent tout d'abord être mis en place en signant un accord collectif de branche ou d'entreprise ou de groupe selon les règles de droit commun (Voir Fiche n° 31). Mais il existe aussi trois modalités spécifiques :

- Le chef d'entreprise peut d'abord signer un accord avec les représentants d'organisations syndicales représentatives, représentant qui n'est pas nécessairement un délégué syndical. Il peut s'agir d'un salarié doté d'un mandat spécifique délivré par une organisation syndicale représentative.

- L'accord peut également être conclu au sein du comité d'entreprise et être accepté par la majorité des membres salariés présents lors de la réunion. Le comité d'entreprise doit alors désigner une personne, comme le secrétaire, pour le négocier. Il peut s'agir d'un comité mis en place au sein d'une UES ou avec une délégation unique du personnel. Lorsque l'entreprise dispose de plusieurs établissements, l'accord est conclu au sein du comité central d'entreprise. En revanche, le comité de groupe ne dispose pas de cette compétence.
- Enfin l'accord peut être ratifié par les deux tiers du personnel de l'entreprise et donc même en l'absence de représentants du personnel. Cette ratification n'est possible que si elle est demandée conjointement par le chef d'entreprise et une ou plusieurs organisations syndicales représentatives ou le comité d'entreprise. Elle peut prendre deux modalités pratiques : soit une signature directe des salariés de l'accord, soit un procès-verbal annexé à l'accord organisé selon les principes généraux du droit électoral.

Quelle que soit la modalité choisie pour mettre en place un tel accord, le projet doit être soumis pour avis au comité d'entreprise dans un délai de 15 jours au moins avant la signature. Par ailleurs, pour que l'accord bénéficie des exonérations, il doit être déposé en 5 exemplaires auprès de la DDTEFP du lieu où il a été conclu dans les 15 jours suivant sa conclusion si aucun délai d'opposition ne s'applique et à compter de la fin de ce délai d'opposition si un tel délai existe. Cette formalité du dépôt ne produit pas les mêmes effets que pour les accords collectifs de droit commun, car il ne s'agit pas d'une condition de validité contrairement aux articles D 2231-2 et s. (anc. art. R 132-1). Mais en revanche, il conditionne le droit aux exonérations. Un accord déposé hors délai n'ouvre droit aux exonérations que pour les périodes de calcul ouvertes postérieurement au dépôt (Par exemple pour un accord de participation : Cass. Civ. 2e, 3 juillet 2008, 07-17379, *JCP soc.* 15/7/2008, act. 402). Cette formalité s'applique aussi en cas de modification de l'accord autre que de forme (Cass. soc. 16 décembre 2008, 07-14610, *JCP soc.* 6/1/2009, act. 14 pour un PEE). Par ailleurs, aucun versement antérieur au dépôt ne peut avoir lieu. La loi du 30 décembre 2006 vient unifier le contrôle administratif qui n'existait auparavant que pour l'intéressement. Désormais, la DDTEFP a 4 mois à compter du dépôt pour demander le retrait ou la modification des dispositions qui seraient contraires à la loi. Si une telle demande est formulée, la DDTEFP doit consulter au préalable l'URSSAF et l'accord peut être dénoncé unilatéralement en vue d'une renégociation. Si aucune demande n'a été faite, il est impossible de contester la validité de l'accord et de remettre en cause les exonérations sociales ou fiscales pour les exercices en cours ou antérieurs à la contestation. Cela permet de sécuriser les accords, qui sont par nature complexes.

II. L'intéressement

A. Le domaine de l'intéressement

C'est un système facultatif possible dans toutes les entreprises. Peu importe la forme juridique de l'entreprise, son activité et son effectif. Une entreprise n'employant qu'un seul salarié peut également mettre en place un tel accord, mais pour respecter le caractère collectif de ce dispositif, il est nécessaire que la formule de calcul tienne compte des résultats de l'entreprise et non de la performance individuelle. En revanche, la loi exige que l'entreprise satisfasse à ses obligations en matière de représentation du personnel, c'est-à-dire que l'employeur a procédé aux élections, même si aucune institution n'est nommée faute de candidat, et à condition que la loi impose leur mise en place.

Attention

Si cette condition n'est pas remplie, les sommes versées au titre de cet accord seront réintégrées dans le calcul des cotisations sociales.

Tous les salariés de l'entreprise peuvent alors en bénéficier, mais également depuis la loi du 26 juillet 2005 pour la confiance et la modernisation de l'économie, le chef d'entreprise, ainsi que son conjoint s'il est collaborateur ou associé. Ce droit était réservé aux entreprises de moins de 100 salariés, mais depuis la loi du 3 décembre 2008, cela est désormais possible jusqu'à 250 salariés. L'accord doit prévoir expressément qu'ils en sont bénéficiaires.

La loi du 30 décembre 2006 a mis en place un nouvel **accord d'intéressement de projet** qui est commun à plusieurs entreprises, juridiquement distinctes mais qui participent à une activité caractérisée et coordonnée, un projet commun. Il peut déroger au caractère collectif car il est réservé aux seuls salariés concourant à la réalisation de cette activité commune.

B. Le contenu de l'accord

Cet accord doit être conclu dans un certain délai prévu par l'art. L 3314-4 du Code du travail (anc. art. L 441-2), à savoir, depuis la loi du 30 décembre 2006, avant le 1er jour de la 2e moitié de la période de calcul suivant la date de sa prise d'effet.

Illustration de la date de conclusion de l'accord

> *Si la période de calcul est annuelle et que la date d'effet est le 1er janvier 2008, l'accord doit être conclu avant le 1er juillet 2008, début de la 2e moitié de la période de calcul. La date limite de conclusion est donc postérieure à sa date d'entrée en vigueur.*

La loi impose par ailleurs des clauses obligatoires (C. trav., art. L 3313-1 et L 3313-2, anc. art. L 441-2 et L 441-3) :

- le préambule indiquant les motifs de l'accord et les raisons du choix des modalités de calcul ;
- la formule de calcul liée aux résultats ou à la performance de l'entreprise et la période de calcul ;
- les moyens d'information du personnel et les conditions de vérification ;
- la durée de l'accord ;
- le champ d'application de l'accord ;
- les dates de versement des sommes et les modalités de versement.

C. Le calcul de l'intéressement

C'est l'accord qui précise la formule de calcul ainsi que la période de calcul qui est le plus souvent l'exercice fiscal ou comptable. Cette formule doit garantir le caractère aléatoire, ce qui exclut un calcul formulé sous la forme d'un pourcentage de chiffres d'affaires qui garantit de fait le versement des primes. Les critères doivent être quantifiables, vérifiables et objectifs. Si les résultats sont inférieurs, aucune prime d'intéressement ne sera versée. En appliquant cette formule, l'employeur détermine l'enveloppe collective de l'intéressement global à verser à l'ensemble de ces salariés.

D. Le versement des sommes dues au titre de l'intéressement

Contrairement à la participation, **cet accord donne lieu à un versement immédiat** et au plus tard le dernier jour du 7e mois suivant la clôture de l'exercice. Si la période de calcul est infra-annuelle, ce versement doit intervenir dans les 2 mois qui suivent. Au-delà, les sommes produisent un intérêt légal.

Les sommes sont réparties entre les salariés en fonction de certains critères prévus par les art. L 3314-5 et s. (anc. art. L 441-2) :

- soit uniformément : tous les salariés recevant la même somme. Cette disposition est rarement retenue notamment parce que les salariés à temps partiel reçoivent la même chose que ceux travaillant à temps complet ;
- soit proportionnellement aux salaires ;
- soit proportionnellement à la durée de présence, sans pour autant qu'il s'agisse d'un critère discriminant. Il a été jugé illicite la suppression de cette prime aux seuls salariés grévistes (Cass. soc. 6 novembre 1991, 89-42571, *JCP* 1992, II, 21806). Dans cette durée de présence, sont prises en compte les périodes d'absences assimilées à du temps de travail effectif par le Code du travail, comme les congés payés, le congé maternité ou les absences consécutives à un accident du travail.

Ces critères peuvent être cumulés mais ils ne doivent pas aboutir à exclure de fait certaines catégories de salariés remettant ainsi en cause le caractère collectif de la mesure (Cass. soc. 14 juin 2005, 03-16083). En revanche sont exclus d'autres types de critères comme celui de l'ancienneté et de la qualification qui existaient avant 1994.

Il existe un double plafonnement global correspondant à 20 % du total des salaires bruts versés aux personnes concernées et individuel correspondant à 50 % du plafond annuel de la Sécurité sociale.

Le salarié peut aussi décider de les affecter soit dans le plan d'épargne d'entreprise soit dans un compte-épargne-temps dans les 15 jours de son versement.

La loi du 3 décembre 2008 vise à favoriser le versement d'une prime exceptionnelle d'intéressement dans la limite de 1500 euros en accordant des avantages sociaux et fiscaux (Circ. Direction Sécurité Sociale 29 janvier 2009, D55/5B, n° 2009-29, *JCP soc.* 10/20/2009, act. 69).

E. La durée de l'accord

Elle est prévue pour 3 ans. La modification est possible par signature d'un avenant qui doit être déposée auprès de la DDTEFP. Par ailleurs, les modalités sont déterminées par l'accord lui-même. De plus, la dénonciation unilatérale n'est pas possible sauf si la DDTEFP a demandé, dans les 4 mois qui suivent le dépôt, la modification de l'accord ou à défaut d'accord des parties. La loi du 3 décembre 2008 permet désormais la reconduction tacite de l'accord, à condition cependant qu'une clause de l'accord le prévoit.

III. La participation

A. Le domaine d'application

La participation est obligatoire dans les entreprises de plus de 50 salariés et facultative dans les autres. Ni l'activité ni la forme juridique ne sont prises en compte pour déterminer le champ d'application de ce dispositif légal. De plus l'entreprise doit faire un bénéfice suffisant, à savoir plus de 5 % de ses capitaux propres. Par ailleurs, lorsque l'entreprise avait un accord d'intéressement, et que son effectif dépasse 50 salariés dans l'entreprise, la participation est mise en place seulement à l'expiration de l'accord d'intéressement. Le seuil de 50 salariés est calculé conformément à l'art. L 1111-2 du Code du travail (anc. art. L 620-10) (Voir Fiche n° 25), mais le seuil doit être dépassé pendant 6 mois consécutifs ou non au cours de l'exercice social considéré.

La loi du 30 décembre 2006 tente de favoriser la participation dans les entreprises de moins de 50 salariés en imposant au niveau de la branche une nouvelle obligation de négocier un accord de participation au plus tard trois ans après la publication de la loi. Et si dans l'année 2007 aucune initiative patronale n'est prise, la négociation devra avoir lieu dans les quinze jours qui suivent la demande d'une organisation syndicale représentative. Cet accord de branche pourra opter soit pour le régime légal supplétif soit pour un régime dérogatoire. Ensuite, toutes les entreprises de la branche pourront opter pour le régime proposé dans l'accord de branche. Ce choix fait par l'entreprise sera exercé par un accord conformément à l'art. L 3322-6 (anc. art. L 442-10). Mais ce choix pourra également être décidé par l'employeur seul si des négociations ont lieu dans son entreprise pour mettre en place un régime facultatif, négociations qui auraient échoué.

Si les conditions sont réunies et qu'aucun accord n'a été conclu, un régime d'autorité est mis en place à l'initiative de l'inspecteur du travail conformément à l'art. L 3323-5 du Code du travail (anc. art. L 442-12). Ce régime suppose cependant que l'entreprise ait dépassé le seuil de 50 salariés sans qu'aucun accord n'ait été conclu dans un délai d'un an, mais aussi qu'il y ait un bénéfice fiscal suffisant. Ce régime d'autorité est aménagé puisque les sommes sont bloquées pendant 8 ans et placées obligatoirement en comptes courants et rémunérés à un taux majoré égal à 1,33 fois le taux moyen de rendement des obligations des sociétés privées. Les salariés bénéficiaires sont nécessairement tous les salariés sans condition d'ancienneté et la répartition se fait seulement au prorata des salaires.

Si les effectifs diminuent et descendent en dessous de ces 50 salariés, l'accord doit se poursuivre s'il est à durée déterminée. Sinon, il peut être maintenu en vertu d'une application volontaire, sauf en présence d'une clause de caducité ou de suspension. Dans ce cas, la clause s'applique parfois dès l'exercice en cours et sa mise en œuvre doit être notifiée aux salariés ainsi qu'à la DDTEFP qui doit vérifier cette baisse des effectifs.

B. Les bénéficiaires

Ce sont tous les salariés de l'entreprise, quelle que soit la nature de leur contrat de travail. L'art. L 3342-1 du Code du travail (anc. art. L 444-4) autorise la prise en compte de l'ancienneté qui est cependant limitée à 3 mois, comme pour l'intéressement. En étaient exclus les dirigeants de sociétés non titulaires d'un contrat de travail. La réforme du 3 décembre 2008 leur donne désormais cette possibilité pour certains accords.

C. Le contenu des accords de participation

Certaines clauses sont obligatoires ; d'autres sont facultatives.

Les premières regroupent :

- la date de conclusion, celle de prise d'effet et la durée de l'accord. L'accord peut être conclu pour une durée indéterminée, permettant la suspension en cas de baisse des effectifs en dessous du seuil de 50 salariés ou pour une durée déterminée, rendant impossible cette suspension ;
- la formule servant de base au calcul de la réserve spéciale de participation ;
- la durée d'indisponibilité des droits des salariés ;
- les modalités et les plafonds de répartition de la réserve entre les bénéficiaires ;
- la nature et les modalités de gestion des droits des salariés.

Les secondes concernent les aménagements autorisés, comme le choix des salariés entre les divers modes de gestion, l'existence de la condition d'ancienneté.

Dans un arrêt du 23 mai 2007 (04-20157, *RJS* 8/9 2007, n° 980), la Cour de cassation a indiqué que l'ensemble des règles légales et réglementaires de participation obligatoire relevaient de l'ordre public absolu, car elles concernent l'économie nationale. Aucune dérogation n'est donc autorisée, sauf celles expressément prévues par le législateur. En l'espèce, la Cour a rappelé le principe pour les dispositions relatives aux plafonds de réserve spéciale de l'ancien article R 442-6.

D. La formule de calcul de la réserve

Il existe une formule légale, mais l'accord peut y déroger.

La formule légale, permettant de calculer la réserve (R) qui sera ensuite répartie entre tous les salariés, est la suivante :

$R = 1/2\ (B - 5\ \%\ C) \times (S/VA)$

Explications de la formule (C. trav., art. D 3324-1 et s., anc. art. R 442-2) :

B représente le bénéfice net qui correspond à la différence entre le bénéfice, réalisé en France et dans les DOM, et l'impôt sur les sociétés ou sur le revenu correspondant. Il s'agit du bénéfice fiscal.

C désigne les capitaux propres de l'entreprise, c'est-à-dire la somme du capital, des primes liées au capital social, les réserves, le report à nouveau (reliquat de dividendes non distribué), les provisions ayant supporté l'impôt et les provisions réglementées constituées en franchise d'impôt. Pour les entreprises assujetties à l'impôt sur le revenu (entreprise individuelle et société de personnes), il faut ajouter les avances en comptes courants faites à l'entreprise par l'exploitant ou les associés.

S regroupe les salaires bruts au sens de l'art. L 242-1 du Code de la Sécurité sociale.

VA rassemble l'ensemble des charges financières, de personnel et impôts, qui permettent de réaliser le bénéfice en France.

Il s'agit en réalité de calculer le bénéfice de l'entreprise en tenant compte des salaires, des capitaux propres à l'entreprise pour ne pas décourager l'épargne mais aussi des charges assumées par l'entreprise pour réaliser ce bénéfice.

L'accord peut prévoir une autre formule de calcul mais à condition que son résultat soit égal ou supérieur à celui résultant de l'application de la formule légale. Cette condition est désignée **sous le nom de clause d'équivalence**. Par ailleurs, le résultat doit être limité par un plafond que les signataires de l'accord choisissent parmi ceux figurant à l'art. L 3324-2 du Code du travail (anc. art. L442-6).

E. La répartition de la réserve

Il se peut qu'un salarié en principe bénéficiaire de l'accord de participation ne puisse pas en bénéficier notamment parce qu'il n'a pas perçu de salaire au cours de l'exercice considéré. En effet, à défaut de précision dans l'accord sur les modalités de répartition de la réserve spéciale, cette réserve est distribuée aux salariés en fonction du salaire perçu au cours de l'exercice dans la limite d'un plafond fixé aux art. D 3324-10 et s. du Code du travail (anc. art. R 442-6).

Mais les signataires de l'accord peuvent prévoir d'autres critères de distribution, qui sont communs à l'intéressement :

- répartition uniforme ;
- répartition proportionnelle aux salaires ;
- répartition proportionnelle à la durée de présence ;
- combinaison des critères, comme par exemple 60 % en fonction de la durée de présence et 40 % de manière uniforme, permettant de récompenser les salariés les plus assidus.

Les droits à participation susceptibles d'être versés à chaque salarié au cours d'un exercice sont plafonnés au 3/4 du plafond annuel moyen de Sécurité sociale (C. trav., art. D 3324-10 et s., anc. art. R 442-6). En cas de dépassement, le reliquat est redistribué entre les différents salariés qui n'ont pas atteint ce plafond. Un contentieux avait été suscité sur le caractère d'ordre public ou non de ce plafond. La loi du 30 décembre 2006 affirme désormais sans ambiguïté son caractère d'ordre public.

Avant la loi du 3 décembre 2008, ces sommes étaient obligatoirement bloquées pendant 5 ans, ou 8 ans en l'absence d'accord, pour permettre des investissements dans l'entreprise. Cependant les art. R 3324-22 et s. (anc. art. R 442-17) déterminent les cas de déblocage anticipé de ces sommes dont voici les principaux :

- mariage, divorce, arrivée d'un enfant, décès ou invalidité ;
- rupture du contrat de travail, y compris en cas de licenciement pour faute grave ou lourde ;
- situation de surendettement ;
- création ou reprise d'entreprise ;
- l'acquisition d'un logement.

La loi du 3 décembre 2008 remet en cause ce blocage obligatoire des sommes. En effet, c'est désormais le salarié qui va choisir entre le blocage ou la disponibilité immédiate de ces droits. Ce choix sera fait à l'occasion de chaque versement à compter de l'entrée en vigueur de la loi, soit au 4 décembre 2008. Cela opère un rapprochement avec l'intéressement.

Lorsque les sommes sont bloquées, plusieurs modes de gestion sont prévus par l'art. L 3323-2 (anc. art. L 442-5), comme l'attribution d'actions de l'entreprise, permettant aux salariés de devenir actionnaire de leur société, ou l'affectation à un fonds d'investissement de l'entreprise sous forme de comptes courants bloqués, faisant du salarié un créancier de son entreprise ou bien encore l'acquisition de titres émis par des SICAV ou de parts de fonds communs de placement, ou affectation à un plan d'épargne d'entreprise ou un PERCO, mécanismes donnant la possibilité au salarié d'épargner. L'accord peut aussi permettre l'alimentation du compte-épargne-temps. L'accord peut laisser un choix au salarié, il peut aussi combiner plusieurs modalités de gestion. En revanche, depuis la loi du 30 décembre 2006, l'affectation exclusive sur un compte-courant est interdite.

IV. L'épargne salariale

A. Le plan d'épargne d'entreprise

L'employeur, unilatéralement ou par accord collectif, peut décider de mettre en place un **plan d'épargne d'entreprise**, (PEE) qui offre aux salariés la possibilité de se constituer un portefeuille de valeurs mobilières, avec l'aide de l'entreprise. La loi du 30 décembre 2006 impose le PEE dans toutes les entreprises ayant un accord de participation et une partie des sommes versées à ce titre devra être nécessairement affectée au PEE. La loi du 3 décembre 2008 étend à certaines conditions ce dispositif à des non salariés, comme le chef d'entreprise, son conjoint, voire même à des agents commerciaux.

Il peut être alimenté par la participation ou l'intéressement, mais aussi par des versements libres du salarié ou par l'entreprise selon le procédé de l'abondement qui donne lieu à des déductions fiscales pour la société. Une partie des sommes issues d'un CET peuvent également être reversées sur le PEE.

Les sommes sont également indisponibles pendant 5 ans et exonérées de l'impôt sur le revenu. Ces sommes peuvent être gérées par l'entreprise elle-même mais aussi par un établissement spécialisé. Il peut s'agir de parts de SICAV, de parts de fonds communs de placement diversifié ou d'actions de l'entreprise. Le placement peut être plus ou moins risqué pour le salarié.

B. Le plan d'épargne interentreprises

La loi du 19 février 2001 permet à plusieurs entreprises, avec l'accord de leur comité d'entreprise ou des 2/3 de leur personnel, de créer un **plan d'épargne interentreprises** dit PEI (C. trav., art. L 3333-1 et s., anc. art. L 443-1-1). Un accord de branche peut désormais créer un tel PEI.

C. Le plan d'épargne pour la retraite collectif

Le PERCO a été mis en place par la loi du 21 août 2003 portant réforme des retraites, mais il n'est pas obligatoire. Il succède au plan partenarial d'entreprise volontaire pour la retraite créé par la loi du 19 février 2001. Ce dispositif permet de bloquer des fonds jusqu'à la retraite et de donner la possibilité aux salariés de mobiliser leur épargne salariale en vue de la retraite. Cependant, certains cas de déblocages anticipés sont autorisés. Il peut être alimenté par des abondements de la part de l'employeur ainsi que par une partie des sommes issues d'un CET. La sortie du plan se fait par rente en principe, mais elle peut aussi être effectuée sous forme de capital. La loi du 30 décembre 2006 a décidé que lorsqu'une entreprise avait mis en place un PEE depuis plus de 5 ans, elle devait désormais entamer des négociations pour créer un PERCO. De plus, un salarié qui quitte son entreprise peut continuer d'alimenter ce plan si son nouvel employeur est dépourvu d'un tel plan. La loi du 3 décembre 2008 permet désormais, à l'employeur seul, en cas d'échec des négociations, de mettre en place un tel plan.

À retenir

<table>
<tr><th></th><th>Intéressement</th><th>Participation</th></tr>
<tr><td rowspan="2">Mise en place</td><td>Facultative
Conclusion de l'accord avant le 1er jour de la 2e moitié de la période de calcul suivant la date de sa prise d'effet</td><td>Obligatoire dans les entreprises de plus de 50 salariés
Conclusion d'un accord nécessaire mais un régime légal supplétif existe</td></tr>
<tr><td colspan="2">Par accord collectif conclu soit selon le droit commun soit selon des règles spécifiques :
– négociation avec un représentant ayant reçu un mandat spécial de la part des organisations syndicales représentatives.
– négociation au sein du comité d'entreprise à la majorité des membres présents.
– accord ratifié par les 2/3 du personnel.
Quel que soit le type d'accord, il doit être déposé à la DDTEFP dans les 15 jours pour qu'il puisse bénéficier des exonérations de cotisations sociales.
Contrôle dans les 4 mois par la DDTEFP.</td></tr>
<tr><td>Salariés bénéficiaires</td><td colspan="2">Tous les salariés de l'entreprise, avec la possibilité d'exclure ceux qui ont moins de 3 mois d'ancienneté.</td></tr>
<tr><td>Contenu de l'accord</td><td>– les raisons.
– date de conclusion, d'effet et la durée de l'accord.
– la formule de calcul.
– le champ d'application de l'accord.
– la durée de l'accord.
– dates de versement des sommes et modalités de répartition de l'intéressement.
– la gestion des sommes versées.</td><td>– date de conclusion de l'accord et sa date d'effet et la durée.
– formule de calcul.
– la durée d'indisponibilité des droits des salariés.
– modalités et plafonds de répartition de la réserve spéciale.
– la gestion des sommes.</td></tr>
<tr><td rowspan="2">Calcul de la somme à partager</td><td>Formule laissée à l'appréciation des partenaires sous réserve de respecter le caractère aléatoire</td><td>Formule légale :
$R = 1/2\ (B - 5\ \%\ C) \times (S/VA)$
Formule conventionnelle possible sous réserve de respecter le minimum de la formule légale : principe d'équivalence</td></tr>
<tr><td colspan="2">Caractère aléatoire</td></tr>
</table>

<table>
<tr><td rowspan="2">Répartition de la somme</td><td colspan="2">Fixation des critères dans l'accord :
- soit uniformément
- soit en fonction du salaire
- soit en fonction de la présence dans l'entreprise
- soit combinaison possible des critères</td></tr>
<tr><td>Double plafond :
- global correspondant à 20 % des salaires bruts versés.
- individuel correspondant à 50 % du plafond annuel Sécurité sociale.</td><td>À défaut de précision dans l'accord, la répartition se fait en fonction des salaires.
Plafond : 3/4 du plafond annuel de Sécurité sociale.</td></tr>
<tr><td>Versement de la somme</td><td>Versement immédiat et au plus tard le dernier jour du 7e mois suivant la clôture de l'exercice.</td><td>Choix pour le salarié entre le blocage des sommes pendant 5 ans ou 8 ans dans le régime légal ou le versement immédiat depuis la loi du 3 décembre 2008.
Cas de déblocage autorisés : mariage, invalidité, acquisition d'un logement, rupture du contrat de travail, etc.</td></tr>
<tr><td>Régime fiscal et social</td><td colspan="2">- Pour l'entreprise : exonérations d'une partie des cotisations sociales et déduction du résultat imposable de l'entreprise
- Pour le salarié : les sommes ne sont pas incluses dans le revenu imposable</td></tr>
<tr><td>Affectation des sommes</td><td>Libre disponibilité
Possibilité de les placer sur un PEE, un CET</td><td>Blocage des sommes ou libre disponibilité au choix du salarié
Affectation prévue par l'accord dont une partie nécessairement sur le PEE.
Attribution possible d'actions de la société, de parts de fonds communs de placement, sur un PERCO ou affectation sur un compte courant bloqué, ou un CET</td></tr>
</table>

Pour en savoir plus

- G. Auzuro, « Développement de la participation et de l'actionnariat salarié (loi n° 2006-1770 du 30 décembre 2006) », *Bull. Joly*, mars 2007, § 80, p. 331 ;
- J. Savatier, « Les accords collectifs d'intéressement et de participation », *DS* 1988, p. 89.
- R. Vatinet, « Développement de la participation des salariés, (loi n° 2006-1770 du 30 décembre 2006) », *JCP soc.* 9/1/2007, 1101 ;
- R. Vatinet, « Développement La loi en faveur des revenus du travail. Loi n° 2008-1258 du 3 décembre 2008 », *JCP soc.* 9/12/2008, 1644.

Pour s'entraîner

Résoudre le cas pratique suivant :

M. Pierre Ponce dirige une entreprise de menuiserie. Il a mis en place un accord d'intéressement dans son entreprise qui comporte 30 salariés. Mais il a peur d'un redressement de l'URSSAF pour les sommes versées l'année dernière car plusieurs de ses salariés se sont plaints.

M. Lechène estime que la répartition n'est pas satisfaisante dans la mesure où certains de ses collègues des services administratifs ont touché plus que lui alors qu'il est le plus ancien des salariés de l'entreprise.

M. Dubois a été exclu du bénéfice de l'intéressement, car suite à une chute lors de ses vacances à la montagne, il a été absent 6 mois et l'accord prévoyait une présence d'au moins 4 mois dans l'entreprise pour en être bénéficiaire.

Enfin, d'autres sont mécontents car M. Pierre Ponce a indiqué qu'il voulait dénoncer un usage consistant dans le versement d'une prime de fin d'année en raison de l'importance des sommes versées au titre de l'intéressement.

Les craintes de M. Pierre Ponce sont-elles fondées ?

Réponse

Toutes les réclamations ne sont pas fondées. Concernant les salariés bénéficiaires de l'accord, au nom du caractère collectif, la seule exclusion possible concerne les salariés ayant moins de 3 mois d'ancienneté. Exiger une présence effective des salariés dans l'entreprise d'au moins 4 mois est donc illégal et peut justifier un redressement de l'URSSAF. En effet, l'ancienneté et la présence du salarié dans l'entreprise sont deux conditions distinctes. La remarque de M. Dubois est donc fondée et il peut demander à être inclus dans le personnel bénéficiaire de l'accord s'il a plus de 3 mois d'ancienneté. Mais il se peut que dans les faits il touche moins que ses collègues, car l'accord peut prévoir, pour fixer la répartition de l'intéressement, comme critère, exclusif ou non, la présence dans l'entreprise.

Dans la répartition de l'intéressement, l'art. L 3314-5 (anc. article L 441-2) prévoit que les salariés doivent toucher soit la même somme, soit une somme proportionnelle au temps de présence ou au salaire. Une combinaison est possible. Mais aucun autre critère n'est possible. Depuis 1994, l'ancienneté et la catégorie professionnelle ne peuvent plus permettre de calculer la somme revenant à chaque salarié. La critique de M. Lechène n'est donc pas légitime.

Enfin, l'employeur risque un redressement de l'URSSAF en raison de la remise en cause de l'usage. En effet, la prime de fin d'année est considérée comme un élément du salaire. Certes au nom de son pouvoir de direction, il peut dénoncer un usage en respectant l'arrêt Deschamps (Voir Fiche n° 35). Mais deux limites doivent être apportées : d'une part, le motif de la dénonciation ne doit pas être abusif et illicite et d'autre part, l'article L 3312-4 (anc. art. L 441-4) qui impose cette règle de non-substitution.

Fiche

41 La formation professionnelle

Définitions

Congé individuel de formation : suspension du contrat de travail demandée par le salarié permettant au salarié de suivre une formation indépendante du plan de formation de l'entreprise, et ayant pour objet l'adaptation et le développement des connaissances.

Contrat d'apprentissage : contrat réservé aux jeunes de 15 à 25 ans permettant de suivre en alternance une formation diplômante et de travailler pour une entreprise.

Contrat de professionnalisation : contrat conclu avec un jeune de 16 à 25 ans ou un demandeur d'emploi de plus de 26 ans, qui doit comprendre une période de professionnalisation.

Droit individuel à la formation : droit permettant aux salariés de bénéficier d'un crédit d'heures de 20 heures par an cumulables pendant 6 ans, leur donnant la possibilité de suivre une formation de qualification, de promotion ou de perfectionnement des connaissances, en dehors du temps de travail.

Plan de formation de l'entreprise : décision unilatérale de l'employeur, après consultation du comité d'entreprise, établissant des actions de formation permettant une adaptation au poste de travail, une évolution des emplois ou bien encore un développement des compétences. En principe, elles ont lieu pendant le temps de travail.

I. Rappel historique

Selon le préambule de la Constitution de 1946, la formation professionnelle permanente constitue une obligation nationale. Pourtant, pendant de nombreuses années, cette formation a été assurée de manière quasi exclusive par l'école et donc l'État. L'entreprise n'intervenait que de manière subsidiaire par le biais de l'apprentissage. En 1970, un accord interprofessionnel pose le principe d'un droit à la qualification professionnelle. L'expérience du travail permet de former les jeunes notamment grâce aux stages effectués par les élèves au cours de leur scolarité. De manière réciproque, l'employeur va devoir de plus en plus former ses salariés soit pour leur donner la qualification initiale qui leur manque, notamment grâce aux clauses de dédit-formation (Voir Fiche n° 5), soit pour les adapter à l'évolution de leur emploi, avec le droit à un congé individuel de formation et le plan de formation de l'entreprise mis en place par l'accord de 1970. Cette nécessaire adaptation et donc d'une formation permanente se révèle aujourd'hui indispensable face à l'évolution de plus en plus rapide du monde économique et technique. Il s'agit d'adapter les salariés aux mutations, mais aussi de faciliter la mobilité professionnelle, de favoriser le retour à l'emploi de personnes qui ont arrêté leur activité professionnelle pendant un certain temps. Mais le dispositif mis en place en 1970 souffrait d'un inconvénient majeur, malgré les réformes successives : cette formation professionnelle ne bénéficiait qu'aux plus qualifiés. Devant l'inefficacité de système, un nouvel accord interprofessionnel a été signé le 20 septembre 2003. La loi du 4 mai 2004 relative au dialogue social et à la formation professionnelle consacre une bonne partie de cet accord interprofessionnel et notamment un nouveau droit aux salariés ayant une certaine ancienneté : le droit individuel à la formation, appelé le DIF. Par ailleurs, elle a supprimé les contrats de qualification, d'orientation et d'adaptation pour mettre en place les contrats de professionnalisation. Des négociations ont eu lieu entre les partenaires sociaux en 2008 pour sécuriser les parcours professionnels et développer la formation en alternance. L'ANI du 11 janvier 2008 relatif à la modernisation du marché de l'emploi prévoit notamment la transférabilité des droits acquis au titre du DIF. L'accord distingue les mesures proposées aux salariés titulaires d'un emploi stable et celles bénéficiant aux demandeurs d'emploi. Le but commun est de créer les conditions d'avoir un parcours individualisé et sécurisé tout au long de la vie professionnelle, indépendamment des ruptures des contrats de travail, des phases d'inaction et des changements d'employeurs. N'ayant pas été repris dans la loi du 25 juin 2008, un nouvel ANI a été conclu le 7 janvier 2009 sur le développement de la formation tout au long de la vie (*JCP soc.* 20/1/2009, act. 35), dont les principales dispositions ont été reprises dans un projet de loi en date du 29 avril 2009, en discussion au parlement à la session d'automne 2009 (*JCP soc.* 19/5/2009, act. 255, *JCP soc.* 1er/9/2009, art. 431).

II. Les règles générales de la formation professionnelle

Il s'agit d'étudier les règles valables pour le contrat de travail de droit commun. L'art. L 6312-1 du Code du travail (anc. art. L 930-1) indique que le salarié accède aux actions de formation soit à son initiative avec l'accord de l'employeur dans le cadre du DIF, soit à sa seule initiative grâce à un congé de formation professionnelle soit, enfin, à l'initiative de l'employeur par le biais du plan de formation ou par celui de l'obligation d'adaptation.

A. Le droit individuel à la formation (DIF)

Ce droit mis en place en 2003 et consacré par la loi du 4 mai 2004 permet à chaque salarié d'acquérir, année après année, un crédit d'heures de formation. Ce crédit est de 20 heures par an, sauf si les dispositions d'un accord collectif prévoient une durée plus importante. Ce nombre d'heures concerne les salariés embauchés par un contrat à durée indéterminée à temps complet et suppose une ancienneté d'au moins un an. Le nombre d'heures est calculé au prorata du temps de présence pour les salariés embauchés à temps partiel ou sous contrat à durée déterminée après 4 mois de présence dans l'entreprise.

Illustrations de la durée du DIF :

> *Pour les CDD, cette durée est calculée en fonction du nombre de semaines de présence du salarié dans l'entreprise, un salarié embauché en CDI étant présent 52 semaines : Durée du DIF = nombre de semaines du contrat x 20 h/52.*
>
> *Pour les contrats à temps partiel, cette durée est calculée en fonction de leur temps de travail, un salarié à temps complet devant en principe effectuer 1607 heures par an : Durée du DIF = nombre d'heures contractuelles x 20 h/1607.*

Les droits acquis chaque année peuvent se cumuler sur une période de 6 ans. Au terme de cette durée, et à défaut d'être utilisé, le nombre d'heures cumulées reste plafonné à 120 heures de formation possible. Chaque année, le salarié doit recevoir un détail du nombre d'heures acquis au titre du DIF.

La mise en œuvre du DIF relève de l'initiative du salarié mais avec l'accord de l'employeur qui a un mois pour donner sa réponse. L'absence de réponse dans ce délai vaut acceptation. Le salarié choisit la formation qu'il entend poursuivre en tenant compte des actions de formation prioritaires fixées dans les accords collectifs de branche, d'entreprise ou interprofessionnel. À défaut de telles indications, le DIF doit permettre au salarié de suivre des actions de qualification, de promotion, d'acquisition ou de perfectionnement des connaissances.

La loi considère qu'il s'agit d'un droit transférable, mais l'intitulé est trompeur car, en réalité, son crédit d'heures non utilisé permet seulement de financer un bilan de compétences ou la validité des acquis de l'expérience ou une formation du salarié en cas de licenciement et de démission. Il doit en faire la demande avant la fin de son délai de préavis. En aucun cas, le salarié peut transférer ses droits au nouvel employeur. Par ailleurs, ces droits sont perdus en cas de départ à la retraite ainsi qu'en cas de licenciement pour faute grave et lourde. L'ANI du

11 janvier 2008 prévoit que le salarié bénéficie d'une garantie de financement de ses droits à DIF au-delà du terme de son contrat, organisant ainsi une transférabilité de ce droit. Ce droit n'est plus attaché à l'employeur mais au salarié. L'accord modifie également les règles de financement de ce droit pour garantir ce maintien du DIF malgré la perte d'emploi. L'ANI du 7 janvier 2009 précise ces modalités de transférabilité.

Tous les frais de formation, d'accompagnement, de transport et de repas sont pris en charge par l'employeur. En principe, ces actions de formation sont effectuées en dehors du temps de travail. Le salarié bénéficie, en plus de son salaire, d'une allocation de formation égale à 50 % de sa rémunération nette de référence. Mais, à titre dérogatoire, les accords collectifs peuvent prévoir que le DIF soit exercé pendant le temps de travail. Dans ce cas, la formation correspond à une simple exécution du contrat de travail.

C. Le congé individuel de formation (CIF)

Il permet à chaque salarié, à son initiative et à titre individuel, de suivre des actions de formation indépendantes du plan de formation de son entreprise (C. trav., art. L 6322-1 et s., anc. art. L 931-1 et s.) et qui ont pour objet l'adaptation et le développement des connaissances, la promotion, la prévention, l'acquisition, l'entretien ou le perfectionnement des connaissances. Le CIF offre la possibilité d'accéder à un niveau supérieur de qualification, de changer de métier ou de s'ouvrir plus largement à la culture et à la vie sociale. Il doit justifier d'une ancienneté d'au moins 24 mois dont 12 dans l'entreprise si elle a plus de 10 salariés et 36 mois dans les autres cas. Cette condition est supprimée pour les salariés ayant changé d'emploi suite à un licenciement pour motif économique. Si le salarié a déjà bénéficié d'un tel congé, il doit attendre un certain temps, dépendant de la durée du congé initial avant de présenter une nouvelle demande. Il s'agit d'un délai de franchise (C. trav., art. R 6322-10, anc. art. R. 931-7). L'employeur, si l'établissement emploie plus de 200 salariés, peut différer le départ si plus de 2 % de son effectif est absent simultanément au titre de ce congé formation. Dans les établissements de moins de 200 salariés, cette possibilité existe mais il faut que le nombre d'heures de congé dépasse 2 % du nombre total des heures de travail effectuées dans l'année. Par ailleurs, pour des raisons de service et après avis des représentants du personnel, il peut reporter la demande. S'il l'accepte ou s'il ne donne pas sa réponse dans les 30 jours, le congé est de droit et le salarié bénéficie alors du régime général des suspensions du contrat de travail. (Voir Fiche n° 12). La durée du congé correspond à celle de la formation suivie, dans la limite d'un an s'il s'agit d'un stage continu à temps plein. L'ANI du 7 janvier 2009 veut optimiser ce dispositif pour en faire bénéficier un nombre croissant de salariés.

Après avoir demandé l'autorisation d'absence de son employeur, le salarié doit adresser une demande à un organisme paritaire agréé au titre du congé individuel de formation, comme l'Opacif, pour une prise en charge partielle ou totale de con congé (rémunération, coût de la formation). Si l'organisme accepte cette prise en charge, le salarié est alors rémunéré par l'employeur, qui est ensuite remboursé par l'organisme compétent. Le salarié doit en principe toucher au minimum 80 % de son salaire pendant ce congé. Ces organismes sont financés par les cotisations des entreprises.

D. L'obligation d'adaptation

Cette obligation a été reconnue par la jurisprudence au nom de l'exécution de bonne foi des contrats de travail, notamment en cas de licenciement pour motif économique (Cass. soc. 1er avril 1992, 89-43494, *Bull. civ.* V, n° 228). L'employeur doit permettre à ses salariés de suivre une formation en cas d'évolution de l'outil de travail, même si, à ce titre, il n'est pas tenu de fournir une formation initiale qui fait défaut. Cette obligation reste une obligation de moyens (Voir Fiche n° 15). Cette obligation est désormais consacrée dans le Code du travail par la loi du 4 mai 2004 (C. trav., art. L 6321-1, anc. art. L 930-1). Dans ce cas, la formation correspond à une modalité d'exécution du contrat de travail. Le salarié pourrait être sanctionné en cas de refus d'exécuter la formation imposée par l'employeur à ce titre (Paris, 26 mai 1999, *RJS* 8-9/99, n° 1175). Les actions d'adaptation sont assimilées alors à du temps de travail effectif. La Cour de cassation vient de reconnaître l'existence d'un préjudice spécifique, permettant à des salariés d'obtenir une indemnisation lorsque leur employeur n'avait pas respecté son obligation de maintenir leur employabilité (Cass. soc. 23 octobre 2007, 06-40950).

E. Le plan de formation de l'entreprise

Il s'agit d'un acte unilatéral de l'employeur, qu'il établit de manière discrétionnaire après avis du comité d'entreprise, ou, à défaut, des délégués du personnel. Dans ce document, il propose des actions de formation qui, la plupart du temps, rejoignent les besoins de l'entreprise. Il indique les offres de stages réalisés dans l'entreprise ou en dehors, le nombre de salariés concernés, la durée, les conditions financières. Il peut aussi comprendre des demandes individuelles de formation ou celles proposées par le comité d'entreprise.

Ce plan contient trois types d'action possibles, mais tous les frais de formation sont pris en charge par l'employeur. Les premières sont celles qui permettent une **adaptation au poste de travail**. Cette formation est considérée comme une modalité d'exécution du contrat de travail. Le temps de formation est alors considéré comme du temps de travail effectif et le salarié reçoit normalement son salaire. Elle a lieu pendant le temps de travail. Les deuxièmes visent à faire **évoluer les emplois ou à maintenir les emplois existants.** Là encore, il s'agit d'une modalité d'exécution du contrat de travail, avec cependant un assouplissement au regard du dépassement de la durée légale du temps de travail et du régime des heures supplémentaires. En effet, dans la limite de 50 heures par an et par salarié, ces heures ne s'imputent pas sur le contingent d'heures supplémentaires et ne donnent lieu ni majoration ni à un repos compensateur. Enfin, le plan peut envisager des actions **de développement des compétences**, depuis la loi du 4 mai 2004. Ces actions se déroulent alors en dehors du temps de travail (C. trav., art. L 6321-6, anc. art. L 932-1-III). Dans ce cas, le salarié doit donner son accord écrit, l'employeur doit s'engager à des contreparties en cas de succès de la formation, il doit verser au salarié une allocation de formation égale à 50 % de la rémunération nette en plus du salaire correspondant au temps de travail effectif et le salarié ne peut pas faire plus de 24 heures par an en dehors de son temps de travail. L'ANI du 7 janvier 2009 regroupe les 2 premières catégories de mesures en une seule pour assurer une meilleure lisibilité du plan.

Attention

En principe, à la différence du CIF, le contrat de travail n'est pas suspendu : les formations suivies au titre du plan de formation et de l'obligation d'adaptation sont considérées comme des modalités d'exécution du contrat de travail et sont réalisées pendant le temps de travail. Le salarié a en quelque sorte une obligation de se former, à la différence du DIF et du CIF. Il pourrait être sanctionné en cas de refus de les suivre.

III. Les règles spécifiques à certains contrats de travail

A. Le contrat d'apprentissage

C'est un contrat qui permet de donner à un jeune la possibilité de suivre en alternance à la fois une formation diplômante au sein d'un centre de formation des apprentis (CFA) et de travailler dans une entreprise qui le forme. La durée du contrat dépend de la formation suivie et peut varier entre 6 mois et 3 ans, notamment dans le cadre de l'enseignement supérieur. La durée initiale peut être prolongée notamment en cas d'échec à l'examen ou en cas de conclusion du contrat avec un nouvel employeur. Il est conclu avec des jeunes âgés de 15 à 25 ans. Mais des dérogations existent notamment pour les travailleurs handicapés ou pour reprendre une activité qui suppose un brevet professionnel. Le contrat peut prévoir une période d'essai de 2 mois, au terme de laquelle, depuis la loi de cohésion sociale, un entretien personnalisé est prévu avec un membre du CFA, le maître de l'apprenti et l'apprenti pour déceler les éventuelles difficultés. Après cette période, le contrat ne peut être rompu que sur accord exprès des parties ou par décision de justice en cas de manquement grave de l'une des parties à ses obligations ou en cas d'inaptitude de l'apprenti. Pendant la durée du contrat, l'apprenti est rémunéré selon son âge (C. trav., art. L 6222-27, anc. art. L 117-10). Depuis la loi de cohésion sociale, seuls les apprentis de plus de 18 ans peuvent travailler le dimanche et les jours fériés. Les mineurs ne peuvent échapper à cette règle même si plusieurs circulaires ont autorisé cette dérogation. En effet, pour la Cour de cassation, une disposition pénale ne peut être écartée par des circulaires (Cass. soc. 18 janvier 2005, 04-81404). À l'issue d'un tel contrat, un CDD ou un CDI peut être conclu avec l'employeur selon les règles de droit commun. Lorsqu'il s'agit d'un CDI, la loi interdit la mise en œuvre d'une période d'essai et l'ancienneté doit tenir compte de la période d'apprentissage.

B. Le contrat de professionnalisation

Il a été créé par la loi relative à la formation professionnelle tout au long de la vie (C. trav., art. L 6325-1 et s., anc. art. L 980-1 et s.). Il est conclu avec un jeune âgé de 16 à 25 ans sans qualification professionnelle ou souhaitant compléter sa qualification initiale ou par un demandeur d'emploi de plus de 26 ans dès lors qu'un parcours de professionnalisation est nécessaire pour favoriser son retour à l'emploi. Il s'agit d'un contrat écrit, déposé auprès de la direction départementale du travail, de l'emploi et de la formation professionnelle. Il peut s'agir d'un CDI ou d'un CDD dont l'action de professionnalisation doit être comprise entre 6 et 12 mois, voire 24 mois. L'employeur s'engage à assurer une formation pour acquérir la qualification professionnelle requise et à leur fournir un emploi correspondant. Le salarié s'engage à travailler pour l'employeur et à suivre la formation prévue au contrat. Un contrat est également conclu entre l'employeur et l'organisme chargé de la formation de ces salariés, prévoyant les objectifs, le programme, l'organisation, etc. Les accords collectifs peuvent prévoir la mise en place d'un tuteur, chargé de suivre le bénéficiaire, de faciliter l'acquisition des savoir-faire et de servir de lien avec l'organisme de formation. Dans ce type de contrat, les clauses de dédit-formation sont nulles. Le bénéficiaire a droit à un salaire correspondant à un pourcentage du SMIC différent selon l'âge du salarié (C. trav., art. L 6325-8 et s., anc. art. L 981-5). Quant à l'employeur, il est exonéré des cotisations de Sécurité sociale en principe. La formation est prise en charge par l'organisme collecteur paritaire agréé, l'OPCA.

À retenir

- **Règles générales :**

Disposition	Conditions	Effets
DIF (art. L 6323-1, anc. art. L 933-1).	Tout salarié de plus d'un an d'ancienneté ou de 4 mois en cas de CDD. Demande du salarié mais avec l'accord de l'employeur.	Crédit d'heures de 20 heures par an, cumulables pendant 6 ans. Permet les actions de qualification, de promotion, de développement des connaissances. Prise en charge de tous les frais de formation par l'employeur. Formations effectuées en principe en dehors du temps de travail et donnant lieu à une allocation de formation.
CIF (art. L 6322-1, anc. art. L 931-1).	Salarié ayant une ancienneté d'au moins 12 mois dans l'entreprise et de 24 au total si l'entreprise a plus de 10 salariés et de 36 mois dans les autres. Délai de franchise à respecter. Possibilité pour l'employeur de différer le départ. Demande de prise en charge auprès de l'Opacif.	Rémunération maintenue par l'employeur en cas de prise en charge par l'Opacif. Pris en charge partielle ou totale des frais de formation par l'Opacif. Suspension du contrat de travail.
Obligation d'adaptation (art. L 6321-1, anc. art. L 930-1).	Obligation à la charge de l'employeur d'adapter tous ses salariés à l'évolution de leur emploi.	Formation permettant l'adaptation des salariés à leur emploi. Formation faite dans le temps de travail et rémunérée comme telle. Prise en charge des frais de formation par l'employeur.

Plan de formation d'entreprise.	Décision unilatérale de l'employeur possible et soumise pour avis au comité d'entreprise.	Prise en charge des frais de formation par l'employeur. Action permettant l'adaptation des salariés ou l'évolution des emplois, considérée comme une exécution du contrat de travail, pendant le temps de travail. Action permettant le développement des compétences se déroulant en dehors du temps de travail mais donnant lieu à une allocation de formation.
• **Contrats spécifiques :**		
Type de contrat	**Conditions**	**Effets**
Contrat d'apprentissage (art. L 6221-1 et s., anc. art. L 117-1).	Conclusion d'un contrat écrit avec un jeune de 15 à 25 ans permettant une formation en alternance avec un CFA.	Durée de 6 mois à 3 ans. Période d'essai de 2 mois. Réglementation particulière de la rupture anticipée du contrat : résiliation judiciaire.
Contrat de professionnalisation (art. L 6325-1 et s., anc. .art. L 980-1).	Contrat écrit conclu avec un jeune de 16 à 25 ans sans qualification professionnelle ou un demandeur d'emploi de plus de 26 ans ayant besoin d'un parcours de professionnalisation.	Action de professionnalisation nécessaire entre 6 et 12 mois Contrat aidé. Prise en charge des frais de formation par un organisme collecteur paritaire agréé.

Pour en savoir plus

- « Le nouveau droit de la formation », *DS* mai 2004, p. 449 ;
- « Formation professionnelle et dialogue social », *Petites Affiches*, 14 mai 2004 ;
- « Formation professionnelle », *RPDS*, août-septembre 2004, n° 712 et 713 ;
- C. Ahumada, « Contrats et périodes de professionnalisation », *RPDS* mai 2005, p. 163 ;
- P. Etiennot, « Formation professionnelle et contrat de travail », *DS* 1998, p. 149 ;
- F. Guiomard, « Accord sur la formation du 7 janvier 2009 : ébauche de sécurisation des parcours ou jeu de mistigri ? », *RDT* avril 2009, p. 235 ;
- J.-M. Luttringer et J.-P. Willems, « L'accord et la réforme du système de formation professionnelle », *DS* 2008, p. 329 ;
- J.Y. Kerbourc'h, « L'apprentissage face à de nouveaux défis », *DS* avril 2005, p. 427 ;
- C. Willman, « Emploi-chômage : une modernisation du marché d travail prometteuse, mais inaboutie », *DS* 2008, p. 335.

Pour s'entraîner

Indiquez si la proposition faite est Vraie ou Fausse :

1) ***Le DIF n'est pas un droit reconnu aux salariés embauchés avec un contrat à durée déterminée et à temps partiel.***

❒ *Vrai* ❒ *Faux*

2) ***Un salarié suivant une action dans le cadre du plan de formation d'entreprise voit son contrat suspendu.***

❒ *Vrai* ❒ *Faux*

3) ***L'absence d'un salarié en congé de formation individuelle doit être rémunérée par l'employeur.***

❒ *Vrai* ❒ *Faux*

4) ***Un apprenti de moins de 18 ans ne peut travailler les jours fériés et les dimanches.***

❒ *Vrai* ❒ *Faux*

Réponses

1) Faux : il leur est reconnu mais le salarié embauché en CDD doit avoir une ancienneté de 4 mois et son nombre d'heures dépendra, comme pour le salarié à temps partiel, de sa présence dans l'entreprise : il n'aura donc pas 20 h par an ;

2) Faux, au contraire, il s'agit d'une modalité d'exécution du contrat de travail : la formation est en principe réalisée pendant le temps de travail, à la place de sa prestation habituelle ;

3) Vrai : mais il faut une prise en charge par l'organisme agréé et l'employeur se fait rembourser cette rémunération ;

4) Vrai, malgré les circulaires ministérielles.

Fiche

42

Les conditions d'application de l'art. L 1224-1du Code du travail (anc. art. L 122-12)

Définition

Entité économique autonome : ensemble organisé d'éléments corporels ou incorporels, de personnes, permettant l'exercice d'une activité économique poursuivant un objectif propre.

I. Rappel historique

La loi du 19 juillet 1928 a organisé le transfert des contrats de travail en cas de modification de la situation juridique de l'employeur comme une succession, une fusion, une vente de l'entreprise. Le repreneur de l'entreprise doit reprendre les salariés selon cette règle qui porte atteinte à l'effet relatif des contrats prévu par l'art. 1165 du Code civil. Cette loi est à l'origine de l'art. L 1224-1 du Code du travail (anc. art. L 122-12 al. 2) qui indique que « *s'il survient une modification dans la situation juridique de l'employeur, notamment par succession, vente, fusion, transformation du fonds, mise en société, tous les contrats de travail en cours au jour de la modification subsistent entre le nouvel employeur et le personnel de l'entreprise* ». À l'origine, il fallait protéger l'employeur contre la pénurie de main-d'œuvre. Aujourd'hui, il s'agit d'une mesure de protection du salarié, car elle organise une garantie d'emploi en cas de changement d'employeur, le salarié conservant son contrat de travail.

Ce texte ancien a cependant évolué sous l'influence d'une directive communautaire n° 77/187/CEE du 14 février 1977, modifiée en 1998 et remplacée aujourd'hui par celle n° 2001/203/CE du 12 mars 2001, et de la jurisprudence de la CJCE. Si le législateur n'a pas jugé opportun de transposer ces directives, sauf en intégrant l'art. L 1224-2 (anc. art. L 122-12-1), la Cour de cassation a opéré des revirements de jurisprudence et interprété le texte à lumière de ces sources communautaires.

II. Les conditions de fond : le transfert d'une entité économique autonome

Le critère d'application est issu de cette évolution jurisprudentielle. La liste des cas prévus par l'article L 1224-1 (anc. art. L 122-12) n'est pas exhaustive. Pour la Cour de cassation, pour appliquer cet article, il faut **le transfert d'une entité économique autonome dont l'identité est maintenue et dont l'activité est poursuivie ou reprise.** Ce critère contient quatre éléments et repose davantage sur une analyse économique, que juridique. Les juges utilisent souvent un faisceau d'indices, quelles que soient la qualification et la forme juridique données à l'opération de transfert.

- D'abord, il faut un **acte de transfert**, comme une vente, une succession, une fusion, une mise en société. Mais cette liste n'est pas limitative. Il peut s'agir aussi, par exemple, d'une privatisation, d'une mise en location-gérance. La jurisprudence n'exige plus un lien de droit entre les deux employeurs successifs. Il peut ne pas exister de contrat entre eux. Ce sont des arrêts d'Assemblée plénière du **16 mars 1990** qui ont supprimé cette exigence sous l'influence de la CJCE. Notamment dans **l'arrêt dit du camping du bois de Boulogne**, il s'agissait de la concession d'un terrain de camping exploité par une société et qui avait été concédé par la ville de Paris. Puis suite à la résiliation de la concession, un nouvel exploitant est contacté par la ville de Paris pour utiliser les installations du camping. La Cour de cassation a admis l'application de l'art. L 1224-1 du Code du travail, opérant ainsi un revirement de jurisprudence (Ass. Plén. 16 mars 1990, 89-45730, *DS* 1990, 399, *D.* 1990, 305, note A. Lyon-Caen, *contra* : Cass. soc. 12 juin 1986, 84-43448, *D.* 1986, 461). Un acte de transfert suppose donc un changement d'employeur. Ainsi, l'article L 1224-1 ne s'applique pas si la société décide, par exemple, de fermer un établissement et de transférer ses activités sur un autre site : l'employeur reste le même, l'établissement n'ayant pas la personnalité morale. Il en est de même en cas de cession d'actions, y compris lorsque cela implique un changement de contrôle ou en cas de prise de participation. Dans ces deux cas, en effet, l'employeur reste le même, puisqu'il s'agit de la personne morale.
- Ensuite, ce transfert doit porter sur **une entité économique autonome.** La Cour de cassation reprend la définition donnée par la CJCE : il faut le transfert d'un ensemble organisé d'éléments corporels ou incorporels, de personnes, permettant l'exercice d'une activité économique poursuivant un objectif propre (Cass. soc. 7 juillet 1998, 96-21451, *Bull. civ.* V, n° 363). La simple poursuite d'activité ne suffit pas pour permettre l'application de

l'art. L 1224-1. Ainsi, doit être transféré l'ensemble des moyens matériels (locaux, machines, fourniture, etc.) et incorporels (fonds de commerce, clientèle, savoir-faire, brevets etc.). La simple perte de marché ne permet donc pas l'application de cette disposition, faute de caractériser le transfert d'une entité économique. Ces moyens transférés doivent permettre l'exploitation de l'activité économique. En revanche, il peut s'agir d'une partie de l'entreprise, comme un service, un atelier. Ce transfert partiel suppose, pour appliquer l'article L 1224-1, que l'entité transférée dispose d'une autonomie, fonctionnelle ou géographique. De plus, la jurisprudence admet son application lorsqu'il ne s'agit que d'une activité accessoire, comme dans les opérations d'externalisation portant sur un service de comptabilité ou de nettoyage (Cass. soc. 18 juillet 2000, 98-18037, *DS* 2000, p. 850).

Attention

La perte d'un marché ne suffit pas pour appliquer l'art. L 1224-1 du Code du travail. En effet, le simple transfert d'activité ne suffit pas, car il faut aussi que les moyens d'exercer cette activité accompagnent l'activité.

- Cette entité doit conserver **son identité**. Ce critère a, pendant de très nombreuses années, été utilisé pour écarter l'application de ce texte lorsque l'activité était reprise par une personne morale de droit public. Lorsqu'il s'agissait d'un établissement public administratif, soumis au droit public, il y avait perte d'identité et l'art. L 1224-1 était donc inapplicable (Cass. soc. 1er décembre 1993, 91-41602, *Bull. civ.* V, n° 295 et *JCP* éd. E, 10/3/1994, p. 52). En revanche, quand il s'agissait d'un établissement public à caractère industriel et commercial, soumis au droit privé, la Cour de cassation admettait cette application (Cass. soc. 7 octobre 1992, 89-41823 et 89-41824, *Bull. civ.* V, n° 500). Sous l'influence de la CJCE et notamment de l'arrêt Mayeur (CJCE 26 septembre 2000, aff. 175/99), la Cour de cassation a opéré un revirement de jurisprudence en considérant que la nature juridique du repreneur importe peu, dès lors que les juges ont pu constater le transfert de l'entité économique autonome dont l'activité est poursuivie (Cass. soc. 25 juin 2002, 01-43467, 01-43499 et 01-43477, *DS* 2002, p. 1013, *JCP* 2002, II, 10171). C'est depuis une jurisprudence constante. Cette jurisprudence vaut lorsque c'est une entreprise privée qui cède son activité et les moyens d'exploitation à une personne de droit public. Mais dans l'autre sens, c'est-à-dire quand une personne morale de droit public transfère une activité à une personne de droit privé, l'article L 1224-1 est inapplicable car la Cour de cassation et la CJCE exigent que les personnes transférées soient embauchées dans des conditions de droit privé.

- Enfin, **l'activité doit être poursuivie** ou reprise. Une interruption temporaire d'activité ne s'oppose pas à l'application de cet article notamment lorsqu'elle est décidée pour faire des travaux.

Lorsque ces critères ne sont pas remplis, l'art. L 1224-1 ne s'applique pas sauf en cas d'application volontaire par le repreneur de ces dispositions (Cass. soc. 17 juin 2003, 01-42171, D. 2004, p. 1408). Mais cela suppose l'accord exprès des salariés et cette méconnaissance ne peut être invoquée que par les salariés, la mesure étant prise dans leur seul intérêt (Cass. soc. 10 avril 2008, 06-45836, *JCP soc.* 29/7/2008, 1436, P. Morvan). Des conventions collectives, comme celle nationale des entreprises de nettoyage des locaux, peuvent également envisager des maintiens des salariés en cas de perte de marché.

Illustration : une application extensive de l'art. L 1224-1 : Cass. soc. 11 mars 2003, 01-41842, arrêt Voisin, Bull. civ. *V, n° 86,* DS *5/2003, p. 474.*

> *Cette disposition peut s'appliquer si le critère du transfert d'une entité économique autonome est satisfait dans le cadre des procédures collectives et notamment en cas de plan de cession. Mais la Cour de cassation va parfois plus loin, comme dans l'arrêt Voisin. Dans cette affaire, le tribunal de commerce, ayant ouvert une liquidation judiciaire à l'encontre d'une société, avait refusé un plan de cession au profit d'une entreprise. Mais, malgré ce refus, cette dernière s'est comportée comme le véritable propriétaire du fonds : elle a occupé les locaux adjacents, installé sa boîte aux lettres dans le hall de l'ancienne société, a contacté ses clients, et repris des commandes en cours. La Cour de cassation a admis l'application de l'article L 1224-1 en raison de la constatation par les juges du fond de ce transfert d'une entité économique autonome alors même que ce « repreneur » avait eu un comportement illicite, une immixtion frauduleuse dans la gestion de la société placée en liquidation, sans son accord.*

III. Les conditions de procédure

Lorsque l'entreprise transférée dispose d'un comité d'entreprise, ce dernier doit être consulté avant la mise en place des opérations de transfert, dès lors qu'il y a une manifestation de volonté de l'entreprise suffisamment ferme. Cette consultation préalable relève de la compétence économique générale du comité qui doit être consulté sur toutes les questions qui intéressent la marche générale de l'entreprise et qui pourrait avoir des répercussions sur l'emploi (C. trav., art. L 2323-19, anc. art. L 432-1 ; Voir Fiche n° 28). Cette consultation doit avoir lieu éventuellement aussi dans l'entreprise qui reprend l'activité. Aucune condition de délai n'est imposée par les textes, sauf le fait que cette consultation doit intervenir en temps utile avec toutes les informations nécessaires, avant la décision définitive. À défaut de comité d'entreprise, ce sont les délégués du personnel qui devront donner leur avis, en raison de leurs fonctions supplétives (Voir Fiche n° 28).

Par ailleurs, si cette opération est accompagnée de décision d'aménagement important modifiant les conditions de travail, le CHSCT doit aussi être consulté (C. trav., art. L 4612-8, anc. art. L 236-2).

À défaut de consulter ces deux institutions représentatives du personnel, l'employeur peut être poursuivi pour délit d'entrave et le comité d'entreprise peut demander la suspension de l'opération de transfert. Mais la Cour de cassation refuse d'annuler la décision de transfert ou de la rendre inopposable aux salariés (Cass. soc. 6 juillet 1999, 97-21742, *RJS* 10/99, n° 1264, *Bull. civ.* V, n° 335).

Enfin, en cas de transfert partiel d'une entité économique comprenant des représentants du personnel, portant par exemple sur un service ou un atelier, l'opération de transfert doit faire l'objet d'une demande d'autorisation préalable auprès de l'inspection du travail, qui, à défaut, sera annulée (Cass. soc. 24 novembre 1992, 89-44977, *DS* 1993, p. 65). C'est une disposition d'ordre public qui ne peut être écartée par accord collectif et à laquelle le salarié ne peut renoncer. À défaut d'autorisation, le représentant du personnel doit rester dans le personnel non transféré.

À retenir

- **Les conditions d'application de l'art. L 1224-1 du Code du travail (anc. art. L 122-12) :**

Conditions de fond	Transfert d'une entité économique autonome conservant son identité et dont l'activité est maintenue.
Conditions de procédure	Consultation éventuelle des représentants du personnel.

Pour en savoir plus

- P. Bailly, « Le flou de l'art. L 122-12 alinéa 2 du Code du travail », *DS* 4/2004, p. 366 ;
- J.F. Cesaro, « La notion de transfert d'entreprise », *DS* 7/8 2005, p. 718 ;
- S. Darmaisin, « Le concept de transfert d'entreprise », *DS* 1999, p. 343 ;
- S. Darmaisin, « L'applicabilité de l'article L 122-12 alinéa 2 du Code du travail aux opérations d'externalisation », *JCP* éd. E, 2006, *Cah. dr. ent.* n° 3, p. 21 ;
- A. Mazeaud, « Le transfert d'entreprise dans le cadre des procédures collectives », *DS* 2/2005, p. 133 ;
- A. Mazeaud, « Les cessions d'entreprise ou de partie d'entreprise depuis la loi du 26 juillet 2005 relative à la sauvegarde des entreprises », *DS* janvier 2006, p. 12 ;

- A. Mazeaud, « Reprise d'une entité économique par une personne publique dans le cadre d'un service public administratif (art. 20 de la loi du 26 juillet 2005) », *DS* avril 2006, p. 383 ;
- P. Morvan, « L'art. L 122-12 du Code du travail à l'international », *RJS* 8-9/04, p. 587 ;
- P. Morvan, « Les non-dits de l'art. L 122-12 : nullité et fraude », *RJS* 8-9/06, p. 647.

Pour s'entraîner

Indiquez si la proposition faite est Vraie ou Fausse :

1) ***La simple perte de marché permet l'application de l'art. L 1224-1 du Code du travail.***

❒ ***Vrai*** ❒ ***Faux***

2) ***Un lien de droit entre les employeurs successifs est nécessaire pour appliquer l'art. L 1224-1.***

❒ ***Vrai*** ❒ ***Faux***

3) ***Le fait que l'activité soit reprise par une personne morale de droit public est un obstacle à l'application de l'art. L 1224-1.***

❒ ***Vrai*** ❒ ***Faux***

4) ***La reprise de la commercialisation des produits d'une marque et de la clientèle fidèle caractérise le transfert d'une entité économique autonome.***

❒ ***Vrai*** ❒ ***Faux***

Réponses

1) Faux car la poursuite d'activité ne suffit pas à caractériser le transfert d'une entité économique autonome : il faut aussi les moyens d'en assurer la production ou l'exploitation ;

2) Faux depuis l'arrêt d'Ass. Plén. du 16 mars 1990 ;

3) Faux depuis un revirement de la Cour de cassation du 25 juin 2002 ;

4) Vrai comme l'a jugé par ex la Cour de cassation : Cass. soc. 14 mai 2003, 01-40597, *RJS* 8-9/2003, n° 985.

Fiche 43

Les effets de l'art. L 1224-1 du Code du travail (anc. art. L 122-12)

I. Les effets individuels de l'art. L 1224-1 du Code du travail (anc. art. L 122-12)

L'effet principal consiste dans **le transfert de plein droit** au repreneur des contrats de travail des salariés affectés à l'entité économique autonome. Cet effet est **d'ordre public**, ce qui signifie que les parties au transfert ne peuvent par clause écarter ce mécanisme. Ensuite, cet effet est de **plein droit**, sans que les personnes intéressées aient à donner leur consentement. Enfin, il s'agit d'un effet **intégral** : tous les salariés affectés à l'unité transférée sont repris par le nouvel employeur, sans qu'il puisse en écarter certains. Ce transfert des contrats de travail au repreneur implique deux conséquences.

- D'une part, ces salariés conservent leur ancienneté, l'intégralité de leur contrat de travail. Les modifications du contrat de travail proposées au moment du transfert peuvent être considérées comme des fraudes à l'art. L 1224-1, quand le repreneur conditionne la reprise des salariés à une modification du contrat de travail (Cass. soc. 9 mars 2004, 02-42140, *Petites Affiches* 1er juin 2004, p. 11). En revanche après le transfert, la modification est possible en respectant les règles générales (Voir Fiche n° 11) et l'employeur ne doit pas avoir pour objet ou pour effet de faire échec à cet article (Cass. soc. 17 septembre 2003, 02-43687, *RJS* 12/03, n° 1368). Le repreneur peut être tenu d'exécuter certaines obligations incombant à l'ancien employeur comme satisfaire à une priorité de réembauchage après un licenciement économique (Cass. soc. 9 juillet 2008, 06-40945, *RDT* nov. 2008, p. 664)

Illustration en cas de reprise de l'activité par une personne morale de droit public :

> *Le tribunal de conflits et la Cour de cassation considèrent que l'application de l'art. L 1224-1 à une entité transférée à une personne morale de droit public n'a pas pour effet de transformer la nature juridique des contrats de travail qui*

restent donc de droit privé tant que le nouvel employeur public ne les a pas placés dans un régime de droit public. Le repreneur public peut donc transformer ces contrats et le statut de ces personnels repris. Il semble que le salarié soit en mesure de donner son accord en cas de transformation (T. Conf. 19 janvier 2004, n° C3393 ; Cass. soc. 23 janvier 2005, 03-45439). L'article 20 de la loi du 26 juillet 2005 portant diverses mesures de transposition du droit communautaire à la fonction publique précise ces solutions. Il indique que la personne publique doit proposer un contrat de droit public, reprenant les clauses substantielles du contrat. Le salarié peut refuser ce changement mais il est alors licencié.

- D'autre part, cet effet se produit sans que le salarié ait son accord à donner et sans qu'il puisse s'y opposer. Le droit communautaire offre, au contraire de notre droit positif, une telle option aux salariés transférés (CJCE 16 décembre 1992, *Katsikas*, aff. C 132/91, C 138/91 et C 139/91 : la liberté de ne pas poursuivre le contrat de travail avec le cessionnaire est considérée comme un droit fondamental pour le salarié). La seule alternative pour lui consiste dans la démission. D'ailleurs, la Cour de cassation considère que si le salarié refuse ce transfert, il s'agit d'une forme de démission (Cass. soc. 10 octobre 2006, 04- 40325, *Bull. civ.* V, n° 295, *D.* 2007, p. 472).

Attention

Le salarié n'a pas son accord à donner et ne peut s'opposer au transfert d'un contrat de travail en cours.

La condition requise est que **leur contrat soit en cours au jour du transfert**. Plusieurs remarques doivent être faites sur cette condition.

- D'abord, peu importe la nature du contrat de travail. Il peut s'agir d'un contrat à durée indéterminée, mais aussi à durée déterminée.
- Ensuite, un contrat suspendu est considéré comme étant toujours en cours au jour de ce transfert : le salarié absent, quelle que soit la cause de la suspension, sera donc transféré (Cass. soc. 8 février 1989, 86-10761, *Bull. civ.* V, n° 103 ; Cass. soc. 13 novembre 2001, 99-43016, *RJS* 1/02, n° 25). Le repreneur doit alors respecter le régime de la suspension du contrat (Cass. soc. 27 mai 2009, 08-42555, *JCP soc.* 9/6/2009, act. 302 pour un congé sans solde).
- En outre, en cas de transfert partiel, seuls les salariés affectés à l'entité économique transférée sont repris de plein droit par le repreneur. Les autres restent avec le premier employeur. Il en est de même lorsqu'il y a un représentant du personnel pour lequel l'inspecteur du travail a refusé de donner une autorisation au transfert.

- Enfin, qu'en est-il des salariés licenciés avant le transfert ? En principe, leur contrat de travail n'est plus en cours. Mais la jurisprudence, pour éviter les fraudes à l'art. L 1224-1, a d'abord admis la validité de ces licenciements sous réserve de respecter le droit commun et qu'il n'y ait aucune fraude à l'article 1224-1. Désormais, elle pose comme principe que « *les licenciements prononcés à l'occasion du transfert sont privés d'effet* » (Cass. soc. 20 mars 2002, 00-41651, **Maldonado**, *Bull. civ.* n° 94, *JCP* éd. E 2002, 1764, obs. Morvan ; *D.* 2003, 14, note G. Pignarre). Le motif du licenciement ne doit en aucun cas être lié à l'opération de transfert. Ainsi un licenciement pour motif disciplinaire, même prononcé au moment du transfert est valable si cette faute existe réellement. Mais l'exigence d'une fraude a disparu. Dans ce cas, le salarié dispose d'une option : soit demander des dommages-intérêts à l'auteur du licenciement, soit demander la poursuite de son contrat de travail au repreneur. L'arrêt Voisin du 11 mars 2003 (01-41842, *Bull. civ.* V, n° 86) a apporté une nuance : le salarié ne peut plus faire ce choix quand le cessionnaire l'a informé, avant l'expiration du préavis, de son intention de poursuivre le contrat de travail sans modification. Dans ce cas, le changement d'employeur s'impose au salarié.

La loi du 28 juin 1983 a mis en conformité notre droit au regard de la directive de 1977 et a ajouté un effet au transfert de l'entité économique autonome. Elle a intégré à l'art. L 1224-2 (anc. art. L 122-12-1) **une garantie de paiement des dettes antérieures au transfert**, le salarié pouvant en exiger le paiement auprès des deux employeurs successifs. Le repreneur peut ensuite se retourner contre le premier employeur pour être remboursé. Deux exceptions ont été prévues :

- Lorsque la modification de l'employeur intervient soit avant l'ouverture d'une procédure de redressement ou de liquidation judiciaire ou quand elle résulte de cette ouverture.
- Quand la substitution d'employeur s'est réalisée sans convention entre eux.

Dans ces deux hypothèses, seul le 1er employeur est tenu de payer les dettes au salarié transféré.

Pour les dettes nées après le transfert, seul le repreneur est tenu de les payer.

L'application de la garantie de paiement des dettes en fonction de leur date de naissance : Cass. soc. 7 novembre 2006, 05-41723

> *La Cour de cassation pour savoir si le repreneur doit payer les dettes du 1er employeur regarde la date de naissance de la dette. Ainsi, dans cette décision du 7 novembre 2006, il s'agissait de l'indemnité de requalification d'un contrat*

à durée déterminée en un contrat à durée indéterminée ainsi que les indemnités de rupture de ce contrat. Le contrat avait été conclu avant le transfert mais son terme était arrivé après. La Cour de cassation indique que l'indemnité de requalification naît au jour de la conclusion du contrat et qu'il s'agissait donc d'une dette antérieure au transfert. Par conséquent, le repreneur pouvait en garantir le paiement mais l'employeur initial aurait dû être appelé en garantie en application de l'art. L 1224-2. En revanche, pour l'indemnité de rupture, elle naît au jour de la rupture du contrat et il s'agissait donc d'une dette postérieure au transfert, qui incombait au seul repreneur.

II. Les effets sur le statut collectif de l'art. L 1224-1 du Code du travail (anc. art. L 122-12)

L'art. L 1224-1 du Code du travail ne concerne que la relation individuelle de travail et non les aspects collectifs. Par conséquent, seul le contrat de travail est en principe transféré. L'art. L 2261-14 du Code du travail (anc. art. L 132-8) prévoit qu'en cas de modification dans la situation juridique de l'employeur, l'accord collectif survit de manière provisoire pendant le temps nécessaire à une renégociation et au plus tard pendant les 15 mois qui suivent cette opération de transfert (Cass. soc. 21 octobre 2008, 08-60008, *JCP soc.* 11/11/2008, act. 584 : survie provisoire d'un accord portant sur le nombre de délégués syndicaux dans une UES ; Cass. soc. 9 avril 2009, 08-12118, *JCP soc.* 9/6/2009, 1259). Il s'agit **de la mise en cause de l'accord collectif**, qui produit les mêmes effets que la dénonciation, mais qui se font de manière automatique en raison du transfert de l'entité économique (Voir Fiche n° 34). Pendant ces 15 mois, l'employeur doit entamer les négociations et le salarié transféré peut demander à en bénéficier. Mais il peut aussi invoquer celle applicable chez le repreneur quand elle lui est plus favorable (Cass. soc. 24 janvier 1996, 93-40745, *RJS* 3/96, n° 315). À l'issue de cette période, deux solutions sont envisageables. Soit un nouvel accord a été conclu, alors seul cet accord de substitution s'applique. Soit aucun accord n'a été conclu valablement dans le délai, alors les salariés transférés ont droit au maintien des avantages individuels acquis qui s'incorporent dans leur contrat de travail, devenant ainsi un élément contractuel (Cass. soc. 13 mars 2001, 99-45651, *Bull. civ.* V, n° 90 ; Voir Fiche n° 34). Lorsque les salariés transférés conservent leurs droits individuels acquis en raison d'un défaut d'accord de substitution ou grâce à la conclusion d'un tel accord qui prévoit précisément ce maintien, les salariés du repreneur ne peuvent invoquer une discrimination ou une atteinte au principe « à travail égal, salaire égal », car il s'agit pour la Cour de cassation d'une application de ce texte de loi (Cass. soc. 4 décembre 2007, 06-44041, *DS* 2008, p. 245).

Attention

La renégociation ne peut avoir lieu qu'après le transfert de l'entité économique et ne peut en aucun cas lui précéder.

Il faut cependant indiquer que la jurisprudence, sur le fondement de la théorie de l'accessoire, considère que les usages en vigueur dans l'entreprise cédée sont transférés au repreneur (Cass. soc. 23 septembre 1992, 89-45656, *Bull. civ.* V, n° 479). Le règlement intérieur reste également en vigueur si l'entité reste un établissement distinct, autonome.

De plus, les représentants du personnel transférés gardent leur mandat si l'entité transférée conserve son autonomie juridique (C. trav., art. L 2143-10, L 2314-26, L 2324-26, anc. art. L 412-16, L 423-16 et L 433-14 ; Cass. soc. 17 décembre 2008, 07-42839, *JCP soc.* 10/3/2009, 1117 ; Cass. soc. 13 janvier 2009, 06-46364, *JCP soc.* 17/3/2009, 1127). La durée de leur mandat peut être réduite ou allongée par accord, pour assurer la cohérence avec les institutions existantes chez le repreneur. Les salariés dont le mandat est maintenu conservent leur statut protecteur. L'institution représentative, comme le comité d'entreprise ou le CHSCT continue également d'exister, à condition que l'entité conserve son autonomie. À défaut, l'institution disparaît.

À retenir

Tableau récapitulatif sur les effets de l'art. L 1224-1 (anc. art. L 122-12)

Effets individuels	**Effets sur le statut collectif**
– Transfert de plein droit des contrats de travail sans que l'accord des salariés ne soit requis et sans opposition possible de leur part. – Le licenciement prononcé à l'occasion du transfert est sans effet : arrêt Maldonado 20 mars 2003 et Voisin du 11 mars 2003. – Garantie de paiement des dettes antérieures au transfert (C. trav., art. L 1224-2, anc. art. L 122-12-1).	– Transfert des usages. – Survie provisoire des accords collectifs pendant 15 mois : cas de mise en cause (art. L 2261-14, anc. art. L 132-8).

Pour en savoir plus

- F. Favennec-Héry, « La consultation des représentants du personnel sur le transfert d'entreprise », *DS* 7/8 2005, p. 729 ;
- B. Gauriau, « Le licenciement prononcé en violation de l'art. L 122-12 al. 2 du Code du travail : nul plutôt qu'inefficace », *DS* 9/10 2005, p. 852 ;
- V. Ionescu, « Le droit d'opposition des salariés au transfert de leur contrat de travail : mythe ou réalité », *DS* 5/2002, p. 507 ;
- A. Mazeaud, « Le sort des contrats de travail lors des transferts d'entreprise », *DS* 7/8 2005, p. 737 ;

- A. Mazeaud, « Reprise d'une entité économique par une personne publique dans le cadre d'un service public administratif », *DS* avril 2006, p. 383 ;
- P. Morvan, « Application conventionnelle de l'art. L122-12 et accord du salarié : plaidoyer pour un revirement », *JCP soc.* 5/12/2006, n° 1964 ;
- J.M. Olivier, « L'impact des transferts sur les normes collectives en vigueur dans l'entreprise », *DS* 7/8 2005, p. 743 ;
- P. Rémy, « Quelle signification donner au droit d'opposition du salarié au transfert de son contrat de travail ? », *DS* 2/2004, p. 155 ;
- P.Y. Verkindt, « L'incidence des transferts d'entreprise sur les instances de représentation du personnel », *DS* 7/8 2005, p. 752.

Pour s'entraîner

Résoudre le cas pratique suivant :

Charles est engagé par la société Dupain comme directeur de supermarché, avec dans son contrat de travail une clause de mobilité géographique. Quelques années plus tard, le fonds de commerce du supermarché est donné en location-gérance à la société Durand. 15 jours après ce transfert, Charles est licencié pour faute grave pour avoir refusé une mutation décidée par la société Durand en application de la clause de mobilité. Cette mutation consistait dans une affectation provisoire auprès d'un autre directeur de supermarché pour apprendre les nouvelles méthodes de gestion, en qualité de stagiaire et sans indication sur son affectation à l'issue du stage. Charles voudrait savoir si son licenciement est fondé.

Réponse

L'art. 1224-1 s'applique en cas de mise en location-gérance d'un fonds de commerce dont l'activité est poursuivie : il s'agit d'un transfert d'une entité économique autonome poursuivant un objectif propre et dont l'activité est poursuivie.

Par conséquent, le contrat de travail est transféré de plein droit. Le repreneur dispose de son pouvoir de direction et peut donc en principe modifier le contrat de travail en respectant les règles générales. En l'espèce, il s'agit de l'application d'une clause de mobilité, en principe qualifiée de changement des conditions de travail que le salarié ne peut refuser. Mais, il se peut aussi qu'il y ait une modification de la qualification supposant l'accord du salarié. Par ailleurs, une fraude à l'art. L 1224-1 peut être constituée en l'espèce : car la modification a eu lieu dès le transfert de l'entité, sur un poste de stagiaire, donc avec une rétrogradation, sans indication de son avenir. La Cour de cassation a estimé dans une situation similaire que le refus du salarié ne pouvait être constitutif d'une faute grave ni même d'une cause réelle et sérieuse. Il y avait fraude à l'art. L 1224-1 (Cass. soc. 14 janvier 2004, 01-45126, *Bull. civ.* V, n° 9).

Fiche 44

La notion de grève

Définitions

Grève : arrêt de travail collectif et concerté à l'appui de revendications professionnelles.

Grève de solidarité : grève faite à l'appui de revendications qui ne sont pas propres aux grévistes mais qui permettent de soutenir un salarié particulier.

Grève perlée : ralentissement de l'activité ou exécution défectueuse de la prestation de travail, sans qu'il y ait un arrêt de travail.

Grève tournante : arrêt de travail qui va affecter de manière successive et alternative différentes catégories de salariés dans l'entreprise.

I. Présentation générale de la grève

A. Rappel historique

La Révolution avait édicté le délit pénal de coalition et donc interdit la grève. La loi du 25 mai 1864 a aboli cette infraction pénale et a instauré le délit d'atteinte à la liberté du travail. Pourtant, elle ne reconnaissait pas officiellement le droit de grève, événement qui entraînait toujours la rupture du contrat de travail. Par ailleurs, restaient sanctionnés pénalement les actes de menace et de violence réalisés au cours d'une grève. Il faut attendre la **Constitution de 1946** pour voir reconnaître officiellement le droit de grève. L'alinéa 7 du préambule affirme : « *le droit de grève s'exerce dans le cadre des lois qui le réglementent* ». **La loi du 11 février 1950** a apporté quelques précisions sur son exercice, intégrés aux articles L 2511-1 et suivants du Code du travail (anc. art. L 521-1 et s.). Mais c'est surtout la jurisprudence qui a défini ses contours.

B. Nature juridique du droit de grève

Il s'agit d'un **droit individuel d'exercice collectif**. Cela signifie qu'il appartient individuellement à chaque salarié et agent de la fonction publique (Cass.

soc. 10 octobre 1990, 88-41427, inédit : « *tout salarié a un droit personnel à la grève* ».) La France, contrairement à d'autres pays, a rejeté une conception organique de la grève, conception qui accorde ce droit à un syndicat et non à chaque salarié pris individuellement. Aucun syndicat ne peut donc priver les salariés de ce droit. De plus, chaque salarié répond individuellement des actes qu'il peut commettre pendant l'exercice de la grève. Il ne peut exister de sanctions collectives en cas de comportement répréhensible. Mais ce droit présente aussi une dimension collective : un seul salarié ne peut pas en principe faire grève. En outre, il faut des revendications professionnelles et donc un intérêt collectif à défendre. Enfin, lorsque la grève aboutit à la satisfaction des revendications professionnelles, cette issue doit être accordée à tous les salariés de l'entreprise, y compris les non-grévistes.

Il s'agit également **d'un droit à valeur constitutionnelle** puisqu'il est prévu expressément par le préambule de la Constitution de 1946. La Cour de cassation l'a également reconnu comme tel. Par conséquent, seule la loi peut apporter des limites ou des conditions d'exercice à ce droit. Ainsi, un règlement intérieur ne peut réglementer ce droit de grève (CE, 12 octobre 1992, *SA Sofrapain*, *DS* 1993, 162, concl. Le Chatelier ; CE 27 juillet 2005, n° 254600). Il en est de même des conventions ou accords collectifs, qui ne pourraient imposer par exemple un préavis (Cass. soc. 7 juin 1995, 93-46448, *Bull. civ.* V, n° 180, *DS* 1996, p. 37, note C. Radé). Pourtant, des nuances sont à apporter dans la mesure où le règlement intérieur peut édicter des règles d'hygiène, de sécurité, qui indirectement remettent en cause le droit de grève (CE 12 novembre 1990, *Atochem*, *AJDA* 1991, 484, note X. Prétot ; Voir Fiche n° 9). De même, un accord collectif d'entreprise peut être conclu par un délégué syndical par lequel le syndicat signataire s'engage à ne pas appeler à la grève pendant une période limitée afin de négocier les revendications professionnelles. Ces accords sont valables car ils n'engagent que le syndicat et ne remettent pas en cause le droit individuel du salarié.

II. Les éléments constitutifs de la grève

Il est indispensable de réunir ces différentes conditions, puisqu'à défaut, le mouvement est qualifié d'illicite et non de grève, et le salarié ne bénéficie pas de la protection du droit de grève (Voir Fiche n° 45).

A. Un arrêt de travail collectif

En l'absence de définition légale de la grève, la jurisprudence est venue apporter des précisions sur ces éléments constitutifs. Elle a ainsi posé comme principe, dans une décision du 18 avril 1963, que ces arrêts de travail collectifs pouvaient prendre toutes les formes et a ainsi admis la validité d'une succession d'arrêts de travail répétés, de courte durée (Cass. soc. 18 avril 1963, *Bull. civ.* V, n° 316, *Grands arrêts* n° 181). Il faut deux conditions : un arrêt de travail et un aspect collectif.

Un arrêt de travail

Une grève du zèle n'est pas juridiquement une grève : il s'agit d'une hypothèse où les salariés appliquent à la lettre les consignes de l'employeur et qui exclut expressément l'arrêt de travail. Il en est de même en cas d'exécution au ralenti ou défectueuse de la prestation de travail, appelée, de manière trompeuse, grève perlée. La Cour de cassation estime également qu'il doit s'agir d'un arrêt de toutes les obligations du contrat de travail et non pas seulement d'une seule obligation, comme l'astreinte (Cass. soc. 2 février 2006, 04-12336). En revanche, cet arrêt peut être de courte durée. Il peut aussi s'agir de grève tournante quand ce sont les différents secteurs d'activité qui arrêtent de travailler à des moments différents et successivement.

Un aspect collectif

Si, dans une entreprise, un seul salarié s'arrête de travailler même pour une revendication professionnelle, il ne sera pas protégé par le droit de grève en raison du manque de cet aspect collectif et pourra être sanctionné pour insubordination. Pour autant, il n'est pas nécessaire que ce mouvement soit unanime ni même n'affecte la majorité des salariés.

Cependant la jurisprudence **apporte des exceptions**. D'une part, un seul salarié peut faire grève lorsqu'il répond à un mot d'ordre formulé sur le plan national (Cass. soc. 29 mars 1995, 93-41863, *Bull. civ.* V, n° 111). D'autre part, lorsqu'il est seul dans l'entreprise, il est alors le seul à exercer ce droit et à défendre les intérêts professionnels (Cass. soc. 13 novembre 1996, 93-42247, *Bull. civ.* V, n° 379, *DS* 1996, p. 1108).

Illustration : Cass. soc. 29 mars 1995, 93-41863, Bull. civ. *V, n° 111 :*

> *Un conducteur d'engins s'arrête 2 jours en juin 1992 pour revendiquer le paiement régulier des salaires dans l'entreprise. L'employeur le met à pied pendant 9 jours estimant qu'il ne s'agit pas de l'exercice du droit de grève, mais d'une faute. La Cour de cassation rejette le pourvoi du salarié qui demandait le paiement des salaires correspondant aux jours de sa mise à pied. Elle affirme que la grève est la cessation collective et concertée du travail en vue de revendications professionnelles et qu'en principe un seul salarié ne peut s'arrêter de travailler. Par ailleurs, il n'a répondu à aucun mot d'ordre national. Si toutes les conditions étaient remplies (arrêt de travail, revendications professionnelles), l'aspect collectif faisait donc défaut en l'espèce.*

B. L'existence de revendications professionnelles

L'existence de revendications professionnelles est une condition indispensable pour que l'arrêt de travail soit qualifié de grève. Les grévistes peuvent ainsi invoquer, par exemple, une baisse de salaire, des difficultés économiques dans l'entreprise, des mauvaises conditions de travail, etc. Ainsi, les grèves politiques ne sont pas considérées comme valables, en raison de l'absence de revendications professionnelles.

Illustrations de la notion de revendications professionnelles :
Cass. soc. 15 février 2006, 04-45738, DS *2006, p. 577,*
Aix-en-Provence 21 mars 2006, JCP soc. *17/10/2006, 1821*

> *En juin 2003, de nombreuses entreprises ont vu leurs salariés s'arrêter de travailler pour obtenir la renégociation du projet gouvernemental relatif à la réforme des retraites. Cette revendication peut-elle être qualifiée de professionnelle ? En effet, s'il s'agit bien d'une requête ayant pour objet une prestation sociale liée au travail, l'employeur ne peut donner satisfaction aux salariés, le projet dépendant du gouvernement. La Cour de cassation dans cette décision a estimé qu'il s'agissait d'une revendication professionnelle et que les salariés étaient donc bien en grève. Cette conception assez large de la notion de revendication professionnelle n'est cependant pas partagée par tous les juges du fond. Ainsi, la Cour d'appel d'Aix-en-Provence a considéré que les salariés des transports en commun de Marseille, qui avaient arrêté le travail pour demander à la communauté urbaine de Marseille d'annuler une décision d'octroi d'une délégation de service public relatif à l'exploitation du tramway de la ville, n'étaient pas en grève car il s'agissait d'une revendication politique et non professionnelle, alors même que cette décision remettait en cause le monopole de leur entreprise.*

Les grèves dites de solidarité peuvent parfois être autorisées. La jurisprudence retient comme critère la présence de revendications professionnelles collectives en plus de la défense d'un salarié particulier. Ainsi, elle reconnaît l'existence de revendications professionnelles quand le mouvement est déclenché pour défendre un salarié licencié pour motif économique, caractérisant ainsi une revendication portant sur le maintien de l'emploi susceptible d'intéresser l'ensemble du personnel (Cass. soc. 22 novembre 1995, 93-44017, *Bull. civ.* V, n° 307), ou pour soutenir un délégué du personnel en raison de ses revendications (Cass. soc. 27 novembre 1985, 82-43649, *Bull. civ.* V, n° 559, *DO* 1986, p. 427). En revanche, ne sont pas considérés comme des grèves des arrêts de travail effectués pour défendre un salarié licencié pour motif strictement personnel (Cass. soc. 18 mars 1982, 80-40576, *Bull. civ.* V, n° 182, *Grands arrêts*, n° 185). De même, sont totalement interdites les grèves de solidarité externe.

Ces revendications professionnelles doivent être portées à la connaissance de l'employeur au plus tard au moment du déclenchement de la grève (Cass.

soc. 19 novembre 1996, 94-42631 et 94-42635, *Bull. civ.* V, n° 391), même si l'employeur n'est pas tenu d'apporter une réponse (Cass. soc. 26 février 1981, 79-41359 et 79-41376, *Bull. civ.* V, n° 161).

Les juges n'apprécient pas le bien fondé de ces revendications : dès lors qu'elles sont professionnelles, même si elles sont illégitimes ou déraisonnables, le mouvement est qualifié de grève. Cette question avait été soulevée à l'occasion d'un arrêt rendu par l'assemblée plénière le 4 juillet 1986 (84-15735, *Bull. civ.*, n° 11), qui semblait admettre ce pouvoir d'appréciation. La Chambre sociale a mis un terme à cette incertitude dans un arrêt du 2 juin 1992 (90-41368, *Bull. civ.* V, n° 356), étant depuis une jurisprudence constante.

III. Les modalités spécifiques au secteur public

Certaines conditions sont souvent perçues comme des conditions du droit de grève. Mais en réalité, elles ne concernent que le secteur public et elles se justifient par les nécessités de continuité du service public. Elles s'appliquent au personnel de l'État, des régions, des départements et des communes comptant plus de 10 000 habitants mais aussi de n'importe quel organisme privé ou public chargé de la gestion d'un service public, comme une entreprise privée de transports urbains.

Attention

Ni la nécessité de déposer un préavis de grève par une organisation syndicale, ni l'existence d'une négociation collective préalable ne sont des conditions de validité d'un mouvement de grève dans le secteur privé.

A. Le monopole syndical

Seul un syndicat représentatif au niveau où la grève est déclenchée peut déposer un préavis de grève. La dimension collective semble plus marquée dans le secteur public que dans le secteur privé. Il faut cependant préciser que dans les entreprises du secteur privé, une grève peut être déclenchée suite à un appel syndical.

B. Le préavis

La nécessité d'un préavis déposé 5 jours avant minimum par une organisation syndicale représentative a pour objet d'éviter les grèves surprises. Ce délai permet aussi d'éventuelles négociations, qui sont en principe obligatoires au regard de l'art. L 2512-2 du Code du travail (anc. art. L 521-3).

Ce préavis doit contenir le lieu, la date, l'heure du début et la durée limitée ou non. L'art. L 2512-3 (anc. art. L 521-4) interdit également les grèves par roulement : tout le personnel doit être en grève au même moment. Cependant, cette limite ne vaut que préavis par préavis : en d'autres termes, chaque syndicat peut prévoir une heure différente du début de la grève. Il s'agit d'un moyen permettant une grève tournante à condition que les organisations syndicales se mettent d'accord. Cette interprétation jurisprudentielle peut se fonder sur la liberté syndicale de chaque syndicat (Cass. soc. 4 février 2004, 01-15709, *DS* 2004, 381, C. Radé).

L'irrégularité d'un préavis ne suffit pas à rendre fautive la participation d'un salarié à la grève (Cass. soc. 25 février 2003, 00-44339, *Bull. civ.* V, n° 63, *DS* 2003, 554).

Cette réglementation date du 31 juillet 1963 et elle vaut pour tout le secteur public. Cependant, des réglementations spécifiques peuvent exister et encadrer davantage encore la grève. Ainsi, il existe une réglementation pour les transports publics, comme la loi du 21 août 2007, 2007-1224 (*JO* du 22/8/2007), qui réglemente uniquement les entreprises chargées du service public du transport terrestre régulier des personnes à vocation non touristique. En sont donc exclus par exemple les transports de marchandises. Cette loi impose une obligation de négociation préalable entre employeurs et syndicats. En cas de grève, les salariés doivent informer au plus tard 48 heures avant le début de la grève son intention d'y participer pour que l'employeur organise au mieux le trafic. Ce dernier doit organiser un service minimum en indiquant les dessertes prioritaires. Enfin, au-delà de 8 jours, une consultation doit être faite auprès des salariés concernés par les motifs de la grève pour savoir qu'elles sont les suites à donner. Cette loi a été jugée conforme à la constitution par le Conseil Constitutionnel. Une loi du 20 août 2008 n° 2008-790 institue, dans des conditions très proches, un droit d'accueil pour les élèves du primaire et de la maternelle pendant les grèves du personnel. De plus, l'arrêt Dehaene de 1950 du Conseil d'État a précisé qu'en l'absence ou en cas d'insuffisance de la réglementation législative, le gouvernement pouvait prendre des limitations supplémentaires sous le contrôle du juge de l'excès de pouvoir.

À retenir

Tableau récapitulatif des conditions de la grève dans le secteur privé et public

	Secteur privé	**Secteur public**
Conditions requises	– Un arrêt de travail. – Un arrêt collectif et concerté. – À l'appui de revendications connues de l'employeur.	– Un arrêt de travail. – Un arrêt collectif et concerté. – À l'appui de revendications connues de l'employeur. – Un préavis. – Un appel syndical. – Des négociations collectives préalables.
Conditions non requises	– Un préavis. – Un appel syndical. – des négociations collectives préalables.	
Formes de grève autorisées	Grève surprise. Grève tournante. Arrêts de travail successifs.	Arrêts de travail successifs.
Formes de grève interdites	Grève perlée. Grève du zèle. Grève de solidarité.	Grève surprise. Grève tournante. Grève perlée. Grève du zèle. Grève de solidarité.

Pour en savoir plus

- A. De Senga, « Grève dans les services publics », *DO* 2003, 405 ;
- E. Dockès, « La finalité des grèves en question », *DS* 9/10 2006, p. 881 ;
- F. Donnat, « Règlement intérieur et droit de grève », *RJS* 11/05, p. 761 ;
- O. Leclerc, « L'encadrement législatif de l'exercice du droit de grève. Observations à partir de la loi n° 2008-790 du 20 août 2008 instituant un droit d'accueil pour les élèves des écoles pendant le temps scolaire », *RDT* novembre 2008, p. 674 ;
- C. Radé, « La solitude du gréviste », *DS* 1997, p. 368 ;
- Ph. Waquet, « La grève dans les services publics », *RJS* 4/03, chron. p. 275.

Pour s'entraîner

Résoudre le cas pratique suivant :

Dans l'entreprise Dupain, les règles de sécurité ne sont plus assurées de manière correcte suite à la dégradation des locaux et à une situation économique de plus en plus difficile. Les salariés, de plus en plus inquiets, décident d'exprimer leur crainte au directeur de l'établissement qui les reçoit et écoute leurs revendications. Il leur promet d'agir dans un avenir proche. Mais déçus et incrédules, les salariés décident de se mettre sur le champ en arrêt de travail et de pratiquer des arrêts successifs de 2 heures durant tout le mois à venir. L'employeur considère qu'ils ne sont pas en grève car ils n'ont pas respecté un préavis prévu dans le règlement intérieur de l'entreprise.

Réponse

Le droit de grève est constitutionnellement reconnu et seule la loi peut imposer un préavis inexistant dans le secteur privé. Le règlement intérieur d'une entreprise ne peut en prévoir un. Seules des mesures justifiées pour des raisons d'hygiène et de sécurité sont autorisées. En l'espèce, ce n'est pas le cas. Par conséquent, cela ne peut être reproché aux salariés pour requalifier leur mouvement de mouvement illicite. En revanche, tel pourrait être le cas s'il manquait les autres conditions de la grève.

– En l'espèce améliorer les conditions de travail constitue bien une **revendication professionnelle**, de même que la situation économique. Par ailleurs, l'employeur doit être informé de ces revendications au plus tard au jour du déclenchement de la grève, ce qui était le cas puisqu'ils ont été reçus par le directeur de l'établissement. Il n'est pas tenu de donner satisfaction, ni d'engager des négociations.

– **L'arrêt de travail** doit exister mais il peut prendre toute forme depuis l'arrêt du 18 avril 1963 y compris des débrayages successifs. Ce qui est le cas en l'espèce.

– Il s'agit d'un **mouvement collectif** puisque plusieurs salariés ont cessé le travail.

Fiche
45

L'exercice du droit de grève

Définition

Lock-out : décision par laquelle l'employeur décide de fermer l'entreprise soit pour prévenir, soit pour bloquer, soit pour riposter ultérieurement à un mouvement de grève.

I. La protection du salarié gréviste

A. La suspension du contrat de travail

La grève n'a pas pour effet de rompre le contrat de travail comme le prévoit l'art. L 2511-1 (anc. art. L 521-1). Elle entraîne seulement la suspension du contrat de travail : il s'agit d'une absence légitime puisque justifiée par l'exercice d'un droit constitutionnel. Le salarié conserve son contrat mais il est dispensé d'en exécuter les obligations principales (Voir Fiche n° 12).

B. Les limites au pouvoir disciplinaire de l'employeur

Pendant la grève, aucune sanction ne peut être prise à l'encontre du salarié gréviste dès lors qu'il s'agit de l'exercice normal du droit de grève (C. trav., art. L 1132-2, anc. art. L 122-45). Il s'agit d'une conséquence habituelle de la suspension du contrat de travail. En revanche, **l'employeur peut licencier pour faute lourde.** La Cour de cassation, depuis un arrêt du 16 décembre 1968 (*Bull. civ.* V, n° 593), exige également la faute lourde dès lors que l'employeur souhaite prononcer une sanction quelle qu'elle soit, comme une mise à pied par exemple (Cass. soc. 7 juin 1995, 93-42789, *Bull. civ.* V, n° 181).

La faute lourde est une faute individuelle et il ne peut en aucun cas y avoir de sanction collective. Pour sanctionner plusieurs grévistes, l'employeur doit établir que chacun d'entre eux a eu une **participation individuelle** et active dans les faits qui leur sont reprochés. Cette exigence se fonde sur le fait que la grève est un droit individuel.

La faute lourde est habituellement caractérisée par une intention de nuire. Or, c'est précisément l'objectif d'une grève. C'est pourquoi la jurisprudence a défini les cas dans lesquels le comportement du salarié gréviste peut être considéré comme une faute lourde. Il en est ainsi pour les violences verbales ou physiques (Cass. soc. 1er février 1978, 76-40273, *Bull. civ.* V, n° 73), la séquestration (Cass. soc. 16 janvier 1991, 89-43442, *DS* 1991, p. 308), le refus d'exécuter une ordonnance d'expulsion (Cass. soc. 4 novembre 1992, 90-41899, *DS* 1992, p. 1007), le piquet de grève (Cass. soc. 26 mai 2004, 02-40395, *RJS* 8-9/04, n° 953, Cass. soc. 12 décembre 2007, 06-43739, *JCP soc.* 11/3/2008, 1172) ou l'interdiction d'entrée et de sortie des camions de l'entreprise (Cass. soc.17 décembre 2002, 00-42115, *Bull. civ.* V, n° 388 ; Cass. soc. 10 février 2009, 07-43939, *JCP soc.* 12/5/2009, 1217). Dans ces trois dernières illustrations, l'atteinte à la liberté individuelle de travail sert de critère à la faute lourde. En revanche, le simple fait de participer à une grève ne suffit pas pour la caractériser (Cass. soc. 22 janvier 1992, 90-44249, *Bull. civ.* V, n° 19).

À défaut de constater une faute lourde, la sanction, y compris le licenciement, est nulle, permettant au salarié d'obtenir sa réintégration, sauf si elle est impossible matériellement (Cass. soc. 2 février 2005, 02-45085 : le fait de dire que les emplois ne sont plus vacants ou que le salarié a retrouvé un emploi ne suffit pas pour caractériser cette impossibilité matérielle).

L'employeur doit alors respecter la procédure disciplinaire (convocation à un entretien individuel, entretien et notification de la sanction dans un délai minimum d'un jour franc après cet entretien et maximum d'un mois ; Voir Fiche n° 11). Il ne s'agit pas d'une rupture de plein droit du contrat de travail en cas de faute lourde.

Attention

L'employeur peut notifier pendant la grève une lettre de licenciement pour des faits qui sont antérieurs à cet arrêt de travail sans qu'il soit nécessaire que ces faits reprochés constituent une faute lourde. C'est le droit commun qui s'applique : il suffit d'avoir une cause réelle et sérieuse.

II. Les moyens de riposte licites de l'employeur

L'employeur, au nom de la liberté d'entreprendre doit pouvoir faire fonctionner son entreprise malgré le droit de grève. Cette liberté disposant aussi d'une valeur constitutionnelle (C. Const. 12 janvier 2002, n° 2001-455 DC, *JO* 18/1/2002, p. 1053) doit donc se concilier avec cette autre liberté : celle de faire grève.

A. Le non-paiement des salaires

En raison de la suspension du contrat et du caractère synallagmatique du contrat de travail, l'employeur n'est pas tenu de verser les salaires aux salariés grévistes pour leurs jours de grève : travail non fait, salaire non versé (Cass. soc. 1er juin 1951, *Bull. civ.* III, n° 433). Mais pour éviter de requalifier la retenue sur salaire comme une sanction pécuniaire prohibée, la jurisprudence exige la proportionnalité entre la réduction du salaire et la durée de la grève : le salaire amputé doit correspondre exactement à l'arrêt de travail, et le temps passé à la remise en état de l'établissement doit être rémunéré (Cass. soc. 6 juin 1989, n° 86-40349, 86-42251, 86-46435, *Bull. civ.* V, n° 426, *RJS* 1989, n° 333, concl. Franck, *JCP* 1990, II, 21452, note Y. Saint-Jours ; Cass. soc. 13 novembre 2008, 06-44608, *JCP soc.* 25/11/2008, act. 608 pour un cadre soumis au forfait jours).

Ce non-versement du salaire vaut aussi pour les accessoires, comme les primes au prorata du temps d'absence. Mais la jurisprudence vérifie qu'il ne s'agit pas d'une mesure discriminatoire et pour cela impose que la condition du non versement de cette prime soit toute absence qu'elle soit légitime ou non (Cass. soc. Société AFT 25 mars 1982, 81-11175, *Bull. civ.* V, n° 224 ; Cass. soc. 10 décembre 2002, 00-44733, *RJS* 2/03, n° 241).

Cependant, plusieurs exceptions existent :

- Paiement des salaires aux non-grévistes qui n'ont pu travailler.
- Un accord de fin de grève peut prévoir le paiement des jours de grève.
- En cas de service minimum effectué.
- En cas de situation contraignante dans laquelle se sont trouvés les salariés les obligeant à cesser le travail pour revendiquer leurs droits essentiels directement lésés par un manquement grave et délibéré de l'employeur à ses obligations.

Illustrations de situation contraignante obligeant l'employeur à verser les salaires

> *La Cour de cassation retient cette exception depuis un arrêt du 20 février 1991 (89-41148,* DS *1991, 315). Elle l'a admis suite au non-paiement des salaires par l'employeur depuis 2 mois obligeant les salariés à faire une 1re grève puis une deuxième en raison de la non-exécution par l'employeur du protocole d'accord de fin de grève (Cass. soc. 26 février 1992, 90-40760,* Bull. civ. *V, n° 126). De même, ce manquement grave et délibéré de l'employeur à ses obligations a été reconnu lorsque l'employeur, bénéficiaire d'un plan de redressement par continuation mettant fin à la période d'observation et permettant au débiteur de retrouver ses droits, paie en retard le salaire de ses employés (Cass. soc. 7 juin 2006, 04-46664,* JCP soc. *2/8/2006, n° 1648). En revanche, cette situation contraignante n'a pas été retenue dans un cas où l'employeur n'avait pas versé les salaires en raison de difficultés financières et de l'ouverture d'un redressement judiciaire (Cass. soc. 26 janvier 2000, 98-44177,* Bull. civ. *V, n° 37,* RJS *2000, 313).*

B. La fermeture de l'entreprise : le lock-out licite

Le droit français refuse de reconnaître la possibilité pour l'employeur de fermer son entreprise ou un service à l'occasion d'un conflit collectif. Le lock-out est en principe illicite. Autoriser ce lock-out permettrait de porter atteinte au droit de grève en faisant pression sur les grévistes mais également à l'obligation de l'employeur de fournir du travail à des non-grévistes. Cette solution vaut pour le lock-out préventif, défensif mais aussi de rétorsion.

Ce principe connaît cependant des exceptions : l'employeur doit établir la situation contraignante dans laquelle il se trouve, le libérant de son obligation de fournir du travail. Certains auteurs utilisent l'expression de mise en chômage technique. Il doit, en principe, consulter les représentants du personnel (CE, CHSCT) avant de prendre une telle décision.

L'employeur est alors autorisé à ne pas payer les salaires ni aux grévistes ni aux non-grévistes.

Illustrations de lock-out illicites et licites :

> *A été jugé illicite le lock-out décidé par l'employeur dans les circonstances suivantes : une partie du personnel d'un magasin fait grève de 17 à 18 h et l'employeur décide alors de fermer le magasin après la fin de grève et de ne pas reprendre l'activité entre 18 h et 19 h 15, heure habituelle de fermeture des locaux. La Cour de cassation a estimé qu'il s'agissait d'un lock-out de rétorsion non justifié (Cass. soc. 7 février 1990, 87-43566,* Bull. civ. *V, n° 42). Il en a été de même lorsqu'un employeur est contraint d'arrêter totalement les installations de l'atelier de production pour des impératifs de sécurité mais qu'il n'apporte pas la preuve qu'il était dans l'impossibilité de fournir aux non grévistes des tâches supplétives en rapport avec l'exécution de leur contrat de travail (Cass. soc. 30 septembre 2005, 04-40193,* Petites Affiches, *2/1/2006, p. 13). Au contraire, a été jugé licite le lock-out décidé par un employeur en présence d'une grève totale du secteur de production, qui avait entraîné progressivement la paralysie du secteur « travaux ». L'employeur avait attendu que le fonctionnement de l'entreprise soit entièrement bloqué pour décider de la mise en chômage technique (Cass. soc. 22 février 2005, 02-45578,* Bull. civ. *V, n° 57).*

C. Le remplacement des salariés grévistes

Plusieurs textes interdisent à l'employeur de remplacer des salariés grévistes. Il s'agit des art. L 1242-6 et L 1251-10 (anc. art. L 122-3 et L 124-2-3) pour les contrats à durée déterminée et les intérimaires. La Cour de cassation, cependant, refuse d'en faire une interprétation par analogie, et autorise donc toutes les formes de remplacement qui ne sont pas expressément interdites en se fondant sur l'idée que l'employeur reste libre d'organiser son entreprise pour assurer la continuité de son activité et en invoquant la liberté d'entreprendre. Ainsi, elle admet le recours à des contrats à durée indéterminée (Cass. soc. 24 juillet 1952,

DS 1952, p. 683), des bénévoles (Cass. soc. 11 janvier 2000, 97-22025, *Bull. civ.* V, n° 15), à de la sous-traitance.

La réquisition du personnel gréviste peut poser problème. La Cour de cassation, au visa de l'alinéa 7 du Préambule de la Constitution et de l'art. 809 du CPC, a refusé de reconnaître au juge des référés le pouvoir d'ordonner la réquisition de salariés grévistes demandée par l'employeur, y compris au nom de la sécurité et de la santé (Cass. soc. 25 février 2003, 01-10812, *DS* 2003, 624, note Ch. Radé, *TPS* mai 2003, comm. 210, B. Boubli). Mais au nom de cette sécurité, il est possible de prévoir une réquisition dans le règlement intérieur de l'entreprise dont c'est l'objet, conformément à l'art. L 1321-1 du Code du travail (anc. art. L 122-34). Cette réquisition ne doit cependant pas être abusive et remettre en cause ce droit de grève. Dans le secteur public, l'autorité hiérarchique peut désigner des salariés qui devront rester à leur poste en raison du caractère indispensable : il s'agit donc d'assurer un service minimum instauré par l'arrêt du CE Dehaene en 1950. Enfin, la loi sur la sécurité intérieure du 18 mars 2003 a modifié le régime des réquisitions décidées par le préfet en raison de l'urgence et de l'atteinte à l'ordre public, la salubrité, la santé ou la sécurité. Mais son pouvoir doit rester proportionné et il doit envisager d'autres mesures avant de décider une telle réquisition (CGCT, art. L 2215-1 ; CE 9 décembre 2003, n° 262186).

D. Les actions judiciaires

L'employeur peut faire 2 actions : l'une en référé pour demander l'expulsion des grévistes, l'autre sur le fond pour engager la responsabilité individuelle des grévistes.

La demande d'expulsion

L'employeur peut saisir le président du TGI d'une demande en référé tendant à l'expulsion des salariés grévistes. La Cour de cassation a admis, alors que le droit de grève et la responsabilité qui en découle sont individuels, que l'employeur ne pouvait assigner que des représentants du personnel dès lors qu'ils ont eu un rôle actif et déterminant dans l'organisation de la grève et dans l'occupation des locaux, permettant de les considérer comme des dirigeants de fait de ce mouvement (Cass. soc. 23 juin 2004, 02-31999, *Bull. civ.* V, n° 180). L'employeur doit établir un trouble manifestement illicite comme une atteinte à la sécurité des biens et des personnes ou une atteinte au droit de propriété de l'employeur.

La demande de dommages-intérêts

En principe la grève étant l'exercice d'un droit, un salarié ne peut voir sa responsabilité délictuelle engagée en raison de sa participation à une grève. Cependant ce droit peut dans certaines hypothèses dégénérer en abus et engager la responsabilité de son auteur conformément à l'art. 1382 du Code civil. L'employeur doit alors établir un préjudice, un fait générateur et un lien de causalité entre les deux. La faute délictuelle peut être retenue en cas de mouvement illicite, en cas d'acte répréhensible pendant la grève, en cas d'infraction pénale et en cas d'abus. L'abus du droit de grève se caractérise par la désorganisation de l'entreprise et non pas seulement du secteur de production. Enfin, la faute lourde peut aussi être génératrice de responsabilité délictuelle.

Un syndicat ne peut pas en principe non plus engager sa responsabilité en cas d'exercice normal du droit de grève. Mais des exceptions sont admises, notamment s'il est prouvé que le syndicat a effectivement participé à des agissements constitutifs d'infraction pénale ou pour des faits ne pouvant se rattacher à l'exercice normal du droit de grève (Cass. soc. 9 novembre 1982, 80-13958, 80-14046 et 80-14097, *Bull. civ.* V, n° 614).

Des poursuites pénales

En cas d'atteinte à la liberté du travail des autres salariés, les grévistes peuvent être poursuivis sur le fondement de l'article 431-1 du Code pénal (Crim. 3 juin 2008, 07-80079, *JCP soc.* 21/10/2008, 1554). D'autres infractions peuvent être reconnues, comme celui de délit de gène à la circulation en cas d'opération « escargot » sur le fondement de l'article L 412-1 du Code de la route (CEDH, 5 mars 2009, 31684/05, Barraco contre France, *JCP soc.* 28/4/2009, act. 215).

À retenir

Mesures autorisées	Mesures interdites
Non paiement des jours de grève aux grévistes. Remplacement des grévistes par des bénévoles, des CDI, de la sous-traitance. Sanction en cas de faute lourde, y compris le licenciement. Demande d'expulsion en référé devant le TGI. Demande de dommages-intérêts sur le fondement de la responsabilité délictuelle.	Non paiement des salaires aux non-grévistes. Remplacement des grévistes par CDD, interim. Lock-out.

Pour en savoir plus

- D. Boulmier, « Courriers individuels, restrictions au droit de grève et règlement intérieur », *DO* janvier 2006, p. 11 ;
- J.-E. Ray, « La réintégration du gréviste illégalement licencié », *DS* 1989, p. 349 ;
- J. Savatier, « La responsabilité civile des syndicats à l'occasion des grèves », *DS* 1983, p. 175 ;
- B. Teyssié, « Le droit de lock-out », *DS* 9/10 1994, p. 795 ;
- P. Waquet, « La grève, les mouvements illicites et l'abus du droit de grève », *RJS* 3/95, 139.

Pour s'entraîner

Résoudre le cas pratique suivant :

Suite à un mouvement de grève dans son entreprise, M. Dupain décide la mise à pied pour 6 jours de 20 salariés grévistes et en licencie 5 pour faute lourde : il leur reproche d'avoir interdit l'accès aux ateliers et aux bureaux à l'ensemble du personnel y compris non gréviste, d'avoir bloqué toutes les issues, d'avoir occupé les locaux pendant plusieurs jours et d'avoir dégradé l'intérieur des bâtiments.

Pendant le mouvement, il a également averti les représentants du personnel et les salariés grévistes qu'il allait dénoncer un usage en vigueur depuis plusieurs années dans l'entreprise pour faire pression sur les grévistes.

Réponse

L'employeur peut licencier ou sanctionner par une mise à pied des salariés grévistes à condition de constater une faute lourde. Les faits reprochés aux salariés semblent constituer une telle faute en raison de l'atteinte portée à la liberté de travailler des non-grévistes et de la liberté d'entreprendre de l'employeur. Mais il doit respecter la procédure disciplinaire et il est obligé de convoquer individuellement chaque gréviste à un entretien préalable avant de notifier la sanction, que ce soit pour le licenciement ou la mise à pied.

Par ailleurs, en principe l'employeur peut dénoncer unilatéralement un usage sans donner de motif et en informant au préalable les salariés concernés et les représentants du personnel. Aucun accord des salariés n'est exigé (Cass. soc. 25 février 1988, 85-40821, *Bull. civ.* V, n° 139 ; Voir Fiche n° 35). Pourtant, cette dénonciation a été jugée irrégulière lorsqu'elle sert de moyen de riposte à une grève, portant atteinte alors à un droit constitutionnel (Cass. soc. 13 février 1996, 92-42066, *RJS* 1996, 293, n° 480). De plus, il semble en l'espèce que la dénonciation n'a eu lieu qu'auprès des salariés grévistes, représentant ainsi une éventuelle sanction pécuniaire prohibée selon l'art. L 1331-2 (anc. art. L 122-42) et discriminatoire (C. trav., art. L 1132-2, anc. art. L 122-45).

Table des abréviations

Act. Proc. Coll. :	*Actualités des Procédures Collectives*
Anc. :	Ancien
Art. :	Article
Bull. civ. :	*Bulletin des arrêts des chambres civiles de la Cour de cassation*
Bull. Joly :	Bulletin Joly
Cass. soc. :	arrêt de la Chambre sociale de la Cour de cassation
CE :	Conseil d'État
CEDH :	Cour Européenne des Droits de l'Homme
CJCE :	Cour de Justice des Communautés Européennes
C. trav. :	Code du travail
C. Const. :	Conseil Constitutionnel
CGCT :	Code général des collectivités territoriales
CPC :	Code de procédure civile
CPH :	Conseil des prud'hommes
CSB :	*Cahiers sociaux du Barreau de Paris*
D. :	*Recueil Dalloz*
Délib. :	Délibération
DO :	*Droit ouvrier*
DS :	*Droit social*
HALDE :	Haute autorité de lutte contre les discriminations et pour l'égalité
JCP :	*Semaine juridique édition générale*
JCP soc. :	*Semaine juridique édition sociale*
JCP éd. E :	*Semaine juridique édition entreprise*
JS UIMM :	*Jurisprudence sociale de l'Union des industries métallurgiques et minières*
RJS :	*Revue de jurisprudence sociale*
RPDS :	*Revue pratique de droit social*
RDT :	*Revue de Droit du Travail*
Rev. proc. coll. :	*Revue des procédures collectives*
Sem. soc. Lamy :	*Semaine sociale Lamy*
T. Confl. :	Tribunal des Conflits
TI :	Tribunal d'instance
TPS :	*Travail et protection sociale*

Index

Les numéros renvoient aux numéros des fiches.

CPI
Aubin Imprimeur

Achevé d'imprimer en octobre 2009
N° d'impression L 73312
Dépôt légal, octobre 2009
Imprimé en France